PROCÈS

DES ACCUSÉS DES 12 ET 13 MAI.

IMPRIMERIE DE MADAME FORTHMANN,
rue du Hasard-Richelieu 8.

PROCÈS

DES ACCUSÉS

DES 12 ET 13 MAI

DEVANT LA COUR DES PAIRS,

CONTENANT

LES FAITS PRÉLIMINAIRES, LES DÉBATS, LES INTERROGATOIRES,
LES DÉPOSITIONS DES TÉMOINS, LES REQUISITOIRES,
LES PLAIDOIRIES, LES RÉPLIQUES ET
L'ARRÊT DE CONDAMNATION.

PARIS,

PAGNERRE, EDITEUR,

RUE DE SEINE, 14 BIS.

—

1839

PROCÈS

DES ACCUSÉS DES 12 ET 13 MAI.

Faits préliminaires.

Le premier acte judiciaire du procès est l'ordonnance du roi qui constitue la Chambre des pairs en cour de justice. Il a été apporté à la Chambre le 14 mai par M. Teste, garde-des-sceaux.

Voici cette ordonnance :

« Louis-Philippe Ier, roi des Français,

« A tous présents et à venir, salut.

« Sur le rapport de notre garde-des-sceaux, ministre secrétaire-d'état au ministère de la justice et des cultes;

« Vu l'article 28 de la Charte constitutionnelle, qui attribue à la chambre des pairs la connaissance des crimes de haute trahison et des attentats à la sûreté de l'état ;

« Vu les articles 87, 88, 91, 92, 96, 97, 98 et 99 du Code pénal ;

« Attendu que la ville de Paris, dans les journées des 12 et 13 mai, a été le théâtre d'attentats contre la sûreté de l'état dont il appartient à la cour des pairs de rechercher et de punir les auteurs, soit qu'ils aient agi isolément ou à l'aide d'associations ;

« Nous avons ordonné et ordonnons ce qui suit :

« Art. 1. La chambre des pairs, constituée en cour de justice, procédera sans délai au jugement des individus qui ont été ou qui seront arrêtés comme auteurs, fauteurs ou complices des attentats ci-dessus énoncés.

« Art. 2. Elle se conformera, pour l'instruction, aux formes qui ont été suivies par elle jusqu'à ce jour.

« Art. 3. Le sieur Franck-Carré, notre procureur-général près notre cour royale de Paris, remplira les fonctions de notre procureur-général près la cour des pairs.

« Il sera assisté des sieurs Boucly et Nouguier, substituts du procureur-général de Paris, qui seront chargés de le remplacer en cas d'absence ou d'empêchement.

« Art. 4. Le garde des archives de la chambre des pairs et son adjoint rempliront les fonctions de greffiers près notre cour des pairs.

« Art. 5. Notre garde-des-sceaux, ministre secrétaire-d'état au département de la justice et des cultes, est chargé de l'exécution de la présente ordonnance.

« Fait à Paris, le 14 mai 1839.　　　　LOUIS-PHILIPPE.

« Par le roi :

« Le garde-des-sceaux, ministre secrétaire-d'état au département de la justice et des cultes,

« TESTE. »

Le 15, la Cour des pairs s'est réunie pour entendre les réquisitions du ministère public.

M. Franck-Carré, procureur-général, a été introduit, accompagné de MM. Boucly et Nouguier, ses substituts, et il a prononcé un réquisitoire par lequel, après quelques considérations générales sur le caractère des attentats commis dans les journées des 12 et 13 mai, il a requis qu'il plût à la Cour d'ordonner l'apport à son greffe de toutes les pièces du procès, et désigner tels de MM. les pairs qu'il lui plairait pour procéder à l'information.

La Cour a rendu un arrêt conforme à ses réquisitions.

Ont été désignés comme instructeurs M. le chancelier Pasquier, et MM. Decazes, de Bastard, Portalis, Daunant, Barthe et Mérilhou.

L'instruction a été suivie aussi par MM. les juges d'instruction Perrot, Jourdain, Zangiacomi, Legonidec, Voizot, Berthelin, Boulloche, Salmon et Geoffroy-Château.

A la suite de l'information prescrite par l'arrêt du 15 mai, M. Mérilhou a fait, le 11 juin, un rapport au nom de la commission d'instruction.

Rapport de la commission d'instruction (1).

Messieurs, lorsque la cour des pairs s'est occupée du procès d'avril 1834, elle a dû rechercher quelle était l'organisation du vaste complot qui avait éclaté à la fois sur plusieurs points du royaume. L'instruction longue et approfondie, à laquelle vous vous êtes livrés à cette époque, vous a appris que l'influence des sociétés secrètes

(1) Quelques parties de ce rapport et du réquisitoire du procureur-général devant se reproduire lors des débats, nous avons cru pouvoir les abréger.　　(Note de l'éditeur.)

avait été l'un des grands moyens de destruction employés par les conspirateurs d'alors contre le gouvernement de juillet. Le rapport de votre commission, qui restera comme un monument précieux pour l'histoire de nos jours, vous montrera la dynastie et la révolution de 1830 attaquées tour-à-tour, et quelquefois simultanément, par les factieux de toutes les couleurs, par ceux qui travaillent au retour de la dynastie déchue, et par ceux qui veulent imposer à notre pays les formes républicaines. Vous avez vu, dans cette période de quatre années, depuis 1830 jusqu'en 1834, les factions anarchiques emprunter toutes les formes, adopter tous les langages, employer tous les genres de séduction, pour recruter des partisans et pour préparer des moyens d'attaque contre l'ordre que les pouvoirs publics avaient si laborieusement établi. Vous les avez vues délibérant d'abord presque publiquement sous le titre d'*Amis du peuple*, puis se fondre en sociétés secrètes, variées par leurs noms, leurs principes, leur composition; souvent agitées par l'ambition de ceux qui prétendaient les conduire; préludant à l'anarchie générale par leurs dissensions intestines, mais à la fin à-peu-près réunies sous une direction unique, absorbées ou entraînées par la grande société des *Droits de l'Homme*, et produisant la trop fameuse insurrection d'avril 1834, qui ensanglanta à-la-fois Paris, Lyon, Saint-Etienne, et agita violemment plusieurs autres cités considérables. Cette vaste et impuissante tentative prouva tout-à-la-fois l'audace désespérée de ses auteurs, et leur isolement et leur faiblesse.

Cinq années se sont passées, et la ville de Paris vient d'être le théâtre d'une nouvelle attaque à main armée; attaque vigoureusement étouffée presque aussitôt que connue; attaque qui ne présente comme assaillants qu'un petit nombre d'individus, mais qui, par la violence et l'ensemble de son exécution, par la nature des moyens, par les principes au nom desquels elle a été faite, est de nature à exciter au plus haut degré la sollicitude et l'indignation de tous les bons citoyens.

Il est impossible, en effet, de voir dans la révolte dont nous venons d'être les témoins, et qui a laissé tant de victimes, une réunion fortuite et momentanée de quelques centaines de malfaiteurs se livrant au meurtre et au pillage, seulement pour assouvir des besoins individuels de vengeance et de cupidité. Tout repousse une pareille explication; les accusés eux-mêmes s'en défendent, et, d'accord en ce point avec l'instruction, ils rattachent les journées des 12 et 13 mai 1839 aux journées plus funèbres encore d'avril 1834, dont ils se prétendent les continuateurs.

Tous les documents de l'histoire judiciaire des cinq années qui séparent avril 1834 et mai 1839 se réunissent pour établir cette affligeante vérité, que les passions anarchiques vaincues en 1834 n'ont pas cessé un seul instant, depuis cette époque, leurs criminelles hostilités contre la constitution et le repos du pays. Ce n'est pas que nous voulions établir une injuste solidarité entre des actes d'une criminalité inégale ; mais lorsqu'un parti s'est déclaré ennemi du gouvernement établi, lorsque des hommes s'accordent dans leurs vœux de destruction, il est permis au pays qui se défend d'expliquer par le même but tous les actes qui doivent conduire au même résultat, et de regarder avec la même méfiance ceux qui ont conseillé le crime et ceux qui l'ont justifié.

Expliquer les motifs secrets de chacun des individus qui composent un parti, déterminer avec précision le degré de violence et de perversité des passions de chacun d'eux, c'est une tâche impossible ; mais lorsque ce parti s'est voué à la destruction de l'ordre établi, tous les moyens de destruction, employés successivement ou simultanément par les hommes de ce parti, s'ils ne sont pas l'œuvre de tous, sont au moins le produit des mêmes passions.

Ainsi, dans l'intervalle des complots d'avril 1834 à la révolte de mai 1830, nous voyons l'infernal attentat de Fieschi, qui a épouvanté le monde au moment même où vous vous occupiez du jugement des accusés d'avril ; la tentative d'Alibaud l'année suivante, en 1836, celle de Meunier en 1837, et les événements de Strasbourg en 1838. On dirait qu'il entrait dans les desseins de la Providence d'avertir chaque année le gouvernement, par un fait nouveau, que les ennemis de l'ordre constitutionnel ne s'endorment pas, et que la vigilance qui conserve doit être égale à l'activité qui attaque.

Au milieu de ces faits douloureux, dont le renouvellement presque annuel est digne d'une attention sérieuse, est arrivé le grand acte de l'amnistie, acte glorieux, qui a pu faire quelques ingrats, mais dont le pouvoir ne doit conserver aucun regret, puisqu'il a prouvé que le gouvernement de juillet pouvait unir, à la force qui sait vaincre, la magnanimité qui pardonne.

Le parti anarchique, qu'on devait croire découragé par sa défaite d'avril 1834, n'a pas cessé un instant depuis cette époque de travailler à son œuvre de destruction. La nouvelle loi sur les associations (10 avril 1834), au lieu d'*éteindre* les sociétés secrètes, a fait sentir aux factieux la nécessité de diminuer le nombre des adeptes composant chaque aggrégation ; mais le nombre des aggrégations elles-mêmes a été augmenté ; les relations hiérarchiques qui les unissent les unes aux autres se sont compliquées : le voile qui cache aux agents inférieurs le nom des directeurs suprêmes est devenu plus difficile à soulever. L'œil vigilant de la loi a rencontré plus d'obstacles ; les doctrines qu'on professe dans ces réunions ténébreuses ont redoublé de perversité, et les passions qui les agitent ont acquis plus de violence, en raison même du mystère dont on a cru qu'on resterait enveloppé.

Les greffes des tribunaux n'offrent que trop de preuves de cette triste vérité. Sans rappeler tous les procès qui, depuis 1834, sont venus attester l'existence des sociétés secrètes, et leur influence sur notre tranquillité intérieure, nous nous bornerons à citer trois faits judiciaires dont la liaison intime avec le procès actuel vous paraîtra d'autant plus frappante que deux de ces faits, les deux procès des poudres, portent sur la création même des moyens d'exécution de la révolte qu'on projetait, et l'autre, la publication du *Moniteur républicain* et de l'*Homme libre*, avait pour objet de disposer les esprits à la prise d'armes qui se préparait. Si vous voyez reparaître dans le procès de la révolte de mai plusieurs des personnages qui figurent dans les faits antérieurs, vous conclurez facilement que ceux qui ont dirigé et exécuté l'insurrection aient d'avance préparé les moyens de l'exécuter.

Avant d'entrer dans l'exposé des faits que notre devoir nous commande de vous faire connaître, qu'il nous soit permis de signaler à votre attention les caractères qui distinguent la dernière insurrection de toutes les précédentes tentatives des partisans de l'anarchie.

Vous avez encore présents à la pensée les souvenirs d'avril 1834. Le but des mouvements de cette époque n'était clairement défini que sous un rapport, l'établissement d'un gouvernement républicain ; mais on voit par les pièces annexées au procès d'avril que les conspirateurs étaient loin d'être d'accord entre eux sur la nature même du gouvernement auquel tous voulaient appliquer la dénomination de république. On voit parmi eux les esprits profondément divisés à cet égard. Le système fédératif, la constitution directoriale, la forme consulaire, et d'autres gouvernements plus ou moins nettement formulés, partageaient les opinions des meneurs. Mais l'idée de la constitution de 1793, que quelques-uns avaient jetée en avant avec timidité, et qui avait prévalu dans le comité directeur de la société des Droits de l'Homme, aurait été aussitôt repoussée par les masses comme un rêve impossible, dont l'expression seule suffisait pour discréditer un parti.

Aujourd'hui, nous devons le dire, puisqu'il faut que la France connaisse l'avenir que lui réservent les ennemis de son repos ; aujourd'hui les idées ont marché, comme ils disent : ce que voulaient les républicains de 1834 ne leur suffit plus maintenant ; ce n'est plus ni à l'an VIII, ni à l'an III, c'est à 1793 qu'il faut que la France rétrograde pour retrouver cette parfaite égalité qu'on veut atteindre ; substituer d'autres hommes aux hommes qui gouvernent est une entreprise qui paraît mesquine à ceux qui veulent régénérer notre pays ; il faut que le pouvoir soit transféré aux classes qui ne possèdent rien, parce que c'est là seulement qu'est la vertu. On fixe aux fortunes un maximum qu'elles ne pourront pas dépasser ; ce n'est plus seulement la classe des propriétaires fonciers qu'on désigne comme des oppresseurs féodaux, ce sont aussi les propriétaires de capitaux, les chefs de commerce et d'industrie, qu'on associe à la même proscription sous le nom d'*exploiteurs,* et qu'on ne saurait trop désigner à la haine des *exploités,* c'est-à-dire de ceux qu'ils font vivre.

Vous le voyez, ce n'est pas seulement une révolution politique qu'on a eu en vue, c'est une révolution sociale ; c'est la propriété qu'il faut réviser, modifier, transférer ; c'est la conspiration de Babeuf (1), passée de l'état de projet insensé à une sanglante exécution.

Les agents destinés à accomplir ces rêves incendiaires ont été merveilleusement appropriés au but anti-social qu'on se proposait ; de simples ouvriers, des garçons de service, des jeunes gens à peine parvenus à l'adolescence ; au-dessus d'eux, quelques étudiants impatients de l'autorité paternelle : voilà les auxiliaires appelés à concourir à cette œuvre de démolition. Les besoins des uns ont été excités, la crédulité des autres a été abusée, des espérances chimériques de fortune et de grandeur ont été jetées comme un appât à de jeunes et ardentes ambitions. Ainsi cette armée du désordre a été choisie et organisée de telle façon que, si elle eût obtenu un instant de triomphe, aucun cri parti de ses rangs n'eût pu réclamer pour la conservation d'aucun des débris de l'ordre social renversé. Ce n'était pas un complot de ressentiments politiques ; car aucun des agitateurs n'avait rien perdu et n'avait rien à perdre, aucun d'eux ne pouvait que conquérir.

L'aspect de la ville de Paris au moment où le complot éclatait n'était pas celui d'une ville agitée par les passions politiques, mais

(1, Jugée par la haute cour de Vendôme, le 7 prairial an V.

bien d'une ville prise à l'improviste par une bande de malfaiteurs déterminés. En juin 1832 des masses de population furent entraînées dans la révolte; en avril 1834, les conspirateurs trouvèrent les masses sourdes à leurs provocations; en mai 1839, les factieux se sont trouvés plus isolés encore. Leurs rangs ne se sont point recrutés, et le nombre des aggresseurs de cette époque, comparés à ceux d'avril 1834, doit faire comprendre aux ennemis de l'ordre public que leurs forces diminuent, que leurs rangs s'éclaircissent, qu'autour d'eux aucunes sympathies ne viennent se produire, et qu'un courage aveugle dirigé vers un but criminel n'est pas une vertu.

Faits généraux.

Pour exécuter l'attaque à main armée qu'on méditait contre l'ordre public, il fallait des moyens, c'est-à-dire des armes et des munitions. Aussi la fabrication des poudres est devenue l'objet de l'activité des sociétés secrètes aussitôt après l'avortement du complot d'avril 1834. Ce fait judiciairement constaté est devenu l'une des preuves les plus évidentes de la longue préméditation du complot de mai 1839. Les premières découvertes à cet égard remontent à 1835, à l'époque même où la Cour des pairs s'occupait du procès d'avril.

Une lettre adressée par un nommé Crevat, à l'un des inculpés de cette affaire, fut saisie à Sainte-Pélagie, au moment où le sieur Spirat, clerc d'huissier, qui venait y visiter le sieur Hubin de Guer, essayait de la lui remettre.

Cette pièce ayant éveillé l'attention de l'autorité, une instruction judiciaire eut lieu, et constata que la lettre était du nommé Crevat, autre accusé d'avril, à cette époque évadé de Sainte-Pélagie, et qui depuis a été arrêté et condamné par la Cour des pairs à cinq ans de détention. Cette affaire n'ayant pas paru connexe au complot d'avril, M. le président de la Cour des pairs la renvoya devant qui de droit par une ordonnance du 10 février 1835.

D'un autre côté, Pepin, condamné à la peine capitale comme complice de Fieschi, par arrêt du 15 février 1836, fit, la veille de son exécution, des révélations importantes au président de la Cour des pairs. Il signala l'existence d'une nouvelle société secrète, formée depuis la loi du 19 avril 1834 sur les associations; il indiqua le nom de celui qui l'avait initié lui-même; et le but de cette association qui est le renversement du gouvernement; il dit: « On y jure haine à la royauté: je juge du danger qu'elle peut offrir par les hommes importants qui en font partie. Je dis importants par leurs talents. On m'a dit que Blanqui jeune et Laponneraye étaient membres de cette société, mais je ne les ai pas vus ; il dit qu'il avait été reçu par deux membres seulement, celui qui présentait, celui qui recevait, et qu'il avait su qu'il avait été antérieurement question de la formation d'une société qui devait prendre le nom de bataillon révolutionnaire. »

La gravité et la précision de cette déclaration imposaient le devoir de recherches scrupuleuses : elles eurent lieu ; mais le 21 février 1836, M. le président de la Cour des pairs se dessaisit de l'information commencée, et l'affaire fut renvoyée aux tribunaux ordinaires. Le 24 février, M. le procureur du Roi requit la jonction de ces nouvelles poursuites à celles déjà commencées, par suite de la lettre saisie à Sainte-Pélagie. Une instruction plus vaste, et sur une plus grande échelle, fut commencée contre les associations toujours réprimées et toujours renaissantes, et dont on trouve incessamment la présence dans toutes les agitations du pays.

Des mesures de surveillance furent adoptées contre les individus signalés comme y prenant part.

Le 8 mars 1836, l'autorité, informée de l'existence d'une fabrique clandestine de poudre exploitée dans un but politique, fit investir un bâtiment isolé, situé rue de l'Oursine, 113, et arrêta en flagrant délit cinq individus : Ce sont les nommés Beaufour, Robert, Robier, Canard et Daviat ; ces trois derniers élèves de l'Ecole de droit.

Le local renfermant cet atelier clandestin avait été, depuis le 12 février précédent, loué par Beaufour pour quatre mois, au prix de 300 fr. par an. Il renfermait tous les ustensiles nécessaires à ce genre de fabrication ; il y avait plusieurs tamis, des séchoirs, des mortiers garnis de pilons, et une grande quantité de charbon destiné à la fabrication de la poudre ; du charbon de terre pour la faire sécher ; du salpêtre, du nitre, du pulvérin ; on y trouva de la poudre déjà complétement manutentionnée, d'autre qui n'avait pas passé par tous les degrés d'élaboration. Il s'en faisait plusieurs qualités, dont une semblable à celle de chasse ; les deux autres approchant plus de celle de guerre : trente livres de cette dernière étaient empaquetées dans un panier, et prêtes à sortir de l'atelier.

Le rapporteur entre ici dans de longs détails sur les divers accusés de la fabrication de poudre de la rue de l'Oursine, notamment sur Barbès et Blanqui ; il ajoute :

Ainsi, il était évident que la fabrication de la poudre partait d'une association secrète, et que cette association avait pour but l'anéantissement du gouvernement constitutionnel.

La première loi de cette association est de ne rien laisser subsister d'écrit : c'est ce qui explique la rareté des preuves; aussi celles qu'on possède ne sont dues qu'au hasard.

Pendant l'instruction du procès des poudres de la rue de l'Oursine, et le 13 mars 1836, l'autorité administrative transmit à l'autorité judiciaire un document qui n'est autre chose que le formulaire, par demandes et par réponses, de la réception des adeptes dans une société secrète, qui était celle des Familles. Quelque temps après, dans la même année de 1836, cette même pièce a été saisie imprimée chez Fayard, à l'occasion du procès des poudres de la rue Dauphine. Le même formulaire a été saisi à Carcassonne, en 1838, chez Alberny, écrit de la main de Barbès, et saisi de nouveau, en 1838, imprimé chez Nouguès.

L'identité de ces quatre pièces, sauf quelques différences légères, est manifeste. Leur concordance avec le portefeuille de Lamieussens et avec les papiers saisis chez Blanqui et chez Barbès est frappante ; en voici les passages les plus saillants :

« Le récipiendaire est introduit les yeux bandés; on lui fait prêter le serment suivant : Je jure de garder le plus profond silence sur ce qui va se passer dans cette enceinte.

« Le président lui adresse ensuite les questions qu'on va lire, auxquelles il doit faire les réponses qui vont être textuellement citées :

« 1° Que penses-tu du gouvernement actuel ? — Qu'il est traître au peuple et au pays.

« 2° Dans quel intérêt fonctionne-t-il ? — Dans celui d'un petit nombre de privilégiés.

« 3° Quels sont aujourd'hui les aristocrates ? — Ce sont les hommes d'argent, les banquiers, fournisseurs, monopoleurs, gros propriétaires, agioteurs, en un mot, les exploiteurs qui s'engraissent aux dépens du peuple.

« 4° Quel est le droit en vertu duquel ils gouvernent. — La force.

« 5° Quel est le vice dominant dans la société ? — L'égoïsme.

« 6° Qu'est-ce qui tient lieu d'honneur, de probité, de vertu ? — L'argent.

« 7° Quel est l'homme qui est estimé dans le monde ? — Le riche et le puissant.

« 8º Quel est celui qui est persécuté, méprisé, mis hors la loi?
— Le pauvre et le faible.

« 9º Que penses-tu du droit d'octroi, des impôts sur le sel et sur les boissons? — Ce sont des impôts odieux, destinés à pressurer le peuple en épargnant les riches.

« 10º Qu'est-ce que le peuple? — Le peuple est l'ensemble des citoyens qui travaillent.

« 11º Comment est-il traité par les lois? — Il est traité en esclave.

« 12º Quel est le sort du prolétaire sous le gouvernement des riches? — Le sort du prolétaire est semblable à celui du serf et du nègre, sa vie n'est qu'un long tissu de misères, de fatigues et de souffrances.

» 13º Quel est le principe qui doit servir de base à une société régulière? — L'égalité.

« 14º Quels doivent être les droits du citoyen dans un pays bien réglé? — Le droit d'existence, le droit d'instruction gratuite, le droit de participation au gouvernement : ses devoirs sont le dévouement envers la société, et la fraternité envers ses concitoyens.

« 15º Faut-il faire une révolution politique ou une révolution sociale? — Il faut faire une révolution sociale. — Le citoyen qui t'a fait des ouvertures t'a-t-il parlé du but de nos travaux? Ce but tu dois l'entrevoir déjà par nos questions, et nous allons en quelques mots te l'expliquer plus clairement encore. — Nous nous sommes associés pour lutter avec plus de succès contre la tyrannie des oppresseurs, de notre pays qui ont pour politique de maintenir le peuple dans l'ignorance et dans l'isolement; la nôtre doit être, par conséquent, de répandre l'instruction et de rallier les forces du peuple en un seul faisceau. Nos tyrans ont proscrit la presse et l'association; c'est pourquoi notre devoir est de nous associer avec plus de persévérance que jamais, et de suppléer à la presse par la propagande de vive voix; car tu penses bien que les armes que les oppresseurs nous interdisent sont celles qu'ils redoutent le plus, et que nous devons surtout employer. Chaque membre a pour mission de répandre, par tous les moyens possibles, les doctrines républicaines; de faire, en un mot, une propagation active, infatigable; promets-tu pour cela de joindre tes efforts aux nôtres?

« Plus tard, quand l'heure aura sonné, nous prendrons les armes pour renverser un gouvernement traître à la patrie. Seras-tu avec nous ce jour-là? Réfléchis bien, c'est une entreprise périlleuse: nos ennemis sont puissants; ils ont une armée, des trésors, l'appui des rois étrangers; ils règnent par la terreur. Nous autres, pauvres prolétaires, nous n'avons pour nous que notre courage et notre bon droit. Te sens-tu la force de braver le danger?

« Quand le signal du combat aura sonné, es-tu résolu à mourir les armes à la main pour la cause de l'humanité?

« Citoyen, lève-toi! voici le serment que tu dois prêter : Je jure de ne révéler à personne, même à mes plus proches parents, ce qui sera dit ou fait parmi nous; je jure d'obéir aux lois de l'association, de poursuivre de ma haine et de ma vengeance les traîtres qui se glisseraient dans nos rangs, d'aimer et de secourir mes frères, et de sacrifier ma vie et ma liberté pour le triomphe de notre sainte cause. Citoyen, nous te proclamons membre de l'association, assieds-toi.

« As-tu des armes, des munitions? Chaque membre, en entrant dans l'association, fournit une quantité de poudre proportionnée à sa fortune, un quarteron au moins. En outre, il doit s'en procurer pour lui-même deux livres. Il n'y a rien d'écrit dans l'association. Tu ne seras connu que par le nom de guerre que tu vas choisir. En cas d'arrestation, il ne faut jamais répondre au juge d'instruction. Le comité est inconnu, mais au moment du combat il est tenu de se faire connaître. Il y a défense expresse de descendre sur la place publique si le comité ne se met pas à la tête de l'association. Pendant le combat, les membres doivent obéir à leurs chefs suivant toute la rigueur de la discipline militaire. Si tu connais des citoyens assez discrets pour être admis parmi nous, tu nous les présenteras : tout citoyen qui réunit discrétion et bonne volonté mérite d'entrer dans nos rangs, quel que soit d'ailleurs son degré d'instruction. La société achève son éducation politique. »

Si quelque chose pouvait accroître la gravité d'un tel document, ce serait la saisie faite des papiers du sieur Barbès, non pas dans le domicile où il fut arrêté avec Blanqui, mais dans une résidence secrète qu'il occupait le 25 juillet 1835, et où il a passé cette même journée de juillet. Il faut s'empresser toutefois de dire que ce n'étaient point, à cette époque, des motifs politiques qui lui faisaient cacher sa demeure. C'est là, dans le domicile où il était le 28 juillet 1835, qu'on a trouvé la pièce suivante qu'il a reconnue pour être écrite en entier de son écriture :

« Citoyens!

« Le tyran n'est plus : la foudre populaire l'a frappé. Exterminons maintenant la tyrannie.

« Citoyens, le grand jour est venu, le jour de la vengeance, le jour de l'émancipation du peuple ; pour la réaliser, nous n'avons qu'à vouloir : le courage nous manquerait-il ?

« Aux armes ! aux armes ! que tout enfant de la patrie sache qu'aujourd'hui il faut payer sa dette à son pays ! »

Est-ce là, comme dit Barbès, un rêve jeté sur le papier ? ou ne serait-ce pas plutôt la preuve que les complices de Fieschi n'ont pas tous comparu devant la Cour des Pairs, et que les fils de ce terrible événement ne furent pas tous saisis par la justice ?

Une autre pièce du même inculpé, écrite sous la même inspiration, a été découverte dans le même lieu ; elle se termine par cette phrase, qu'on croirait avoir été écrite aux époques les plus atroces de 1793 :

« Peuple ! .. point de pitié ; mets nus tes bras, qu'ils s'enfoncent dans les entrailles de tes bourreaux ! ! !... »

Enfin, deux autres pièces ont été trouvées dans les mains du sieur Barbès : l'une est un ordre du jour fait en mai 1835 dans les sociétés secrètes, alors que depuis cette année elles étaient dissoutes par la loi, et qui avait pour but de contenir l'ardeur des sectaires ; à l'époque du procès d'avril dont la cour des pairs allait connaître ; l'autre est un plan de l'organisation de la Société des Familles. A la vérité, en tête de ce dernier article se trouve le chiffre de 1833, qui semblerait donner cette date à cet écrit ; mais on jugera, en la lisant, si les règles qu'elle établit pour les sociétés ne sont pas beaucoup plutôt applicables aux sociétés actuelles qu'à celles existant en 1833, qui, n'étant pas atteintes par une législation spéciale, vivaient au grand jour et marchaient ouvertement vers leur but.

Voici cette pièce :

« Chaque fraction de la société s'appelle Famille.

« La famille se compose de cinq initiés, qui se réunissent deux fois par mois sous la présidence d'un chef nommé par le centre.

« Pour être admis, il faut être majeur, jouir d'une bonne réputation, mener une bonne conduite, justifier de ses moyens d'existence, être doué de la plus grande discrétion.

« Les propositions se font au sein de la famille, qui discute le mérite du candidat, et peut le refuser ou l'accepter.

« Les noms, état et demeure du candidat sont immédiatement envoyés au centre pour que des renseignements bien scrupuleux soient pris sur la moralité, la sobriété, la discrétion, l'énergie du proposé.

« Avant que ces renseignements ne soient adressés au chef de famille, aucune ouverture ne doit être faite.

« Si les ouvertures sont acceptées, le présentateur remet au candidat une série de questions auxquelles il doit répondre avant sa réception.

« Les réceptions se font, les yeux bandés, par le chef de famille, en présence du proposant seulement.

« Autant que possible, elles doivent avoir lieu le jour, et, dans tous les cas, à la lumière.

» Le chef de famille ne doit jamais oublier de dire au récipiendaire qu'aucune trace de ce qui se fait ne subsiste; qu'il est impossible à la police de rien découvrir, et que, par conséquent, aucun aveu ne doit être fait en justice, à peine de passer pour un traître et d'être puni comme tel.

« L'on doit faire sentir au récipiendaire l'importance qu'il y a d'entrer dans la garde nationale.

« On doit poser des questions sur les armements et munitionnements.

« Les travaux sont dirigés par le chef de famille, qui, à l'ouverture des séances, fait le rapport de ce qui s'est passé à la séance précédente.

« Les travaux sont terminés par les propositions, présentations, perceptions des cotisations. »

En jetant un coup-d'œil sur ce qui vient d'être jusqu'à présent rapporté, on ne peut s'empêcher de remarquer combien la conduite des inculpés cadre fidèlement avec le système d'organisation qu'on vient de citer et avec les règles tracées aux initiés lors de leur admission.

Ainsi, il est recommandé aux associés de prendre de faux noms, et chez Lamieussens on trouve tous les surnoms des membres ; plus leur répartition en sections ou familles de cinq à six membres chacune, et chez Blanqui on saisit un grand nombre de listes de cinq à six noms.

Ainsi les statuts exigent que les membres se munissent de poudre et d'armes, et chez un grand nombre on en saisit : on en a trouvé un quarteron chez Barbès, selon les statuts, et on a arrêté en flagrant délit des membres de la société qui en confectionnaient.

En outre, il est défendu aux membres de répondre aux magistrats instructeurs, et les chefs de la société, quand ils sont arrêtés, ont soin de se conformer à cette prescription.

Ainsi Blanqui, ainsi Lamieussens, lorsqu'ils consentent à répondre, ne signent point les actes ; ainsi a fait Barbès, ainsi a fait Lamieussens, quand ils ont cru devoir répondre quelques mots.

Ces rapprochements ont un grand intérêt, en ce qu'ils prouvent que l'inculpation était dans le vrai lorsqu'elle reprochait aux individus poursuivis de faire partie de la Société des Familles, dont les règles d'organisation ont été trouvées chez Barbès, et les cadres ou partie des cadres chez Blanqui et chez Lamieussens.

Il a été saisi aux domiciles de la plupart des prévenus des paquets de cartouches reconnues pour n'avoir pas été confectionnées dans les arsenaux, et en outre des fusils, des pistolets, des sabres, des épées, et il leur a été impossible de justifier la possession de ces divers objets. La possession de ces armes est encore un acte d'obéissance aux statuts.

(Ici le rapport parle de diverses pièces et lettres qui ont été saisies chez Augustin Gay, qui figure sur les listes de Blanqui.)

Il serait inutile de retracer les faits et les preuves qui se rattachaient à chacun des individus compromis dans l'affaire des poudres de la rue de l'Oursine. Il suffit de rappeler que, par arrêt de la Cour royale en date du 23 octobre 1836, vingt-quatre d'entre eux, dont les noms suivent, ont été condamnés à diverses peines à raison de fabrication de poudre, savoir :

Alleron,	8 mois d'empris^t,	500 f. d'amende.			
Barbès,	1 an	id.	1000	id.	
Baudet,	4 mois	id.	300	id.	
Beaufour,	2 ans	id.	3000	id. 2 ans de surv^{ce}.	
Blanqui,	2 ans	id.	3000	id.	id.
Bruys,	4 mois	id.	300	id.	
Dupuis,	8 mois	id.	500	id.	id.
Eder,	10 mois	id.	1000	id.	
Espirat,	6 mois	id.	500	id.	
Fayard,	1 an	id.	500	id.	
Gay,	10 mois	id.	1000	id.	
Genin,	2 ans	id.	1000	id.	id.
Grivel,	10 mois	id.	1000	id.	id.
Herfort,	1 an	id.	1000	id.	
Lamieussens,	1 an	id.	1000	id.	
Lisbonne,	2 ans	id.	1000	id.	id.
Mulette,	8 mois	id.	500	id.	id.

Portier,	8 mois	id.	500	id.	
Quetin,	4 mois	id.	200	id.	
Raissant,	8 mois	id.	500	id.	
Robert,	2 ans	id.	300	id. 2 ans de surv^{ce}.	
Robier,	2 ans	id.	3000	id.	id.
Veinant,	6 mois	id.	500	id.	
Villedieu,	10 mois	id.	1000	id.	

Cet échec ne découragea point l'association dans ses efforts pour préparer la révolte ; la preuve de sa persévérance dans ce but coupable s'est produite de nouveau dans le procès fait en 1838 par suite d'une fabrication de cartouches constatée chez le sieur Raban, graveur au Palais-Royal ; procès qui a été terminé par une condamnation prononcée par la Cour royale, les 28 novembre 1838 et 30 janvier 1839, savoir : contre Raban, à 2 ans de prison, Lardon, 18 mois, et Dubosc, 3 mois.

L'instruction de ce procès a constaté que les individus condamnés, et plusieurs autres, ont été saisis en état de flagrant délit, au moment où ils fabriquaient des cartouches ; au domicile de Raban, on a saisi la poudre, le papier découpé destiné à envelopper les cartouches, les mandrins, les récipients de métal destinés à mesurer la poudre, 10,150 balles de divers calibres, avec les traces d'une fonte récente, des moules à balles, 8 kilogrammes de poudre. On saisit aussi, au moment où il se présentait, un individu porteur d'un panier contenant 50 livres de plomb.

Il serait inutile au procès actuel de discuter les preuves existantes contre les prévenus de l'affaire dont nous sommes conduits à parler incidemment, et les raisonnements par lesquels chacun d'eux cherchait à les combattre. La seule remarque qu'il soit utile de préciser en ce moment, c'est que les dépenses de cette fabrication, ainsi que l'achat des matières premières, les lettres saisies(1) où les individus sont désignés par des noms de convention, les antécédents des prévenus (2), tous atteints de poursuites ou de condamnations politiques ; tout indique que ces travaux, conséquences de la fabrication de poudre entreprise et avortée rue de l'Oursine, et préliminaire d'une révolte, n'étaient qu'un acte d'obéissance aux statuts de la Société des Familles, qu'on a déjà

(1) Notamment celle de Mlle Grouvelle à un individu désigné sous le nom d'Ours.
(2) Raissant avait été arrêté déjà quatre fois pour délit politique, condamné deux fois, puis amnistié en 1837. Bruys avait été condamné dans l'affaire des poudres, et Duffoubs arrêté et non condamné.

analysées ; les faits judiciaires que nous venons de faire connaître à la Cour constatent que les associations secrètes constituées dans la vue de renverser le gouvernement n'ont pas cessé un instant de tra-vailler à la tâche coupable que leurs membres s'étaient imposée. Si nous avions voulu vous faire connaître tous les renseignements que contiennent à cet égard les cartons de l'administration, ou même toutes les procédures politiques qui ont rempli l'intervalle écoulé depuis avril 1834, nous aurions pu grossir plus encore le pénible récit de ces longues menées ; mais nous avons mieux aimé ne vous présenter que des preuves épurées par les débats judi-ciaires, et dont les conclusions soient garanties par l'autorité irré-fragable de la chose jugée. Les deux affaires des poudres de la rue de l'Oursine et de la rue Dauphine ont tout-à-fait ce caractère : celle du *Moniteur républicain* et du journal *l'Homme libre*, qui oc-cupe depuis le 7 du courant la Cour d'assises de la Seine, doit vous être encore signalée comme indiquant la provocation à ces mêmes attentats, pour lesquels on avait déjà fabriqué de la poudre et des cartouches. Par là, le but de tous les complots, but jusqu'alors mystérieusement révélé aux adeptes des sociétés secrètes, a été clairement et énergiquement proclamé au grand jour, au nom du parti républicain ; c'est le renversement du gouvernement consti-tutionnel, la subversion de l'ordre social et de la propriété qui en est la base ; c'est le régicide enfin, érigé en doctrine par les plus abominables sophismes, accompagnés des plus hideuses, des plus frénétiques excitations.

Qu'on ne s'y trompe pas ! il ne s'agit point d'une production iso-lée de quelques individus en délire ; c'est une série d'écrits mis au jour dans un même but et par les mêmes moyens : c'est une espèce d'entreprise systématique et permanente à laquelle ont concouru des hommes de talents divers et d'une égale perversité ; des hom-mes de peine pour l'œuvre typographique, des écrivains dont quelques-uns sont étrangers à toute notion littéraire ; mais d'autres dont la plume, dans son horrible énergie, révèle les habitudes de l'art d'écrire.

Ces publications arrivent précisément au moment où elles pou-vaient servir le mieux les intérêts du parti anarchique. On avait commencé d'abord par réunir les munitions dans une quantité que la révolte de 1839 n'a que trop bien révélée, et par des moyens que les procès des poudres et celui des cartouches ont assez indi-qués. Il ne s'agissait plus que de préparer les esprits à l'accom-plissement de l'œuvre de destruction : ce fut l'objet du *Moniteur républicain* ; mais son horrible langage dépassa le but que se proposaient ses auteurs ; il excita le dégoût et l'épouvante. Pour atténuer ces résultats, on publia le journal de *l'Homme libre*, dont le titre, emprunté à un ancien journal du parti de Babœuf, indiquait que, sous des formes moins cyniques, il ne ferait pas non plus défaut aux idées de désordre et d'anarchie.

Le programme de cette série de publications incendiaires s'annonce dès l'abord avec une épouvantable netteté. On déclara « qu'on n'écrirait que ce que les lois défendent sous peine d'emprisonnement, d'amende ou même de condamnation capitale. » (*Prospectus du Moniteur républicain.*)

Peut-on déclarer la guerre avec plus d'audace à l'ordre social tout entier ?

Les premiers actes de ce nouveau mode d'agressions remontent aux premiers mois de 1837. Suspendus pendant quelque temps à l'époque de l'amnistie, ils ne tardèrent pas à reparaître dans les mois suivants. D'abord on vit paraître des proclamations incendiaires qu'on affichait nuitamment sur les murs de la capitale ; puis, à ces appels à la révolte, succédèrent des formulaires et ordres du jour des sociétés secrètes, des pièces contenant les plus graves offenses contre le roi, des provocations aux classes ouvrières ; puis apparut un premier journal, sous le titre de *Moniteur républicain*, qui pendant dix mois prêcha ouvertement le régicide et l'insurrection ; puis cette feuille fut remplacée par une autre qui, s'intitulant l'*Homme libre*, continua le même œuvre, concourut au même but, en s'attachant surtout à briser les principes sociaux, et principalement celui de la propriété, base de tous les autres.

Dans les premiers jours d'avril 1837, on trouva dans plusieurs quartiers de Paris une proclamation séditieuse affichée sur les murs ; elle était intitulée : *Au peuple*, commençait par ces mots : « Ouvriers, après avoir versé votre sang, etc., » et finissait par ces mots : « Liberté, égalité, indivisibilité. Imprimerie de la république. » Cette proclamation avait pour but de provoquer la classe ouvrière à la révolte et au renversement de la royauté. On y lisait : « N'avez-vous pas été trompés ? Un autre Bourbon, entouré d'une poignée d'intrigants, ne vous a-t-il pas frustrés de tous les avantages de votre victoire ? Levez-vous, ouvriers, sortez de ce honteux et imprudent repos ! Levez-vous pour briser le joug de la royauté et des Bourbons... pour émanciper le monde, pour le purger des crimes de la royauté, pour proclamer la république. »

On ne parvint point à découvrir les auteurs de ce pamphlet, mais on arrêta, dans la nuit du 7 au 8 avril, trois individus qui paraissaient occupés à afficher cette audacieuse proclamation. Parmi eux figurait un nommé Fombertaux. Il fut à cette époque traduit aux assises, à raison de ce fait, avec les nommés Bastel et Joanini, mais il fut acquitté ainsi que ces derniers.

Dans le courant du même mois d'avril 1837, un autre placard, également adressé à la classe ouvrière, fut affiché dans Paris; il commence par ces mots : « Citoyens, braves ouvriers de Paris, lorsqu'après une trop longue oppression, etc., » et finit par ceux-ci : « Vive la liberté! Salut et fraternité. »

On y trace d'abord du gouvernement de Juillet un tableau calomnieux, tendant à le faire haïr et mépriser. On le qualifie « d'inique, d'infâme, se faisant un appui des scélérats les plus antipathiques à la nation, violant les lois, établissant des tribunaux sanguinaires, composés d'hommes vendus; peuplant les prisons et les bagnes de patriotes, d'hommes généreux dont le crime est d'aimer leurs frères et leur patrie; ayant rougi les échafauds du sang des plus ardents défenseurs de la liberté, etc., etc. » Le placard se termine par cet appel à la révolte : « Frères, réunissons-nous. L'heure de la vengeance est arrivée; frappons sans relâche pour établir la fraternité entre les peuples... C'est au bruit du tocsin et de la fusillade que nous verrons s'enfuir nos oppresseurs. Courage donc, et bientôt les airs retentiront des cris répétés de : Vive la liberté! »

Le 16 avril, on saisit trois exemplaires de ce placard sur le nommé Argout, ouvrier imprimeur; mais il prétendit les avoir trouvés sur la voie publique. On fit toutefois une perquisition à son domicile et dans l'imprimerie où il est employé, et on y saisit deux autres pièces portant, comme les précédentes, ces mots : *Imprimerie de la République*, et sur lesquelles il est nécessaire de s'arrêter.

L'une est intitulée : *Ordre du jour. Phalanges démocratiques. Paris.* Elle commence par ces mots : « Citoyens, votre comité est enfin constitué, etc. » Elle finit par ceux-ci : Egalité, fraternité. Imprimerie de la République. »

Cette pièce révèle l'existence d'une société d'anarchistes enrôlés pour le régicide et le renversement du gouvernement. L'ordre du jour et le formulaire dont on parlera tout-à-l'heure ont été imprimés et distribués. Pour fixer ce but à l'association et pour l'y conduire, il commence par annoncer la réorganisation de la Société secrète des Familles , dont plusieurs membres furent poursuivis et condamnés en 1836 et 1837. Il apprend que les ci-devant Familles s'appelleront désormais Pelotons, nom beaucoup plus clair et plus significatif. Puis il énumère les causes qui ont fait échouer toutes les tentatives révolutionnaires , nommément les insurrections purement défensives, dans lesquelles l'ardeur des soldats s'est inutilement consumée par le défaut d'organisation dans le parti républicain, et par le manque de dévouement dans les chefs. Un effet de ces déplorables fautes que l'on ne saurait trop blâmer, c'est que nombre de républicains voyant ainsi les chefs manquer à leur devoir, imaginèrent à plusieurs reprises de se défaire du tyran principal. A part tout ce qu'avaient de louable leurs projets , il n'y avait pas de vrais succès à en espérer , car ce n'est pas tout de tuer le tyran , il faut encore anéantir la tyrannie ; on ne pouvait et l'on ne peut encore obtenir ce double résultat qu'au moyen de l'union de tous les républicains : plus que jamais l'union fait la force.

Aussi le comité, touché de l'insuffisance ou du danger des attaques isolées, se réserve-t-il, par l'article 9, expressément la direction des coups que la société doit porter pour atteindre le double résultat. « Aucun sectionnaire , y est-il dit , ne pourra rien tenter contre la tyrannie ou contre les tyrans sans son ordre formel... Couper une tête à l'hydre, c'est très-bien ; mais ce serait mieux de l'écraser tout entière. »

Quant aux devoirs des membres du comité, ils ne diffèrent pas de ceux des sectionnaires ; il n'y en a qu'un de plus : « C'est le devoir impérieux de provoquer ou de saisir le moment propice de l'insurrection... Nous voulons tous , dit le comité , une révolution sociale et radicale... Le peuple et les travailleurs utiles produisant tout ont droit exclusif à tout... »

Donc, l'établissement de la république est moins un but qu'un moyen de faire passer les biens des possesseurs qui ne travaillent pas aux travailleurs qui ne possèdent rien.

Tels sont, au milieu de tant de principes extravagants et criminels, ceux à l'aide desquels on espère agir plus efficacement sur les masses et les pousser dans la carrière des révolutions.

Ces idées se trouvent plus nettement exposées dans le *Formulaire* dont la promulgation était annoncée par le dernier article de l'*Ordre du jour*. Cette pièce est à-la-fois une formule d'affiliation et un sommaire de la doctrine de la société. On y lit que le récipiendaire doit prêter serment « d'abattre la tyrannie et contribuer au triomphe de l'égalité des conditions sociales, fondée sur le partage égal de tous les produits de la terre et de l'industrie. » La conquête de cette précieuse égalité inspire ces conseils de courage et de persévérance, qui sont donnés à tous les adeptes, et ces engagements qu'ils prennent de braver et d'affronter sans vanité, à tout instant, les cachots, le bagne, la mitraille ou l'échafaud.

Le formulaire recommande la prudence : si les patriotes avaient été moins légers jusqu'à présent, nos tyrans auraient depuis longtemps mordu la poussière.

Quant au serment, il consiste... à exécuter sans réplique les ordres de ses chefs... à poursuivre jusqu'à la mort, sans relâche, et par tous les moyens, l'établissement complet de la république par l'égalité des travaux et des jouissances.

Puis, après l'admission, on recommande au nouvel adepte de se procurer des armes... de faire de la propagande écrite ou verbale, de rechercher surtout les liaisons avec l'armée, etc.

Ici le rapport cite un placard trouvé vers la fin d'avril, puis une pièce en vers intitulée : Au Roi, et des fragments du *Moniteur républicain* et de *l'Homme libre*. Le rapporteur cherche à établir les rapports qui unissent l'affaire de la rue de l'Oursine, celle de la fabrication des cartouches, et la publication du *Moniteur républicain* et de *l'Homme libre* à l'insurrection des 12 et 13 mai.)

Il n'est que trop évident que toutes ces menées, toutes ces attaques, aboutissent à un centre commun, dont les formes ont pu varier, mais dont la tendance est inflexible, et dont les moyens d'action restent les mêmes.

L'association a d'abord existé presque publiquement sous le nom de Société des Droits de l'Homme ; dissoute en 1834, elle renaquit de ses cendres sous le nom nouveau de Société des Familles, qui, à son tour, fut frappée par la loi en 1837. Au moment de l'insurrection du 13 mai, c'était la Société du Printemps ou des Saisons, qui paraissait réunir dans son sein le plus grand nombre des révoltés.

L'organisation de cette société a été exposée par le prévenu Nouguès avec une grande netteté dans son interrogatoire du 8 de ce mois (de juin), subi devant M. le chancelier. Il a déclaré que la plus petite subdivision se compose de six hommes et d'un chef ; cette subdivision forme une semaine, et le chef s'appelle un dimanche ; quatre semaines réunies composent un mois, et présentent vingt-huit hommes, et vingt-neuf avec le chef, qui s'appelle un juillet ; trois mois forment une saison , qui est commandée par un chef qu'on appelle un printemps ; une saison comprend quatre-vingt-huit hommes ; enfin, quatre saisons réunies forment une année , commandée par un chef qui s'appelle agent révolu- tionnaire.

Nouguès a déclaré également que , d'après le nombre des chefs qu'il a vus, il n'y avait pas plus de trois années que Barbès, Blan- qui , Martin Bernard, étaient chefs au même titre ; il a ajouté que la Société des Saisons a succédé à celle des Familles.

Il paraît que la Société des Saisons ne se concentrait pas à Paris. Elle devait, comme celles qui l'avaient précédée, chercher à éten- dre sur toute la France son fatal réseau. Malgré le mystère dont son organisation même lui permettait de s'environner , l'autorité a pu suivre ses trames secrètes ; mais il ne saurait entrer dans notre mission de reproduire ici ses développements divers. Un seul fait, se rattachant intimement par l'un des accusés aux événe- ments de mai, doit ici nous suffire ; c'est à l'un des membres du comité exécutif, c'est à Barbès qu'il appartient encore. Avant de venir à Paris, Barbès habitait le département de l'Aude. Une par- tie de sa famille y réside , et il y possède quelques propriétés. Dans ses divers voyages à Carcassonne , Barbès n'a pas perdu de vue les intérêts criminels dont il était là le représentant , et il a cherché à y créer une société secrète.

C'est pour cela qu'il avait remis à un sieur Alberny un docu- ment relatif à la réception des nouveaux affiliés. Ce document n'est, en quelque sorte , que la répétition de celui que l'autorité administrative avait transmis, en 1836, à l'autorité judiciaire , et dont nous avons déjà eu l'honneur de vous parler.

A côté de cet écrit, dont la lecture nous dispense de tout com- mentaire, fut saisie à la même époque une pièce tout entière de la main du sieur Alberny, et qui prouve quels étaient déjà les effets de ce prosélytisme coupable. C'est encore un formulaire , par questions, à l'usage des récipiendaires ; il participe tout-à-la-fois de celui qui avait été administrativement obtenu, et de l'œuvre de Barbès.

Il atteste par-là toute la puissance d'action de cette propa- gande anarchiste, à la tête de laquelle ce dernier s'était placé. A ce titre , il est, à nos yeux, comme le complément de cet ordre de faits.

Du reste, à Carcassonne comme à Paris, les théories à l'aide desquelles on voulait tenter les instincts populaires et entraîner les masses ne s'arrêtaient pas à une révolution politique. — Le nivellement des propriétés était aussi, comme nous l'avons déjà dit, la tendance avouée et le résultat promis. C'est ainsi qu'en 1837, sous le prétexte d'un appel à la bienfaisance publique, Barbès, Alberny et quatre autres personnes publièrent à Carcassonne un écrit intitulé : *Quelques Mots à ceux qui possèdent, en faveur des prolétaires sans travail.*

Le rapporteur cite cette pièce, qui est signée Armand Barbès; Alberny aîné ; Fages, avocat ; Doux jeune, négociant ; Trinchant ; Paliopy.

Telles ont été, Messieurs, dans ces derniers temps, et jusqu'au jour de l'insurrection, les dispositions mystérieuses à l'aide desquelles l'esprit de révolte s'alimentait lui-même, en s'excitant incessamment au bouleversement et à la guerre civile.

1839 fut choisi comme l'année pendant le cours de laquelle devait être tenté le nouveau coup de main du parti. Aux circonstances appartenait le choix du moment ; mais afin qu'elles ne fussent pas plus fortes que les conspirateurs, il importait, pour les armes, pour le plan, pour le nombre, d'être prêts à chaque signal. Aussi, le premier soin que devaient prendre les chefs auxquels il fallait obéir, suivant toute la rigueur de la discipline militaire, était de rappeler à Paris tous ceux qui s'en étaient éloignés.

Barbès était de ce nombre ; il était allé prendre sa part, à Carcassonne et à Montpellier, de la dernière agitation électorale.

Aux premiers jours d'avril, il se trouvait encore dans le département de l'Aude. Le 9 avril, il fit viser à Carcassonne son passeport pour Toulouse. Au moment de son départ, il disait à ses voisins de campagne, à ses amis de la ville et à ses serviteurs, qu'il allait passer une quinzaine de jours à Marseille ou à Toulon, et le 23 il arrivait à Paris.

Quel est le motif de ce brusque départ? de ce mystère qui l'entoure? de ce soin avec lequel Barbès donne le change à ceux auxquels il est contraint d'avouer son projet? de cette fausse direction qu'il imprime, dans ses confidences forcées, à son voyage?

Le passé de Barbès avait répondu d'avance ; mais l'attentat des 12 et 13 mai est venu donner à cette réponse une terrible confirmation. Ce qu'il importe d'établir ici, c'est que, si Barbès est parti pour se trouver à Paris aux jours de la révolte, il n'a pas, en cela, spontanément obéi à sa propre impulsion.

(Ici le rapport cherche à établir que ce fait signale le comité de Paris comme ralliant autour de lui les hommes d'action dont la présence importait aux projets de l'association. Il cite à l'appui de cette allégation l'enveloppe d'une lettre trouvée chez Barbès, et une lettre de Moulins trouvée sur Maréchal.)

Nous n'avons rien à ajouter à la lecture de ce dénouement. Par lui, vous le voyez, Messieurs, lorsque nous vous annoncions tout à l'heure qu'au moment où l'attentat avait été résolu, un appel avait été adressé à tous les fanatismes, nous n'avons été que les historiens fidèles d'un fait acquis aujourd'hui comme une terrible vérité.

Cet appel fut entendu. Barbès, Maréchal, et tous ceux dont les noms appartiennent encore aux recherches judiciaires revinrent à Paris.

Là tout fut organisé pour la lutte. Le comité exécutif s'assemble souvent, et toujours dans des lieux différents, cherchant ainsi à cacher à l'autorité qui veillait ses criminelles menées. Son premier soin fut de dresser ses plans d'attaque, de distribuer les grades, d'instituer un gouvernement provisoire, de rédiger, pour le combat, un ordre du jour. Par cet ordre du jour, Auguste Blanqui était investi du commandement en chef; Barbès, Martin-Bernard, Meillard, Nétré, étaient nommés commandants des divisions des armées républicaines.

Comme pour le *Moniteur républicain* et l'*Homme libre,* une presse clandestine servit à l'impression de cette proclamation, que le pays aurait ignorée sans le hasard qui a permis à la justice d'en saisir un exemplaire et de le soumettre à votre attention. Vous allez juger par sa lecture de tout ce qu'il y a de persévérance et d'intensité dans les rêves incendiaires des coupables.

« Aux armes, citoyens!

« L'heure fatale a sonné pour les oppresseurs.

« Le lâche tyran des Tuileries se rit de la faim qui déchire les entrailles du peuple; mais la mesure de ses crimes est comblée : ils vont enfin recevoir leur châtiment.

« La France trahie, le sang de nos frères égorgés crie vers vous et demande vengeance; qu'elle soit terrible, car elle a trop tardé. Périsse enfin l'exploitation, et que l'égalité s'asseye triomphante sur les débris confondus de la royauté et de l'aristocratie.

« Le gouvernement provisoire a nommé des chefs militaires pour diriger le combat; ces chefs sortent de vos rangs; suivez-les, ils vous mèneront à la victoire.

« Sont nommés :

« Auguste Blanqui, commandant en chef ;

« Barbès, Martin-Bernard, Quignot, Meillard, Nétré, commandants des divisions de l'armée républicaine.

« Peuple, lève-toi ! et tes ennemis disparaîtront comme la poussière devant l'ouragan. Frappe, extermine sans pitié les vils satellites complices volontaires de la tyrannie ; mais tends la main à ces
soldats, sortis de ton sein, et qui ne tourneront point contre toi
des mains parricides.

« En avant ! vive la république !

« *Les Membres du gouvernement provisoire,*

« BARBÈS, VOYER-D'ARGENSON, AUG. BLANQUI,
LAMENNAIS, MARTIN-BERNARD, DUBOSC,
LAPONNERAYE.

» Paris, le 12 mai 1839. »

« Des proclamations au peuple et à l'armée, et un décret du
gouvernement provisoire sont sous presse. »

Les noms qui se trouvent sur cette proclamation ont dû vous
frapper, messieurs.—C'est Auguste Blanqui, dont les antécédents
vous sont si bien connus, et dont nous aurons plus tard à vous
entretenir.—C'est Barbès, qui appartient aussi à votre juridiction,
et par son passé et par le lien des faits actuels. — Ce sont après
Blanqui et avec Barbès, Martin-Bernard, Quignot, Meillard, Nétré, Laponneraye, qui doivent à un grand nombre de poursuites
politiques une influence de clubs et une illustration de parti. —
C'est Dubosc, qui a joué dans l'affaire des poudres un rôle important et qui y a été condamné à plusieurs mois de prison. — D'autres noms, étrangers sans aucun doute aux crimes que le complot
préparait et que l'attentat devait réaliser, figurent à côté de ces
noms. Mais il est bien facile de comprendre la spéculation d'une
telle manœuvre. N'oubliez pas que l'insurrection espérait un double résultat ; que par l'inauguration d'un gouvernement républicain
et par le nivellement des fortunes elle promettait une révolution
politique et sociale à-la-fois.—Faut-il s'étonner, après cela, que,
pour donner à son œuvre de destruction une signification complète, elle ait eu la pensée de s'adjoindre, par le mensonge, l'influence de ces situations connues dont la présence est un drapeau
et dont la personnalité est un symbole.

Quoi qu'il en soit, et en dehors de la recherche de la part de responsabilité qui doit s'attacher à chacune des signatures, l'ordre du jour n'en reste pas moins comme preuve de ce complot permanent, sous la menace duquel, depuis 1834, nous étions incessamment placés. C'est une réminiscence des temps de Fieschi : c'est un acte semblable à cette proclamation manuscrite de Barbès, qu'il a voulu faire admettre à une autre époque comme le jeu d'une imagination en délire. — Aux jours de cette explication, il n'était pas de raison humaine qui pût croire à sa vraisemblance. — Mais aujourd'hui, lorsqu'après cinq années le même fait se reproduit sous la même forme, dans le même style, et avec la même violence, alors surtout qu'une sanglante réalisation a suivi la menace, le doute n'est plus possible, et l'identité d'origine est démontrée.

JOURNÉES DES 12 ET 13 MAI.

Nous touchons au moment de la lutte : les partis vont descendre dans la rue. N'allez pas croire que le jour ait été choisi sans discernement, et que l'heure où ils doivent se réunir et attaquer soit livrée au hasard !

Vous savez quelles étaient les circonstances politiques au milieu desquelles nous nous trouvions alors. L'anarchie avait espéré qu'il lui serait facile de les exploiter à son profit, et, depuis le moment fixé pour l'ouverture des Chambres, elle était en permanence, prête à marcher au premier signal.

Au jour de la première réunion parlementaire, elle n'attesta sa présence au milieu de nous que par un attroupement tumultueux, formé aux environs du Palais-Bourbon, attroupement qui se laissa facilement dissiper par un simple déploiement militaire et par l'intervention pacifique de la force municipale.

Depuis, elle ne manifesta ses intentions que par ces rassemblements qui, pendant quelques soirées, occupèrent la porte Saint-Denis et la porte Saint-Martin ; rassemblements inoffensifs, que grossit presque toujours une téméraire curiosité, et que les partis n'aventurent sur la voie publique qu'à titre d'essai.

Mais pendant que ces divers essais fatiguaient la population en l'inquiétant, le jour de l'attaque était délibéré et choisi. Depuis longtemps, les sections avaient désigné un dimanche ou un jour de fête. Ces jours-là, et après le moment où se ferment les magasins, une grande partie de la population active de la capitale quitte Paris pour quelques heures. Le dimanche 12 mai, par l'attrait des courses du Champ-de-Mars, cette émigration d'un instant devait être plus considérable. Il y avait là, dans l'absence présumée des chefs de l'administration supérieure, et dans l'impossibilité, pour la garde nationale, de se réunir au premier rappel, avec cet élan, cet ensemble, cette unité, qui font sa force, un double motif de détermination.

Un motif non moins grave se présentait. Nous étions alors à l'époque où s'opère, pour les régiments, le mouvement général des changements de garnisons. Ce mouvement avait déjà commencé à Paris, et il devait continuer le dimanche 12. Vous comprenez dès-lors, Messieurs, tout ce qu'il y avait d'habileté dans ce calcul, qui tentait d'enlever, par la surprise, à l'armée, la force que lui donne l'unité de son organisation, en l'attaquant au moment où, fractionnée pour le départ comme pour l'arrivée, elle restait sans ensemble au milieu de nous.

Une fois que le comité central eut ainsi déterminé le jour de la révolte, il importait au succès de sa criminelle tentative de fixer, avec la même précision, l'heure à laquelle elle devait éclater. Il fallait aussi modérer l'impatience des uns, gourmander la mollesse des autres, assurer l'exactitude de tous. Une convocation écrite fut alors adressée aux sectionnaires ; et c'est encore par Emile Maréchal que la preuve en est venue à l'autorité judiciaire. Le 13 mai, l'un de MM. les juges d'instruction près le Tribunal de la Seine se transporta à l'hospice Saint-Louis, où se trouvaient déjà un assez grand nombre de blessés. Maréchal venait d'y mourir ; son identité était déjà reconnue. Une perquisition dans les vêtements qu'il portait était nécessaire ; elle amena la saisie d'un petit fragment de papier, ayant à-peu-près un pouce carré de dimension, et sur lequel se trouvaient ces mots :

> MARCHAND DE VINS,
> Rue Saint-Martin, 10.
> —
> **2 heures 1/2.**

Malgré le laconisme de cet écrit, il n'est personne qui puisse se refuser à y lire le mot d'ordre du parti et l'heure militaire qu'il a fixée : il se suffit à lui-même pour cela. Mais les circonstances extérieures qui l'entourent affirment bien mieux encore cette signification.

Nous vous prierons d'abord de remarquer les conditions mêmes de sa saisie. Elle a été opérée dans les effets de l'un des factieux, à l'hospice où il venait de mourir, alors qu'il avait reçu le coup mortel, dès le 12, quelques instants après l'heure constatée par l'écrit. Quand un tel rendez-vous a entraîné Maréchal au fort de la lutte et a amené pour lui une conséquence aussi fatale, est-il permis de douter de toute la portée d'un tel document?

L'origine de ce mot de convocation est plus significatif encore : il est tout entier de la main de Barbès. A cet égard, malgré le silence de cet inculpé, l'hésitation est impossible. Une expertise a constaté en effet qu'il est émané de lui ; que c'est son écriture franche et courante. Il sera d'ailleurs soumis à votre vérification ; et comme l'écriture de Barbès a un caractère assez remarquable qui lui est propre et qui la distingue des écritures ordinaires ; comme le billet saisi a été tracé sans déguisement, vous pourrez, nous n'en doutons pas, exercer sur cette pièce du procès une juridiction infaillible.

Ce billet de convocation, écrit d'une telle main, traversant une insurrection sanglante, pour être découvert et saisi sur le lit de mort d'un révolté, est un fait immense. Le complot qui arrête, concerte, prépare, réunit, convoque et jette à l'attaque ; le complot est là tout entier.

Nous touchons du reste au moment où l'insurrection, qui n'est encore qu'en état de projet, va se matérialiser en quelque sorte et se transformer en attentat. L'heure est donnée, et, fidèles à cette heure, les sectionnaires divisés en petits groupes, conformément aux statuts mystérieux de l'association, se répandent dans Paris. Vers deux heures, un mouvement inaccoutumé se fait remarquer dans les rues Saint-Martin, Saint-Denis, et dans les rues adjacentes. Des jeunes gens assez nombreux, différents de costumes, de manières, de conditions, se rencontrent, se parlent, et paraissent se lier les uns aux autres par l'intimité d'une communication secrète. Ils se réunissent chez divers marchands de vins, et notamment chez celui qu'indiquait Barbès dans sa convocation. Ils s'y trouvent toujours en assez petit nombre, mais les allées et venues de quelques-uns indiquent que ces divers groupes se mettent en rapport tous ensemble, que les revues se passent, que les chefs se font reconnaître, que les mots d'ordre s'échangent. En ce moment, il est deux heures et demie, le complot est arrivé à son terme et la révolte va commencer.

(Ici le rapport fait connaître la marche de l'insurrection pendant

les journées des 12 et 13 mai (1), puis il termine ainsi la partie relative aux faits généraux.)

Tels sont, Messieurs, dans leur ensemble, les faits déplorables
de ces deux journées.

Leur résumé judiciaire est dans leur exposé même. C'est le complot avec les conditions qui le constituent d'ordinaire, et avec une
permanence sans exemple.

C'est l'attentat avec tous les caractères qui le placent au rang du
plus énorme des crimes politiques.

C'est le meurtre avec la hideuse escorte de la préméditation et
du guet-apens.

Ces crimes divers, avec leur triple caractère, rentrent-ils dans
les termes constitutionnels de votre compétence?

Cette compétence doit-elle s'exercer aujourd'hui?

Quel doit être le premier acte de votre haute juridiction?

Telles sont, Messieurs, avant d'entrer dans l'appréciation des
charges individuelles, les questions que nous devons examiner avec
vous.

La compétence de la Cour repose sur l'article 28 de la Charte
constitutionnelle, qui porte: « La Chambre des pairs connaît des
« crimes de haute trahison et des attentats à la sûreté de l'État,
« qui seront définis par la loi. »

Les crimes de haute trahison n'ont point été définis par la loi;
mais le chapitre 1er du titre 1er du livre III du Code pénal, ré-
visé par la loi du 28 avril 1832, définit et qualifie les attentats à la
sûreté de l'État. S'il est vrai que, parmi les crimes auxquels la loi
donne cette qualification, il puisse s'en trouver qui n'appellent
point l'intervention de votre haute juridiction, il en est d'autres
qui, par leur origine, leur nature et leur portée, ressortissent essentiellement de cette institution protectrice et répressive à-la-fois,
que la Charte constitutionnelle a placée dans le sein de l'un des
grands pouvoirs politiques de l'État.

Les faits dont nous venons de vous donner connaissance ont
une importance qui n'a pas échappé à votre attention: ils sont
présentés comme ayant été prémédités et préparés par une association qui après avoir mis en œuvre, pour entraîner les masses
populaires, les séductions les plus dangereuses, a pris les armes,

_____

(1) Tous les faits qui ont signalé ces deux journées devant nécessairement se reproduire
et se discuter contradictoirement lors des débats; nous avons pensé qu'il était inutile de les
rapporter ici.

a fait irruption dans les rues et sur les places publiques , s'est rendue coupable de pillage et d'assassinat , et qui , en s'efforçant d'exciter les citoyens à la guerre civile , avait pour but de renverser le gouvernement du Roi et d'y substituer un gouvernement républicain.

Ainsi , dans le cas où ces crimes seraient établis , ils rentreraient, d'une part, dans la définition des faits que l'article 4 de la loi du 11 avril 1834 place spécialement dans les attributions de la Chambre des pairs , et , d'une autre part , ils présenteraient , par leur gravité , par leur violence , par les dangers dont ils ont menacé la chose publique , les caractères qui les rangeraient parmi les attentats dont cette haute Cour de justice doit se réserver la connaissance.

Votre pensée a dû surtout être frappée de la nature des provocations adressées à la multitude , de ces efforts incessamment renouvelés pour exciter les plus mauvaises passions, de ces recommandations d'une propagande active qu'on entreprenait d'étendre à l'armée, et enfin de cette témérité inouïe avec laquelle les coupables ont passé de la provocation par paroles à la provocation par l'exemple, appelant le combat par le combat, et essayant d'imprimer aux uns la terreur, aux autres la confiance par le succès d'un premier coup de main.

Les inculpés sont nombreux, Messieurs, et si les faits divers qui leur sont imputés se réunissent sous la qualification d'attentat qui leur est commune, ils se divisent cependant suivant le temps , suivant les lieux , comme aussi sous le rapport des circonstances qui les ont constitués, et de la part différente que chacun d'eux y a prise.

Ainsi, les inculpés ont à répondre sur des faits divers entre lesquels peut exister la connexité, telle qu'elle est définie par l'art. 227 du Code d'instruction criminelle, mais qui ne constituent point un fait identique auquel ils aient tous concouru.

En droit, d'abord, la connexité des crimes et des délits n'entraîne jamais nécessairement l'unité d'accusation et des débats, et cette jonction des procédures n'est même établie, comme une règle générale, par l'art. 226 du Code d'instruction criminelle, que lorsqu'à l'égard des délits connexes les pièces se trouvent produites en même temps devant la chambre d'accusation.

Ici, Messieurs, nous sommes précisément dans les termes de la loi, puisque nous vous demandons de statuer par un seul et même arrêt sur les crimes dont les pièces se trouvent produites devant vous.

Les autres instructions se poursuivent, aucune d'elles n'est encore complète, et vous avez sous les yeux tous les résultats qui sont, quant à présent, acquis et complets.

Cette marche, tracée par la loi, est aussi celle que commandaient d'une part les nécessités matérielles d'une affaire dans laquelle se trouve encore un très-grand nombre d'inculpés, et, de l'autre, l'intérêt public, qui demande que le grand jour des débats vienne promptement éclairer les causes d'un attentat si audacieux dans son exécution, si cruel dans ses conséquences.

La marche que nous vous proposons de suivre à ce sujet est conforme à celle qui est constamment suivie dans des circonstances analogues par la justice ordinaire. L'état de contumace de l'un ou de plusieurs des prévenus ou des accusés n'empêche pas le jugement de ceux qui sont présents; il en est de même du cas de mort, d'aliénation mentale ou de maladie réputée longue ou incurable, survenu à l'une des personnes poursuivies. Ceux à l'égard desquels la procédure est complète ont droit d'être jugés: de longs délais seraient à leur égard un déni de justice.

L'impossibilité de juger à-la-fois un très-grand nombre d'individus n'est pas moins insurmontable que celle qui résulte de l'absence ou du décès. Exiger en ce cas un jugement simultané et unique, ce n'est pas vouloir le procès; c'est proclamer l'impunité des crimes de ce genre.

Ici les prévenus auraient d'autant moins à se plaindre que la marche qu'on propose est celle que suivraient en pareil cas les tribunaux ordinaires; c'est celle qu'a suivie la Cour d'assises de Paris, pour le jugement de l'insurrection de juin 1832.

Les faits à raison desquels chacun des prévenus est poursuivi, et qui forment la base de la compétence de la Cour des pairs, sont des faits qualifiés attentats par la loi; des faits dont le complot n'est pas une condition constitutive, et qui tirent leur criminalité de leur nature propre et du but individuel de ceux qui les ont tentés ou consommés.

Ainsi, vous n'avez qu'à examiner si les individus sur lesquels nous vous proposons aujourd'hui de statuer se présentent à vous entourés de charges suffisantes. Plus tard, et à mesure que l'instruction se complétera à l'égard des autres, nous viendrons vous en soumettre les résultats. Nous avons pensé que ce mode de procéder était le plus propre à éviter la confusion, à rapprocher de chaque accusé la discussion des preuves et la décision des juges, et à dégager la position de chacun d'eux des circonstances étrangères qui pourraient obscurcir la vérité.

Nous avons la conscience que le parti qui vous est aujourd'hui proposé est tout à-la-fois le plus conforme au droit commun, le plus favorable aux prévenus, et les plus désirable dans l'intérêt de la société tout entière.

Dans le cas où la Cour, comme nous le pensons, se déclarera compétente, elle aura à examiner les charges individuelles qui pèsent contre chacun des prévenus, et à décider si elles constituent des charges suffisantes pour autoriser la mise en accusation.

La deuxième partie du rapport fait connaître les charges relatives à chacun des inculpés, nous croyons encore devoir renvoyer cette partie aux débats, où tous les faits seront discutés contradictoirement. Les rapporter ici serait s'exposer à une répétition complétement inutile.

Réquisitoire.

Après la lecture de ce rapport, qui a duré plus de cinq heures, M. Franck-Carré, procureur-général, a été introduit, et a donné lecture d'un réquisitoire qui se termine ainsi :

Dans ces circonstances,

Le procureur-général requiert

Qu'il plaise à la Cour se déclarer compétente ;

Et attendu qu'il résulte de l'instruction, qu'en 1839 des attentats ont été préparés, concertés, arrêtés et commis à Paris, dans le but, 1o de détruire et changer le gouvernement ; 2o d'exciter les citoyens ou habitants à s'armer contre l'autorité royale ; 3o d'exciter la guerre civile en armant ou en portant les citoyens ou habitants à s'armer contre l'autorité royale ; 3o d'exciter à la guerre civile en armant ou en portant les citoyens ou habitants à s'armer les uns contre les autres ;

Attendu qu'il en résulte des charges suffisantes :

Premièrement, contre Armand Barbès :

1o D'avoir commis les attentats ci-dessus spécifiés, en prenant part, soit au concert qui les a précédés et préparés, soit aux faits qui les ont consommés ;

2o D'avoir, à la même époque, commis volontairement et avec préméditation un homicide sur la personne du sieur Drouineau, lieutenant au 21e régiment de ligne ;

Secondement, contre Pierre-Théophile Nouguès : d'avoir commis les attentats ci-dessus spécifiés, en prenant part, soit au concert qui les a précédés et préparés, soit aux faits qui les ont consommés ;

Troisièmement, contre Jacques-Henri Bonnet, d'avoir commis les attentats ci-dessus spécifiés, en prenant part, soit au concert qui les a précédés et préparés, soit aux faits qui les ont consommés ;

Quatrièmement, contre Louis Roudil, d'avoir commis les attentats ci-dessus spécifiés, en prenant part aux faits qui les ont consommés ;

Cinquièmement, contre Grégoire-Hippolyte Guilbert, d'avoir commis les attentats ci-dessus spécifiés, en prenant part aux faits qui les ont consommés ;

Sixièmement, contre Joseph Desalde, d'avoir commis les attentats ci-dessus spécifiés, en prenant part aux faits qui les ont consommés ;

Septièmement, contre Pierre-Antoine Mialon, déjà condamné à une peine afflictive et infamante, 1° d'avoir commis les attentats ci-dessus spécifiés, en prenant part aux faits qui les ont consommés ; 2° d'avoir, à la même époque, commis volontairement, avec préméditation et guet-apens, un homicide sur la personne du maréchal-des-logis Jonas.

Huitièmement, contre Rodolphe-Auguste Austen, d'avoir commis les attentats ci-dessus spécifiés, en prenant part aux faits qui les ont consommés ;

Neuvièmement, contre Jean-Louis Lemière, dit *Alibert,* d'avoir commis les attentats ci-dessus spécifiés, en prenant part aux faits qui les ont consommés ;

Dixièmement, contre Joseph Walsh, d'avoir commis les attentats ci-dessus spécifiés, en prenant part aux faits qui les ont consommés ;

Onzièmement, contre Lucien-Firmin Philippet, d'avoir commis les attentats ci-dessus spécifiés, en prenant part, soit au concert qui les a précédés et préparés, soit aux faits qui les ont consommés ;

Douzièmement, contre Jean-Baptiste Leharzic, d'avoir commis les attentats ci-dessus spécifiés, en prenant part, soit au concert qui les a précédés et préparés, soit aux faits qui les ont consommés ;

Treizièmement, contre Florent Dugas, d'avoir commis les attentats ci-dessus spécifiés, en prenant part aux faits qui les ont consommés ;

Quatorzièmement, contre Jules Longuet, d'avoir commis les attentats ci-dessus spécifiés, en prenant part aux faits qui les ont consommés ;

Quinzièmement, contre Pierre-Noël Martin, d'avoir commis les attentats ci-dessus spécifiés, en prenant part aux faits qui les ont consommés ;

Seizièmement enfin contre Auguste Blanqui, Martin Bernard(*), Georges Meillard et Doy, ces quatre derniers inculpés en fuite, d'avoir commis les attentats ci-dessus spécifiés, en prenant part, soit au concert qui les a précédés et préparés, soit aux faits qui les ont consommés ;

Crimes connexes prévus par les articles 87, 88, 89, 91, 295, 296, 297, 298 et 302 du Code pénal ;

Mettre en accusation lesdits Barbès, Nouguès, Bonnet, Roudil, Guibert, Delsade, Mialon, Austen, Lemière, Walsh, Philippet, Lebarzic, Dugas, Longuet, Pierre-Noël Martin, Blanqui, Martin Bernard, Meillard et Doy ;

Ordonner que lesdits accusés seront pris au corps et conduits dans telle maison de justice qui sera désignée par la Cour, pour être ultérieurement jugés par elle, au jour qu'il lui plaira déterminer.

Fait à Paris, au parquet de la Cour des pairs, le 11 juin 1839.

Le 12 juin M. le procureur-général lit un réquisitoire supplémentaire ainsi conçu :

Réquisitoire supplémentaire.

« Le procureur-général du Roi près la Cour des pairs,

« Vu les pièces de la procédure instruite contre Eugène Marescal, Aimé Pierné et Louis-Nicolas Grégoire.

« Attendu que ces instructions sont aujourd'hui complètes; attendu qu'il en résulte charges suffisantes contre les susnommés d'avoir, au mois de mai 1839, commis des attentats ayant pour but 1° de détruire et de changer le gouvernement ; 2° d'exciter les citoyens à s'armer contre l'autorité royale ; 3° d'exciter la guerre civile, en armant et en portant les citoyens à s'armer les uns contre les autres, en prenant part aux faits qui ont consommé lesdits attentats.

« Crimes prévus par les articles 87, 88 et 91 du Code pénal ;

(*) Martin Bernard a été arrêté le 21 juin.

3

« Requiert qu'il plaise à la Cour mettre les susnommés en accusation, et ordonner qu'ils seront pris au corps et conduits en
telle maison de justice qu'il plaira à la Cour de désigner pour être
ultérieurement jugés au jour qui sera fixé par la Cour.

« Fait au parquet de la Cour des pairs le 12 juin 1839.

Arrêt de la Cour.

« La Cour des pairs,

« Ouï dans la séance du 11 de ce mois, M. Mérilhou, en son
rapport de l'instruction ordonnée par l'arrêt du 15 mai dernier ;

« Ouï dans la même séance et dans celle de ce jour, le procureur-général du roi en ses dires et réquisitions ; lesquelles réquisitions, par lui déposées sur le bureau de la Cour, signées de lui,
sont ainsi conçues ;

(Suit le texte des réquisitoires rapportés plus haut.)

« Après qu'il a été donné lecture, par le greffier en chef et son
adjoint, des pièces de la procédure, et après en avoir délibéré hors
la présence du procureur-général dans les séances des 11 et 12 du
présent mois ;

« En ce qui touche la question de compétence ;

« Attendu qu'il appartient à la Cour d'apprécier si les faits qui
lui ont été déférés par l'ordonnance royale du 14 mai dernier, et
qui sont imputés aux inculpés dénommés dans les réquisitoires
du procureur-général du roi, rentrent dans la classe des attentats
prévus et définis par les articles 87 et suivants du Code pénal, et
l'article 4, § 1er de la loi du 10 avril 1834, et dont l'article 28 de
la Charte constitutionnelle attribue la connaissance à la Chambre
des pairs ;

« Attendu que la simultanéité des mêmes agressions sur divers
points de la capitale, la part qu'y ont prise des associations illicites, la nature des moyens par lesquels ces agressions ont été
préparées, le concert qui aurait existé entre les inculpés, leurs
fauteurs et complices, le but publiquement avoué de renverser la
constitution de l'état par la violence et la guerre civile, caracté-
risent les crimes d'attentat contre la sûreté de l'État définis par
l'article ci-dessus du Code pénal, et impriment au plus haut degré à ces crimes le caractère de gravité qui doit déterminer la Cour
à en retenir la connaissance.

« Attendu que la procédure dont les pièces sont produites devant la Cour est complète à l'égard des dénommés aux réquisitoires du procureur-général; que dès-lors il y a lieu de statuer sur ce qui les concerne.

« Au fond :

« En ce qui concerne Barbès (Armand), Nouguès (Pierre-Louis-Théophile), Bonnet (Jacques-Henri), Roudil (Louis), Guilbert (Grégoire-Hippolyte), Delsade (Joseph), Mialon (Jean-Antoine), Austen (Rodolphe-Auguste-Florence), Lemière (Jean-Louis), dit Albert, Walch (Joseph), Philippet (Lucien-Firmin), Lebarzic (Jean-Baptiste), Dugas (Florent), Longuet (Jules), Martin (Pierre-Noël, Marescal (Eugène), Pierné (Aimé), Grégoire (Louis-Nicolas), Blanqui (Auguste), absent, Bernard (Martin), absent, Meillard, absent, Doy, absent.

« Attendu que de l'instruction résultent contre eux charges suffisantes d'avoir commis à Paris, au mois de mai dernier, un attentat dont le but était, soit de détruire, soit de changer le gouvernement, soit d'exciter les citoyens ou habitants à s'armer contre l'autorité royale, soit d'exciter la guerre civile, en armant ou en portant les citoyens ou habitants à s'armer les uns contre les autres ;

« Crimes prévus par les art. 87, 88, 89 et 91 du Code pénal ;

« En ce qui concerne Barbès (Armand) :

« Attendu que de l'instruction résultent contre lui charges suffisantes d'avoir, le 12 mai dernier, et dans l'exécution dudit attentat, commis avec préméditation un meurtre sur la personne du sieur Drouineau, lieutenant au 21e régiment de ligne ;

« Crime prévu par les art. 295, 296, 297, 298 et 302 du Code pénal ;

« En ce qui concerne Mialon (Jean-Antoine), déjà condamné à une peine afflictive et infamante ;

« Attendu que de l'instruction résultent contre lui charges suffisantes d'avoir, le 12 mai dernier, et dans l'exécution dudit attentat, commis avec préméditation un meurtre sur la personne du maréchal-des-logis Jonas ;

« Crime prévu par les art. 295, 296, 297, 298 et 302 du Code pénal :

« La Cour se déclare compétente ;

« Ordonne la mise en accusation des ci-dessus dénommés ;

« Ordonne en conséquence que les susnommés seront pris au

corps et conduits dans la maison d'arrêt que la Cour autorise le président à désigner ultérieurement pour servir de maison de justice près d'elle ;

« Ordonne que ce présent arrêt sera notifié, à la diligence du procureur-général, à chacun des accusés ;

« Ordonne que les débats s'ouvriront au jour qui sera ultérieurement indiqué par le président de la Cour, et dont il sera donné connaissance au moins cinq jours à l'avance à chacun des accusés ;

« Ordonne que le présent arrêt sera exécuté à la diligence du procureur-général du roi.

« Fait et délibéré à Paris, le mercredi 12 juin 1839, en la chambre du conseil où siégeaient :

« M. le baron Pasquier, chancelier de France, président de la Cour, et MM. le duc de Mortemart, le duc de Montmorency, le maréchal duc de Reggio, le comte Lemercier, le duc de Castries, le duc de Caraman, le comte Molé, le marquis de Mathan, le comte Ricard, le baron Séguier, le comte de Noé, le comte de la Roche-Aymon, le duc de Massa, le duc Decazes, le comte Claparède, le baron Mounier, le comte Reille, le comte de Sparre, le comte de Germiny, le comte de La Villegontier, le baron Dubreton, le comte de Bastard, le marquis de Pange, le comte Portalis, le duc de Crillon, le comte Siméon, le comte de Tascher, le comte de Breteuil, le comte Dejean, le vicomte Dode, le vicomte Dubouchage, le duc de Brancas, le comte de Montalivet, le comte Cholet, le duc de Montébello, le comte Lanjuinais, le marquis de Laplace, le duc d'Istrie, le duc de Périgord, le marquis de Crillon, le marquis Barthélemy, le marquis d'Aux, le comte de Bondy, le baron Davillier, le comte Gilbert des Voysins, le comte d'Anthouard, le comte de Caffarelli, le comte Excelmans, le comte de Flahaut, le vice-amiral comte Jacob, le vicomte Rogniat, le comte Philippe de Ségur, le comte Perregaux, le baron de Lascaurs, le comte Roguet, le comte de La Rochefoucauld, le comte Gazan, Girod de l'Ain, le baron Athalin, Aubernon, Besson, le président Boyer, Cousin, le comte de Desroys, Dutaillis, le baron de Fréville, le comte Gautier, Heudelet, le baron Malouet, le comte de Montguyon, le baron Thénard, Tripier, le comte de Turgot, le baron Zangiacomi, le comte de Ham, le comte Béranger, le baron Berthezène, le comte de Colbert, le comte de La Grange, Félix Faure, le comte de Labriffe, le comte Daru, le baron Feigre, le baron Saint-Cyr-Nugues, le baron Duval, le comte de Beaumont, le baron Brayer, le baron de Reynach, la marquis de Rumigny; Barthe, le comte d'Astorg, le baron Brun de Villeret, de Cambacérès, le vicomte Chabot, le marquis de Cordoue, le baron Feutrier, le baron Fréteau de Pény, le comte Pernety, de Ricard, le comte de La Riboissière, le marquis de Rochambeau, le comte de Saint-Aignan, le vicomte Siméon, le comte de Lezay-Marnezia, le comte de Rambuteau, le baron Mortier, de Bellamare, le baron de Morogues, le baron Voysin de Gartempe, le duc de Cadore, le marquis d'Andigné, de la Blanchaye, le marquis d'Audiffret, le comte de Monthyon, le marquis de Chanaleilles, Chevandier, le baron Dariule, le baron Delort, le baron Dupin, le comte Durosnel, le marquis d'Escayrac de Lauture, le comte d'Harcourt, le baron Jacquinot, Kératry, le comte d'Audenarde, le vice-amiraal Halgan, le comte Marchand, Mérilhou, le comte de Mosbourg, Odier, le baron Pelet, le baron Pelet (de la Lozère), Périer, le baron Petit, le chevalier Tarbé de Vauxclairs, le vicomte Tirlet, le vicomte Villiers du Terrage, le vice-amiral Willaumez, le baron de Gérando, le baron Rohaut de Fleury, Laplagne-Barris, Rouillé de Fontaine, le baron de Daunant, le marquis de Cambis d'Orsan; le comte Harispe, le vicomte de Jessaint, le baron de Saint-Didier, le vicomte de Rosamel, le baron Nau de Champlouis, Gay-Lussac, le vicomte Schramm, lesquels ont signé avec le greffier en chef de la Cour. »

Débats.

1ʳᵉ AUDIENCE. — 27 JUIN.

Appel nominal des pairs. — Interrogatoire des accusés sur leurs noms, prénoms, professions et domiciles. —Lecture de l'acte d'accusation. — Question préjudicielle de disjonction. — Mᵉ Arago. — Mᵉ La-fargue. — M. le procureur-général. — Mᵉ Dupont.

Les mesures de sûreté prises au Luxembourg font en quelque sorte ressembler ce palais à une vaste caserne militaire. Le service est fait conjointement par la garde nationale, la troupe de ligne et la garde municipale : une brigade de la gendarmerie départementale est préposée au service intérieur de la salle. Au reste, ce déploiement inusité de forces ne se manifeste en rien au dehors : la principale porte du Luxembourg n'est gardée, comme à l'ordinaire, que par deux factionnaires, et une vingtaine de curieux stationnent aux abords de cette porte.

C'est dans l'étroite enceinte réservée à ses séances législatives que la Cour va siéger. A la place où s'élève ordinairement l'estrade occupée par le fauteuil de M. le président et les siéges de MM. les membres du bureau, on a construit cinq rangs de banquettes. Les deux premières entourées d'une draperie bleue à liserés rouges et recouvertes d'un drap vert, sont destinées aux dix-huit avocats qui doivent porter la parole dans l'affaire. Les trois suivantes, beaucoup plus longues que les précédentes et occupant derrière toute l'étendue de l'hémicycle, couvertes d'une simple serge verte, sont destinées aux accusés et à leurs gardes. Ces banquettes sont coupées au milieu par un passage qui est destiné à faciliter le placement des accusés.

Dans la partie la plus reculée des places ont été réservées ; sur le premier rang, une banquette avec pupîtres pour les sténographes du *Moniteur*, admis au nombre de six. Des tabourets placés derrière eux sont destinés aux officiers supérieurs de service. La partie intermédiaire est destinée aux gardes supplémentaires qui doivent, pendant toute la durée de l'audience, veiller debout sur les accusés.

Le bureau de M. le président est à la place qu'il occupait dans le procès d'Alibaud et de Laity, à la droite des accusés. En face de son siége est le bureau du ministère public, plus bas, et dans le couloir, celui de MM. les secrétaires du parquet ; en face de ce bureau est placé celui de MM. Zangiacomi et Perot, juges d'instruction, qui ont préparé les premiers éléments de l'instruction.

La distribution intérieure de la salle n'a pas été entièrement changée ; seulement des siéges supplémentaires ont été placés au premier rang, pour ceux de MM. les pairs dont les places habituelles ont été envahies par le bureau du président et du ministère public.

Les pupîtres destinés aux journalistes occupent le premier rang de la tribune haute. A droite et à gauche sont les places réservées au public, et auxquelles on n'est admis qu'avec des billets. Aucune femme n'a été admise dans la salle. Les tribunes basses situées à droite et à gauche et placées derrière les fauteuils des membres de la Cour, sont, celles de droite, disposées pour les fils de MM. les pairs, pour les ministres, les membres du corps diplomatique et les officiers-généraux de service au château ; celles de gauche pour MM. les députés. Des huissiers de la Chambre élective sont spécialement affectés au service de cette tribune.

A onze heures précises un huissier donne l'ordre aux factionnaires de la porte principale de laisser entrer les personnes munies de billets. Les cartes ont été distribuées avec beaucoup de mesure, car les tribunes publiques ne sont pas entièrement pleines.

Les travaux intérieurs de la salle ne sont pas encore entièrement terminés. Les tapissiers, les menuisiers, les serruriers, s'empressent à l'envi de mettre la dernière main à leurs travaux, tandis que des garçons de salle, armés d'énormes balais de plumes, enlèvent l'épaisse couche de poussière dont les pupîtres et les fauteuils de MM. les pairs sont couverts.

Au milieu des vestes des ouvriers et des gens de service, on voit à de rares intervalles briller les collets brodés d'or de MM. les pairs, qui viennent marquer leurs places ou prendre connaissance de la nouvelle disposition de la salle. Les derniers coups de marteau retentissent encore au moment où l'horloge du palais sonne midi, et M. le grand-référendaire vient hâter par sa présence le zèle des travailleurs, qui bientôt cèdent la place en emportant leurs outils.

Les avocats des accusés sont aussitôt introduits, et prennent place sur les deux banquettes qui leur ont été destinées.

Voici leurs noms : MM^{es} Dupont et Arago pour Barbès et Martin Bernard ; Paillet pour Nouguès (d'office); Blanc pour Bonnet ; Jules Favre pour Roudil ; Liguiers pour Guilbert ; Bertin pour Delsade; Lequerre pour Mialon ; Genteur pour Austen; Nogent-Saint-Laurent pour Lemière (d'office) ; Hemerdinger pour Walch; Grevy pour Philippet ; Barre pour Labarzic (d'office); Benoît pour Dugas; F. Barrot pour Longuet ; Barbin pour Noël Martin ; Puybonnieux pour Marescal (d'office) ; Madier-Montjau pour Pierné (d'office) ; et Lafargue pour Grégoire.

A midi et quelques minutes on apporte M. Bigot de Morogues.

A midi trois quarts un huissier annonce : *La Cour.*

La Cour entre en séance, M. le chancelier en tête, et prend place au milieu du plus profond silence.

M. Franck-Carré, procureur-général, MM. Nouguier et Boucly ses substituts sont introduits.

Au même moment, la porte placée dans le fond, au milieu de l'hémicycle, s'ouvre, et la vue des bonnets à poils et des schakos des gendarmes annonce que les accusés vont être amenés sur les bancs. Cette opération se fait à trois reprises et avec un court intervalle. Les accusés, à leur entrée dans la salle, sont tous tenus par le bras par le gendarme qui les accompagne, et qui ne les quitte que lorsqu'ils sont assis.

Les accusés prennent place sur leurs bancs dans l'ordre indiqué dans le tableau suivant :

14	15	16		19	18	17	
7	8	9	10	13	12	11	»»
1	2	3		6	5	4	

1 Barbès. | 2 Martin Bernard. | 3 Bonnet. | 4 Roudil. | 5 Guilbert. 6 Mialon. | 7 Delsade. | 8 Lemière. | 9 Austen. | 10 Walch. | 11 Lebarzic. | 12 Philippet. | 13 Dugas. | 14 Nouguès. | 15 Longuet. | 16 Martin. | 17 Marescal. | 18 Pierné. | 19 Grégoire.

M. Cauchy, secrétaire-archiviste, fait l'appel nominal. Voici le nom de MM. les pairs qui n'ont pas répondu, et qui ne pourront assister aux débats, ni participer au jugement :

MM. de Valentinois, Vaudreuil, de Tarente, Lemercier, de Beauveau, Maison, Latrémouille, de Brissac, d'Aligre, Boissy, de Bellune, Compans, Biron, de la Guiche, de Louvois, de Meung, Talaru, Veyran, Morel-Vindé, Sarran, Laroche-Aymon, Choiseul-Gouffier, Barante, Beker, d'Houdetot, Delaforest, Mollien, Pontécoulant, comte Pelet, Rampon, Saint-Simon, Truguet, d'Aramon, d'Aragon, Conégliano, Praslin, de Coigny, Portal, Darriule, Molitor, Guilleminot, Puységur, Eymeric, Courtaval, d'Ambrugeac, Richebourg, Davoust, Ducayla, Boissy-d'Anglas, Noailles, duc de Larochefoucault, Chateaubriant, Abrial, Dreux-Brézé, Soult, Sesmaisons, Richelieu, Duperré, Boisgelin, Cessac, Lepoitevin; Turenne, Aubernon, Pajol, Philippe de Ségur, Perregaux, Grammont, Emerillon, Bonnet, comte de Larochefoucault, Gazan, Bertin de Vaux, Fezensac, Humblot-Conté, Lamoignon, Arnano, Roussin, Villemain, Mareuil, Jurrieu, Grenier, Guehenneuc, Grouchy, Baudran, Preyssac, Duchatel, général Gérard, Rumigny, Saint-Cricq, Soult, Tavasnes, Gasparin, Bernard, Aymard, Corbineau, Lamoussaye, Prony, Ricard, maréchal Vallée, Ledru des Essarts, de Cadore, Bresson, Bessière, Brigode, Cardeville, d'Abancourt, Humann, Poisson, Bourdeau, Lombard, Sébastiani, Castellane, baron Talleyrand, Voirol, Dupont-Delporte, d'Herwoyn.

On remarque que MM. les pairs de France, duc de Dalmatie, baron Duperré, Villemain, ministres, n'ont pas répondu à l'appel, et ne se sont pas fait excuser pour cause de maladie. On remarque encore MM. le lieutenant-général Pajol, commandant la place de Paris, et le maréchal Gérard, commandant supérieur de la garde nationale, parmi les pairs absents.

M. LE CHANCELIER. — L'audience est ouverte.

Barbès, levez-vous! (Profond silence.) Comment vous appelez-vous?

BARBÈS, d'une voix forte et accentuée : Armand Barbès.

M. LE PRÉSIDENT. — Quel est votre âge?

BARBÈS. — 29 ans.

M. LE PRÉSIDENT. — Quel est votre état?

BARBÈS. — Propriétaire.

M. LE PRÉSIDENT. — Où demeurez-vous?

BARBÈS. — Je suis maintenant écroué à la prison du Luxembourg.

M. LE PRÉSIDENT. — Où demeuriez-vous auparavant ?

BARBÈS. — A Fourton, près Carcassonne, département de l'Aude.

M. LE PRÉSIDENT. — Où êtes-vous né ?

BARBÈS. — A la Pointe-à-Pître (Guadeloupe.)

M. LE PRÉSIDENT. — Avez-vous fait choix d'un défenseur ?

BARBÈS. — Oui, Monsieur. (Mes Dupont et F. Arago se lèvent.)

. M. le président interroge ensuite les autres accusés dans la même forme et dans l'ordre suivant. Ils répondent ainsi qu'il suit :

2e accusé, Martin Bernard, âgé de trente ans, ouvrier imprimeur, né à Montbrison (Loire) ; demeurant à Paris, rue Hautefeuille, 9.

3e Bonnet (Jacques-Henri), âgé de vingt-huit ans, graveur, né à Genève, demeurant à Paris, rue Bourg-l'Abbé, 16.

4e Roudil (Louis), âgé de dix-neuf ans, ouvrier en parapluies, né à Ruines (Cantal), demeurant à Paris, rue Michel-le-Comte, 28.

5e Guilbert (Grégoire-Hippolyte), âgé de trente-sept ans ; corroyeur, né à Breteuil (Oise), demeurant à Paris, rue Neuve-d'Angoulême, 10.

6e Mialon (Jean-Antoine), âgé de cinquante-six ans, terrassier, né à Petit-Fressanet (Haute-Loire), demeurant à Paris, quai Napoléon, 29.

7e Delsade (Joseph), âgé de trente-deux ans, tabletier, né à Romain (Moselle), demeurant à Paris, place de la Rotonde, 84.

8e Lemière (Jean-Louis), âgé de vingt-trois ans, tabletier, né à Sèvres (Seine), demeurant à Paris, rue Guérin-Boisseau, 8.

9e Austen (Rudolph-Auguste-Florence), âgé de vingt-trois ans, bottier, né à Dantzick, demeurant à Paris, rue de la Haumerie, 6.

10e Walch (Joseph), âgé de vingt-sept ans, menuisier, né à Sutlz (Haut-Rhin), demeurant à Paris, rue Saint-Ambroise, 8.

11e Le Barzic (Jean-Baptiste), âgé de vingt-trois ans, chauffeur, né à Saint-Mandé (Seine), demeurant à Paris, rue Lenoir, 9.

12e Philippet (Lucien-Firmin), âgé de quarante ans, contre-maître dans une fabrique de cardes, né au Petit-Crèvecœur (Oise), demeurant aux Batignolles, rue Saint-Louis, 30.

13e Dugas (Florent), âgé de 34 ans, menuisier-mécanicien, né à Châteaudun (Eure-et-Loir), demeurant à Paris, rue Basfroid, 12.

14°, Nouguès (Pierre-Louis-Théophile), âgé de 23 ans, imprimeur, né à Paris, y demeurant, rue de la Bûcherie, 15.

15°, Longuet (Jules), âgé de 23 ans, commis-voyageur, né à St-Quentin (Aisne), demeurant à Paris, rue Quincampoix, 11.

16°, Martin (Pierre-Noël), âgé de 19 ans, cartonnier, né à Paris, y demeurant, rue de Bretagne, 2.

17°, Marescal (Eugène), 33 ans, ouvrier en décors, né à Caen (Calvados), demeurant à Paris, rue de la Calandre, 22.

18°, Pierné (Aimé), âgé de 18 ans, chaussonnier, né à Saint-Avold (Moselle), demeurant à Paris, rue de Montreuil, 31.

19°, Grégoire (Louis-Nicolas), âgé de 40 ans, fabricant de paillassons, né à St-Cloud (Seine-et-Oise), demeurant à Paris, rue des Lyonnais, 7.

MM. Gauchy et Léon de la Chauvinière donnent lecture de l'arrêt de renvoi et de l'acte d'accusation. Pendant cette lecture, qui n'occupe pas moins de deux heures, les regards de l'auditoire se portent avec curiosité sur les accusés.

Barbès est d'une haute taille : il porte des moustaches et une barbe épaisse. Sa figure est belle, grave, fortement caractérisée, et l'extrême pâleur de ses traits donne à sa physionomie un certain mélange de fermeté et de mélancolie. Barbès est entièrement vêtu de noir. Pendant l'appel nominal, Barbès promène ses regards sur les bancs de la Cour et semble suivre de l'œil, à l'appel de chaque nom, ceux des pairs qui répondent.

Martin Bernard est aussi d'une haute stature, son attitude est ferme et pleine d'assurance ; il regarde souvent Barbès, et semble échanger avec lui des signes d'intelligence.

Nouguès, placé à l'extrémité de droite du troisième banc, conserve une apparente tranquillité. Ses cheveux sont longs et bouclés.

Austen paraît d'une santé frêle et débile, et son attitude contraste avec la gravité des faits spéciaux dont on l'accuse.

Delsade, Lemière et Walch n'offrent rien de remarquable.

Roudil et Guilbert sont fort occupés à considérer tout ce qui les entoure.

Mialon a le costume d'un manouvrier.

Lebarzic, avec sa veste de velours, sa figure ouverte, a l'air d'un bon et brave ouvrier ; sa tenue est modeste, il conserve pendant la lecture de l'acte d'accusation la plus complète immobilité.

Philippet est un homme qui, arrivé à l'âge mûr, paraît avoir conservé toute la vigueur de la jeunesse. Sa figure est pleine d'expression, ses traits fortement caractérisés. Il porte les cheveux coupés très-courts et a laissé croître sa barbe.

Martin, Marescal et Longuet semblent, par leur contenance, être étrangers à ce qui se passe. Il en est ainsi de Pierné et Grégoire.

Pour l'intelligence des débats qui vont s'ouvrir, nous citerons la partie de l'acte d'accusation relative aux faits particuliers imputés aux accusés.

« L'un des accusés, le nommé Nouguès, signalait Blanqui, Barbès et Martin Bernard comme les principaux chefs de la Société des Saisons, et par suite comme ceux de l'insurrection. Nouguès est un jeune compositeur d'imprimerie déjà poursuivi en 1836 pour avoir coopéré à une tentative qui avait pour but de favoriser l'évasion de Blanqui, alors arrêté, en l'arrachant, dans le Palais-de-Justice, des mains d'un gendarme qui le reconduisait en prison après un interrogatoire. Nouguès prétend n'avoir jamais appartenu à la Société des Saisons; mais il en connaît, dit-il, toute l'organisation, parce qu'il a des relations nombreuses et intimes avec des hommes qui y sont affiliés, et notamment avec Martin Bernard. Deux lettres saisies l'une à son domicile, l'autre chez la personne à qui elle avait été adressée, attestaient la part qu'il avait prise aux attentats du 12 mai. Deux fusils, dont l'un provient du pillage commis dans les magasins des frères Lepage, et dont l'autre a la crosse cassée, ont été également saisis cachés dans le lit d'une femme avec laquelle il avait eu les rapports les plus intimes et chez qui, après le combat, il les avait lui-même apportés. Sa culpabilité, ainsi démontrée, n'avait point besoin d'être confirmée par ses aveux. Il convient qu'il était au pillage de la rue Bourg-l'Abbé, à l'attaque du poste du Châtelet, à l'attaque de l'Hôtel-de-Ville, à l'attaque du marché St-Jean, où il a tiré sur le poste, et enfin derrière les barricades de la rue Grenétat, où il a encore tiré quelques coups de fusil. Il avoue même que, poussé par un sentiment de remords et de pitié, il a imploré le pardon de l'un des soldats frappés mortellement au marché St-Jean, ce qui indique qu'il se considérait comme personnellement coupable de cet homicide. Sa franchise, si complète en ce qui le concerne, n'est pas sans réserve en ce qui concerne les autres. Il s'impose des bornes qu'il ne craint pas de faire connaître. Il dit hautement qu'il ne veut pas consentir à jouer le rôle de délateur, et que s'il parle de ce qu'ont fait Blanqui, Barbès et Martin Bernard, c'est parce qu'il ne dit rien à cet égard qui ne soit de notoriété publique.

Il semble donc qu'on peut le croire quand il affirme que Blanqui était l'un des chefs les plus influents de l'insurrection, et qu'il l'a vu rue Bourg-l'Abbé au moment du pillage des armes, à l'Hôtel-de-Ville, et à l'attaque de la mairie du 6e ou du 7e arrondissement ; quand il ajoute que Martin Bernard était aussi un des chefs, et qu'il l'a vu presque dans tout le courant de la marche du rassemblement dont il a fait lui-même partie ; quand il signale enfin Barbès comme ayant été constamment à la tête de ce même rassemblement.

Quant à Barbès, qui a été arrêté dans la soirée du 12 mai, et qui a pu être confronté avec les témoins, les charges élevées contre lui par l'information sont si graves que les déclarations mêmes de Nouguès ne peuvent y rien ajouter.

Trois jours avant l'insurrection, il a déposé chez la dame Roux, rue Quincampoix, dans le voisinage du magasin d'armes qui depuis a été pillé, une malle pleine de cartouches et de boîtes de capsules. C'est sa main qui a tracé le billet trouvé dans les vêtements du nommé Maréchal, et qui indiquait le lieu et l'heure où devait se réunir la division à laquelle Maréchal appartenait.

Il était à la tête du rassemblement qui est entré chez la dame Roux en son absence, et après avoir brisé la porte de son logement pour prendre les cartouches qui y avaient été déposées.

C'est lui enfin qui commandait la troupe par laquelle a été assailli le poste du Palais-de-Justice. Au signalement donné du chef de cette troupe, il était impossible de reconnaître Barbès, et, parmi les témoins auxquels il a été représenté, il en est cinq qui ont certifié l'identité de la manière la plus positive. L'un d'entre eux a prêté son témoignage avec une émotion qui le rend plus imposant encore. On doit donc considérer comme constant que Barbès est l'homme qui a sommé le lieutenant Drouineau de rendre ses armes, et qui, sur son refus, lui a donné la mort.

Enfin Barbès a été arrêté dans la soirée du 12 mai, peu de temps après que les dernières barricades élevées dans le quartier St-Martin venaient d'être renversées. On l'a vu cherchant à s'échapper du dernier champ de bataille de la sédition, de l'une des rues où elle s'était concentrée et où elle avait été cernée. Ses mains étaient noircies de poudre ; le sang coulait d'une blessure qu'il avait reçue à la tête, et deux autres blessures plus légères attestaient cependant l'opiniâtreté de sa résistance.

Lorsqu'il est ainsi prouvé que Barbès a pris la part la plus active aux attentats du 12 mai, et qu'il faut même lui imputer l'un des plus odieux assassinats dont leurs auteurs se soient souillés, hésitera-t-on à croire Nouguès quand il ajoute que Barbès était à l'Hôtel-de-Ville, et qu'il y a lu une proclamation; quand il affirme que Barbès dirigeait encore cette attaque du marché Saint-Jean, qui se présente avec des caractères si tristement semblables à ceux qui ont marqué l'attaque du Palais-de-Justice?

Aussi Barbès, quoi qu'il ait constamment refusé de donner aucune explication dans les interrogatoires qu'il a subis, a cependant fait une sorte d'aveu de son crime dans la première phrase qu'il a prononcée devant le juge. On lui demandait son nom : « On me connaît bien, répondit-il ; vous comprenez qu'entre vous et moi ce serait une mauvaise comédie : on sait bien ce que je veux ; je dois être résigné aux conséquences de ce que j'ai fait. » Cette même pensée, il la reproduit plus tard en d'autres termes quand il dit : « Entre vous et nous il ne peut pas y avoir de véritable justice, et je ne veux pas prendre un rôle dans le drame qui va se jouer : vous êtes les hommes de la royauté, et moi le soldat de la cause de l'égalité. »

On a déjà vu que le premier fait important du 12 mai fut celui des diverses distributions de cartouches au moment de la prise d'armes des révoltés.

La rumeur publique désigna les trois accusés, Bonnet, Meillard et Doy, comme les auteurs de cette distribution. Deux d'entre eux avaient pris la fuite ; Bonnet seul fut arrêté. Après quelques hésitations et quelques réticences, il convint du fait en lui-même. Il fut contraint aussi d'avouer que c'était Meillard et lui qui avaient descendu la malle dans la rue. Là s'arrêtèrent ses aveux. Il prétendit que la malle venait de Meillard, qui lui en avait laissé ignorer le contenu, ainsi qu'à Doy. Mais la communauté de vie qui existait entre eux trois ne permet pas de prendre au sérieux une allégation qui s'attache à un absent, pour justifier, sans danger pour lui, l'intervention de celui-là seul que la justice a pu arrêter.

La journée du 12 mai fut employée par Bonnet de manière à ne pas laisser de doute sur la culpabilité de ce premier acte. Après avoir pris part à la distribution des cartouches, il se mêla au milieu de la distribution des armes pillées. De là, on le revit encore au moment où l'insurrection éclatait, rue St-Martin, rue St-Merry, rue des Arcis, à l'engagement de la rue de la Vannerie, et au marché St-Jean au moment du massacre de ce poste. A cet égard, les faits sont acquis à l'accusation par l'aveu même de l'accusé. Il cherche à s'en justifier en soutenant qu'il ne s'est rendu sur tous ces points que par curiosité.

Après le pillage des magasins d'armes, les factieux se portèrent sur le Palais-de-Justice, et l'on sait, par l'examen des charges produites contre Barbès, tous les détails de cette horrible scène. L'accusation place à côté de lui, comme ayant fait partie de la bande qu'il commandait à ce moment à l'attaque de la préfecture de police, les nommés Louis Loudil, ouvrier en parapluies, âgé de dix-neuf ans; Hippolyte-Grégoire Guilbert, corroyeur, âgé de trente-sept ans, et Joseph Delsade, tabletier, âgé de trente-deux ans.

La participation de Roudil aux actes si coupables qui ont été commis à ce moment, est attesté tout d'abord par les circonstances mêmes de son arrestation. Il était porteur, en effet, d'un fusil de chasse à deux coups, et d'une giberne ensanglantée, qu'il avait placée sur sa blouse. Il avait en outre, dans un mouchoir qui ceignait ses reins, sept paquets de cartouches, des balles et des capsules. Le fusil, l'un de ceux qui avaient été enlevés à la maison Lepage, démontrait, comme les cartouches, que Roudil se trouvait rue Bourg-l'Abbé à l'heure du pillage et au moment du partage des munitions. La giberne, reconnue plus tard pour celle qui avait été enlevée au poste du Palais-de-Justice au fusilier Phorbel, établissait qu'il avait marché avec la révolte de la rue Bourg-l'Abbé jusqu'à ce poste. Le lieu de son arrestation, qui a été opérée près du pont Saint-Michel, indiquait encore qu'il ne s'était point arrêté là, et qu'il avait voulu être présent à l'attaque de la préfecture de police.

Roudil se défend en soutenant qu'en tout cela il a cédé à la violence. Ainsi, ce serait par la violence qu'on lui aurait remis un fusil, qu'on l'aurait chargé d'un nombre considérable de cartouches, qu'on aurait attaché ces cartouches autour de lui, qu'on l'aurait déterminé à suivre la bande de factieux de la rue Bourg-l'Abbé à la Préfecture, qu'on l'aurait contraint à rester en spectateur au massacre du Palais-de-Justice, et à s'emparer de la giberne de l'un des soldats désarmés, qu'on l'aurait enfin entraîné jusqu'après le pont Saint-Michel.

L'accusé Guilbert est dans une situation semblable à celle de Roudil. C'est dans le même lieu qu'il a été arrêté après une vive résistance; c'est après qu'il eut pris part au même engagement;

et après qu'il eut tiré sur le quai des Orfèvres, qu'on a fini par s'emparer de lui, le désarmer et le conduire à la préfecture de police. Ces faits, constatés par des témoignages précis, ont reçu leur confirmation de l'examen même du fusil dont il est porteur. C'était un fusil de munition, ayant fait feu à une époque toute récente, et ce fusil appartenait à l'un des soldats de service au poste du Palais-de-Justice. Tout se rencontre donc ici pour unir, par les liens judiciaires, comme ils l'ont été par le crime, et Roudil et Guilbert.

Joseph Delsade s'est trouvé, comme Roudil et Gilbert, à l'attaque du poste du Palais-de-Justice et de la Préfectuse de police : deux circonstances sans réplique, unies à son aveu même, l'ont démontré.

Après les crimes du Palais-de-Justice et de la Préfecture de police, le premier fait qui se présente, dans l'ordre des mises en accusation, est relatif au massacre du marché Saint-Jean. A ceux des accusés déjà signalés comme ayant pris part à ce massacre, il faut encore joindre le nommé Jean-Antoine Mialon, terrassier, âgé de cinquante-six ans.

Un renseignement précis l'avait signalé ; il avait été reconnu au milieu de la bande qui s'est portée sur ce point par l'un des hommes qui en faisaient partie, le nommé Jean Bussy, manouvrier, travaillant d'ordinaire aux constructions de l'Hôtel-de-Ville. Bussy était entré à cet égard dans les plus petits détails. Il avait dit notamment que non-seulement Mialon s'était trouvé dans le rassemblement qui a enlevé le poste du marché Saint-Jean, mais qu'il avait fait feu sur ce poste.

Mialon a nié ces faits. Ce n'est pas tout cependant. Un témoin, non moins important que Bussy, est venu confirmer la déclaration de ce dernier ; ce témoin, c'est le caporal du poste attaqué. Il a vu aussi dans Mialon l'un des hommes qui ont enlevé le poste, et il s'est accordé avec Bussy pour le signaler comme l'un de ceux qui se sont présentés armés de fusils.

Ce témoignage est d'autant plus précieux, qu'il a été prêté avec le plus grand scrupule. Dans une première confrontation, Mialon n'avait pas été reconnu. Il portait alors un costume tout différent de celui dont il était revêtu le dimanche. Mais, lorsqu'on l'eut contraint à reprendre ce premier vêtement, le caporal n'hésita plus, et il le signala positivement avec tous les détails qui ont si bien précisé sa déposition.

Toutefois, ce ne fut pas là, pour Mialon, le dernier acte de la journée. Après que le poste eut été occupé et désarmé, il suivit le mouvement insurrectionnel, et se rendit, toujours en armes, dans le centre de ses barricades. Il avait pris place au milieu des révoltés, à la barricade de Bourg-l'Abbé. Il y était à peine arrivé, que le maréchal-des-logis Jonas, commandant un piquet de garde municipale à cheval, qui suivait la rue Saint-Denis, s'avança seul de quelques pas dans la rue aux Ours, pour faire une reconnaissance. Mialon l'aperçut; il appuya le canon de son fusil sur la caisse d'une voiture renversée au milieu de la barricade, visa avec le plus grand sang-froid, en disant, d'un accent qui plus tard a été reconnu : « Voyons voir si j'en descendrai un ? » et fit feu. Jonas, frappé au cœur, tomba raide mort. Mialon rechargea son arme.

A-peu-près à la même heure que le meurtre dont Jonas avait été victime, et dans un quartier tout voisin, des faits non moins graves éclataient aux environs de la mairie du sixième arrondissement. Les nommés Jean-Louis Lemière, dit Albert, dit Joseph, tabletier, âgé de vingt-trois ans, et Fritz-Auguste-Rudolphe Austen, bottier, ayant le même âge, ont figuré tous deux, et de la manière la plus coupable, dans cette partie de l'insurrection.

Un épisode très-remarquable de l'attentat, se rattachant à un ordre de faits tout particulier, signala la soirée du dimanche. Quatre accusés ont à répondre de la part que chacun d'eux a prise à ces faits : ce sont les nommés Lucien-Firmin Philippet, âgé de quarante ans; Joseph Walch, âgé de vingt-sept ans; Jean-Baptiste Lebarzic, âgé de vingt-trois ans; et Florent Dugas, âgé de trente-quatre ans.

Au moment de l'attentat, Philippet était contremaître d'une filature, rue des Amandiers, dont le chef était M. Lafleur.

Le lendemain de l'attentat, Philippet rentra à la filature; mais il était triste et rêveur; il se fit à peine voir dans les ateliers. Lebarzic fit disparaître quelques jours après les moustaches et la longue barbe qu'il avait eues jusqu'à ce moment. Dugas ne reparut à son atelier que le mardi : il avait découché dans la nuit du 12 au 13, et comme Lebarzic, il avait coupé la barbe qu'il avait portée jusque-là. Un de ses camarades de travail, que Walch signale comme âgé de dix-sept à dix-huit ans, petit, ayant de très-gros yeux, et vêtu d'une blouse-redingote de couleur blanche avec ceinture, ne reparut plus. Un autre de ses camarades, le nommé Meunier, blessé au genou, d'une balle, mourait dans l'un des hospices de Paris. Dans le rapprochement de tous ces faits il y avait une présomp-

4

tion grave que quelques ouvriers des deux ateliers s'étaient mis en rapport pour prendre part à l'insurrection.

L'instruction ne tarda pas à révéler les faits les plus décisifs à cet égard, et c'est Philippet qu'elle signale comme le chef de cette partie du mouvement.

Lebarzic, comme Philippet, a été signalé pour s'être trouvé au milieu de la bande commune, et ses réponses. quoiqu'elles aient été faites avec réticences, ont néanmoins confirmé les circonstances principales des révélations. D'abord il est convenu de tout ce qu'avait affirmé la fille Delille, et de la préparation du drapeau dans des termes à-peu-près aussi explicites que cette fille. Il a avoué en même temps s'être trouvé le 12 aux lieux indiqués par Walch, dans les conjonctures que Walch indique encore; il ajoute même que Philippet lui aurait remis le drapeau dans une enveloppe de papier bleu. Par cette déclaration se justifie de nouveau l'accusation dirigée contre ce dernier. Mais là s'arrête la sincérité de Lebarzic, qui a imité Walch dans la franchise de ses révélations sans l'imiter dans la franchise de ses aveux.

Quant à Dugast, il est positivement accusé, non-seulement par Walch, mais par Lebarzic lui-même. La perquisition qui a été faite à son domicile a amené un résultat complètement en rapport avec les divers motifs d'accusation. A côté de plusieurs exemplaires du *Journal du Peuple*, du journal l'*Intelligence*, d'une brochure intitulée *Philosophie populaire*, on a saisi un canon de pistolet. C'est donc à bon droit que la prévention a accepté, dans son ensemble et pour les quatre accusés, la triple révélation dont la lumière a éclairé cette partie de l'insurrection.

Au moment où les insurgés cherchaient à former une barricade rue du Temple, à l'aide d'une citadine qu'ils venaient de renverser, Longuet était au milieu du rassemblement, et fut choisi pour chef.

Il se mit alors à la tête du mouvement, qu'il n'abandonna qu'au moment de son arrestation. C'est lui qui ordonna le pillage du marchand brocanteur; il y prit part de sa personne, et fit la distribution des armes pillées en conservant pour lui, en signe du commandement, une lame de sabre de luxe.

Rue de Poitou, il participa au désarmement de plusieurs gardes nationaux, chargea un fusil et en amorça plusieurs au moment de la fusillade engagée au coin de la rue Neuve-Saint-François. Aussi, lorsqu'il fut arrêté, ses mains étaient noires et avaient l'odeur de la poudre.

Jules Longuet a néanmoins soutenu qu'il ne faisait point partie des insurgés ; qu'il avait suivi leur marche, mais en simple curieux ; que, s'il avait de la poudre aux mains, c'était parce qu'il avait trouvé dans la rue un papier de cartouche qu'il avait ramassé. Ces allégations ne se défendent point par elles-mêmes. Elles sont démenties d'ailleurs, de la manière la plus catégorique, par plusieurs témoins et par l'un des coaccusés de Longuet, Pierre-Noël Martin.

Martin a imité Walch. Avant d'accuser ceux qui ont concouru à l'attentat, il a commencé par s'accuser lui-même. Il convient avoir assisté au pillage du marchand brocanteur, et aux désarmements de la rue de Poitou. Là il est constaté qu'il a tenu en joue, pour les décider par cette menace, les personnes dont on enlevait les armes. Il avoue également avoir tiré trois coups de feu sur la garde nationale ; de telle sorte que, lorsque après cet aveu, il soutient que Longuet faisait partie de la bande à laquelle il appartenait lui-même, l'hésitation n'est pas possible.

Martin fut arrêté dans le grenier de la maison rue Saint-Gervais, 2. Il avait encore à ce moment un fusil chargé, amorcé et armé ; c'était un fusil enlevé à un garde national ; il avait aussi des cartouches : ses lèvres et ses mains portaient les traces visibles de la poudre, et indiquaient par là l'usage criminel qu'il avait fait de son arme et de ses munitions.

Marescal, comme Longuet et Martin, s'est trouvé dans le mouvement insurrectionnel du quartier du Temple, et de la manière la plus active. Il était au pillage de la rotonde du Temple : le marchand brocanteur l'a désigné comme un des plus exaltés, et comme lui ayant demandé son fusil de garde national. Au moment de son arrestation il était porteur d'un fusil de munition que les insurgés avaient enlevé de vive force à un charcutier de la rue de Poitou. Ce fusil n'était pas chargé, mais il venait de faire feu. C'était Marescal, qui, après l'avoir reçu de Martin, l'avait tiré ; aussi lorsqu'il fut arrêté, il avait encore les mains noircies par la poudre.

Pierné a été arrêté dans le même quartier, au moment où les factieux, dispersés par la force publique, s'enfuyaient dans tous les sens et par toutes les issues. Il avait, à ce moment-là même, une baïonnette cachée sous sa blouse, et il venait de laisser tomber, tout en fuyant, un fleuret démoucheté qu'il portait à la main. Ce fleuret provenait du pillage de la rotonde du Temple. Pierné a été reconnu par le maître du magasin pour l'un de ceux qui s'étaient livrés, avec le plus de violence et d'exaltation, à ce pillage. Il était aussi au désarmement de la rue de Poitou, car la baïonnette cachée sous sa blouse appartient à l'un des fusils qui y ont été enlevés. Il était enfin à tous les faits de l'insurrection, puisqu'on l'aperçoit au début, et qu'on le retrouve encore en armes, s'enfuyant devant la force publique, au moment où l'on touchait à la répression des derniers moments de la sédition.

Le dernier des accusés était Grégoire. Grièvement blessé à l'épaule gauche, il fut trouvé dans la rue des Quatre-Fils, par la compagnie de garde nationale aux soins de laquelle est également due l'arrestation de Pierné. Cette blessure pouvait être, comme le dit l'accusé, le résultat fatal d'un hasard; elle pouvait aussi être le résultat de la prise d'armes de Grégoire au milieu de l'insurrection. L'instruction a transformé en vérité acquise cette dernière hypothèse.

Les mains et la bouche de Grégoire étaient, au moment de son arrestation, noircies par la poudre. Cette circonstance était très-grave; elle devint décisive par le rapprochement d'une circonstance nouvelle. Grégoire, qui était étendu sur le trottoir à droite, près la maison n° 10, fut aperçu cherchant à glisser sous la porte cochère un fusil de garde national qui était par terre à côté de lui. Ce fusil était celui que l'on avait enlevé à un boulanger de la rue de Poitou. Grégoire s'en était armé, et il l'avait encore lorsqu'il fut atteint par le coup de feu qui l'a renversé, car, selon l'expression des témoins, il le portait à cet instant, en *balancier*, en *filant* le long de la rue.

La lecture de l'acte d'accusation, commencée à une heure et demie, n'est terminée qu'à quatre heures moins un quart.

Barbès, pendant la dernière partie relative aux faits particuliers, semble écouter avec plus d'attention. Au moment où le greffier arrive à l'imputation du meurtre du lieutenant Drouineau, les traits de Barbès se contractent, et il fait vivement un mouvement de tête négatif.

Tous les accusés gardent un profond silence, Philippet seul se lève au moment où l'acte d'accusation, arrivé au récit des faits spéciaux relatifs à chacun des accusés, vient à parler de lui. Lorsque M. le greffier donne lecture de ce passage : « Philippet est un ancien militaire, » celui-ci se lève et s'écrie: « C'est faux! Jamais ancien militaire; dites praticien.... oui, ancien praticien. »

L'acte d'accusation signale plus loin Philippet comme ayant été puni de 44 jours de salle de police pour manquement de service, insubordination et *indélicatesse*.

PHILIPPET. — C'est encore faux ; c'est faux, les débats prouveront le contraire.

LE PRÉSIDENT. — Accusé, gardez le silence.

PHILIPPET. — Je proteste contre ce qu'on vient de lire. Je ne puis pas souffrir le mensonge. C'est abominable... C'est faux.

LE PRÉSIDENT. — Accusé, gardez le silence, et n'oubliez pas le respect que vous devez à la Cour.

PHILIPPET. — Je proteste !... C'est faux !..,

LE GENDARME placé à côté de lui. — Gardez le silence !

PHILIPPET au gendarme. — C'est bon, vous ! faites votre service, et gardez pour vous vos observations ! Laissez-moi en repos.

Philippet se rassied.

Au moment où le greffier donne lecture d'un passage où il est dit que Martin a signalé Grégoire comme celui qui l'excitait au combat, Martin se lève, et montrant Grégoire : « Non, non, dit-il, ce n'est pas lui, il est plus grand que cela ! »

Pendant la lecture de cette pièce, un mémoire est distribué aux membres de la Cour ; en voici quelques passages :

« Les avocats soussignés sont de l'avis suivant :

« La marche naturelle et ordinaire des procédures criminelles semblait devoir conduire la Cour des pairs à ne prononcer sur sa compétence et à n'ordonner les mises en accusation qu'après l'achèvement de l'instruction à l'égard de tous les individus détenus et inculpés pour les faits qui font l'objet de la prévention.

« Cette voie est en général indiquée et commandée par le désir qu'ont les juges d'éclairer leur conscience à l'aide de tous les moyens qui sont à leur disposition, et par le besoin de ne rien négliger pour arriver à la pleine et entière connaissance de la vérité ; et le plus souvent, dans les procès criminels, la vérité ne se découvre et n'apparaît dans tout son jour que par la confrontation et les explications contradictoires de tous les témoins et de tous les accusés.

« Dans les débats, les accusés eux-mêmes deviennent témoins ; de leurs réponses, de leurs dénégations ou de leurs aveux jaillit fréquemment la preuve d'un fait obscur ou douteux, et ce sont là pour le juge d'importants éléments de conviction, non-seulement à l'égard de l'accusé dont le dire a été constaté, mais encore pour tous les faits dont celui-ci a pu être témoin, et qui peuvent être produits à la charge ou à la décharge d'autres inculpés.

« Il y a donc, dans l'intérêt de la vérité, pour la garantie des accusés et pour la tranquillité du juge, si exposé à commettre des erreurs, un immense avantage à pouvoir vérifier ensemble et en présence de tous les accusés tous les faits entre lesquels il existe
quelque lien ou quelque rapport ; et l'on a si bien reconnu combien cette précaution est nécessaire à l'administration d'une bonne
justice, que la loi a prescrit de juger ensemble, autant que cela est
possible, tous les délits entre lesquels l'instruction a démontré certaine connexité.

« A plus forte raison faut-il toujours juger ensemble et sans
aucune division tous les faits qui se rattachent à un seul et même
délit, ou qui constituent un seul et même crime ; car si la loi a
voulu qu'on joignît des faits qui sont naturellement différents et
divisés, elle a voulu plus impérieusement encore qu'on ne divisât
pas un fait identique, qui est de sa nature indivisible.

« C'est là ce qu'exige d'une manière absolue le grand principe
de l'indivisibilité des procédures en matière criminelle, *principe
aussi ancien que les tribunaux, aussi éternel que la raison.*

« Ce principe n'est écrit dans aucun article du Code, mais il n'en
est que plus sacré, car il domine toute notre législation.

« L'indivisibilité, a dit M. Dupin lors de la discussion du projet de loi de disjonction, est tellement un principe, que vous ne
trouvez écrit nulle part que l'instruction est indivisible.

« Mais le principe de l'indivisibilité est écrit partout comme
une de ces vérités naturelles qui tiennent à l'essence, à la nature,
à la substance des choses, comme le disent les jurisconsultes ; c'est
quelque chose de plus qu'un principe.

« Ce principe de l'indivisibilité est absolu.

« Il n'a jamais été violé, même lorsqu'on ne respectait plus aucun autre principe ; *car diviser, séparer les accusés d'un même fait,
cela a toujours paru contraire à toute justice et à toute raison.*

« Il a traversé intact tous les orages de nos révolutions, comme
une *maxime inviolable,* comme une *nécessité des choses ; nécessité,*
a-t-on dit, *qui, indépendante des institutions humaines, briserait
celles qui voudraient le méconnaître.*

La Consultation examine ici les cas d'application du principe, et
recherche si la prévention déférée au jugement de la Cour porte
sur un ensemble de faits constituant un seul et même délit, ou sur
des faits distincts entre lesquels il n'y aurait qu'une certaine connexité.

Après avoir fixé la différence qu'il y a entre l'indivisibilité et la connexité, en s'appuyant sur les textes et l'opinion des plus célèbres jurisconsultes, les signataires du mémoire démontrent que l'instruction n'a pas hésité à présenter le complot comme l'objet principal de la prévention, et que par conséquent le principe de l'individualité doit être appliqué dans l'espèce.

Le Mémoire se termine ainsi :

« Rien dans les principes du droit, rien dans le texte de la loi, rien dans l'accusation, n'autorise et ne justifie la procédure extraordinaire dans laquelle la Cour des pairs a déjà fait un premier pas ; le principe sacré qui domine toute notre législation, et les articles mêmes du Code que M. le rapporteur a invoqués y résistent invinciblement.

« A défaut de moyens puisés dans le droit, y a-t-il du moins des raisons graves qui puissent justifier cette mesure de disjonction ? On cite des analogies, on rappelle des précédents, on parle de nécessités matérielles, on laisse entrevoir d'autres considérations plus étranges encore ; mais de pareils moyens peuvent-ils jamais prévaloir contre la justice et le droit ?

« Et d'abord, quant à l'analogie que l'on cherche à établir entre la disjonction proposée dans le cas présent, et celle qui a lieu dans les cas où l'un des accusés est contumace, décédé, atteint d'aliénation mentale ou de maladie grave, il est inutile d'y insister de nouveau. Nous avons fait remarquer déjà que, dans les exemples cités, les impossibilités matérielles sont réelles, invincibles, et qu'il ne dépend pas de la volonté du juge de les faire disparaître.

« On invoque ensuite l'exemple de la Cour d'assises de Paris, et l'on cite comme un précédent la marche qu'elle a suivie pour le jugement de l'insurrection de juin 1832.

« Mais cet exemple lui-même est la plus évidente réprobation de la procédure actuelle. En effet, les événements de juin 1832 n'ont pas été attribués à un complot ; rien dans l'instruction n'a permis d'établir qu'il y eût entre les individus impliqués dans l'insurrection un concert prémédité ; aucun des actes d'accusation auxquels cette insurrection a donné lieu n'a porté sur le crime de complot ; les faits étaient analogues, connexes, mais ils n'étaient réunis par aucun lien commun ; les accusés pouvaient donc être jugés séparément sans que le principe de l'indivisibilité fût violé, puisqu'il n'y avait pas eu identité dans le crime. Quand donc le rapporteur de la Cour des pairs rappelle l'exemple de 1832 pour justifier la marche actuelle de la procédure, il se fonde sur un fait qui n'est pas applicable au cas présent, et qui par sa différence même exclut une telle forme de jugement.

« Cette différence est d'ailleurs si manifeste qu'elle avait frappé l'esprit de M. le rapporteur, et qu'il l'a fait ressortir avec le plus grand soin dans un passage antérieur de son rapport; passage qu'il avait sans doute oublié quand, dans le résumé des faits généraux, il a voulu invoquer la prétendue analogie dont nous venons de parler.

« On lit en effet, page 82 :

« Les journées de juin furent pour la France les premières jour-
« nées de deuil. Pour elles on pouvait douter, en s'arrêtant du
« moins à la surface et en les rattachant au hasard d'un convoi,
« qu'elles fussent le produit nécessaire d'une association et d'un
« complot. C'est ainsi que pensa la justice, et ses poursuites
« ne précisèrent que des faits individuels de meurtre, et qu'un
« attentat. »

« Il peut y avoir sans doute des difficultés et même des inconvénients à juger à la fois un grand nombre de prévenus; mais ces inconvénients ne forment pas un obstacle insurmontable, ils ne constituent pas, comme l'assure le rapporteur de la Cour des pairs, une impossibilité pareille à celle qui résulte de l'absence ou du décès; et un accusé ne saurait être dépouillé des garanties que la loi lui assure, sous le prétexte des embarras que peut causer le procès simultané d'un grand nombre de prévenus.

« C'est réduire une question de procédure criminelle à une question d'architecture; c'est faire dépendre l'application de la loi de l'étendue et de la convenance de la salle où siége le tribunal.

« Mais, d'ailleurs, peut-on se retrancher, dans le cas présent, derrière de pareilles impossibilités matérielles? S'agit-il de juger immédiatement tous les prévenus; non, il s'agit seulement de terminer la procédure préliminaire à l'égard de tous, de compléter l'instruction, de mettre la Cour en état de prononcer sur la mise en liberté ou sur la mise en accusation de chacun des détenus; et l'étendue de la salle où se tiendra l'audience ne peut exercer sur ce point aucune influence, car l'instruction se fait individuellement à l'égard de chaque accusé dans le cabinet du juge instructeur, et la Cour rend ses arrêts sur la mise en accusation, en l'absence des inculpés. Combien alors seront mis en liberté! combien passeront de la catégorie des inculpés dans celle des accusés? Nul

ne le sait, ni le ministère public ni la Cour ; nul ne sait par conséquent à quel chiffre s'élèvera définitivement le nombre des accusés ; nul ne sait, dans l'état actuel de la procédure, si l'arrêt de
la mise en acusation ou de mise en liberté que la Cour doit prononcer à l'égard de tous, avant de passer outre à l'égard de quelques-uns, ne fera pas disparaître cette prétendue impossibilité
matérielle fondée sur le nombre des accusés, et si le nombre de
ceux sur qui s'arrêtera en dernier lieu l'accusation d'un seul et
même crime, l'accusation du complot, ne sera pas plus restreint
que ne l'a été le nombre des accusés que la Cour a jugés ensemble
dans des procès antérieurs, sans qu'on ait songé alors à invoquer
l'obstacle matériel à l'aide duquel on croit pouvoir aujourd'hui
pallier le vice de la procédure où l'on s'est engagé. Jusqu'au jour
où l'instruction sera complète pour tous, et où la Cour aura statué
sur tous par un arrêt, il est permis de croire que la plupart des
prévenus sont innocents, et d'espérer que la Cour en rendra plus
à la liberté qu'elle n'en décrétera d'accusation.

« Admettre dès maintenant que l'arrêt de la Cour en fera asseoir
un plus grand nombre sur le banc des accusés, et que les impossibilités matérielles qui n'existent nullement pour l'instruction se
présenteront pour le jugement, c'est se livrer à des suppositions
gratuites, c'est faire peser d'avance, sans examen, sans informa-
tions suffisantes, de graves présomptions de culpabilité sur les
détenus à l'égard desquels rien n'a été statué jusqu'ici, c'est du
reste condamner cette procédure elle-même ; car si les détenus non
encore mis en accusation sont aussi impliqués dans le complot,
rien n'autorise la séparation qu'on leur fait subir.

« Il y a plus : non-seulement la Cour ignore si l'accusation de
complot atteindra tous ceux à l'égard desquels l'instruction n'est pas
achevée, mais elle ignore encore si l'instruction complète pour
tous les prévenus n'eût pas fait disparaître quelques-unes des
charges qui pèsent en ce moment sur les vingt-deux de la première
catégorie, et n'eût pas ainsi, au lieu de l'augmenter, diminué dès-
maintenant le nombre des accusés.

« C'est encore au nom de l'intérêt public que le rapporteur a demandé la disjonction ; c'est au nom de la société tout entière, im-
patiente de voir arriver le grand jour des débats qui doit éclairer
les causes d'un attentat si audacieux dans son exécution, si cruel
dans ses conséquences..

« Mais le premier besoin de la société n'est-il pas que toute procédure criminelle soit régulière et légale ? Son premier désir n'est-il

pas de connaître la vérité dans toute sa plénitude? Et croit-on qu'elle préfère, à la marche plus lente, mais plus sage de la procédure prescrite par la loi, une précipitation qui ne produirait qu'un jour douteux, une clarté incertaine? Non, ce n'est pas l'intérêt public, ce n'est pas la société qui appellent un jugement hâtif rendu sur une procédure incomplète, sur une instruction qui séparerait les accusés d'un même fait par une barrière infranchissable; car un jugement pareil ne ferait point briller la vérité sur les événements des 12 et 13 mai; il pourrait, au contraire, l'éteindre pour toujours.

« Jamais, en effet, la vérité n'est plus obscure, jamais il n'est plus difficile de la démêler et de la saisir que dans ces procès, indivisibles sans doute par leur nature, mais qui, au dire de l'accusation elle-même, se compliquent d'éléments si divers et si nombreux.

« Jamais aussi le juge n'est plus exposé à commettre des erreurs, à attribuer à l'un des accusés le crime qu'en réalité un autre peut avoir commis.

« Et lorsque les formes protectrices, les garanties salutaires de la procédure normale n'ont pas toujours suffi pour prévenir de déplorables erreurs, n'est-il pas à craindre que, dans une procédure inachevée, de nouvelles erreurs ne viennent ajouter une page de plus à l'histoire déjà trop longue de toutes celles qui ont été commises par la justice humaine? Que serait-ce si, plus tard, les débats et le jugement d'autres accusés venaient apporter la triste révélation qu'un fait n'a pas été commis par celui qu'aurait déjà condamné le jugement séparé des accusés de la première catégorie! Quels reproches n'aurait pas alors à s'adresser, le juge qui aurait refusé, en violant la loi, les moyens de s'éclairer que la loi lui offrait; qui aurait jugé séparément ceux que la loi lui prescrivait de juger ensemble! L'erreur alors ne serait plus accidentelle, elle ne serait plus la conséquence inévitable d'une procédure à laquelle, malgré le désir du juge, auraient manqué des éléments de conviction; elle serait presque le fait volontaire du juge lui-même, puisque celui-ci était averti des déplorables résultats que pouvait entraîner cette violation de toutes les règles et de tous les principes.

Il ne peut pas au surplus rester le moindre doute sur la portée de l'arrêt du 12 juin. C'est un arrêt de disjonction, c'est la réalisation illégale du projet de loi que la Chambre des députés a rejeté en 1837; c'est plus encore : car alors on ne voulait séparer que les coaccusés civils et militaires; ici ce sont des accusés civils que l'on sépare violemment.

« Le hasard d'un dossier mis en état, tandis que les autres sont laissés imcomplets, peut-il excuser une pareille dérogation à la loi ? Et depuis quand la position judiciaire, le sort, et peut-être la vie d'un accusé, doivent-ils dépendre de l'activité capricieuse ou des préférences arbitraires d'un juge instructeur ?

« Quand on ne trouve rien dans la loi, rien dans les faits, rien dans les raisonnements invoqués, qui autorise ou justifie la marche de la procédure suivie par la Cour des pairs, on se demande quel est le véritable but de cette étrange décision qui change le sort et qui aggrave la position de vingt-deux des accusés ; on se demande comment ceux-ci ont mérité cette distinction fatale qui fait peser sur leurs têtes les souvenirs tout récents des 12 et 13 mai ; pourquoi l'on concentre sur eux seuls toutes les impressions funestes qu'a pu laisser la révolte ; pourquoi cette mesure qui les signale aux sévérités de l'opinion, peut-être à celles de la Cour ?

« Ce sont là des considérations qu'a négligées M. le rapporteur de la Cour des pairs ; si elles s'étaient présentées à son esprit, elles l'auraient peut-être arrêté dans la proposition qu'il a fait adopter.

« Pour la Cour il en est temps encore. Elle ne peut, sans illégalité, maintenir la disjonction, et elle se hâtera sans doute d'accueillir le moyen que la défense peut lui offrir, pour rentrer dans le droit commun.

« Délibéré à Paris, le 22 juin 1839.

« Martin (de Strasbourg), Hennequin, F. Nicod, Odilon-Barrot, Ledru-Rollin, Marie, Joly, Bethmont, C. Dugabé, Galisset, Coralli, Béchard, Lucas, Ad. Crémieux, Durand de Romorantin, Mandaroux-Vertamy, Charamaule, Dupont-White, Maurat-Ballange, L. H. Moulin, Lanvin, Nachet, J. A. Plocque, A. Durand de Saint-Amand, L. Chamaillard, Cotelle, Hennequin fils. »

Le président, aux accusés : D'après l'acte d'accusation que vous avez entendu, vous êtes accusé, Barbès (Armand), Martin Bernard, Nouguès (Pierre Louis-Théophile), Bonnet (Jacques-Henri), Roudil (Louis), Guilbert (Grégoire-Hippolyte), Delsade (Joseph), Mialon (Jean-Antoine), Austen (Rudolphe-Auguste-Florent), Lemière (Jean-Louis) dit Albert, Walch (Joseph), Philippet (Lucien-Firmin), Lebarzic (Jean-Baptiste), Dugas (Florent), Longuet (Jules), Martin (Pierre-Noël), Marescal (Eugène), Pierné (Aimé), Grégoire (Louis-Nicolas), d'avoir commis, à Paris, au mois de mai dernier, un attentat dont le but était soit de détruire, soit de changer le gouvernement, soit d'exciter les citoyens ou habitants à s'armer contre l'autorité royale, soit d'exciter la guerre civile, en armant ou en portant les citoyens à s'armer les uns contre les autres.

Vous, Barbès (Armand), vous êtes, en outre, accusé d'avoir, le 12 mai dernier, et dans l'exécution dudit attentat, commis, avec préméditation, un meurtre sur la personne du sieur Drouineau, lieutenant au 21ᵉ régiment de ligne.

Vous, Mialon (Jean-Antoine), déjà condamné à une peine afflictive et infamante, et en état de récidive, vous êtes accusé d'avoir, le 12 mai dernier, dans l'exécution dudit attentat, commis avec préméditation, un meurtre sur la personne du maréchal-des-logis Jonas.

Vous allez entendre les charges qui seront portées contre vous. M. le greffier, faites l'appel des témoins.

M. le greffier fait l'appel des témoins, qui sont au nombre de 179, dont 162 à charge et 17 à décharge.

On fait retirer les témoins dans les salles qui leur sont destinées.

Cette opération terminée, M. le président donne la parole à Mᵉ Arago.

Mᵉ EMMANUEL ARAGO : — Au nom des accusés Barbès et Martin Bernard, j'ai l'honneur de prendre à la barre de la Cour les conclusions suivantes :

« Attendu, en droit, qu'il est de principe que tout délit un et indivisible nécessite l'indivisibilité de l'instruction et du jugement, c'est-à-dire l'indivisibilité de la procédure à l'égard de tous les individus prévenus dans le même temps d'être les auteurs, fauteurs ou complices dudit délit un et indivisible.

« Attendu, en fait, qu'il résulte des motifs textuels de l'arrêt de mise en accusation rendu par la Cour des pairs le 12 juin 1839;

« Qu'un seul et même crime de complot, qu'un seul et même crime d'attentat pèse tant sur les accusés compris dans ledit arrêt d'accusation que sur tous les prévenus non encore compris audit arrêt, ce qui constitue toutes les apparences d'un crime indivisible ;

« Que, dès-lors, il en résulte que la procédure doit être indivisible à l'égard de tous ceux sur qui plane la prévention des crimes uns et indivibles ;

« Plaise à la Cour,

« Avant faire droit au fond, ordonner qu'il soit sursis à la continuation du procès et du jugement, jusqu'à ce que l'instruction générale ait été achevée, et qu'il ait été statué sur la prévention dans son ensemble et relativement à tous les inculpés. »

M. LE PROCUREUR-GÉNÉRAL. — Le ministère public désire savoir au nom de quels accusés sont prises ces conclusions.

Me E. ARAGO. — C'est au nom de Barbès, de Martin Bernard et au nom de plusieurs autres accusés. C'est à ceux de mes confrères qui, au nom de leur clients, adhèrent à ces conclusions à le déclarer.

Plusieurs avocats se lèvent et déclarent adhérer aux conclusions.

Me LAFARGUE. — Je déclare, moi, au nom de l'accusé Grégoire, m'opposer aux conclusions prises, et je demanderai à la Cour la faveur d'être entendu en quelques observations.

Me PUYBONNIEUX, au nom de Marescal. — Je m'oppose aux conclusions prises par Me Arago.

Me BARRE, au nom de Lebarzic. — Je m'oppose également à ces conclusions.

M. LE PRÉSIDENT. — Me Arago a la parole pour développer ses conclusions.

Me ARAGO. — La question préjudicielle que nous avons l'honneur de soumettre à la Cour est de la plus haute importance et du plus grand intérêt. Lorsque nous demandons à la Cour de surseoir au jugement de certains accusés appelés aujourd'hui devant elle jusqu'à l'entier achèvement de la procédure relative aux événements des 12 et 13 mai, nous sommes heureux de pouvoir invoquer l'opinion formelle, mûrement délibérée par les jurisconsultes les plus éminents.

Jetez en effet les yeux, Messieurs les pairs, sur les derniers feuillets d'une consultation que nous avons fait passer sous vos yeux, et que nous vous prions de vouloir bien méditer. Vous penserez, nous l'espérons, que l'avis motivé de MM. Martin (de Strasbourg), Odilon-Barrot, Hennequin, Nicod, et de beaucoup d'autres jurisconsultes encore, mérite un sérieux examen.

Le but incontestable de toute procédure criminelle doit être la découverte de la vérité. Toute procédure criminelle doit par conséquent tendre à instruire le juge, et à lui présenter en ordre, dans leur ensemble comme dans leurs détails, les éléments divers qui peuvent éclairer sa conscience. Un principe de justice éternelle, de puissante raison, domine la législation tout entière ; ce principe, c'est celui de l'indivisibilité des procédures.

« L'indivisibilité, disait Me Dupin dans la discussion de la loi de disjonction, sur laquelle j'aurai à revenir, est un principe écrit partout, comme une de ces vérités éternelles qui tiennent à l'essence des choses. C'est quelque chose de plus qu'un principe, c'est quelque chose qu'il faut bien se garder de confondre (et, dans le cas actuel, il y a eu, selon nous, confusion) avec la connexité telle qu'elle est définie par l'article 227 du Code d'instruction criminelle. »

L'indivisibilité est une nécessité absolue, nécessité, dit Merlin, qui doit faire autorité en pareille matière, nécessité qui est indépendante des institutions humaines, et qui briserait celle qui voudrait la méconnaître.

Recherchons maintenant, en examinant tour-à-tour aussi brièvement que possible le rapport de M. Mérilhou et le réquisitoire de M. le procureur-général, et voyons s'il n'a pas commis une erreur lorsqu'il a cru devoir abdiquer dans cette cause la règle spéciale applicable à la procédure commune.

Et d'abord qu'est-ce que la connexité? Voyons le texte de l'article 227.

Les délits sont connexes, soit lorsqu'ils ont été commis en même temps par plusieurs personnes réunies, soit lorsqu'ils ont été commis par différentes personnes et en différents temps, et par suite d'un concert formé entre elles.

Remarquez bien, je vous prie, les premières expressions de cet article : les délits sont connexes quand il y a existence de plusieurs faits distincts, mais ayant entre eux certains rapports de lieux et de personnes, certaines liaisons plus ou moins intimes. Maintenant quelle est la procédure pour la connexité? C'est l'article 226 du même Code qui traite les règles à suivre. Cet article montre que le législateur a pensé que la connaissance du fait principal importait essentiellement à l'appréciation des autres.

Maintenant, supposons qu'un crime ou qu'un délit unique soit simultanément imputé à plusieurs personnes, groupons autour de ce fait principal d'autres faits identiques qui en sont la conséquence immédiate ; croyez-vous que l'art. 227 permetta à une chambre de mise en accusation de disjoindre les procédures? Evidemment non. Croyez-vous qu'on puisse juger le fait principal, sans juger en même temps les annexes; qu'on puisse soumettre au jugement des hommes les causes sans les effets; et, d'un autre côté, plus tard, les effets sans les causes? Evidemment non! Messieurs, il y a dans ce cas identité de procédure, il y a indivisibilité. Eh bien! cette hypothèse va se changer pour vous en réalité. Voyons d'abord le rapport de M. Mérilhou ; et d'abord, avant de l'ouvrir; examinons le titre : *Rapport fait à la Cour sur les faits généraux, et première série des faits particuliers.*

Faits généraux, qu'est-ce que cela veut dire? Faits généraux, cela signifiait évidemment des faits d'ensemble; quant aux faits particuliers, ce sont des faits individuels qui se rattachent aux faits généraux aussi intimement que les branches d'un arbre sont attachées au tronc. Mais voyons, en ouvrant le livre, quelle est l'idée principale qui a dirigé M. le rapporteur dans le travail qu'il a soumis à la Cour.

M. Mérilhou dit : « il est impossible de voir dans cette révolte la réunion fortuite de quelques centaines d'individus. » Une réunion fortuite ! C'est donc une chose décidée d'avance ; ainsi il y a déjà complot dans l'esprit du rapporteur.

Nous voyons, en outre, que le rapporteur a dit aussi explicitement dans le résumé des faits : « Leur résumé judiciaire est dans leur exposé même. C'est le complot avec les conditions qui le constituent d'ordinaire et avec une persévérance sans exemple.

Voilà donc ce qui est établi par le rapport qui vous a été soumis : l'existence, la préexistence d'un complot; rien de plus évident que cette conséquence tirée de quelques passages que j'ai eu l'honneur de vous lire. Le complot est, aux yeux de M. le rapporteur, le fait principal, et je crois avoir établi que, quand il y a un fait principal, un fait générateur des faits particuliers, ces faits particuliers ne pouvaient en être séparés, et devaient être jugés conjointement avec lui.

Et si nous voulions examiner aussi l'acte d'accusation de M. le procureur-général, nous y verrions encore à chaque pas que le complot est signalé par lui.

Me Arago définit ici le complot, et s'attache à démontrer que si l'accusation de complot n'est formulée nulle part explicitement, elle ressort de toutes les parties de l'accusation.

Il ajoute encore que, dans son premier réquisitoire, le ministère public avait visé l'article 89 qui s'applique au complot.

Il est vrai que, dans le réquisitoire suivant, celui du 12 juin, M. le procureur-général ne demande pas contre les accusés l'application de l'article 89; il ne requiert que celle des articles 87, 88 et 91. Rendant ainsi un hommage éclatant à ce principe que, lorsqu'il y a complot, le reste devrait toujours se grouper autour de cette accusation principale. Eh bien ! puisque M. le procureur-général requiert la pénalité d'un côté, pourquoi ne pas la requérir de l'autre? Il y a là quelque chose de vicieux, quelque chose ; permettez-moi l'expression, d'intolérable dans une procédure criminelle.

Eh bien ! dans cette circonstance, il était de notre devoir, non pas seulement dans l'intérêt spécial des accusés, mais dans le devoir de notre profession, de vous expliquer la situation dans laquelle vous êtes placés, de venir vous dire qu'on amène aujourd'hui devant vous des hommes sans motif aucun de les préférer à d'autres.

M. le procureur-général et M. le rapporteur ont prévu, cela devait être, les conclusions et la défense ; mais ils ont vainement pensé qu'ils les combattraient avec succès. On a beau être jurisconsulte habile, on a beau être versé depuis longues années dans la pratique du droit, quand on a un texte devant soi, qu'il est impossible de franchir ; malgré toute leur habileté ; malgré toute leur science, M. le rapporteur et M. le procureur-général n'ont pu appuyer leur système de distinction de la moindre autorité.

Il y a là quelque chose d'étrange, quelque chose, permettez-moi de le dire, d'impossible de tolérer. Je l'avoue, Messieurs, plus j'applique mon esprit à chercher les raisons qui ont motivé ce fait que ceux-ci ont été amenés sur ces bancs, que ceux-là sont encore en prison, que ceux-ci sont soumis dès à présent à votre jugement, que ceux-là ne lui seront pas soumis, ou lui seront soumis je ne sais quand, que ceux-ci sont jugés maintenant avec des conséquences que je ne veux pas calculer, et qui résultent des événements récents encore, que ceux-là auront pour eux le bénéfice du temps; je suis véritablement effrayé des résultats de l'arrêt qui ordonnera la continuation des débats.

Ce serait, je ne crains pas de l'affirmer, étouffer les droits de la défense, ce serait peut-être livrer les juges à d'éternels remords, ce serait préférer les ténèbres au grand jour. En effet, Messieurs, vous n'avez pas par devant vous tous les éléments de conviction que pourrait vous fournir l'instruction déjà faite, et celle qui reste à faire. Si, parmi les accusés qui ne sont pas ici, vous comptiez des malades, des blessés, des hommes qui ne pussent supporter les débats, je comprendrais que, par respect même pour la liberté de ceux-ci, vous ne vous feriez pas attendre pendant un long espace de temps; mais il n'en est pas ainsi. Vous avez en prison une foule d'accusés qui peuvent être pour vous des éléments de conviction, qui peuvent être pour nous un élément de défense.

Réfléchissez, messieurs les pairs, à ce que vous allez faire, et surtout ne vous exposez pas au plus grand malheur qui puisse arriver en semblable circonstance, je veux dire au mépris judiciaire. Songez qu'il s'agit là d'un malheur irréparable ; songez quels seraient vos regrets, vos remords, si un jour, ou sur ces bancs, ou sur les bancs d'une autre juridiction, un homme se présentait, qui déclarât et prouvât qu'il était coupable du fait pour lequel vous en auriez condamné un autre ; si des témoins qui n'auraient reconnu que faiblement, et d'une manière erronée, l'un des accusés ici présents, venait plus tard déclarer qu'il en reconnaît un autre, et qu'il s'est trompé la première fois. (Mouvement.)

Dans de telles circonstances, voudrez-vous encore procéder au jugement des accusés traduits en ce moment devant vous, alors surtout que la loi plus forte que nous, plus forte que tout le monde, lorsque l'équité vous fait un devoir de ne point disjoindre.

Permettez-moi une dernière observation.

Je crois avoir aperçu qu'il y avait, contre la jonction des procédures, certaines impossibilités. Ainsi, nous dit-on, vouloir l'indivisibilité de la procédure, c'est vouloir empêcher le procès. Non, Messieurs, nous voulons le procès, parce que nous voulons la vérité, mais nous demandons la jonction, parce que nous voulons la vérité tout entière. C'est cette vérité que vous devez rechercher, c'est elle qui doit déterminer les arrêts que vous êtes appelés à rendre. Sans la jonction que nous réclamons, l'instruction ne peut être complète. Il est même possible que de la jonction il résulte que vous avez un nombre moins grand d'accusés devant vous. Vous ne pouvez donc renoncer à suivre les règles de toute justice. Pour me résumer en deux mots, je dis qu'il résulte des actes de la procédure que nous sommes accusés de complot. Nous réclamons l'observation des règles de la procédure qui s'appliquent au crime de complot. J'espère, Messieurs, que vous ferez droit à mes conclusions.

M⁰ LAFARGUE, défenseur de l'accusé Grégoire. — Messieurs, dit-il, si les accusés dont vous venez d'entendre le défenseur se fussent contentés de solliciter un sursis réclamé par le besoin de leur défense, nous nous serions empressé, au préjudice même des graves intérêts que nous défendons, de consentir à leur demande ; mais ce n'est pas un délai déterminé, une prorogation dont le terme soit assigné qu'on est venu vous demander ; c'est un sursis indéfini, jusqu'à l'issue de l'instruction des diverses affaires que vous

5

aurez plus tard à juger. Il est impossible de souscrire à une telle réclamation.

M⁰ Lafargue s'attache ici à démontrer la légalité du principe de disjonction.

LE PROCUREUR-GÉNÉRAL. — Messieurs, en soulevant aujourd'hui un incident déjà jugé par votre arrêt d'accusation, la défense n'en a point espéré le succès ; non, ce n'est point seulement pour obtenir la jonction qu'on se plaint de la division que vous avez faite ; on sait bien que cela est impossible en droit comme en fait, et ce n'est pas une impossibilité qu'on poursuit à l'aide de cette consultation qui vient de vous être distribuée. Quel est donc le motif qui peut déterminer une défense, assurément fort éclairée, à présenter avec des développements si étendus, comme une irrégularité de procédure, ce qui n'est que l'exécution littérale de la loi, ce qui est en même temps conforme à son esprit, ce que consacre enfin une jurisprudence constante ?

Messieurs, c'est qu'on s'est flatté qu'en abusant étrangement d'un mot devenu fameux, le mot de disjonction, on affaiblirait à l'avance l'autorité de ses arrêts, et qu'en les présentant comme viciés par une violation des règles de la procédure, on parviendrait peut-être à balancer dans l'opinion publique, par le regret de la légalité méconnue, le sentiment unanime qui réclame la répression sévère d'un odieux attentat.

Cette tactique, Messieurs, vous l'avez sans doute comprise comme nous ; mais c'est pour nous un devoir d'en prévenir les effets en prouvant que votre haute juridiction apporte autant de scrupule dans l'observation des formes que de sagesse dans la décision du fond.

Messieurs, la thèse de la défense est celle-ci : les attentats des 12 et 13 mai constituant un seul et même crime, et l'arrêt qui, statuant avant la fin de l'instruction générale sur quelques-uns des inculpés seulement, les met en accusation pour être jugés séparément des autres, est un véritable arrêt de disjonction. Or, en procédure criminelle, la disjonction est une chose monstrueuse.

Le procureur-général soutient le bien jugé de l'arrêt de renvoi, qui, selon lui, répond péremptoirement aux prétentions des défenseurs des accusés, et il s'attache à démontrer ensuite que cet arrêt, qui n'est autre qu'un arrêt de disjonction, est conforme à la jurisprudence de la Cour de cassation, conforme à l'esprit comme à la lettre de la loi, car il ne s'agit pas, selon lui, de faits indivisibles, mais de crimes connexes qui se résument sous la qualification générique d'attentats. Il termine ainsi :

La manifestation de la vérité est le seul but de toute accusation, et est aussi le seul intérêt légitime que la défense puisse avouer : demander au temps le dépérissement successif des preuves, et aux embarras calculés de la procédure l'impossibilité d'un contrôle éclairé, ce n'est plus juger dans les lois la garantie de la justification ; c'est exiger d'elle qu'elle sanctionne l'impunité.

Vous avez donc pu, Messieurs, nous irons plus loin, vous avez dû d'abord statuer sur les accusés à l'égard desquels la procédure était complète ; appelés à répondre sur des faits qui leur sont exclusivement personnels, ils n'ont aucun droit, ils n'ont aucun intérêt légitime à se plaindre de la procédure que vous avez suivie, et l'exception qu'ils présentent, mal fondée en fait comme en droit, ne saurait être admise.

Dans ces circonstances et par ces considérations, nous estimons qu'il n'y a pas lieu à faire droit aux conclusions du défenseur de Barbès.

LE PRÉSIDENT. — La Cour ordonne qu'il en sera délibéré en chambre du conseil.

Me DUPONT (autre défenseur de Barbès). — La Cour permettra sans doute à la défense une réplique dans une question aussi importante ; mais ce n'est pas en quelques minutes seulement que nous pourrons répondre. Si la Cour consent à m'accorder la parole avec les développements que le point en discussion comporte, je me fais fort de démontrer que la doctrine du ministère public et celle de l'avocat qui a été son auxiliaire reposent sur des bases fausses en fait comme en droit.

Maintenant j'ai un mot à dire à M. le procureur-général, et c'est un mot d'humanité. Je n'ai jamais pu comprendre que des accusés dont on vient demander la tête soient repoussés dans la demande qu'ils font d'un retard, d'une remise dans leur jugement ; et, à ce sujet, on me permettra de citer les paroles d'un vieux criminaliste : « Il y a une justice bien administrée et une justice mal administrée ; la justice mal administrée est celle qui va trop vite, qui ôte aux accusés le bénéfice du temps. »

Mon intérêt à moi, c'est de donner aux accusés le bénéfice du temps, du temps qui amène avec lui les sentiments de clémence et d'humanité. C'est une question de vie et de mort qui vient s'établir devant vous *in limine litis*. Or, de pareils moyens demandent, je le suppose, à être sinon développés, au moins présentés devant vous dans leur entier. Vous n'avez pas entendu la moitié, le quart des arguments qu'on peut faire valoir en faveur de l'indivisibilité.

Jusqu'ici la défense s'est placée dans l'hypothèse d'un complot. M. le procureur-général s'est borné à dire : Il n'y a pas de complot ; il n'y a eu de relevé dans l'arrêt de mise en accusation que le concert tendant à prouver la préméditation. Je veux prendre l'hypothèse du complot, et demander à M. le procureur-général s'il n'y a pas eu complot dans une affaire où il requiert la peine de mort.....

LE PROCUREUR-GÉNÉRAL : — C'est une erreur.

Me DUPONT : — Vous me prouverez alors que je me trompe lorsque je dis qu'en visant dans vos conclusions l'art. 89 du Code pénal, vous requerrez la peine de mort. J'examinerai ensuite l'hypothèse de l'attentat. J'établirai par les faits, non du rapport, mais en prenant les seuls éléments légitimes pour la justice, l'arrêt de renvoi et l'acte d'accusation, j'établirai qu'il y a eu un attentat, et non pas des attentats. Je supposerai encore un attentat dont chaque fait particulier ne forme que les éléments constitutifs. J'irai plus loin, je supposerai qu'il y a eu autant d'attentats qu'il y a eu d'insurrections partielles. Je prouverai que, dans ces hypothèses, votre arrêt de renvoi est contraire à la loi... La Cour comprendra l'animation de mes paroles en présence de questions si graves. Je demande à la Cour un renvoi à demain, pour me donner le temps de préparer ma défense, ou de m'accorder la parole de suite pour développer ces moyens.

QUELQUES VOIX : — Parlez! parlez !

LE PRÉSIDENT : — Si le défenseur insiste pour un renvoi à demain pour préparer sa défense, la Cour le lui accordera.

Me DUPONT : — Je ne demande pas la remise, je puis plaider à l'instant ; mais je ferai observer à la Cour que je ne parlerai pas seulement dix minutes ; je serai au moins une heure.

LE PRÉSIDENT : —L'audience est levée et renvoyée à demain midi.

Il est 6 heures.

2ᵉ AUDIENCE. — 28 JUIN.

*Discours de Mᵉ Dupont sur la question de disjonction. — Réplique de
M. le procureur-général.*

Les accusés sont introduits à midi et demi par les gendarmes
de la Seine.

La Cour est immédiatement en audience.

LE GREFFIER-ARCHIVISTE fait l'appel nominal, qui ne constate aucune nouvelle absence.

LE PRÉSIDENT donne ensuite la parole à Mᵉ Dupont, avocat
de Barbès et de Martin Bernard. (Mouvement prolongé de curiosité).

Mᵉ DUPONT s'exprime ainsi : (Profond silence.)

MM. les Pairs, je veux d'abord retracer en peu de mots, mais
dans toute sa force, le système développé dans l'audience d'hier
par M. le procureur-général.

Ce système est basé sur quatre moyens principaux.

En fait, dit M. le procureur-général, il s'agit dans la cause de
faits connexes, par conséquent le système de la défense s'écroule
par la base, car ce système suppose l'indivisibilité des faits, et ici
il s'agit de faits connexes ; c'est-à-dire distincts. Ainsi, dans l'hypothèse de M. le procureur-général, il y a lieu en droit à appliquer l'article 226 du Code d'instruction criminelle, qui permet la
division en ce sens qu'il ne fait pas de la justice une condition
sine quâ non de la validité de la procédure. Voilà son argument de
fait.

En droit, alors même qu'il s'agirait de faits indivisibles, M. le
procureur-général se place dans le système de la défense ; quand
même il s'agirait de faits essentiellement indivisibles, il a y encore
possibilité de disjonction ; car la disjonction est protégée par l'article 307 du Code d'instruction criminelle.

Arrive ensuite la jurisprudence ; c'est le troisième moyen.

Le quatrième moyen est une fin de non-recevoir générale contre
les accusés. Vous n'avez pas, dit-on, le droit de demander la jonction quand la Cour veut disjoindre.

Je fais à ces arguments principaux une réponse décisive.

Vous dites qu'il s'agit de faits connexes, je dis qu'il s'agit de
faits indivisibles. C'est une question de fait que nous aurons à
examiner.

Mais je vais plus loin , et je vous prouve qu'alors même qu'il s'agirait de faits connexes , il y aurait encore dans cette cause inapplicabilité complète de l'art. 226, c'est-à-dire impossibilité de disjoindre, car cet article ne permet point la disjonction des faits ; il n'a point permis la disjonction des faits connexes eux-mêmes. Un exemple va me faire comprendre. Je suppose un vol commis pour faciliter un assassinat ; il y a deux faits, vol et assassinat. Distinguez-les comme faits connexes , je le comprends ; mais supposez qu'il y ait cinq accusés de vol et cinq accusés d'assassinat : allez-vous disjoindre dans la disjonction? jugerons-nous séparément les cinq individus accusés de vol.

Jamais l'art. 226 ne vous en a donné le pouvoir. Alors même que je vous accorderais la disjonction en thèse générale, votre article n'est pas applicable à la cause.

Nous arrivons devant la Cour avec une consultation signée des jurisconsultes les plus savants, appartenant à toutes les nuances d'opinion , MM. Odilon-Barrot, Nicod, Hennequin, Martin (de Strasbourg). Supposera-t-on que ces habiles jurisconsultes aient ignoré l'article 307 du Code? Croirez-vous qu'ils ne savaient pas qu'il y avait un article 307, d'où résultait une fin de non-recevoir insurmontable, ou qu'ils aient sauté à pieds joints par dessus cet article?

On nous oppose encore l'arrêt Fualdès. Nous l'examinerons : nous verrons s'il est applicable à la cause, et s'il n'est pas contraire à tous les principes invoqués par le ministère public. Enfin, en droit, on dit : Les accusés ne peuvent demander la disjonction, car l'article 307 ne permet de demander la disjonction qu'au procureur-général. Le président peut l'accorder, et même l'ordonner d'office. Vous en concluez que l'article 307 refuse la disjonction aux accusés.

Mais si l'article 307 ne dit pas ce que vous voulez lui faire dire, s'il repousse le principe de la disjonction, s'il est au contraire une application formelle du principe de l'indivisibilité, s'il en est la sanction la plus complète, ainsi que je le démontrerai tout-à-l'heure ; vous verrez que cette fin de non-recevoir, puisée dans le texte de l'article 307, doit disparaître avec l'article lui-même.

Voilà l'esquisse et l'analyse des moyens que je vais développer.

En fait ,

J'examinerai d'abord l'hypothèse d'un complot unique applicable à tous les accusés ici présents, applicable à tous leurs complices présupposés, étant les fauteurs du délit. J'examinerai ensuite celle de l'attentat, mais d'un attentat unique, un, indivisible, dont tous les éléments de la cause ne sont que les déductions. J'examinerai enfin celle où il y aurait autant d'attentats qu'il y a eu d'insurrections partielles au Palais-de-Justice, à l'Hôtel-de-Ville, à la Préfecture, au marché Saint-Jean, à la barricade de la rue Grenétat, à toutes les barricades enfin, prises individuellement. Vous voyez que je fais, dans toutes ces suppositions, une bien large part de concession à M. le procureur-général. Eh bien! dans cette troisième hypothèse, je prouverai que la connexite de ces faits ne fait pas que votre arrêt soit encore conforme à la loi. Je m'engage à établir ces trois points.

En droit, la thèse qui prédominera toute ma discussion, se formule ainsi qu'il suit : l'unité du délit entraîne son indivisibilité. L'indivisibilité du délit entraîne l'indivisibilité de la procédure, soit l'indivisibilité de la procédure et du jugement.

L'indivisibilité, messieurs, est-ce que c'est là une invention de notre esprit? Non, et vraiment je me suis affligé comme d'un scandale, lorsque j'ai entendu un de nos confrères demander dans la séance d'hier où résidait cette indivisibilité, si elle était un principe, et où on l'avait trouvé. L'indivisibilité, messieurs, c'est un principe que je viens mettre sous votre sauve-garde, sous votre patronage. Ecoutez l'arrêt que vous avez rendu le 19 septembre 1831 dans l'affaire Montalembert : « Considérant, dit la Cour, que « le délit imputé à Montalembert, Decoux et Lacordaire, etc., est « indivisible, et qu'il est de principe en matière criminelle que « l'indivisibilité du délit entraîne l'indivisibilité de la procé- « dure, etc., etc. » (Sensation prolongée).

Je vous le demande, maintenant, sont-ce donc les signataires de notre consultation qui ont inventé le principe de l'indivisibilité et aviez-vous le droit de vous jouer, de vous moquer ainsi au seuil de la justice d'un arrêt rendu par elle? Respectez donc au moins l'arrêt de la Cour des pairs, rappelez-vous les principes qu'elle a proclamés elle-même.

Mais avant tout il faut bien comprendre la difficulté qui s'agite en fait et en droit devant vous; il faut bien distinguer et comprendre la différence qui existe entre l'indivisibilité d'un délit et la connexité d'un délit. Si je n'avais affaire qu'à des jurisconsultes, je n'aurais pas à entrer dans ces détails; mais j'en demande pardon à la Cour, elle est composée de membres qui appartiennent à la magistrature, qui ont illustré le barreau; mais elle se compose aussi d'autres illustrations pour lesquelles l'étude de la loi n'a pas été l'étude habituelle, qui n'ont pas les premiers éléments du droit, je n'entends pas parler du droit moral, mais bien de ces formes de procédure qu'il est permis à des hommes, même d'un esprit fort distingué, de subalterniser en les traitant de chicanes, quoiqu'elles n'en soient pas moins la garantie et la sauve-garde de la justice.

L'indivisibilité supppose un seul délit, un acte, comme un vol, un assassinat, et plusieurs accusés, soit principaux, soit subsidiaires. La connexité, au contraire, suppose tout autre chose. Elle suppose plusieurs délits, alors même que l'on n'aurait qu'un seul accusé. Une réflexion me fera mieux comprendre.

Un fait ne peut être connexe avec lui-même. Dire cela, ce serait chose absurde. Qui dit connexité, dit un fait à côté d'un autre fait, c'est-à-dire deux faits se joignant. Ainsi la connexité est différente de l'indivisibilité, en ce sens que l'une suppose un seul délit; l'autre, au contraire, suppose la pluralité des délits. L'indivisibilité suppose plusieurs prévenus; au contraire, la connexité n'implique pas la nécessité de plusieurs prévenus.

Ce qui va vous démontrer encore la différence qui existe entre l'indivisibilité et la connexité, c'est que le principe de l'indivisibilité domine la connexité elle-même. Je suppose un assassinat commis par cinq personnes. Ces cinq personnes après avoir assassiné, ont été voler à quelques lieues de là; ils ont volé des fusils à un armurier, voilà le cas de l'article 226. Il y a deux délits commis par les mêmes personnes, à quelque distance de lieu et de temps. Il y a là des délits connexes. Pour éviter les difficultés de la procédure, on pourra juger séparément le vol des fusils et l'assassinat; mais une fois qu'on aura fait cette grande distinction, qu'on aura séparé ces délits distincts, est-ce que vous avez compris qu'on pourra diviser la cause des individus pour cause de vol? Vous voyez que le principe de l'indivisibilité revient là et domine encore la connexité.

La connexité n'est qu'une extension de l'indivisibilité. Dans la nature des choses chaque fait doit être jugé séparément; mais quand deux délits sont connexes, il y a tellement d'intérêt pour la justice à ce que ces deux délits soient jugés ensemble, que la loi a voulu étendre le principe de l'indivisibilité, et c'est pour cela qu'elle a inventé la connexité, et certes la connexité loin d'être la même chose, est l'extension de l'indivisibilité elle-même.

Ainsi, Messieurs, il y a donc une grande différence entre le mot *indivisibilité* et le mot *connexité*.

Maintenant , deux choses qui sont distinctes comme l'indivisibilité d'un délit et la connexité de ce délit, entraînent-elles des conséquences identiques? Je soutiens le contraire. S'il était reconnu par vous et par moi qu'il s'agit ici de faits connexes, les deux premiers arguments seraient attaqués dans leur base.

Il resterait toujours le troisième, l'indivisibilité dans la connexité même. Il faut donc d'abord examiner si, oui ou non, il s'agit de faits connexes ou indivisibles? M. le procureur-général dit que ce sont des faits connexes. En me reportant au rapport et au réquisitoire de M. le procureur-général, il me serait facile de prouver l'indivisibilité, mais je ne dois m'occuper que de l'arrêt de la Cour, car le réquisitoire n'est pas l'affaire de la Cour. J'appellerai à l'opinion publique, et je dis que l'opinion publique ne croira jamais quand elle verra dans le réquisitoire et dans le rapport cet ensemble de faits, rassemblés dans l'intention de prouver une unité, elle ne verra jamais, quels que soient les termes de l'arrêt, qu'il n'y a pas là des faits indivisibles.

Que dit, en effet, le réquisitoire, page 20 : Attendu que la simultanéité des mêmes agressions sur divers points de la capitale, la part qu'y ont prise des associations illicites, la nature des moyens par lesquels ces agressions ont été préparées, le concert qui aurait existé entre les inculpés, leurs fauteurs et complices, etc. »

Eh bien, je commence par demander ce que c'est qu'un inculpé? Qu'est-ce que c'est qu'un complice? Il y a une différence entre l'inculpé, le complice et le fauteur. On peut être inculpé à titre de fauteur principal; on peut être impliqué comme complice du fauteur. En fait, à quel titre sont inculpés tous les accusés qui sont devant vous? Ils sont inculpés comme accusés principaux. Faites bien attention à cela, car c'est la base de mon raisonnement, ils sont accusés principaux.

Vous ne voyez pas un accusé de complicité. Cependant je vois dans le réquisitoire qu'il y a des complices présumés des fauteurs. Je le vois dans ces expressions : « attendu que la simultanéité des mêmes agressions, etc., le concert qui aurait existé entre les inculpés, leurs fauteurs et leurs complices; » il est évident que si on n'avait pas vu des fauteurs et complices, le réquisitoire n'aurait pas ajouté après les inculpés leurs fauteurs et complices; il se serait arrêté là. On a donc fait présupposer, jusqu'à preuve contraire, qu'il y avait à côté des inculpés, des complices et fauteurs.

Ceci, Messieurs, est de la plus haute importance, parce que cette première explication en fait va dominer l'explication en droit. Et vous allez comprendre cette importance, car si tout-à-l'heure je vous prouve qu'il s'agit de fait indivisible parce que j'établis qu'il résulte de votre arrêt la présomption que les inculpés ici présents n'étaient pas seuls, et qu'il y avait des fauteurs et des complices, le principe de l'unité du délit, le principe de l'indivisibilité va frapper de nullité votre arrêt, qui aura séparé des inculpés les principaux complices.

J'arrive aux trois hypothèses que j'ai dit que je soumettrais à la Cour.

S'agit-il de complot? Moi, je prétends qu'il s'agit de complot, et je n'ai qu'à prendre l'art. 89 du Code pénal pour vous faire voir qu'il est impossible de soutenir le contraire. « Il y a complot, porte « cet article (et c'est le complot ayant pour but les crimes mention-« nés dans les art. 86 et 87, c'est-à-dire le complot contre le roi, « les membres de sa famille ou contre le gouvernement), il y a « complot dès que la résolution d'agir est concertée entre deux « conspirateurs ou un plus grand nombre, quoiqu'il n'y ait pas eu « d'attentat. » Vous voyez donc, Messieurs, qu'il y a complot dès que le complot est la préparation d'un attentat. C'est la consé-quence nécessaire. Ainsi, dès que vous dites que vous m'accusez pour un attentat préparé, contesté, vous vous placez nécessaire-ment, et par la nature même des choses, dans le cas de l'art. 89.

Vous allez plus loin. L'arrêt de la Cour lui-même, le réquisi-toire du procureur-général visent l'art. 89, de sorte que vous me renvoyez en vertu d'un article qui prévoit le complot, quoique je ne sois pas accusé de complot, ce qui est impossible.

M. le procureur-général a dit hier : Le concert dont nous parlons, ce n'est pas le complot ; ce concert n'a pour but que de faire voir combien vous êtes coupables, puisque vous avez prémé-dité l'attentat. Eh bien! j'arrive de suite aux éléments mêmes du droit.

Le concert, Messieurs, est chose fort distincte lorsqu'il s'a-git du crime de complot. Quand il s'agit de crime ordinaire, le concert ne signifie rien du tout s'il n'est pas suivi d'actes. Par exemple, deux ou trois brigands se concertent pour incendier une maison ou tuer un homme ; ils ne le font pas. Il y a concert, mais il n'y a pas commencement d'exécution, il n'y a pas de tentative, il n'y a pas crime ; la loi les laisse à leurs remords, s'ils sont sus-ceptibles d'en avoir. Mais quand il s'agit de complot, c'est tout au-

tre chose. Le concert seul constitue un crime. Dès qu'il y a concert, alors même qu'il n'y a pas commencement d'exécution, il y a
crime.

J'ai donc prouvé qu'il n'y a pas de complot connexe divisible.
Dire qu'un complot est divisible, c'est l'absurdité même. Il s'agit
dans cette cause d'un attentat unique, les réquisitions de M. le
procureur-général, et votre arrêt le prouvent.

Le réquisitoire de M. le procureur-général demande de renvoyer les accusés devant vous pour des attentats. Que faites-vous?
Vous renvoyez pour un seul et unique attentat, attendu que de l'instruction résultent contre les prévenus des charges suffisantes d'avoir
commis en mai dernier un attentat. Ainsi vous vous trouvez, et
cela est remarquable, en présence d'un réquisitoire qui vous demande de décider que les accusés seront renvoyés devant vous sous
la prévention de plusieurs attentats, et pourtant vous n'avez pas
renvoyé les accusés pour des attentats, mais pour un attentat.

Ici le défenseur démontre que le principe de l'indivisibilité domine totalement la législation, que toutes les fois qu'on a voulu y
porter atteinte, on a employé pour cela la voie législative. A l'appui de cette assertion, il cite plusieurs lois et décrets rendus depuis 1789, et qui ont consacré ce grand principe. Il continue :

Le 24 messidor an IV, arrive un incident législatif qui a beaucoup d'analogie avec la cause actuelle, c'est la conspiration de Babeuf, à laquelle, Dieu merci, les accusés ne peuvent craindre d'être
assimilés. Drouet, membre du conseil des Cinq-Cents, était accusé d'en être le complice. Comme représentant, il devait être mis
en jugement devant la haute Cour ; les autres accusés seraient-ils
conduits devant les juges ordinaires, ou bien devaient-ils suivre
Drouet devant la haute cour? Ici intervient une mesure pour con-
sacrer le principe de l'indivisibilité de procédures.

« Le conseil, considérant que l'ordre public et l'intérêt général
des accusés exigent que tous les accusés du même délit soient jugés par la même juridiction ;

« Considérant que le citoyen Drouet est prévenu de complicité
avec Babeuf et consorts, et que la haute Cour de justice doit prononcer sur l'accusation, a pris la résolution suivante :

« Lorsque parmi des prévenus de conspiration il y aura un représentant du peuple ou un membre du Directoire, tous les prévenus seront traduits devant la haute Cour de justice ou jugés conjointement avec le représentant du peuple ou le membre du Directoire. »

Ainsi, c'est une maxime inviolable que tous les accusés d'un même délit doivent être jugés par le même tribunal, et devant ce tribunal *conjointement*.

Ce n'était cependant pas un si grand avantage d'être traduit devant la haute Cour de Vendôme. Beaucoup d'accusés préféraient la justice criminelle ordinaire. Quarante-un accusés réclamèrent contre le décret du 24 messidor an IV; ils formèrent une espèce de tierce-opposition à cette loi, et le conseil des anciens dut délibérer de nouveau.

Un second rapport fut fait au conseil des anciens par M. Portalis, et M. Portalis établit que les accusés étaient sous la dépendance des faits, et non sous l'arbitraire des hommes, que tout est indivisible en matière criminelle, que tous doivent avoir les mêmes juges, qu'il est donc impossible de séparer les prévenus d'un même délit.

Je dis que, quand il y a doute sur l'indivisibilité, la loi s'empresse de venir au secours de ce doute et de le faire disparaître.

L'embauchage autrefois était soumis aux tribunaux militaires. La loi du 29 mars 1815 créa des cours prévôtales. L'article 15 de cette loi prévoit le cas où des militaires et des bourgeois seront prévenus du crime d'embauchage. Remarquez que cette loi est une loi d'exception, une espèce de loi de terreur rendue au milieu de circonstances politiques. Certes c'était le cas là où jamais de violer le principe de l'indivisibilité. Eh bien! l'article 15 de cette loi consacre au contraire le principe de l'indivisibilité, et comme on ne veut pas renvoyer devant la cour prévôtale tous les individus qui ne sont pas justiciables de la cour prévôtale, on les distrait et on les renvoie tous devant la justice ordinaire, et cela par respect pour le principe de l'indivisibilité des procédures. Ce principe fut respecté, même en 1815.

Le défenseur établit ensuite que ce principe est écrit à chaque page de notre instruction criminelle, et cite quelques exemples à l'appui de cette vérité. Arrivant ensuite à l'examen de la jurisprudence, il soutient qu'elle est aussi formelle, sinon plus, que la loi, et il cite, comme preuve, l'arrêt de la Cour de Vendôme. (affaire Babeuf), l'arrêt de la Cour des pairs (affaire Montalembert).

Mais, ajoute-t-il, on oppose à cet arrêt l'arrêt Fualdès. Mais alors même que cet arrêt aurait jugé contrairement à votre arrêt, s'ensuivrait-il que cet arrêt devrait aujourd'hui prévaloir? Je vous concède que l'arrêt Fualdès a jugé ce que vous prétendez qu'il a jugé; mais nous ne nous battons pas à coups d'arrêts, mais à coups de principes. Les arrêts, on l'a dit, sont bons pour ceux qui les obtiennent ; mais les arrêts se réforment et la jurisprudence peut changer. Arrêt pour arrêt, l'arrêt de la Cour des pairs vaut bien l'arrêt de la Cour de cassation, et d'ailleurs la date de l'arrêt de la Cour de cassation donne à ce monument de jurisprudence un grand avantage sur l'arrêt Fualdès.

Je vais maintenant examiner les autorités. La première autorité que je trouve, c'est dans la chambre des pairs en 1829, lorsqu'on lui a présenté un projet de loi sur les délits militaires, le principe de l'indivisibilité de la procédure fut discuté devant vous, et j'ose dire que ce principe n'a pas eu de plus ardent défenseur que le magistrat qui vous préside aujourd'hui.

Dans la loi de disjonction que j'invoque, tout le monde a reconnu ce principe de l'indivisibilité de la procédure pour un délit indivisible. Seulement les uns disaient : c'étaient les partisans de la loi ; quoique le principe existe on peut y faire une exception ; les autres répondaient : le principe existe, on n'a pas fait une exception. Mais personne ne s'est avisé de soutenir que ce principe n'était pas un principe aussi évident que la lumière du jour. Ainsi le principe était reconnu par tous. Une seule personne, dans la discussion de la loi de disjonction n'a pas adopté le principe de l'indivisibilité de la procédure dans le cas de l'indivisibilité du délit, c'était M. le garde des sceaux d'alors, M. Persil, qui disait qu'après vingt-cinq années d'études du droit, il n'avait vu ce principe écrit nulle part. Le garde des sceaux actuel, M. Teste, entendant la déclaration de M. Persil, lui répondit en ces termes :

« Ce n'est pas sans quelque surprise que, hier, j'ai entendu le chef de la justice nous révéler que, après vingt-cinq années d'études profondes, il en est encore à se demander ce qu'était, ce que valait le principe de l'indivisibilité. Ce principe, messieurs, il est partout, il est à l'ensemble de nos lois ce que le sang est au corps humain ! » (Sensation profonde).

Ce langage me rappelle une question fameuse : « Où est Dieu ? » demandait-on ; et il fut répondu : « Dites où il n'est pas. » Je ferai une réponse semblable à M. Persil : L'indivisibilité des procédures, mais c'est tellement un principe *essentiel, inviolable*, qu'il est partout.

Il y a des exceptions. Oui, je le reconnais ; mais depuis quand les exceptions détruisent-elles les principes, et depuis quand doivent-elles être détachées de leur cas spécial pour être étendues à d'autres cas ?

Arrivons à une loi plus moderne, celle du 9 septembre 1835. Et d'abord, le principe est tellement vrai qu'il a fallu faire une loi pour que les auteurs du délit de rébellion puissent être traduits devant plusieurs cours d'assises à-la-fois. Cette loi n'a d'autre but que de dire : En matière de rébellion (seul cas où elle a établi une exception), en matière de rébellion, il y aura violation du principe de l'indivisibilité, et plusieurs cours d'assises pourront être saisies en même temps, et les accusés renvoyés devant elles par catégories.

M⁰ Dupont examine ensuite si l'article 307 du Code d'instruction criminelle est ou n'est pas contraire au principe de l'indivisibilité, et il soutient que cet article, contrairement aux dires du ministère public, est la consécration formelle de ce principe. Selon le défenseur, l'arrêt que la Cour a prononcé, le 11 juin 1835, dans l'affaire d'avril, n'est pas un précédent applicable à l'espèce.

Après avoir également combattu l'application des articles 225 et 226, qui ne s'appliquent qu'à des faits connexes, le défenseur continue ainsi :

Après avoir établi devant vous les principes, en ferai-je longuement l'application à la cause? S'agit-il ici d'un complot? Indépendamment des accusés ici présents, votre arrêt préjuge, à l'égard des autres, qu'il y a eu des complices et des fauteurs; votre arrêt, qui a divisé ce qui était de principe indivisible, ne peut donc tenir devant la discussion.

S'agit-il d'un attentat? J'ai établi que la Cour, méconnaissant le réquisitoire du procureur-général, avait renvoyé non pas *des* attentats, mais *un* attentat, un attentat indivisible. Si les principes que j'ai plantés sont sacrés en présence d'une unité de délit, votre arrêt doit être réformé par vous, car il est contraire en fait et en droit aux principes de l'indivisibilité des procédures, par suite l'indivisibilité des délits.

Voulez-vous qu'il y ait eu des attentats partiels le dimanche, le lundi? Voulez-vous qu'il y ait eu autant d'attentats qu'il y a eu d'attaques de postes et de mairies? Vous comprenez très-bien que chacun de ces attentats séparés forme, avec le caractère qui lui est propre, une unité, une indivisibilité qu'il n'est pas permis de méconnaître.

En décidant autrement, vous décideriez contre ce qui a été fait en juin. Tous les accusés de la fameuse barricade de Saint-

Méry ont été renvoyés devant la même Cour d'assises, vous iriez contre votre jurisprudence du 11 juillet 1835 ; vous iriez surtout hors et au-delà de la loi de disjonction. En renvoyant les prévenus militaires devant la juridiction militaire, et les prévenus civils devant la juridiction civile, la loi de disjonction n'allait pas jusqu'à dire que la disjonction même, que la division s'opérait entre ces deux catégories de prévenus. Le principe de l'indivisibilité était au moins respecté devant chacune des juridictions. Tous les militaires coupables du même fait devaient être jugés ensemble. Tous les prévenus civils coupables du même fait devaient être jugés ensemble. La loi de disjonction, loi tombée aux applaudissements de la France, n'entraînait pas la disjonction des faits, comme on vous le demande aujourd'hui. On vous propose de faire quelque chose de plus monstrueux que ce qu'a fait la loi de disjonction.

Et cependant, messieurs, vous êtes un pouvoir souverain, jugeant sans appel, vous n'avez au-dessus de vous aucun pouvoir qui puisse rectifier vos erreurs, si vous en commettiez, vous n'avez pas au-dessus de vous de Cour de cassation. Il n'est pas possible d'appeler de vos décisions. Magistrats et hommes politiques à la fois, juges souverains, votre puissance même vous impose plus qu'à d'autres le respect des formes ; vous devez les respecter aussi bien au nom de l'intérêt de votre puissance qu'au nom de notre salut.

En effet, après avoir violé une première fois un principe, qui vous empêcherait d'en violer un autre ? Vous arriveriez ainsi à l'arbitraire. Votre intérêt, comme juges, le respect de vos décisions est à ce prix, est de ne jamais violer les formes. Vous ne devez pas permettre qu'il soit possible de douter que la moindre formalité favorable à la défense ait été violée par vous. Dans le cas de doute, vous devez prendre les moyens les plus favorables à la défense. Or, l'indivisibilité de la procédure amenant ensemble sur les bancs tous les individus accusés d'un même délit, la défense a pour elle les confrontations possibles, tout ce qui se passe sous les yeux du juge, la voix, la figure, l'attitude des accusés, tout cela peut être un moyen de défense, tout cela peut amener à la constatation de la vérité.

Je le répète, pour que vos arrêts aient de la puissance, il faut qu'ils soient accueillis avec respect. Vous savez que dans tous les procès auxquels a malheureusement présidé l'arbitraire, on a toujours moins regardé au fond qu'à la forme, et quand un accusé, même coupable, a été condamné à une violation des formes, on a toujours eu le droit de s'imaginer qu'il aurait été acquitté si les formes eussent été observées.

Je le répète, Messieurs, votre intérêt, comme juges, est de ne pas violer les formes. Dans le doute même, ce que vous devez rechercher, c'est ce qu'il y a de plus favorable à la défense, c'est-à-dire l'indivisibilité. L'histoire a toujours flétri les condamnations quand les formes de la justice n'ont pas été rigoureusement observées; on peut taxer le juge d'arbitraire, et pour les arrêts souverains l'histoire commence le jour même où ils ont été rendus. (Une sensation prolongée succède à cette argumentation tout à la fois brillante et logique. En se rasseyant, Me Dupont reçoit les félicitations de ses confrères.)

LE PROCUREUR-GÉNÉRAL. — Messieurs, après la discussion que vous nous avez permis de vous présenter hier, nous ne prendrions point une seconde fois la parole, s'il ne s'agissait plus que de justifier la procédure que vous avez suivie; nous avons fait voir, en effet, que cette procédure était l'exécution même de la loi, nous avons prouvé que les attentats des 12 et 13 mai constituaient des crimes connexes essentiellement divisibles; nous avons enfin montré, la loi à la main, que la simultanéité d'instruction et de débat, même pour un crime unique et indivisible, n'était jamais une nécessité, mais une faculté laissée par la loi au seul arbitrage du procureur-général et du président de la Cour.

Cependant, l'insistance du défenseur que vous venez d'entendre, Messieurs, et certains rapprochements qu'il a tenté d'établir devant vous, nous font un devoir de nous expliquer de nouveau.

Le premier défenseur entendu à l'audience d'hier s'était surtout, disons mieux, s'était exclusivement attaché à l'idée du complot, c'était sur le caractère indivisible de ce crime spécial, de ce crime intellectuel, comme il disait, qu'il faudrait fonder l'impossibilité d'une division entre les inculpés d'un tel crime.

Nous avons répondu en fait et en droit; nous avons dit que votre arrêt n'établissait point l'accusation de complot, qu'il ne fallait chercher cette accusation ni dans les éléments divers et nombreux de l'instruction, ni dans le rapport qui doit les présenter tous à la Cour comme une image fidèle, mais bien dans l'articulation qualifiée qui forme le dispositif de l'arrêt. Nous avons dit que le complot ne jouait qu'un rôle en quelque sorte historique dans cette affaire, qu'il était présenté comme une explication des faits déférés à la Cour, et qui constituent l'attentat, non comme un chef d'accusation, mais comme une préméditation qui vient aggraver cet attentat.

Le procureur-général s'efforce de démontrer que le complot ne peut co-exister avec l'attentat, et que le crime de complot disparaît légalement dès que l'exécution est réalisée sous le nom d'attentat. Selon lui, il ne s'agit point, dans l'espèce, d'un crime unique, mais de crimes connexes, et, essayant d'arriver à la démonstration de cette assertion, il reproduit la plus grande partie des arguments qu'il a fait valoir à l'audience d'hier.

Il soutient en outre que, quand le délit est indivisible, les co-auteurs de ce délit ne peuvent, sans violation de toutes les règles écrites, être renvoyés devant des juridictions différentes, à raison de leurs différentes qualités.

Maintenant, continue-t-il, on a fait valoir devant vous des considérations qui ne rentrent pas dans la cause, mais qu'il nous est impossible de laisser sans réponse.

On vous a dit d'abord que c'était précisément parce que la procédure n'était pas complète dans son ensemble qu'il y avait péril à juger actuellement. Que vos lumières ne seraient pas complètes, et que vous seriez exposés, Messieurs, à reconnaître, dans un prochain procès, l'erreur que vous auriez commise dans celui-ci.

Nous le demandons, Messieurs, n'est-ce pas là supposer et prouver ce qui, précisément, est une question? N'est-ce pas soutenir que la procédure contre les accusés n'est pas complète en présence des véritables juges de cette question, qui ont décidé le contraire, en présence de votre commission d'instruction et de la Cour elle-même, qui ont reconnu que cette procédure était complète?

Vous ne serez pas suffisamment éclairés, dit-on; qu'on prenne donc la peine de nous dire ce qui doit manquer à vos lumières: quelle est donc la voie d'instruction qui vous est interdite pour arriver à la manifestation de la vérité. Si les accusés ont des témoins à faire entendre, qu'ils les indiquent, ils seront immédiatement appelés. Veulent-ils même que vous receviez les déclarations de quelques-uns des inculpés? ils savent, Messieurs, que cette voie d'instruction leur sera ouverte comme toute autre. Comment donc ne seriez-vous pas suffisamment éclairés? et quels moyens de justification peuvent manquer à la défense?

En ce moment un bruit se fait entendre au banc des accusés.

PHILIPPET.—Ne riez pas comme cela; il n'y a pas de quoi rire. On n'est pas ici pour s'amuser.

LE PROCUREUR-GÉNÉRAL.— Philippet, taisez-vous.

PHILIPPET.— C'est le gendarme qui est à côté de moi... Il rit..... Il n'y a pas de quoi rire dans tout ça.

LE GENDARME.— Je ne ris pas du tout.

PHILIPPET.— C'est bon, c'est bon, faites votre affaire.

Le procureur-général continue:

On ose dire que vous êtes exposés, dans un nouveau procès, à regretter une décision que vous auriez prise aujourd'hui; et l'on ne s'aperçoit pas que cet argument n'irait à rien moins qu'à supprimer toute justice humaine; qu'il n'y a pas de procès où l'on ne puisse dire et où l'on ne dise en effet au juge: « Prenez garde!

6

votre décision serait irrévocable, et elle peut être erronée. » Non, non, Messieurs ! la décision que vous rendrez, quelle qu'elle soit, ne saurait être erronée, car vous ne la rendrez qu'après un débat contradictoire, qu'en vous appuyant sur une profonde et intime conviction.

On vous a dit aussi, Messieurs, que la justice mal administrée était celle qui allait trop vite et qui ôtait aux accusés le bénéfice du temps.

Messieurs, le bénéfice du temps pour les accusés quels qu'ils soient, n'est un bénéfice légitime qu'autant qu'il est nécessaire à leur défense.

Eh bien ! ici on n'a pas même articulé que les accusés n'aient pas eu le temps nécessaire pour préparer leur défense. C'est donc, Messieurs, d'un autre bénéfice qu'on entendait parler, c'est d'un bénéfice que la justice ne peut ni ne doit comprendre.

Enfin, Messieurs, l'un des défenseurs a prononcé le mot d'humanité, et a semblé nous l'adresser comme un reproche : qu'une réflexion nous soit permise. Nous avons le droit de dire à la défense que notre devoir ne nous permet point de céder à des inspirations aussi exclusives. Chargés de soutenir les intérêts de la société, nous savons qu'elle ne veut être défendue que par la justice, et par une justice scrupuleuse et éclairée. Jamais nous ne consentirions à ce que les accusés fussent privés des garanties qui leur sont assurées par la loi, et, s'il fallait craindre qu'un mode de procéder, quel qu'il fût, conduisît à l'erreur, nous ne viendrions assurément point le défendre, et nos lois prévoyantes, d'ailleurs, ne l'autoriseraient pas.

Mais en veillant à ce que toutes les formes protectrices des droits de ceux que nous accusons soient remplies, nous ne devons point oublier non plus que ces droits ne sont pas les seuls que la magistrature et les lois doivent protéger. Quand de grands crimes ont été commis, quand ils ont indigné et consterné tous les cœurs honnêtes ; quand ils ont fait de nombreuses victimes, la promptitude du jugement n'est-elle donc pas un grand intérêt social, et n'est-il pas du devoir de la magistrature de l'assurer, autant qu'il se peut, en se soumettant à la nécessité d'une instruction éclairée. Nous entendons aussi, Messieurs, la voix de l'humanité ; mais elle nous commande la répression du crime pour en prévenir le retour.

Mᵉ Dupont se lève pour répliquer :

Messieurs, dit-il, la question est nettement précisée, et nous sommes désormais d'accord sur le principe de l'indivisibilité. Nous ne différons plus que sur l'application. Nous voyons, nous, dans les actes des 12 et 13 mai un fait un et indivisible. M. le procureur-général n'y voit que des faits connexes. C'est à cela que se réduit maintenant toute la discussion ; et, pour réfuter l'argumentation du ministère public, j'aurai peu de chose à dire.

L'avocat, revenant sur les moyens par lui déjà présentés, soutient que l'indivisibilité résulte de la caractérisation donnée par le réquisitoire et l'arrêt de la Cour aux chefs d'accusation. Les accusés, dit-il, sont envoyés ici pour un attentat et non pour des attentats distincts et séparés. Or, un attentat peut être multiple sans cesser d'être un et indivisible ; ses éléments sont multiples, mais sa pensée, son caractère sont les mêmes, et ne constituent qu'un même fait. Ainsi, par exemple, des voleurs entrent dans une maison ; les uns prennent des objets dans la salle à manger, les autres dans la chambre à coucher, direz-vous qu'il y a un vol séparé dans chacune de ces pièces : que ce sont des faits connexes qui ne sont pas nécessairement liés l'un à l'autre. Non, tous les esprits répugneraient à une semblable pensée ; il n'y a qu'un vol, qu'un seul crime ; eh bien ! un attentat ne peut-il pas se composer de crimes commis dans divers lieux et par le même moyen.

Après avoir de nouveau discuté les articles 307, 225 et 226 du Code d'instruction criminelle, qui ne doivent pas être, selon la défense, invoqués dans l'espèce, Me Dupont termine en ces termes :

On a demandé pourquoi nous insistons sur la jonction et l'indivisibilité. On a paru supposer qu'il y avait dans notre pensée autre chose que la conviction de notre droit, et que nous voulions, que sais-je ? paralyser le cours de la justice par d'inutiles chicanes. Non, ce n'est pas là ce que nous voulons ; mais nous, que vous menacez d'une peine terrible, nous voulons nous défendre ; nous voulons que la loi soit respectée, que nos droits soient intacts.

La défense, a dit M. le procureur-général, n'a pas même allégué qu'elle n'avait pas eu le temps de préparer ses moyens. Non, la défense ne sera pas complète, car le temps lui a manqué, à elle, pour étudier cette immense procédure que vous avez échafaudée à loisir. Elle y a usé son zèle et ses veilles ; mais le temps lui a manqué. Oui, je le déclare, l'instruction est incomplète pour nous ; la défense n'a pas eu le temps de se préparer.

Je le déclare à la face de la Cour, je le déclare à la face du pays et de l'histoire, et je ne cesserai de le proclamer tant qu'il me restera un souffle de vie, si vous repoussez notre demande, la défense sera incomplète, il n'y aura pas de défense... Ces accusés, si vous les condamniez ensuite, je dirai d'eux, et l'histoire avec moi, que vous avez condamné sans vouloir de défense... Vous savez quel nom la postérité infligerait à une telle condamnation. (Sensation profonde.)

Me Arago. — Je demande à dire un mot avant que la Cour se retire pour délibérer. M. le procureur-général a dit : S'il existait des accusés qui eussent pris part au concert, sans prendre part aux faits d'insurrection, ils seraient traduits devant la Cour comme complices. Or, dans l'arrêt de la Cour, il n'y a pas un seul accusé qui soit désigné comme complice ; tous les accusés comparaissent devant vous comme auteurs principaux. Or, il n'y a aucun accusé auquel vous puissiez appliquer l'article 89 du Code pénal.

Il faut donc de deux choses l'une, ou que vous reconnaissiez l'existence d'un complot, ou que vous retranchiez de votre arrêt l'article 89 du Code pénal. Si donc la Cour fait droit aux réquisitions de M. le procureur-général, et ordonne qu'il sera passé outre aux débats, elle devra retrancher cet article *in limine juris,* car plus tard on ne pourra pas en demander l'application. C'est là une observation toute matérielle, et de nature à frapper tous les esprits.

M. LE PRÉSIDENT. — La Cour ordonne qu'il en sera délibéré en chambre du conseil.

Les gendarmes de service emmènent les accusés, et la Cour entre en délibération à trois heures et demie.

A six heures moins un quart on annonce que la Cour va rentrer en séance.

Les accusés sont ramenés à leurs bancs.

La Cour prend place et M. le président donne lecture d'un arrêt ainsi conçu :

« La Cour des pairs,

« Vu les conclusions de Mes Arago, Dupont, Barbier, Blanc, Blot-Lequesne, Hemerdinger, Bertin, Gréry, Genteur, Nogent de Saint-Laurent, Adrien Benoît et Jules Favre, au nom des accusés Barbès, Bernard, Bonnet, Martin, Mialon, Walch, Guilbert, Delsade, Philippet, Austen, Lemière, Dugas et Roudil ;

« Vu les conclusions de Mes Lafargue et Puybonnieux, au nom des accusés Marescal et Grégoire ;

« Vu le réquisitoire de M. le procureur-général du roi ;

« Et après en avoir délibéré :

« Attendu qu'en statuant par son arrêt du 12 juin sur l'instruction des attentats contre la sûreté de l'état commis dans les journées des 12 et 13 mai dernier, la Cour a mis en accusation tous les inculpés, soit comme prévenus de délits distincts, soit comme prévenus de délits connexes à l'égard desquels l'instruction était complète ;

« Attendu qu'aucune disposition de loi n'impose au ministère public l'obligation d'attendre, pour saisir la Cour de la connaissance des premières procédures instruites, que l'instruction soit complète à l'égard de tous les prévenus du même fait, que rien dès-lors n'obligerait la Cour à surseoir, à statuer sur le sort des inculpés dont la cause était en état, jusqu'à ce que l'instruction fût complète à l'égard de tous les autres individus compromis dans les événements des mêmes journées, et détenus par suite de ces événements ;

« Qu'il résulte seulement des dispositions de l'art. 226 du Code d'instruction criminelle, que les juges doivent statuer par un seul et même arrêt sur les délits connexes dont les pièces se trouvent en même temps produites devant eux ;

« Qu'aux termes de l'art. 307 du même Code, lorsqu'à raison d'un même délit il a été formé plusieurs actes d'accusation contre différents accusés, la jonction de ces actes et les débats qui doivent s'ouvrir sur l'accusation, est purement facultative, la loi s'en remettant sur ce point à la prudence du procureur-général et du président de la Cour d'assises.

« Qu'il suit de là que lorsque cette jonction n'est pas ordonnée, il est statué séparément sur chaque acte d'accusation ;

« Attendu que du concert qui aurait résulté à l'avance entre les accusés pour commettre les délits qui leur sont imputés, il ne résulterait pas que ces délits fussent indivisibles, puisqu'aux termes de l'art. 227 du Code d'instruction criminelle cette circonstance établit seulement leur connexité, et que, conformément à l'art. 307 précité, il peut être procédé, par des jugements séparés, même à l'égard des accusés d'un seul et même délit ;

« Attendu que ce concert constituerait, pour ceux des accusés qui s'en seraient rendus coupables, un fait de complicité rentrant dans l'appréciation des crimes, dont la Cour, par son arrêt du 12 juin, s'est réservé la connaissance ;

« Sans s'arrêter à la demande d'un sursis présenté par les accusés sus-nommés ;

« Ordonne qu'il sera passé outre aux débats. »

L'audience est levée à six heures et demie et renvoyée au lendemain.

<hr>

3e AUDIENCE. — 29 JUIN.

Demande en disjonction au nom de Martin Bernard.—Arrêt.—Interrogatoire de Barbès et de Martin Bernard. — Déposition des témoins sur les faits imputés à ces deux accusés.

La séance est ouverte à midi un quart. M. le vicomte Siméon et M. Ricard ne répondent pas à l'appel. M. de Morogues a quitté la salle durant le cours de la séance.

Me DUPONT.—Je demande la permission de développer un moyen préjudiciel dans l'intérêt de l'accusé Martin Bernard.

« Il plaise à la Cour :

« Attendu que l'arrêt de renvoi et l'acte d'accusation ont été signifié à Martin Bernard, le 22 juin 1839,

« Attendu que les débats se sont ouverts devant la Cour des pairs le 27 dudit mois de juin ;

« Attendu dès-lors qu'il ne s'est pas écoulé un délai de cinq jours entre la signification des pièces et l'ouverture des débats ;

« Attendu dans cet état, que la procédure est irrégulière à l'égard de Martin Bernard, puisqu'elle a eu lieu contrairement aux dispositions de l'article 296 du Code d'instruction criminelle ;

« Dire et ordonner que l'accusé Martin Bernard sera distrait des débats. »

MM. les pairs, dit M⁰ Dupont, un accusé doit avoir non-seulement les moyens de se défendre, mais il doit avoir les moyens préliminaires d'examiner si la procédure en vertu de laquelle on le traduit devant une Cour de justice a été une procédure régulière, et s'il n'est pas possible avant le débat de faire tomber la procédure.

Ces deux principes sont consacrés en faveur des accusés dans l'article 29 du Code d'instruction criminelle. Permettez-moi, pour ceux de vous qui ne sont pas jurisconsultes, d'expliquer en deux mots quelle est la procédure préliminaire à l'ouverture des débats devant la Cour d'assises.

Lorsque l'accusé est renvoyé par un arrêt de la Chambre d'accusation devant la Cour d'assises, immédiatement l'accusé est transféré de la prison à la maison de justice attenant au palais où il doit être jugé. On lui signifie l'arrêt de renvoi et l'acte d'accusation. Dans les 24 heures, le président doit l'interroger et l'avertir qu'il a cinq jours pour se pourvoir en cassation. Il est évident que, par cela même, le débat ne peut s'ouvrir qu'après un délai de cinq jours.

Ce qui est vrai devant toute Cour de justice est-il vrai devant la Cour des pairs ? Je m'attends à une objection qui va, je crois, disparaître devant la moindre réfutation. On vous dira que l'article 296 du Code d'instruction criminelle n'a donné un délai de cinq jours francs que pour se pourvoir en cassation contre l'arrêt de mise en accusation. On vous dira : L'arrêt de la Cour des pairs qui renvoie Martin Bernard devant la Cour des pairs n'est pas susceptible d'être déféré à la Cour de cassation. L'article 296 est donc inapplicable. L'objection en droit et en équité va disparaître.

Vos arrêts ne sont pas susceptibles de pourvoi devant la Cour de cassation : d'accord. Mais rappelez-vous que vous êtes la magistrature tout entière, depuis le commencement jusqu'à la fin. Vous êtes juges d'instruction, magistrats de la Chambre du Conseil, de la Chambre de mises en accusation; vous êtes Chambre des jugements, comment ne seriez-vous pas vous-mêmes Chambre de cassation ? Cela est si vrai, que l'arrêt rendu par vous le 11 juin, nous l'avons attaqué hier, nous avons soumis à votre justice les raisons qui nous faisaient l'attaquer; vous avez été obligés de les examiner ; vous n'avez pas repoussé notre demande par une fin de non-recevoir, en nous disant qu'il y avait arrêt; vous avez re-poussé nos conclusions par un arrêt bon ou mauvais... (Interruption. Murmures.)

M. LE PRÉSIDENT. — Je rappelle l'avocat au respect de la chose jugée.

Mᵉ DUPONT. — C'est l'opinion publique qui décidera au dehors si l'arrêt est bon, et qui protestera contre s'il est mauvais. (Nouveaux murmures.)

M. LE PRÉSIDENT. — Encore une fois, vous ne devez pas qualifier ainsi un arrêt de justice.

M. LE PROCUREUR-GÉNÉRAL. — L'avocat ne doit pas surtout parler de protestations du dehors contre l'arrêt de la justice.

Mᵉ DUPONT. — J'ai bien le droit de dire que votre arrêt sera soumis, comme tous les arrêts, à l'opinion publique.

PLUSIEURS VOIX. — Ce n'est pas cela que l'avocat a dit.

Mᵉ DUPONT. — Voilà quel a été le sens de mes paroles. J'ai voulu dire que votre arrêt sera soumis à l'opinion publique, au juge de tous les juges.

Je continue. Je puis donc appeler de vous-mêmes à vous-mêmes, comme Cour de cassation, et vous dire : L'arrêt que vous avez rendu contre Martin Bernard est susceptible d'être cassé par vous-mêmes. Je pouvais, dans les limites de l'article 299, vous soumettre un cas de cassation. Ici je n'en ai pas à soumettre. Je n'en ai pas eu le temps. Je n'ai pas eu les délais que la loi me donne. J'avais jusqu'à l'expiration du délai fatal pour soumettre mes moyens. J'ai donc le droit de vous dire avec la loi : J'avais cinq jours francs pour appeler de la Cour des pairs, chambre des mises en accusation, à la Cour des pairs, Cour de cassation.

Or, en fait, l'arrêt a été signifié à Martin Bernard le 22 juin; c'est le 27 que vous avez ouvert les débats. Le jour de la remise des pièces et le jour de l'ouverture des débats ne comptent pas. Il n'y a donc pas eu cinq jours francs. Le 23, premier jour; le 24, deuxième; le 25, troisième; le 26, quatrième...

UN MEMBRE DE LA COUR. — Et le 27, cinquième jour.

Mᵉ DUPONT. — Le membre de la Cour qui devance mon calcul, et dit que le 27 fait le cinquième, n'est pas un jurisconsulte. Le cinquième jour doit être complet. Il aurait fallu que le sixième jour eût été commencé pour que la Cour des pairs eût procédé d'une manière régulière. Les débats auraient dû commencer le 28 et non le 27. Ces principes sont élémentaires, et il est inutile de les discuter. Martin Bernard ne peut donc être soumis aux débats. Les débats sont commencés : qu'en doit-il résulter? C'est qu'il doit être distrait des débats.

M. NOUGUIER, substitut de M. le procureur-général : Messieurs, je n'abuserai pas longtemps de vos moments pour répondre au nouvel incident que vient de soulever le défenseur. L'art. 296 du Code d'instruction criminelle exige en effet, entre la signification de l'arrêt de renvoi et l'ouverture des débats, un délai de cinq jours, c'est-à-dire qu'il faut cinq fois vingt-quatre heures avant l'ouverture des débats. Ainsi, à cet égard, il n'y a pas la plus petite équivoque entre le défenseur et le ministère public. L'art. 296 a été en effet écrit dans notre Code pour donner à l'accusé le temps de réfléchir sur la signification de l'arrêt, le temps de consulter son conseil, afin d'examiner s'il y a lieu de se pourvoir en cassation. Cependant, vous aviez compris que toutes les formes devraient être suivies, même alors qu'elles étaient inutiles. Il n'y a point de difficulté sur le principe des cinq jours entre la signification de l'arrêt et l'ouverture des débats.

Mais si vous voulez consulter les pièces que vous avez sous les yeux, vous verrez que non-seulement il y a cinq jours francs, mais qu'il y a même eu 6 jours pour donner à Martin Bernard le temps de préparer sa défense. Vous savez comment la procédure a été suivie à l'égard de Martin Bérnard. Il s'était mis volontairement en état de rébellion contre les mandats judiciaires : que dut faire alors le ministère public quand l'arrêt a été rendu ; il ne pouvait le faire signifier à la personne de Martin Bernard ; il devait le faire signifier à son dernier domicile : c'est ce qui a été fait.

Ici M. le substitut donne lecture du procès-verbal de signification, et poursuit ainsi :

Maintenant, Martin se trouvant le 21 sous la main de la justice, l'huissier chargé de la signification s'est transporté à la maison de dépôt., et son procès-verbal de signification se termine ainsi : 21 juin 1839, etc. Il résulte de cette énonciation qu'après la signification adressée au dernier domicile de Martin Bernard le 21 juin, pareille signification lui a été faite à sa prison, et, ainsi que vous l'avez vu, il y a donc six jours francs ; mais ce n'est pas tout, ce procès-verbal porte la signature de Martin Bernard.

Nous n'avons donc rien à ajouter. Je crois, comme j'ai eu l'honneur de le dire, que le défenseur n'a pas pris la peine de lire les pièces qui lui ont été soumises. Ainsi hier on vous a demandé vainement de prononcer la jonction alors qu'elle n'était pas possible. Aujourd'hui, on vous demande vainement de prononcer une disjonction qui n'est pas plus possible.

Me DUPONT.—L'erreur du ministère public vient de ce qu'il fait courir les délais d'une époque à partir de laquelle la loi ne les fait pas courir. Ce n'est pas le jour de la signification de l'arrêt de renvoi et de l'arrêt d'accusation qui doit être le point de départ, mais le jour où il est interrogé par le président de la Cour, vingt-quatre heures après son arrivée dans la maison de justice. C'est de ce moment que le président est obligé, par l'article 296 du Code d'instruction criminelle, d'avertir l'accusé qu'il a cinq jours pour se pourvoir, dans le cas où il aurait à former une demande en nullité. Ainsi peu importe la date de la signification de l'arrêt de renvoi et de l'arrêt d'accusation. Je poussais l'argument jusqu'à dire que l'accusé Martin Bernard n'avait pas même eu cinq jours à partir de cette signification, et voici d'où venait mon erreur : c'est que ne sachant pas la date de cette signification, je consultai un huissier, qui me répondit que c'était le 22. Mais maintenant je soutiens que l'accusé n'a point eu cinq jours à partir de l'avertissement que devait lui faire le président qu'il avait cinq jours pour se pourvoir, à partir du moment où il venait d'être interrogé.

M. LE PRÉSIDENT.— J'ai demandé à l'accusé s'il avait fait choix d'un défenseur, et il m'a répondu oui.

Me DUPONT. — Mais que dit la loi? Le président demandera à l'accusé s'il a fait choix d'un défenseur, et il l'avertira de plus qu'à partir de ce moment il a cinq jours pour se pourvoir. Ainsi, M. le président devait dire à Martin Bernard, après son interrogatoire : « De ce moment vous avez cinq jours pour vous pourvoir contre l'arrêt de la Cour des pairs. » Ceci est tout-à-fait nécessaire; car si vos arrêts ne sont pas susceptibles d'être réformés par la Cour de cassation, vous en êtes vous-mêmes les réformateurs nés, et on peut appeler de vous-mêmes à vous-mêmes.

Une dernière réflexion, Messieurs. Si vous ne donniez point à l'accusé les moyens de faire réformer votre arrêt, voyez la conséquence. Il pourrait ne plus y avoir de délai entre l'arrestation d'un accusé et sa comparution devant la Cour. En effet, il n'y aurait pas de raison pour qu'un accusé, arrêté le 21 à cinq heures du matin, ne reçût la signification de l'arrêt de renvoi et d'accusation à huit heures, et ne fût traduit trois ou quatre heures après devant la Cour. (Mouvement)

M. Nouguier persiste à soutenir que M. le président pouvait se dispenser de donner l'avertissement en question, attendu que la Cour des pairs n'a point au-dessus d'elle une Cour de cassation.

Me DUPONT. — J'ai déjà dit que si la Cour de cassation ne peut pas réformer un de vos arrêts, Messieurs, vous pouvez le réformer vous-même; et si, en justice ordinaire, l'on accorde à un accusé cinq jours francs pour appeler devant la Cour de cassation, il faut aussi que la Cour des pairs accorde un délai pareil à celui qui est accusé devant elle pour appeler de la Cour des pairs premier degré, à la Cour des pairs deuxième degré.

M. LE PROCUREUR-GÉNÉRAL.—Remarquez donc Me Dupont, que M. le président a fait à l'accusé les avertissements nécessaires, puisqu'il lui a demandé s'il avait un défenseur.

Me DUPONT.—Je ne nie pas cela.

M. LE PROCUREUR-GÉNÉRAL.—Eh bien! alors que voulez-vous de plus!

Me DUPONT.—Ce n'est pas là qu'est la difficulté. L'avertissement dont vous parlez est celui que prescrit l'article 294 du Code d'instruction criminelle, tandis que celui dont je parle est l'avertissement qu'impose au président l'art. 296.

M. Le Procureur-Général.—La Cour a déjà jugé que l'art. 294 n'était pas applicable aux procédures soumises devant elle. Cela résulte formellement de son arrêt dans l'affaire Alibaud.

M. Le Président. — Me Dupont, persistez-vous dans votre demande?

Me Dupont.—Oui, M. le président, je persiste; et je ferai observer à la Cour que, dans l'arrêt Alibaud on n'a pas du tout plaidé que vous étiez une Cour réformatrice, par rapport à vous-mêmes, et pour persévérer dans cet arrêt il faudrait soutenir *in limine litis* que jamais, dans aucun cas, un de vos arrêts n'est susceptible d'être réformé par vous, ce qui est impossible.

M. Le Président.—La Cour ordonne qu'il en sera délibéré en chambre du Conseil.

La Cour se retire à deux heures.

A deux heures et demie, la Cour rentre en séance, et M. le président donne lecture de l'arrêt suivant:

Arrêt.

« La Cour des pairs,

« Vu les conclusions prises à l'audience par Mes Dupont et Arago, et tendant à ce que l'accusé Bernard (Martin) soit distrait des débats;

« Ouï le procureur-général en ses observations, et Me Dupont en ses plaidoiries et répliques, après en avoir délibéré;

« Attendu que l'art. 296 du Code d'instruction criminelle, qui limite le délai pendant lequel les accusés traduits devant les cours d'assises peuvent se pourvoir en cassation contre les arrêts de mise en accusation, est sans application devant la Cour des pairs;

« Attendu que l'avertissement donné par les présidents de Cours d'assises aux accusés qu'ils ont cinq jours pour se pourvoir en nullité est une disposition restrictive qui est sans objet devant la Cour des pairs, puisqu'en tout état de cause les accusés sont admis à faire valoir tous moyens de nullité et autres;

« Attendu, en fait, que la signification faite au domicile de l'accusé Bernard (Martin), pendant son absence, ainsi que celle faite le 21 juin, à la personne de Bernard (Martin) lui-même, après son arrestation, et l'interrogatoire fait le même jour par le président, ont été antérieures de plus de cinq jours à l'ouverture des débats, et qu'ainsi ledit accusé a eu le délai fixé par l'arrêt du 12 juin pour préparer sa défense;

« La Cour, sans s'arrêter à l'exception présentée au nom de Bernard (Martin), ordonne qu'il sera passé outre aux débats. »

Interrogatoire de Barbès.

M. LE PRÉSIDENT.—Accusé Barbès, levez-vous. (Mouvement d'attention).

BARBÈS.—Je ne me lève pas pour répondre à votre interrogatoire; je ne suis disposé à répondre à aucune de vos questions. Si d'autres que moi n'étaient pas intéressés dans l'affaire, je ne prendrais pas la parole, ou mes lèvres ne s'ouvriraient que pour protester en quelques mots contre vos prétentions judiciaires. J'en appellerais à vos consciences, et vous reconnaîtriez que vous n'êtes pas ici des juges venant juger des accusés, mais des hommes politiques venant disposer du sort d'ennemis politiques. Mais comme la journée du 12 mai vous a donné un grand nombre de prisonniers, comme plusieurs d'entre eux sont à mes côtés, que la majeure partie d'entre eux est réservée pour d'autres fournées, j'ai un devoir à remplir.

Je déclare donc que tous ces citoyens le 12 mai à trois heures ignoraient notre projet d'attaquer votre gouvernement. Ils avaient été convoqués par le comité sans être avertis du motif de la convocation; ils croyaient n'assister qu'à une revue; c'est lorsqu'ils sont arivés sur le terrain, où nous avions eu le soin de faire arriver des munitions, où nous savions trouver des armes, que j'ai donné le signal, que je leur ai mis les armes à la main, et que je leur ai donné l'ordre de marcher. Ces citoyens ont donc été entraînés, forcés par une violence morale, de suivre cet ordre. Selon moi, ils sont innocents.

Je pense que cette déclaration doit avoir quelque valeur auprès de vous; car pour mon compte, je ne prétends pas en bénéficier. Je déclare que j'étais l'un des chefs de l'association; je déclare que c'est moi qui ai préparé le combat, qui ai préparé tous les moyens d'exécution; je déclare que j'y ai pris part; que je me suis battu contre vos troupes; mais si j'assume sur moi la responsabilité pleine et entière de tous les faits généraux, je dois aussi décliner la responsabilité de certains actes que je n'ai ni conseillés, ni ordonnés, ni approuvés. Je veux parler d'actes de cruauté que la morale réprouve. Parmi ces actes, je cite la mort donnée au lieutenant Drouineau, que l'acte d'accusation signale comme ayant été commis par moi, avec préméditation et guet-apens.

Ce n'est pas pour vous que je dis cela; vous n'êtes pas disposés à me croire, car vous êtes mes ennemis. Je le dis pour que mon pays, pour que la France l'entende. C'est là un acte dont je ne suis ni coupable ni capable. Si j'avais tué ce militaire, je l'aurais fait dans un combat à armes égales, avec les chances égales autant que cela se peut dans le combat de la rue, avec un partage égal de champ et de soleil. Je n'ai point assassiné, c'est une calomnie dont on veut flétrir un soldat de la cause du peuple. Voilà tout ce que j'ai à vous dire. Je n'ai pas tué le lieutenant Drouineau.

J'ai encore une autre déclaration à faire, c'est qu'on a attribué à tort à l'association la publication du *Moniteur républicain*. L'association est complètement étrangère à cette publication, et votre bon sens comprendra que je dis la vérité. Dans le *Moniteur républicain*, on parlait de former des associations pour marcher contre le gouvernement. C'était prévenir le gouvernement, c'était l'avertir. Nous avions l'intention de livrer au gouvernement un combat imprévu ; nous ne pouvions donc emboucher la trompette et sonner l'alarme.

J'ai encore une observation à faire. Bonnet n'a pas fait partie de l'association. J'avais donné des ordres pour faire des propositions à Bonnet, Bonnet avait refusé formellement.

Nouguès ne faisait pas partie de l'association. Je parle de cela très-pertinemment, parce que Nouguès avait été inculpé, dans le temps, d'avoir voulu favoriser l'évasion de Blanqui. Ce fait m'avait frappé. Je demandai des nouvelles de Nouguès à mon retour à Paris, et j'appris qu'il ne faisait pas partie de notre association.

Il résulte de ce fait la preuve que parmi les individus arrêtés il en est beaucoup qui ne font pas partie de l'association. Voilà ce que j'avais à vous dire.

Le président. — Cette déclaration ne peut vous dispenser de répondre à mes questions.

Barbès. — Je ne répondrai à aucune question. Je vous ai dit tout ce que j'avais à dire, ma tête répond pour moi. Il est donc inutile de m'interroger. Lorsqu'un homme se déclare chef d'une insurrection, lorsqu'il déclare qu'il a préparé et combiné les moyens d'attaque, qu'il a combattu à main armée le gouvernement, qu'il s'est battu contre ses troupes, il semble que cela doit suffire.

M. le Président. — Vous dites que vous déclinez une partie de l'accusation, celle qui est relative à l'assassinat du lieutenant Drouineau. Je dois vous faire sentir à vous-même que vous devez, dans votre intérêt, subir l'interrogatoire au moins sur ces faits-là.

Barbès.—Pour répondre sur ce fait-là, je serais obligé d'entrer dans un exposé de faits particuliers. J'ai protesté contre le meurtre du lieutenant Drouineau, parce que c'était un fait qui entachait mon caractère ; je ne l'ai pas fait pour me défendre devant des juges, car je ne vous reconnais pas pour juges ; vous êtes mes ennemis, et je vous livre ma tête.

M. le Président.— Il m'est impossible de ne pas vous adresser des questions ; vous répondrez ou vous ne répondrez pas.

Barbès.—Je ne répondrai à aucune question. Je vous fais cette observation dès l'abord afin que vous ne vous fatiguiez pas vous-même par d'inutiles questions.

M. le Président. — Je passerai les questions relatives aux faits sur lesquels vous avez fait une déclaration formelle, puisque vous avez reconnu avoir assisté à la bataille, y avoir pris une part considérable, avoir fait partie et être un des chefs de la Société des Saisons ; mais il est des faits sur lesquels il est impossible que je ne vous interroge pas.

Vous avez déjà été arrêté plusieurs fois. Lors de l'une de ces arrestations, en 1838, on a saisi chez vous un écrit commençant par ces mots : « Citoyens, le tyran n'est plus; » et finissant par ceux-ci : « Il faut payer sa dette à son pays. » Cette proclamation semblait se rapporter à l'attentat de Fieschi. Cet écrit est-il de vous ?

Barbès.— Je ne réponds pas.

M. le Président adresse à Barbès une série de questions sur sa participation à la formation de sociétés illicites, ses rapports avec la dame Roux, chez laquelle une malle pleine de cartouches avait été déposée, et à l'insurrection des 12 et 13 mai.

Barbès ne répond à aucune de ces questions.

M. le Président. — L'accusation vous reproche d'avoir, sur le refus fait par l'officier de rendre ses armes, tiré sur lui à bout portant un coup de fusil qui l'a blessé mortellement ?

Barbès.— Je me suis expliqué sur ce point.

D.—Vous ne donnez pas d'autres explications ?

R. Puisque je déclare que je ne vous reconnais pas pour mes juges..... C'est inutile.

D.— Il ne dépend pas de vous de reconnaître ou de ne pas reconnaître la Cour comme vos juges. Même d'après l'intérêt que vous avez dit que vous preniez à vos co-accusés, vous êtes obligé de répondre.

R.— Je n'ai donné cette explication que par rapport à mes amis; je répète que je ne reconnais pas le pouvoir de la Cour.

M. LE PRÉSIDENT continue d'interroger Barbès sur le rôle que celui-ci aurait joué pendant l'insurrection.

D. — L'instruction a encore constaté une circonstance qui prouve votre participation dans les actes qui ont précédé l'insurrection. On a trouvé sur un nommé Maréchal, tué dans l'action, un billet que je vous représente; le reconnaissez-vous pour être de votre main?

BARBÈS, après avoir jeté les yeux sur le billet.— Je vois le billet, mais je ne réponds pas.

Plusieurs autres questions relatives aux actes de l'insurrection sont encore adressées à Barbès; il n'y répond pas.

M. LE PRÉSIDENT. — Vous voyez qu'il n'était pas même nécessaire de vos déclarations et de vos aveux pour arriver à une démonstration positive des faits de l'attentat et du rôle que vous y avez joué. Je vous engage à faire vos réflexions, et à penser s'il ne vaudrait pas mieux, pour votre défense, entrer dans quelques détails...

BARBÈS.— Mes réflexions sont toutes faites: j'ai déjà dit que, devant mes ennemis politiques, je ne croyais pas devoir me défendre, et je ne me défends pas.

M. LE PRÉSIDENT.—Asseyez-vous.

Barbès qui, pendant cet interrogatoire, est resté debout, les bras croisés, la tête haute, les yeux fixés sur M. le président, s'assied tranquillement. (Longue agitation)

M. LE PRÉSIDENT, à Martin Bernard. — Martin Bernard, levez-vous.

D.— Vous êtes signalé par l'accusation pour l'un des chefs de la Société dite *des Saisons?*

R.— Je déclare au président de la Cour des Pairs que je suis dans l'intention de ne répondre à aucune de ses questions.

L'accusé ne fait aucune réponse aux nombreuses questions qui lui sont adressées sur la part qu'il aurait prise à l'insurrection.

Sur l'ordre de M. le président, M. Léon de la Chauvinière donne lecture des deux pièces manuscrites saisies sur Martin Bernard.

Voici la première pièce:

« Le récipiendaire est introduit un bandeau sur les yeux.

« Au nom du peuple, la séance est ouverte.

» Citoyen, quel est ton nom? — Ton âge? — Le lieu de ta naissance ? — Ta profession ? — Où demeures-tu ? — Quel est le nom du citoyen qui t'a conduit ici ?

« Avant de passer à d'autres questions, nous devons te demander le serment suivant :

« Tu jures de ne jamais révéler ce que tu vas entendre ? — Je le jure !

« Dans quel but viens-tu près de nous ? — R. Pour me faire recevoir dans une association dont le but est de renverser par les armes la royauté, et d'y substituer la république.

« D. Dis-nous ce que tu penses de la royauté, et ce que tu entends par la république ? — R. (Comme le récipiendaire ne fait pas toujours une réponse complète à ces deux questions, le citoyen chargé de le recevoir répond à ceux-ci dans les termes suivants :) Nous allons en peu de mots, sur ces deux questions, compléter ta pensée et te développer la nôtre.

« La royauté est une forme de gouvernement anti-sociale et infâme, qui consacre en principe l'inégalité de droits et de devoirs parmi les hommes. Aux uns toutes les jouissances, aux autres toutes les tortures et toutes les douleurs ; à ceux-ci la misère, le travail, le mépris et une mort lente de tous les instants ; à ceux-là la richesse, l'oisiveté, la considération et toute l'influence sociale. C'est le riche qui est tout dans cette société : c'est lui qui fait les lois, qui règle, sans contrôle et sans discussion, les conditions du travail, qui fixe le salaire de l'ouvrier. Et si ce dernier, de guerre lasse, sort parfois de son apathie pour réclamer son droit, pour faire entendre la voix de la justice, on l'emprisonne comme un vil scélérat, on l'appelle populace, canaille, séditieux. Voilà le tableau fidèle et abrégé de la situation des maux de la France à l'intérieur. A l'extérieur, le tableau n'est pas moins sombre : la France trahie et déshonorée aux yeux de l'Europe ; les peuples, nos frères, lâchement abandonnés ; la Pologne égorgée ; partout la trahison, la lâcheté, la honte et l'oppression : et tout cela pour assurer le règne d'un exécrable scélérat.

« Sur les débris fumants de la royauté et de l'aristocratie, nous voulons établir la république et le règne de l'égalité. Nous voulons renverser tous les priviléges attachés au hasard de la naissance. Nous voulons que tous les hommes aient le droit de manger, c'est-à-dire le droit de travailler, que leur existence, enfin, ne soit pas livrée aux caprices et aux agiotages de quelques monopoleurs industriels qui font à leur gré la hausse et la baisse. Nous voulons substituer l'esprit d'association à l'esprit d'individualisme et d'isolement que les oppresseurs du peuple ont organisé dans la société pour l'exploiter en toute sécurité. L'état devra assurer à tous, sans exception, une éducation commune et gratuite ; car l'instruction est à l'âme ce que le pain est au corps. Sous le gouvernement républicain, tout homme âgé de vingt-un ans, et qui n'a pas forfait à l'honneur, devra être électeur. Enfin, nous voulons une refonte de fond en comble de l'ordre social.

« Es-tu bien d'accord avec nous sur tout ce que nous venons de te dire? — Oui.

« D. Nous te parlerons maintenant de l'association. Es-tu prêt à partager avec nous les périls et les dangers attachés à notre entreprise, c'est-à-dire de descendre avec nous dans la rue quand l'heure aura sonné? Réfléchis-bien, avant de te lier à nous par un serment, à l'immensité de notre tâche. Nous sommes pauvres et sans appui. Nos ennemis sont puissants: ils ont une armée, des trésors. Nous autres, nous n'avons pour nous que notre bon droit et la justice de notre cause. Peut-être sommes-nous destinés à succomber encore une fois, et à rejoindre dans la tombe les martyrs du 12 mai. La mort et la prison ne t'effraient-elles point? Consulte tes forces. Tu n'hésite pas?

« Lève-toi. Voici le serment que tu vas prêter :

« Je jure d'obéir aux lois de l'association.

« Je jure de sacrifier ma vie et ma liberté pour le triomphe de notre sainte cause.

« Je jure de prendre les armes au signal de mes chefs, et de combattre avec eux jusqu'à la mort. »

« Et que ton sang retombe sur ta tête si tu trahis tes serments. Citoyen, nous te proclamons membre de l'association! »

Voici la deuxième pièce :

« Le récipiendaire est introduit un bandeau sur les yeux.

« Au nom du peuple, la séance est ouverte :

« Citoyen, quel est ton nom? — Ton âge? — Le lieu de ta naissance? — Ta profession? — Où demeures-tu? — Quel est le nom du citoyen qui t'amène près de nous?

« Sais-tu qui nous sommes et ce que nous voulons?

« Nous allons te le dire en peu de mots.

« Apôtres infatigables de l'égalité, nous nous sommes associés dans le but de faire triompher cette sainte cause les armes à la main. Forts de notre bon droit, rien ne pourra nous rebuter et nous décourager dans l'accomplissement de cette tâche glorieuse.

Nous avons juré haine à mort à la royauté et à l'aristocratie qui opprime la France. Nous ne te parlerons pas des douleurs du peuple ; tu les connais et tu les sens aussi bien que nous.

« Te sens-tu le courage de partager nos dangers ? Es-tu prêt comme nous à faire le sacrifice de ta vie et de tes libertés lorsque l'heure du combat sera sonnée ; réfléchis-bien, avant de te livrer à nous par un serment, à l'immensité de notre entreprise ; nous avons à faire à forte partie. Nos ennemis sont puissants ; ils ont une armée, des trésors ; nous autres, prolétaires, nous sommes pauvres et sans appui : nous n'avons pour nous que la justice et la sainteté de notre cause. Peut-être sommes-nous destinés à succomber encore une fois et à aller rejoindre dans la tombe ou dans les cachots de Philippe les martys du 12 mai. N'hésite pas, parle sans crainte.

« Lève-toi ! voici le serment que tu vas prêter :

« Je jure d'obéir aux lois de l'association.

« Je jure de prendre les armes au signal de nos chefs et de combattre avec eux jusqu'à la mort.

« Que ton sang retombe sur ta tête si tu trahis tes serments. Nous te proclamons membre de l'association. »

M. LE PRÉSIDENT.— Quelle était la destination de ces pièces ? (L'accusé ne répond rien).

Il est évident que ce sont des formules d'association, et que cette association se référait à un complot postérieur à celui qui fait l'objet du procès actuel, car on y lit ces mots : « Peut-être sommes-nous destinés à succomber encore une fois, et à aller rejoindre dans la tombe ou dans les cachots de Philippe les martyrs du 12 mai. »

D. — Quel sens attachez-vous à ces paroles ? (L'accusé ne répond pas.)

Comme vous ne répondez pas, je ne vous adresserai pas les questions suivantes. Les développements que j'y donnerais ne sont plus nécessaires. La seconde pièce fait connaître quel était le but de l'association et quel était le but de l'individu qui a écrit la pièce de sa main, qui l'avait probablement rédigée ; car il l'a écrite et corrigée de sa main, et l'a gardée chez lui.

Maintenant, je vais faire entendre les témoins qui sont relatifs aux accusés Barbès et Martin Bernard.

Avant que le premier témoin entre, je vais encore vous adresser une question : Votre co-accusé Barbès s'est déclaré membre de l'association ; il a déclaré que comme chef il a donné l'ordre de

7

combattre, et qu'il avait concouru à ce combat ; vous reconnais-sez-vous comme lui, le chef de la même association ? reconnaissez-vous comme lui que vous avez donné l'ordre du combat et que vous y avez pris part ?

Martin Bernard.—Je n'ai rien à dire.

Audition des Témoins.

M. Cugnet, marchand de vins, rue Saint-Martin, 10, dépose :— Le 12 mai, vers deux heures ou trois heures moins un quart, plusieurs individus se sont présentés dans mon cabaret, et ont demandé à boire. Je les ai servis moi-même. Ils étaient au nombre de cinq ou six. Je n'ai pas vu que ces messieurs fussent armés.

« Quelque temps après, un autre individu assez bien couvert est arrivé ; il causa avec eux, et il est sorti et rentré trois ou quatre fois. Il causaient ensemble ; je n'ai pas entendu leur conversation, j'ai entendu du bruit du côté de la rue Bourg-l'Abbé. J'ai voulu fermer ma boutique, ils s'y sont opposés en disant que ce n'était rien, que c'étaient des enfants qui faisaient du tapage. Je n'ai reconnu aucun des accusés comme ayant fait partie des individus qui sont venus chez moi.

M. Regnard (François-Ferdinand), marchand de vins, rue Bourg-l'Abbé, n° 2 : — Il était environ deux heures et demie lorsque deux jeunes gens entrèrent chez moi et me demandèrent trois verres et un verre d'orgeat. Ils avaient l'air préoccupés : ils montèrent dans la salle du haut, trouvant celle du bas trop petite ; ils y furent rejoints par plusieurs autres camarades. Quelque temps après, un ami qui était entré chez moi me dit : Vous avez bien du monde ; qu'est-ce qu'il y a donc ici ? il y a bien du bruit ; c'est extraordinaire. C'est vrai, lui dis-je, ces personnes-là ne viennent pas ordinairement à la maison : cela me fait l'effet d'une querelle d'ouvriers, ou d'agents de police qui veulent arrêter quelqu'un.

A trois heures j'entends tout-à-coup crier, et sans distinguer les personnes qui me parlent, j'entends dire que c'est une émeute, qu'on a pillé le magasin d'armes de M. Lepage. C'est dans ce moment que j'ai entendu dire aux personnes qui étaient en bas : « Sont-ils arrivés ? voilà le moment ; courons vite. » Dans le même instant, quatre autres personnes entrèrent ; deux demandèrent deux canons ; les deux autres dirent : « Ce n'est pas deux canons, c'est une bouteille qu'il nous faut. » Je compris que c'était une émeute. Ils voulurent monter au premier, disant qu'ils seraient mieux ; je m'y opposai, en leur disant qu'ils me passeraient plutôt sur le corps. Alors ils se retirèrent et me dirent sur la porte : « Nous verrons tout-à-l'heure si vous nous laisserez monter. » Ils partirent. Alors je fermai ma porte.

M. LE PRÉSIDENT. — Est-ce là tout ce que vous avez à dire ? — R. Oui, Monsieur.

D. Dans votre déposition écrite, vous êtes entré dans beaucoup plus de détails. — R. Tous ces faits-là sont tellement brouillés dans ma tête, que je m'en réfère entièrement à ma déposition écrite.

D. Il y avait une barricade devant votre porte, vis-à-vis la rue aux Ours. N'est-ce pas de cette barricade qu'on a tiré des coups de fusil ? — R. Je ne l'ai pas vue.

M. LE PRÉSIDENT. — Barbès, levez-vous ? (Au témoin.) Reconnaissez-vous Barbès ?

LE TÉMOIN. — Non, la personne avait les cheveux plus longs.

M. LE PRÉSIDENT. — Faites paraître un autre témoin.

M. OUDARD (Augustin-Joseph), expert écrivain, reconnaît pour être de l'écriture de Barbès une petite pièce ainsi conçue : « Marchand de vin, Saint-Martin, n° 10, etc., » et un écrit de cinq pages, commençant par ces mots : « Le récipiendaire est introduit ; etc. »

Il attribue à Martin Bernard les deux pièces dont lecture a été donnée, et que nous avons reproduites plus haut.

M. LE PRÉSIDENT, à l'accusé Barbès. — Avez-vous quelque chose à dire ? (L'accusé garde le silence.)

Et vous, accusé Bernard ? (L'accusé Bernard garde également le silence.)

CORBESIER (Joseph), arquebusier, rue Bourg-l'Abbé, 22 : Le 12, à trois heures un quart, les insurgés n'ayant pas pu enfoncer la porte de notre magasin, y ont pénétré par le cinquième carreau d'une croisée, lequel carreau n'était pas recouvert par le volet. Ils ont pris les fusils qui se trouvaient dans le magasin ; nous ne pouvons encore en préciser le nombre, car les experts s'occupent en ce moment d'en faire le relevé. Ils ont pris aussi de 2 à 300,000 capsules.

D. N'êtes-vous pas arrivé en ce moment ? — R. Oui.

D. Et vous n'avez pu reconnaître personne ? — Non, Monsieur, nous ne sommes arrivés qu'à l'instant où ils sortaient. Cependant j'en ai rencontré un au pied de l'escalier, à qui j'ai pris un fusil qu'il tenait à la main ; mais il ne figure pas au nombre des accusés.

D. N'avez-vous pas trouvé une pièce ?—R. Oui, la proclamation qui fait partie du rapport.

(M. le président engage les accusés Barbès et Martin Bernard à se lever. Le témoin déclare ne pas les reconnaître.)

M. LE PROCUREUR-GENERAL, au témoin.—N'avez-vous pas trouvé aussi une écharpe rouge? — R. Oui, Messieurs, je l'ai trouvée en même temps que la proclamation.

(Cette écharpe est présentée au témoin, qui la reconnaît.)

M. CRAPELET, imprimeur, déclare que la proclamation et le formulaire ont été composés avec les mêmes caractères.

La veuve ROUX, passementière, rue Quincampoix, 23.—Le jeudi 9 mai, je rencontre Barbès dans la rue Bourg-l'Abbé. Celui-ci me prie de recevoir chez moi, pendant un petit voyage qu'il allait faire à Versailles, une malle contenant des effets qu'il ferait porter le soir même. En effet, il arriva deux individus qui paraissaient être des commissionnaires, et qui me remirent une malle. Je la déposai dans ma cuisine. Le dimanche 12 mai, mon fils devant aller à la campagne avec sa belle-mère pour rejoindre sa femme, j'allai chez lui garder la maison. Vers quatre heures, la portière vint me dire qu'on se battait dans la rue Saint-Méry. Je passai la nuit chez mon fils. Le lendemain matin, lorsque je revins chez moi, ma portière me dit : « Madame, vous avez fait une belle affaire. Savez-vous ce que contenait la malle qu'on vous a apportée? — Des effets.—Non, des cartouches. Deux ou trois cents jeunes gens sont venus; ils ont enfoncé votre porte, et ont jeté des paquets de cartouches par la fenêtre à d'autres qui les attendaient dans la rue. »

M. BERTRAND, rouennier, rue Quincampoix, n° 23. — Le dimanche 12 mai, vers trois heures et demie ou quatre heures moins un quart, je passais rue Bourg-l'Abbé, lorsqu'on me dit que le magasin d'armes de M. Lepage était pillé. On fermait les boutiques de tous côtés. Je rentrai chez moi pour revêtir mon uniforme de garde national, et aller donner avis à la mairie de ce qui se passait. Je vis une quarantaine d'individus tous armés de fusils de chasse ; à leur tête était un grand jeune homme avec des favoris et barbe bruns, et des moustaches ; il portait une redingote d'une couleur foncée, et avait un pistolet de prix à la main. Il fit faire halte à la porte de ma maison, en disant : c'est-là ; quand la troupe fut arrêtée, il monta l'escalier avec douze ou quinze individus. J'ai vu ensuite distribuer des cartouches sous la porte cochère pendant que je restais dans la cour. Sur ces entrefaites, on avait tiré plusieurs coups de fusils. Cela parut contrarier le chef qui leur cria : « Ne

tirez donc pas! » Ceux qui étaient dans la rue criaient : « Des capsules ! il nous faut surtout des capsules, nous n'en avons pas. »

Les individus voulaient forcer mon fils et moi à marcher avec
eux ; mais je leur répondis que, puisqu'ils se battaient pour la
liberté , ils devraient d'abord respecter la liberté des autres. Ils ne
jetaient pas d'autre cri que : « Aux armes et des capsules ! »

D. Reconnaissez-vous le premier accusé (Barbès) comme chef de
cette troupe ? — R. C'est bien sa taille ; je le reconnais comme ayant
été à la tête du rassemblement.

M. LE PRÉSIDENT. — Barbès, qu'avez-vous à répondre ? (Barbès
garde le silence.)

Mᵉ DUPONT. — Je ferai observer que la reconnaissance de Barbès
par le témoin n'a rien d'étonnant. Quand on dit à un témoin :
Est-ce là l'homme que vous avez vu ? et qu'on ne lui montré qu'une
seule personne, il n'y a plus pour lui de confusion possible, et il
répond oui. Quand on veut clairement savoir la vérité , on met
plusieurs personnes ensemble, et l'on demande au témoin de choisir l'une d'elles.

M. LE PRÉSIDENT. — Cela se fait toujours ainsi.

Mᵉ DUPONT. — Cela ne se fait jamais ainsi à la Cour d'assises.

M. LE PROCUREUR-GÉNÉRAL. — Nous n'admettons pas ce précédent. C'est précisément ce qui se passe quotidiennement aux Cours
d'assises.

Mᵉ ARAGO. — Nous avons, dans la plaidoirie, à nous occuper des
confrontations et de la méthode suivie par M. le juge d'instruction
pour y procéder. La façon suivie a été la plus mauvaise possible
pour arriver à la découverte de la vérité. On faisait passer un très-
grand nombre de témoins en présence des accusés, puis, quand ils
étaient sortis de leur présence, on leur demandait : lesquels reconnaissez-vous ?

M. LE PRÉSIDENT. — Quand vous plaiderez, vous ferez valoir ces
moyens.

Mᵉ ARAGO. — Il était important de constater dès l'abord la manière dont se faisaient les confrontations ?

M. LE PRÉSIDENT. — Barbès, avez-vous quelque chose à dire sur
les confrontations ?

BARBÈS. — Il est certain que les confrontations se faisaient ainsi.

M. LEBLOND (Jean-Pierre), lieutenant de garde municipale à pied,
caserné à Saint-Martin. — Le 12 juin, vers les trois heures trois
quarts de l'après-midi, je suis sorti de la caserne avec vingt-quatre hommes d'infanterie ; je me portai à la mairie du 6ᵉ arrondis-

sement. M. le colonel de la 6ᵉ légion me demanda six hommes et
un brigadier pour battre le rappel. Je me mis alors en bataille avec
les hommes qui me restaient dans la première cour sur le flanc de
la rue Saint-Martin, en établissant ma droite à la gauche de la
garde nationale, et ma gauche à la droite des pompiers. Il me restait alors seize hommes.

Je réfléchis alors que les insurgés pouvaient bien venir attaquer
la mairie en entrant par la rue Royale, et je fis entrer mes hommes dans la seconde cour. Je vis arriver cinquante à soixante hommes qui s'avancèrent jusqu'à vingt pas de la porte. Je me mis aussitôt de côté afin de commander le feu, mais j'entendis quelques
coups de fusil, je regardai et je vis que les insurgés avaient fait
demi-tour, craignant sans doute d'être pris entre deux feux.

Voyant qu'ils n'entraient point dans la mairie, je fis ouvrir les
portes et je me mis à la poursuite des insurgés.

En ce moment on me dit : « Voilà les insurgés qui reviennent
par l'allée de la rue Royale. » J'étais responsable de cette position;
je me portai avec mes seize hommes devant l'allée de la rue Royale;
je croyais que M. Tisserand garderait la position que j'avais quit-
tée; je me portai sur la barricade ; mais M. Tisserand l'avait enlevée, et poursuivait les insurgés dans la rue Grénetat.

Il y avait quelques instants que le feu avait cessé, lorsque je vis
un individu blessé que je reconnus pour un des accusés dans l'affaire des poudres, qui venait de la rue du Grand-Hurleur pour se
rendre à la rue Jean-Robert. Je donnai ordre d'arrêter cet homme
dont en ce moment je ne me rappelais pas le nom, et je le fis conduire au poste de la 6ᵉ mairie. Le sous-officier qui le conduisit
me dit en revenant : « Mon lieutenant, l'homme que nous venons
de conduire nous a dit en route que si nous voulions lui rendre
un grand service nous le débarrasserions de la vie, et nous n'a-
vons pas voulu. Nous lui avons répondu que nous n'étions pas des
assassins. »

C'est en route pour me rendre à la préfecture que je me suis
rappelé le nom de Barbès. Je l'ai dit, et M. le préfet a voulu me
voir et me demanda si je le reconnaîtrais. Je répondis affirmative-
ment. M. le préfet me donna à M. Jennesson, commissaire de police, et nous allâmes ensemble à la mairie du 6ᵉ arrondissement.
Le blessé n'y était plus; on nous dit qu'il avait été conduit à l'hôpital Saint-Louis, et qu'il devait y être inscrit sous le nom de
Durocher. Je me rendis à cet hôpital, où je vis le blessé dans la
salle d'attente. Je le reconnus aussitôt pour Barbès.

M. LE PRÉSIDENT. — Vous le reconnaissez ?

LE TEMOIN. — Oui, et bien positivement.

Mᵉ ARAGO. — Quel costume portait Barbès quand il a été arrêté ?

LE TEMOIN. — Je me suis plus occupé du physique que du costume ; il commençait à faire un peu brun. J'ai d'abord cru qu'il avait un habit ; on m'a dit depuis que c'était une redingote. Ce qui m'avait fait croire que c'était un habit, c'est qu'il avait l'une de ses mains derrière le dos.

Mᵉ ARAGO. — Quel chapeau portait-il ?

LE TEMOIN. — Je ne puis pas le dire. Je n'ai pas suffisamment regardé son costume. Je n'ai fait attention qu'à sa figure qui était pleine de sang. Il s'en est fallu de fort peu de chose que Barbès échappât, car il avait déjà dépassé mon peloton, et il pouvait facilement gagner une des rues latérales ; c'est par hasard, en jetant les yeux sur lui, que je l'ai reconnu.

NICLASSE (Georges), âgé de quarante-cinq ans, maréchal-des-logis de la 2ᵉ compagnie à pied. — Me trouvant, vers sept heures et demie du soir, à l'entrée de la rue Jean-Robert, je vis un individu qui avait la figure ensanglantée, les lèvres et les mains encore noires de poudre ; il voulait passer de la rue Saint-Martin dans la rue Jean-Robert. Je l'arrêtai et je lui dis : « Où allez-vous ? » Il me répondit : « Chez moi. » Je lui ai répliqué : « On ne passe pas. » Alors je le mis entre les mains de deux gardes qui le conduisirent à la mairie.

M. LE PRÉSIDENT. — Barbès, levez-vous. (Au témoin). Reconnaissez-vous Barbès ? — R. Oui, Monsieur.

Mᵉ ARAGO. — Je prierai M. le président de demander au témoin s'il se rappelle le vêtement que portait Barbès.

LE TEMOIN. — Il avait une redingote noire et un chapeau blanc avec un ruban noir.

M. LE PROCUREUR-GÉNÉRAL. — Je désirerais que le témoin Bertrand s'expliquât sur le costume de Barbès.

Le témoin Bertrand est introduit de nouveau.

M. LE PRÉSIDENT. — Dites-nous quel était le costume de Barbès ?

BERTRAND. — Il avait une redingote très-courte, brune ou noire, et un chapeau noir. (Sensation prolongée.)

M. GODQUIN (Marcel-Laurent), âgé de quarante ans, libraire à Paris, rue du Ponceau, nᵒ 6, capitaine dans le 2ᵉ bataillon de la 6ᵉ légion de la garde nationale. — Le dimanche 12 mai, ayant appris qu'on faisait des barricades, je me rendis à la mairie, où je pris le commandement d'un détachement. Je me dirigeai d'abord vers la rue Transnonain, où l'on m'avait annoncé la présence des insurgés ; mais ne trouvant personne dans la rue, nous marchâmes vers la rue Royale. On nous dit là qu'ils étaient retranchés derrière une barricade de la rue Grénetat ; je m'y portai, et je fis faire feu sur eux ; mais n'ayant que deux cartouches par homme, je retournai à la mairie pour en prendre. Pendant ce temps, la barricade fut enlevée.

On amena à la mairie des prisonniers qu'on me pria d'inscrire ; l'un d'eux, auquel je demandai ses nom et prénoms, me dit que c'était inutile. Vous êtes blessé, lui dis-je, tout fait penser que vous êtes un des insurgés. J'insistai pour savoir son nom, lui faisant entrevoir que son silence pouvait aggraver sa position. «Non, me dit-il, je vous sais gré de votre humanité, vous n'avez que deux moyens de me rendre service : le premier, c'est de me mettre en liberté. » Je ne puis, lui dis-je. « Le second, c'est de me faire fusiller. » Je ne répondis pas à ce discours. Mais vous êtes blessé, lui dis-je ? « C'est une balle, dit-il, qui n'a fait qu'effleurer l'épiderme de la tête. » M. Jourdan, médecin du bureau de charité, est venu bientôt et a pansé sa blessure.

M. LE PRÉSIDENT. —Levez-vous, Barbès.

D. (au témoin). Reconnaissez-vous cet accusé. —R. Oui, Monsieur.

D. Pourriez-vous nous dire quel était son costume ? — Il avait un chapeau de paille et une redingote très-courte, je crois gris foncé. (Sensation.)

CAHEZ (Louis), limonadier à Paris, rue des Arcis, n° 64. — Le 12 mai dernier, vers trois heures et demie, j'entendis une détonation dans la rue St-Martin, et ensuite les cris : Aux armes! vive la république ! Etant sorti sur le seuil de la porte, je vis une bande d'hommes armés, dont la majeure partie portait des fusils à deux coups. A la tête de la bande était un homme de haute taille qui criait : Aux armes! Comme je riais, il y en eut un qui me fit observer qu'il ne fallait pas rire quand un pays était en insurrection. Je répondis que je m'étais mis à rire parce que je n'en connaissais pas la conséquence. (On rit.) Celui qui agitait son fusil de la main droite ne le reprit de la main gauche que lorsque je fus rentré à la maison. Je ne sais s'il avait l'intention de le diriger sur moi. Ensuite ces hommes se dirigèrent vers la Cité.

D. Est-ce que l'individu dont vous parlez vous a mis en joue ?—

R. Je crois qu'il allait le faire., mais un autre insurgé qui était là près de lui l'en a empêché. -

D. Pourriez-vous reconnaître l'individu qui tenait le fusil de la main droite ? — R. Il n'a pas été confronté avec moi.

M. LE PROCUREUR-GÉNÉRAL : — Le témoin a-t-il remarqué quelqu'un qui dirigeait la bande ?

LE TEMOIN : — Oui, Monsieur.

Sur l'invitation de M. le président, tous les accusés se lèvent, et le témoin dit en désignant Barbès : « C'est Monsieur qui était à la tête de la bande. »

Me ARAGO, défenseur de Barbès : Le témoin peut-il dire s'il croit que l'individu qui faisait passer son fusil de la main droite dans la main gauche était Barbès ?

LE TEMOIN : — Non ; celui-là était à gauche, et Barbès était à droite.

M. LE PROCUREUR-GENERAL :—Je voudrais savoir du témoin quel était le costume de Barbès? — R. Il portait une redingote très-courte dont je ne puis pas désigner la couleur, et il avait un chapeau noir.

M. LEVRAUD (Benjamin-François), âgé de soixante-cinq ans, docteur en médecine, ancien député, demeurant quai Saint-Michel, 9.

Le dimanche, 12 mai dernier, je sortais d'une maison de l'île Saint-Louis, où j'avais été visiter un malade. J'allais au faubourg Montmartre. Arrivé vers le milieu de la rue des Arcis, je vis beaucoup de gens qui fuyaient en criant : « Fermez vos boutiques ! » Je m'informai de ce que c'était ; on me répondit que c'était une émeute. J'entendis en effet quelques détonations d'armes à feu, cependant j'avançai, et je vis bientôt une troupe d'insurgés qui s'avançaient de la rue Saint-Martin allant du côté du pont Saint-Michel. Cette rencontre changea mon itinéraire, comme vous pensez, et je me décidai à regagner mon domicile par les petites rues. J'arrivai ainsi sur la place du Châtelet, où je vis les gardes municipaux du poste qui s'étaient réfugiés dans le corps de garde. Je dis au sergent qui commandait le poste ; « Sergent, prenez-garde, les insurgés pourraient venir vous attaquer ; ainsi tenez-vous sur vos gardes. » Je traversai le Pont-au-Change. Arrivé vis-à-vis du poste du Palais-de-Justice, je vis l'officier qui commandait le poste en avant de son peloton.

Dans le même moment, je vis venir du côté des quais et longeant les maisons la troupe d'insurgés. Je dis à l'officier : « Camarade, prenez garde à vous, faites bien attention, il n'y a pas à plaisanter ; vous allez être attaqué, tenez-vous sur vos gardes. » Je continuai mon chemin, en regardant de temps en temps derrière moi pour voir ce qui se passait. A peine avais-je fait dix ou douze pas, que je vis un homme tenant un fusil à la main et le braquant sur la poitrine de l'officier, je vis, car je ne pouvais entendre ce qui se disait, je vis l'officier relever le canon du fusil avec son sabre. Un moment après, je vis la troupe des insurgés se ruant sur les hommes du poste et faire feu. Je vis l'officier tomber. De là j'allai du côté de la préfecture ; je craignais que les insurgés devenant plus nombreux ne vinssent, après avoir enlevé le poste du Palais-de-Justice, enlever aussi celui de la préfecture de police.

Je dis à l'officier qui commandait ce poste : « Camarades, prenez garde... Les insurgés viennent d'enlever le poste du Palais-de-Justice, l'officier qui le commandait a été tué, tâchez qu'il ne vous en arrive pas autant. »

Après cela je revins au corps-de-garde du Palais-de-Justice pour voir si je pouvais être utile comme médecin. On venait de relever l'officier mort, on l'emportait ainsi qu'un soldat tué. Un autre soldat était étendu à terre, mortellement blessé ; je le fis relever et mettre sur le lit-de-camp.

D. Avez-vous reconnu quelqu'un des accusés qui ont figuré dans l'attaque du Palais-de-Justice ?—R. J'étais très-loin ; j'ai bien vu un homme d'une haute taille s'avancer et mettre un fusil sur la poitrine de l'officier ; mais sa figure ne m'est pas bien présente, je ne pourrais pas le reconnaître. Dans l'interrogatoire, on m'a présenté un prévenu qui par sa taille me représentait bien cet homme, mais nullement par sa figure.

On fait lever tous les accusés.

LE TEMOIN.— Je n'en reconnais aucun.

M⁰ ARAGO. — Je désirerais que M. Levraud regardât spécialement Barbès, et dît si c'est bien l'individu.

LE TEMOIN, après une pause.— Je ne le reconnais pas.

GERVISI (Louis), âgé de vingt-trois ans, fusilier au 21ᵉ régiment de ligne.—J'étais de service le 12 mai, au poste du Palais-de-Justice, lorsque les insurgés se sont présentés avec des fusils. Leur chef s'approcha de l'officier, et dit : «Rendez vos armes ou la mort!» Le lieutenant ayant répondu : « Plutôt la mort, » il lui a tiré un coup de fusil. Le lieutenant ayant détourné l'arme, le coup ne porta pas. Cet homme recula d'un pas et tira un second coup sur M. le lieutenant.

M. LE PRÉSIDENT. — Accusés, levez-vous. (Au témoin.) Reconnaissez-vous parmi ces accusés celui qui a tué le lieutenant Drouineau ?

GERVISI (montrant Barbès). — Voilà ce Monsieur. Il me semble que c'est cet homme-là qui a tué notre officier.

M. LE PRÉSIDENT. — Barbès, avez-vous quelque chose à dire ?

BARBÈS. — Je ne réponds pas.

M⁰ ARAGO. — Le témoin, dont la déclaration n'est pas très-affirmative en ce moment, l'a été encore moins, même à une époque plus rapprochée de l'événement. Voici la déclaration qu'il a faite le 29 mai :

« Nous avons conduit, dit le juge, ce témoin à la Conciergerie, et introduit dans la chambre du nommé Barbès, il a dit, en le voyant, qu'il ne pouvait dire que c'était cet individu qui commandait à la bande qui avait assailli ce poste.

GERVISI. — Lorsque je suis allé voir l'accusé à l'ambulance, il n'était pas habillé comme cela ; il avait une blouse. A présent, il a une redingote de la même couleur que le jour de l'événement. Il avait alors un chapeau noir.

M. LE PROCUREUR-GÉNÉRAL. — Lorsqu'on a confronté Barbès avec vous, était-il couché ? — R. Non, mais il avait la tête enveloppée. Je n'ai pas pu le reconnaître, parce qu'il n'avait pas le même habillement. On m'a confronté avec deux individus différents, je n'ai pas pu les reconnaître.

M⁰ ARAGO. — On l'a confronté à des personnes qu'alors il a reconnues à-peu-près.

GROSMANN (Martin), âgé de trente-un ans, caporal au 24⁰ régiment de ligne : Le 12 mai, j'étais de garde au Palais-de-Justice. Une bande d'insurgés est arrivée. Le chef s'est approché de notre officier, en disant ; « Rendez vous, ou la mort ! » Sur le refus de l'officier, il a tiré successivement deux coups de fusil. Le premier a manqué, au second notre officier est tombé mort. Alors ils nous ont entourés et se sont emparés de nos armes. Le chef, qui était un grand bel homme, avec un chapeau noir et une redingote noire, disait aux autres : Criez vive la ligne et ne tirez pas. (Mouvement)

M. LE PRÉSIDENT (après avoir fait lever tous les accusés) : Reconnaissez-vous parmi ces hommes celui qui a tué votre officier ?

LE TÉMOIN. — J'ai accusé un homme que j'ai vu couché à l'ambulance (l'accusé Delsade), mais j'ai reconnu ensuite que ce n'était pas lui. C'était un homme beaucoup plus grand que celui-ci.

M. LE PROCUREUR-GÉNÉRAL. — N'avez-vous pas dit dans l'instruc-

tion écrite qu'on avait voulu vous porter un coup de poignard?—Oui
Monsieur; un de ces individus voulut me donner un coup de poignard qui ne m'atteignit pas, et prit mon fusil. Un autre s'est jeté
sur moi; il m'a pris ma giberne et mon sabre... Dam, écoutez-donc,
ils étaient quatre et moi j'étais tout seul.... Dam!

D. A quel rang vous étiez-vous placé?—R. Au troisième.

D. Avec combien de personnes vous a-t-on confronté?—R. Huit
ou dix. Je n'ai reconnu personne.

D. Comment était costumé le chef?—R. Il avait une redingote
courte, boutonnée en haut et un chapeau noir.

Mᵉ Arago. — Le témoin, à une époque où sa mémoire devait
être plus fraîche, le 13 mai, a dit : « L'officier voulut parler aux
factieux qui lui crièrent de se rendre, il refusa; et alors il nous
commanda de charger nos armes. Pendant que ce commandement
s'exécutait, nous essuyâmes une décharge qui fit tomber le lieutenant, le sergent et plusieurs hommes. Nous avons été aussitôt
assaillis par les factieux qui étaient au nombre de soixante environ, tous armés de fusils de chasse.

Dans cette déclaration, qui est la première, le témoin parle d'une
décharge, par conséquent de coups de fusil tirés simultanément.
Dans la seconde, il a parlé de deux coups de fusil successivement
tirés; il y a contradiction.

M. le Procureur-general. — Nous ne voyons pas cela dans la
déclaration imprimée à la page 19.

Mᵉ Arago.—Il y en a une autre page 324.

M. le Procureur-general.— Celle de la page 324 est une déclaration sommaire faite sur le procès-verbal du commissaire de police. L'autre est une déclaration judiciaire faite devant le juge
d'instruction.

Mᵉ Arago.—L'une est du 13 mai, l'autre du 31.

M. le Procureur-general. — C'est une erreur, elles sont du
même jour, du 13 mai.

Mᵉ Arago.—Le témoin a été confronté, lors de cette même déclaration, avec l'accusé Delsade; il a dit : « Je sais bien que c'est
cet homme qui a tiré sur notre lieutenont; mais je n'en suis pas
bien sûr. » Aujourd'hui il ne reconnaît plus personne.

M. le President.—Delsade, levez-vous.

Le Temoin.—C'est l'homme que j'ai accusé mal à propos, car il
n'est pas si grand que le chef dont j'ai parlé.

Mᵉ Arago.—M. le président me permettra une observation sur la
manière dont les débats ont lieu. Deux des accusés seulement ont

été interrogés, et voici des témoins qui ont à déposer de faits qui regardent ceux des accusés qui n'ont pas encore été interrogés.

M. le Président. — Cette manière de procéder est celle qui a été toujours suivie par la Cour des pairs, et notamment dans les affaires d'avril. Elle a été reconnue toujours comme la meilleure pour arriver à la manifestation de la vérité.

Me Arago (marques d'impatience). — Les autres accusés n'ont pas encore été interrogés ; les défenseurs ne connaissent pas leurs réponses. Il en résulte qu'ils ne peuvent savoir à l'avance sur quel point des dépositions il importe de faire porter le débat.

M. le Président.—Si l'observation du défenseur n'a pour objet que de blâmer la forme d'instruction orale qui a été adoptée, c'est une forme dont on ne s'est jamais plaint et qui a été reconnue comme la plus favorable à la défense.

Me Arago. — Je comprends l'intérêt que peut avoir M. le président à suivre la marche qu'il a adoptée... (Murmures. Quelques voix : Asséz ! assez !)

M. le Président. — Je prie le défenseur de croire que le président n'attache jamais à ses démarches d'autre intérêt que celui de la justice et de la vérité.

Me Arago. — J'en suis convaincu ; mais...

M. le Président, au témoin. — Reconnaissez-vous l'accusé Barbès pour celui qui aurait tiré le coup de fusil ? — R. Celui qui a tiré sur le lieutenant m'a paru avoir une barbe beaucoup plus noire que celui-là.

Me Dupont. — Il paraît qu'il y a eu deux coups de tirés sur l'officier ; est-ce que le premier de ces coups n'a pas raté ? — R. Le premier coup a manqué l'officier, parce qu'il a relevé le canon du fusil et que la balle a passé par-dessus son épaule, mais les deux coups ont parti : c'est le second qui a tué le lieutenant.

Me Dupont. — Je lis dans l'interrogatoire du témoin, page 19 : « Le premier coup rata. »

Le Témoin. — J'ai voulu dire qu'il avait manqué son coup. Les deux coups ont parti.

M. le Président. — Le fait serait d'ailleurs peu important, car l'intention est toujours la même.

Me Dupont.—La défense est juge de l'importance des questions qu'elle adresse. (Murmures.) Si le premier coup a raté, il a pu être suivi d'une décharge générale dans laquelle l'officier aurait été tué.

Laquit (Jacques), soldat au 21e.—Les insurgés sont arrivés par

le quai ; nous étions en bataille devant le poste ; le chef a dit :
« Rendez-vous, ou la mort ! » alors le lieutenant a répondu :
« Passez votre chemin ! » Un des chefs, le plus grand, a mis l'officier en joue ; le premier coup a été relevé, mais au second l'officier est tombé raide mort. Alors ils se sont précipités sur nous, et
ont désarmé plusieurs hommes.

M. LE PRÉSIDENT. — Reconnaissez-vous parmi les accusés celui
qui a fait feu sur le lieutenant?

LE TÉMOIN, indiquant Delsade. — En voilà un que je crois bien
avoir vu dans le nombre des insurgés ; mais je ne suis pas sûr que
ce soit lui qui ait tué l'officier.

Me BERTIN. — Comment Delsade était-il habillé?

LE TÉMOIN. — Je ne pourrais pas dire comment il était habillé ;
je me rappelle seulement qu'il avait une grande barbe.

M. LE PROCUREUR-GÉNÉRAL. — Sur quel rang étiez-vous? —
R. Sur le troisième rang.

Pierre PAULIN, fusilier au 21e régiment.—Le dimanche 12 mai,
j'étais de garde au quai aux Fleurs ; des bourgeois qui couraient
nous dirent : « Prenez garde, on se bat, on va vous attaquer. » Le
lieutenant a fait alors sortir les hommes, les insurgés sont arrivés,
et ils ont dit comme ça à l'officier : « Officier, les armes ou la
mort ! » L'officier a dit : « Qu'est-ce que vous me voulez? » Celui
qui commandait les autres a dit : « Les armes ou la mort ! Nous
sommes maîtres des autres postes ; rendez vos armes ! » L'officier
a dit : « Retirez-vous, voilà tout ce que vous aurez. » L'officier
n'a pas eu le temps de dire *apprêtez armes!* il a été tué.

M. LE PRÉSIDENT. — Reconnaissez-vous l'accusé Barbès?

LE TÉMOIN. — Je crois bien que c'est lui qui a fait feu ; mais je
ne pourrais pas l'assurer définitivement. Celui qui a tiré avait une
barbe comme celle-là, une mouche et des favoris.

M. LE PRÉSIDENT. — Reconnaissez-vous Delsade?—R. Il n'avait
pas la barbe aussi noire que celle-là.

M. LE PROCUREUR-GÉNÉRAL. — Quel était le costume de celui qui
a tiré?—R. Il avait une lévite noire.

M. LE PROCUREUR-GÉNÉRAL, à Delsade. —Le 12 mars, vous aviez
une blouse bleue?

DELSADE. — Oui, Monsieur.

Me ARAGO. —Le témoin dit aujourd'hui, que celui qui a tiré
avait une petite redingote....

M. LE PRÉSIDENT. — Il a dit lévite.

Me Arago. — Dans l'instruction, le témoin a dit qu'il avait une grande redingote.

Me Grevy. — Combien de temps a duré l'attaque du poste?

Le Temoin. — Cela n'a pas été long ; on était près de relever les factionnaires... Cela a bien pu durer dix minutes.

Bataille, fusiller au 21e de ligne, était de garde au Palais-de-Justice le 12 mai. Ce témoin fait une déposition identique à celle de Paulin.

M. le President. — Avez-vous reconnu quelques-uns des individus qui faisaient partie de la bande?

Le Temoin. — Non ; cependant je crois avoir reconnu celui qui a tué notre lieutenant.

M. Le President. — Accusés, levez-vous. (Au témoin) : Qui reconnaissez-vous?

Le Temoin, montrant du doigt l'extrémité gauche des bancs des accusés. — Celui-là.

M. le President. — Lequel?

Delsade. — Moi, Delsade?

M. le President. — Est-ce celui-là? (Delsade seul reste debout.)

Le Temoin. — Il me semble que celui-ci lui ressemble.

D. Quel était son costume? — R. Je ne pourrais pas dire.

Me Bertin. — Il est constant que Delsade portait une blouse et une casquette.

Vaillant (Louis-Augustin), âgé de quarante-quatre ans, employé chez M. Tollard, quai aux Fleurs, 21. — Le dimanche 12 mai, vers quatre heures, en descendant le quai aux Fleurs, je vis arriver une bande d'hommes armés ; à leur tête était un individu portant une longue barbe. Je l'entendis dire à ses camarades : « Ne tirez pas. » Ils s'approchèrent alors du poste du Palais-de-Justice. Le chef de la bande s'adressa à l'officier qui le commandait ; mais je vis l'officier faire un geste ; au même instant un des insurgés fit feu sur l'officier qui tomba mort.

M. le President. — Pourriez-vous reconnaître quelques-uns des individus qui faisaient partie de la bande? — R. Non, messieurs.

M. le President. — Accusés, levez-vous.

Le témoin déclare n'en reconnaître aucun.

Huignard (Hyacinthe), soldat au 21e de ligne, à l'École militaire.

Le dimanche 12 mai, étant de service au poste du Palais-de-Justice, une bande d'hommes armés a fondu sur le poste. Celui qui était à la tête dit à l'officier de rendre les armes. Le lieutenant répondit : « Je ne les rends pas comme ça. » L'autre lui dit : « Si vous ne voulez pas les rendre, vous êtes mort, » et aussitôt il tire un premier coup de fusil au lieutenant, qui le pare avec son sabre ; mais cet homme se recule d'un pas, et tire un second coup. Du second coup il l'a descendu.

D. Pourriez-vous reconnaître cet individu? — R. Je crois que oui.

M. le président fait lever tous les accusés.

Le Témoin, désignant Barbès.—Je crois bien que c'est celui-là... le grand du premier rang.

D. Comment était-il habillé? — R. Je ne me le rappelle pas bien.

D. Avait-il un chapeau? — R. Oui.

D. De quelle couleur? — R. Noir, je crois.

Me Dupont. — Voici ce qu'a déclaré le témoin dans sa déposition écrite :

« Et aussitôt nous avons conduit le comparant à la Conciergerie, avons fait amener en sa présence le nommé Barbès ; le témoin dit, après l'avoir examiné : C'est un homme de la même taille et du même extérieur que celui que vous venez de me représenter qui s'est adressé à l'officier et l'a tué à bout portant ; il avait, comme le nommé Barbès, de la barbe et une redingote semblable à la sienne ; mais je ne puis affirmer que ce soit ce dernier, préoccupé que j'étais du soin de tirer des cartouches de ma giberne pour charger mon arme. »

Velche (Pierre), soldat au 21e de ligne, à l'Ave-Maria. — Il y a eu une altercation entre le chef de la troupe armée qui a attaqué le poste du Palais-de-Justice et notre lieutenant. Cet homme a tiré un premier coup de fusil contre l'officier qui l'a paré ; mais il l'a ajusté une seconde fois, et du deuxième coup il l'a tué.

D. L'avez-vous remarqué? — R. A peu près.

D. Comment était-il? — R. Il était assez grand, très-mince de taille ; il avait une barbe assez longue, et il portait une redingote noire ou brune ; il portait aussi un chapeau, mais je ne pourrais dire de quelle couleur.

(Tous les accusés se lèvent.)

Le Témoin, désignant Barbès. — Je crois bien reconnaître cet homme pour celui dont je viens de parler.

Conte (Jean-Pierre), soldat au 21e de ligne. — Le poste du Palais-de-Justice, dont je faisais partie, a été attaqué par des individus venant du quai aux Fleurs. Celui qui était à leur tête nous

dit : « Rendez vos armes. » Sur le refus de l'officier qui commandait le poste, on a tiré sur lui ; toute la bande a fait feu.

M. LE PRESIDENT. — Avez-vous remarqué quelques-uns des individus qui composaient la bande? — R. Je pourrais reconnaître
le chef. (On fait lever tous les accusés.) C'est celui qui est au bout.
(On fait asseoir tous les accusés, à l'exception de Barbès.) C'est
bien celui-là, oui, Monsieur.

MESNAGE (Alexandre-Louis), marchand brossier, rue de la Barillerie. Le dimanche 12 mai, vers quatre heures, des hommes armés s'avancèrent sur le poste du Palais-de-Justice. L'officier qui
commandait le poste fut sommé de rendre les armes ; sur son refus, les insurgés ayant fait feu, l'officier tomba ainsi que plusieurs
soldats, et le poste fut pris.

M. LE PRESIDENT. — Pourriez-vous reconnaître quelques-uns de
ceux qui faisaient partie du rassemblement?

LE TEMOIN. — Leur chef était un grand.

(On fait lever tous les accusés.)

LE TEMOIN. — C'est ce monsieur là-bas, le premier.

M. LE PRESIDENT. — Regardez si c'est bien celui-là. Est-ce cette
personne qui a tiré le coup de fusil sur l'officier?

LE TEMOIN. — Je ne l'ai pas vu tirer, mais c'est bien là l'individu qui était à la tête de la bande, et qui a parlé à l'officier, en
lui disant : « Rendez-vous ! » J'ai pu fort bien entendre ces paroles, car ma boutique est à côté du corps-de-garde. L'individu qui
paraissait le chef des insurgés portait une redingote ; mais je ne
puis vous dire de quelle couleur elle était. Il avait à la main un
fusil à deux coups.

M. MEUNIER (Martin), âgé de vingt-trois ans, bijoutier, rue de
la Calandre, n° 51.

Le 12 mai, vers quatre heures, je me trouvais sur le quai aux
Fleurs; j'ai vu un bande de factieux. Leur chef portait moustaches; il était vêtu d'une redingote fermée avec ceinture et petite
giberne, et coiffé d'un chapeau noir ; il s'est détaché du groupe et
s'est avancé vers l'officier qu'il a pris au collet, en lui disant : *Rendez vos armes!* Le lieutenant refusa en lui disant de se retirer. Il
fit un geste avec son sabre pour lui faire lâcher prise. En même
temps, cet individu laissa tomber son bras comme pour faire un
signal. Aussitôt plusieurs coups de fusil partirent des rangs des
factieux; je vis tomber le lieutenant, le sergent et six soldats. Un
jeune homme, qui avait tiré un des premiers, est monté sur une
borne qui fait l'angle du quai et du marché aux Fleurs, et a tiré

en l'air son fusil. J'étais à côté du poste. Un des insurgés me coucha en joue... Cela dura une demi-minute... Ce n'est pas long, si vous voulez ; mais moi qui étais là, les bras croisés, à attendre, ça m'a semblé diablement long. (On rit.)

Je revins sur le Pont-au-Change, et je témoignai mon indignation de tout cela. Étant resté sur ma porte, je vis passer ce jeune homme qui avait tiré des premiers ; il me dit : « Tiens, mon vieux, prends mon fusil, et viens avec moi à la préfecture. »

Auparavant, j'avais vu passer sur le Pont-au-Change un garde municipal à cheval, qui était à pied. Il n'était pas de service : c'était un militaire décoré, Un monsieur lui dit : « N'allez pas par là, on vous assassinerait. Si vous restez là, on ne vous fera rien, c'est moi qui vous le dis. » Je dis au garde, en lui frappant sur l'épaule : « On n'assassinerait pas un vieux militaire qui a la croix. » Le monsieur répondit : « C'est précisément parce qu'il est militaire et décoré qu'on le tuerait. » Alors un individu agita un mouchoir bleu du côté de la place du Châtelet : c'était sans doute un signal, car aussitôt j'entendis de ce côté-là une décharge.

M. LE PRÉSIDENT. — Reconnaissez-vous quelqu'un des insurgés ?

MEUNIER (désignant Barbès). — Je reconnais le chef.

D. Est-ce lui qui a tiré sur l'officier ?—R. Je ne l'ai pas vu tirer ; j'étais derrière un peloton qui, en s'avançant, m'a masqué le chef.

M. LE PRÉSIDENT. — Barbès, vous avez entendu cette déposition ainsi que la précédente. Qu'avez-vous à dire ?

BARBÈS. — J'aurais beaucoup de choses à dire, mais ma situation ne me le permet pas.

M. LE PRÉSIDENT. — Je dois humainement vous avertir que si vous avez des moyens de repousser des dépositions aussi formelles, il serait contraire à la raison de ne pas les produire. En aucun pays du monde il ne peut y avoir de situation politique qui puisse autoriser un citoyen à se mettre à la tête de gens armés, et avec ces gens armés de descendre sur la place publique pour attaquer et tuer les soldats et les citoyens chargés de défendre le pays et de maintenir la paix publique, et cela sans déclaration de guerre. Puisque vous parlez de guerre (et certes, je n'admets pas la possibilité d'une pareille guerre), vous devez savoir que, même dans une guerre ordinaire, il y a toujours une sorte de déclaration de guerre.

Je n'admets pas la possibilité d'une guerre civile dans aucun cas. Mais ici surtout il y a une sorte de sentiment qui avertit les hommes que, même marchant les uns contre les autres, ils ne doivent pas commettre un meurtre de sang-froid.

Mais ici, c'est sans déclaration que vous, hommes de parti politique, vous descendez dans la rue, que vous vous mettez à la tête de gens que vous avez sollicités, que vous avez préparés pour le combat, et que vous marchez aux assassinats dont le tableau vient d'être tracé par les témoins.

BARBÈS. — Je n'ai pas l'intention d'entrer avec vous dans une discussion politique. Nous ne nous entendrions pas. Quant à me défendre devant vous, je vous ai déjà dit que cela ne me convenait pas... Quand l'Indien est vaincu, quand le sort de la guerre l'a fait tomber au pouvoir de son ennemi, il ne songe point à se défendre, il n'a pas recours à de vaines et inutiles paroles; il se résigne et donne sa tête à scalper. Je fais comme l'Indien, moi... je vous livre ma tête.

M. LE PRÉSIDENT. — Les avocats n'ont pas de questions à faire?

Mᵉ ARAGO. — Le témoin Meunier a déclaré qu'il n'avait pas vu tirer le chef. Je demande s'il se rappelle le signalement de l'individu qu'il a signalé comme ayant tiré le premier?

MEUNIER. — Il était en blouse.

Mᵉ ARAGO. — Est-ce celui qui était monté sur la borne? — R. Non, celui-ci avait une redingote bleue.

Mᵉ ARAGO. — Cependant le témoin a dit dans sa déclaration écrite, reçue le 14 mai par le commissaire de police:

« Un jeune homme, que j'ai regardé pour avoir tiré le premier, s'est alors détaché de ses camarades et est monté sur la borne qui fait l'angle du quai et du marché aux Fleurs et a levé en l'air son fusil...

Et plus loin: « Étant placé à ma porte, je vis passer le même individu qui avait fait feu le premier et qui était monté sur la borne. Il vint à moi, et me dit: « Tiens, mon vieux, prends ce fusil, viens avec nous à la préfecture, vive la république! » Je refusai et ils se dirigèrent du côté de la Sainte-Chapelle. Je rentrai chez moi et ne vis plus rien. »

MEUNIER. — Je ne l'ai pas vu tirer le premier, mais un des premiers.

Mᵉ ARAGO. — Le témoin, confronté avec Barbès le 28 mai, a cru le reconnaître comme étant celui qui, porteur d'un fusil, a parlé au chef du poste, et qui a tiré à bout portant. Aujourd'hui il ne reconnaît Barbès que comme ayant adressé la parole à l'officier, mais il ne l'a pas vu tirer.

MEUNIER. — Le peloton cachait le chef.

M. LE PROCUREUR-GÉNÉRAL fait observer au témoin que, dans l'instruction, il avait reconnu Barbès pour être celui qui avait tué le lieutenant.

MEUNIER. — J'ai dit que je ne pouvais l'affirmer : voilà quelle a été ma déposition. J'ai toujours dit que le chef s'était avancé, et avait tiré son fusil en l'air pour donner le signal de faire feu.

M. LE PRÉSIDENT. — Nous allons entendre les témoins à décharge, cités par l'accusé Barbès.

GUYOT, âgé de trente-deux ans, docteur en médecine. — Je ne connais rien à l'affaire ; j'attendrai, pour répondre, les interpellations qui me seront adressées.

M. LE PRÉSIDENT. — Barbès, avez-vous des questions à adresser ? (Barbès ne répond pas.)

Me ARAGO. — Je désire savoir ce qui s'est passé à la connaissance du témoin et sous ses yeux sur le Pont-au-Change et à la préfecture de police, où il a été appelé le 12 mai.

GUYOT. — Je traversais le Pont-au-Change en revenant de la rue Saint-Denis. Lorsque je fus sur le quai des Lunettes, je vis sortir de la préfecture de police une troupe d'hommes, composée de sergents de ville et d'hommes vêtus de redingotes, de fracs, de vestes. Tous ces hommes étaient armés de fusils de munition, sans fourniments, sans signes distinctifs. (Mouvement.)

Je demandai à un capitaine de la garde municipale, de ma connaissance, que je rencontrai, l'explication de ce fait ; il me répondit : La préfecture a été attaquée à l'improviste, et nous avons armé tous les hommes qui se trouvaient à notre disposition. Je demandai pourquoi on les faisait sortir. Il me répondit que c'était pour éclairer les environs du Palais-de-Justice et de la préfecture.

Ce capitaine m'engagea à entrer à la préfecture, où mes soins pourraient être nécessaires aux blessés. J'acceptai avec empressement. En entrant dans la cour, je vis sept ou huit brigades armées de la même façon et disposées de la même manière. (Nouveau mouvement.)

On apporta plusieurs blessés auxquels je donnai les premiers soins. Je demandai ensuite pourquoi il y avait des hommes armés dans la cour et au dehors, ayant des fusils de munition et des fusils de chasse, sans aucun signe qui pût les faire reconnaître ; je demandai pourquoi on les faisait sortir au lieu de les conserver à l'intérieur pour défendre les abords. On me fit la même réponse qu'auparavant. (Sensation.)

LEMONIER (Henri). — Le dimanche 12 mai, en passant sur le quai de l'Horloge avec un de mes amis, nous avons aperçu une bande d'individus armés, parmi lesquels se trouvaient des sergents-de-ville. Nous continuions notre chemin vers la rue Saint-Denis, lorsque peu de temps après nous entendîmes des coups de fusil. Nous pensâmes alors que c'étaient les individus que nous avions vus qui avaient tiré.

M. LE PRÉSIDENT.—Pourriez-vous dire sur qui ces coups de fusil étaient tirés?

LE TÉMOIN.—Non, Monsieur, nous étions tournés de l'autre côté, et, ne voyant personne dans la rue, nous crûmes qu'ils avaient été tirés sur nous.

M. DUFAIT.—En passant sur le pont Saint-Michel, je vis sortir du guichet du Palais-de-Justice des individus armés au nombre de quarante, peut-être plus. Une partie de ces individus avaient l'habit de sergent-de-ville, les autres étaient en bourgeois. (Mouvement.)

M. LE PRÉSIDENT.—Quelle heure était-il? — R. Environ quatre heures et demie.

D. L'insurrection avait-elle éclaté depuis longtemps. — R. Il était alors quatre heures et demie.

M. LE COMTE DE FLAHAUT.—La préfecture de police avait-elle été attaquée? — R. Je n'en sais rien.

DUBAY (Jean-Baptiste), tourneur, quai aux Fleurs, 21. — J'étais le 12 mai à la porte quand j'ai vu une troupe armée. Le meneur qui était devant criait à ses amis : « Ne tirez pas. » Alors il est arrivé auprès du poste ; je ne sais pas ce qu'il a dit à l'officier, mais il a tiré deux coups de fusil, et au second l'officier est tombé.

M. LE PRÉSIDENT.—L'audience est levée et continuée à demain.

L'audience a été levée à cinq heures et demie et renvoyée à dimanche.

4ᵉ AUDIENCE. — 30 JUIN.

NOUGUÈS.—*Interrogatoire et dépositions.*—*Nouvelles dépositions relatives à Barbès.*—*Déposition des officiers de paix, Vassal, Roussel, et Figat.*—BONNET.—*Interrogatoire et dépositions.*

A midi les accusés sont introduits : ils sont rangés dans le même ordre, à l'exception de Roudil et de Mialon, auxquels on a fait changer respectivement de place. Delsade qui, pendant les premières audiences, était vêtu d'une redingote noire, porte aujourd'hui la blouse qu'il avait dans la journée du 12 mai.

La Cour entre en séance à midi un quart.

L'appel nominal constate l'absence de MM. de Fréville et de Labriffe.

M. LE PRÉSIDENT.—Je reçois une lettre de M. Rignoux-Farguès, imprimeur sur étoffes. Il demande à être entendu sur les faits relatifs au nommé Roudil, l'un des insurgés du 12 mai, qui a été arrêté les armes à la main par lui, et conduit à la préfecture de police par les agents de M. Allard, qui en a de suite dressé procès-verbal. Je vais donner des ordres en vertu de mon pouvoir discrétionnaire, pour que ce témoin soit entendu.

Nous allons entendre les témoins que j'ai fait assigner sur la demande des défenseurs de Barbès. Assignés en vertu du pouvoir discrétionnaire, ils ne prêteront point serment.

M. POMMIER, âgé de cinquante-neuf ans, employé à la *Gazette des Tribunaux*, quai aux Fleurs, 11: Le 12 mai, vers quatre heures moins un quart, j'étais occupé dans le bureau de la *Gazette des Tribunaux* avec un peintre. Entendant du bruit sur le quai, je me mis à la fenêtre. Je vis arriver un groupe d'insurgés, tous armés de fusils de chasse; un seul avait un fusil de munition. Le chef les fit arrêter devant le numéro 15 pour les rallier. Au signal donné par le chef, ils se sont mis en marche avec rapidité vers le poste du Palais-de-Justice. J'ai entendu deux coups de fusil et vu tomber l'officier.

Le témoin ne reconnaît aucun des accusés.

M. LE PRÉSIDENT.—Attendu les dépositions qui ont eu lieu à la fin de l'audience d'hier, nous jugeons à propos de faire appeler, en vertu de notre pouvoir discrétionnaire, les officiers de paix que l'on a dit avoir vus armés dans la cour de la préfecture de police; M. le procureur-général est prié de s'informer du nom de ces officiers de paix.

UN HUISSIER.—Les autres témoins à décharge ne se présentent pas.

Me ARAGO. — Il paraît que les adresses qu'on m'avait données hier étaient fautives. Je me suis procuré les adresses exactes, et je demande qu'ils soient assignés pour demain.

Interrogatoire de Nouguès.

M. LE PRÉSIDENT.—Gardes, faites placer l'accusé Nouguès au milieu du banc. (Cet ordre est exécuté.)

M. LE PRÉSIDENT.—Nouguès...

NOUGUÈS.—Avant de répondre, je désirerais faire une observation sur deux de mes co-accutés. La première est sur l'accusé Martin Bernard, et la seconde sur l'accusé Bonnet.

Le 12 mai, me trouvant rue Bourg-l'Abbé, au milieu de deux ou trois cents insurgés, je vous l'avoue, mes yeux ont cherché Martin Bernard. Dans ma pensée, il devait s'y trouver. Cependant je ne le vis pas là ni ailleurs. J'avais entendu dire qu'il avait été tué. Dans mes interrogatoires, ne croyant pas lui faire tort, j'ai dit : « Oui, je l'ai vu. » Je répondais presque par pique sans préciser aucun individu. Vers les quatre heures et demie, je sortis avec un détachement d'insurgés, pour pousser une reconnaissance rue Mauconseil. Tourmenté par une soif ardente, j'entrai dans un café, et je demandai la charité d'un verre d'eau. L'accusé Bonnet, ici présent, m'a présenté un verre d'eau mêlé d'absynthe. L'autre jour, dans la salle des accusés, Bonnet m'a rappelé ce fait qui est vrai.

Voilà les deux faits que je voulais faire connaître.

D. N'avez-vous pas été prisonnier en 1836 ?—R. Oui, Monsieur.

D. N'était-ce pas pour avoir cherché à faire évader Blanqui ?— R. Non, Monsieur.

D. Pourquoi était-ce donc ? — R. J'ai été arrêté injustement et par méprise.

D. Mais c'est pour ce fait là que vous aviez été arrêté ?—R. Oui, et j'ai été mis en liberté.

D. Comment connaissiez-vous Blanqui ?—R. Je ne le connais pas.

D. Ne vous a-t-il pas été fait des propositions par plusieurs d'entre eux pour entrer dans la société ?—R. Oui, Monsieur.

D. Avez fait partie de cette société ?—R. Oui.

D. N'avez-vous pas assisté aux revues qui étaient passées par les chefs de la Société ?—R. Oui, j'y allais avec mes amis.

D. En quoi consistaient ces revues ?—R. On se promenait.

D. Dans les rapports que vous avez eus avec la Société, avec les membres qui en faisaient partie, vous avez dû avoir connaissance de l'organisation de cette Société ?

Nougues.—Avant de répondre à cette question, je demanderai la permission de faire une réponse générale.

M. le Président. — Parlez.

Nouguès. — Ce que j'ai à dire est relatif à la position que je veux tenir dans ces débats. Je ne veux pas servir d'auxiliaire à l'accusation ; vous le savez, je n'ai dénié aucun de mes actes ; rien de ce que j'ai fait : j'ai poussé la franchise jusqu'à commettre une faute, c'est-à-dire d'affirmer des actes de Barbès qui ne me regardaient nullement ; ma franchise a été complète. Maintenant que je vous ai tout dit sur ma culpabilité personnelle, je ne vois pas pourquoi je me ferais l'auxiliaire de l'accusation. (Sensation.)

Je reconnais que le 12 mai j'ai pris part à la lutte qui s'est engagée entre deux principes ennemis. Je déclare qu'ici, après la défaite de l'un de ces principes, il n'y a pas de jugement, il n'y a que des représailles. (Murmures.)

M. LE PRÉSIDENT.—Songez à votre position, et pesez vos paroles.

NOUGUÈS.—Je n'ai rien à attendre de votre justice. Le principe que j'ai soutenu a été vaincu : je n'en appelle pas à votre justice, mais à votre générosité. (Chuchottements.)

M. LE PRÉSIDENT. — Vous voyez bien que c'est là une mauvaise manière de faire appel à la générosité que de poser dès l'abord un principe aussi anti-social.

NOUGUÈS.—Je crois avoir le droit d'en appeler à votre générosité, car si le principe pour lequel je combattais eût été vainqueur, j'aurais été le premier à supplier pour qu'on épargnât les vaincus.

M. LE PRÉSIDENT.—Vous pouvez être généreux de caractère ; mais cette générosité ne vous donnait pas le droit de descendre sur la place publique en armes, d'attaquer des citoyens, des soldats, de les tuer avant qu'ils fussent en défense. Rien au monde ne pouvait vous donner ce droit barbare, vous autoriser à cet acte de sauvagerie, comme l'a bien qualifié un de vos co-accusés en se comparant au sauvage qui présente sa tête à scalper. Il avait raison, votre co-accusé, car il n'est pas de pays tant soit peu civilisé qui ne répudie de pareils principes, qui ne les flétrisse comme ils le méritent.

Ce n'est donc pas un moyen pour vous recommander à la générosité de vos juges que de professer un principe fait pour attirer sur vous l'animadversion générale. Voyez si vous voulez, si vous devez, dans votre intérêt, persister à professer un pareil principe.

NOUGUÈS.—Permettez, Monsieur.

M. LE PRÉSIDENT.—Ne m'interrompez pas! Je vous dis que vous aggravez votre position par les explications que vous lui donnez.

BARBÈS.—Je réponds...

M. LE PRÉSIDENT.—Ne m'interrompez pas!

BARBÈS.—Je demande à répondre un mot à ce que vous avez dit sur la comparaison dont je me suis servi. Lorsqu'hier je me suis comparé au sauvage qui présente sa tête lorsqu'il a été vaincu par son ennemi, et qu'il n'en espère pas merci, je n'approuvais pas l'impitoyabilité de celui qui scalpe. (Mouvement.)

M. LE PRÉSIDENT. — Je n'ai dit qu'une seule chose, c'est que vous avez vous-même justement apprécié l'acte auquel vous vous étiez livré, par la comparaison que vous aviez faite et que vous aviez tirée du sauvage vaincu, et vous aviez raison. (A Nouguès.) Enfin, malgré cette déclaration de principe, il ne faut pas oublier que vous vous êtes montré franc dans vos interrogatoires. Je désirerais vous savoir gré de votre franchise; je vous ai recommandé d'y persister; je vous recommande encore de ne pas vous en ôter le bénéfice par d'inutiles dénégations.

NOUGUÈS. — Ma déclaration, quant à Martin Bernard, est positive et formelle. J'affirme sur l'honneur que je ne l'ai pas vu, et cela se conçoit dans une masse de 300 ou de 400 hommes groupés confusément.

D. Vous avez donné des détails circonstanciés sur l'organisation de la Société des Saisons. Maintenant, en raison même de ces détails, de la connaissance que vous avez de la Société, je vous demande si vous avez reçu des avertissements sur le 12 mai. — R. Je me trouvais dans la rue Bourg-l'Abbé dans la même position que tous les membres de l'association. J'étais allé à une revue, ç'a été un combat : j'en ai pris ma part.

D. Par qui avez-vous été prévenu? — R. Par un membre de l'association, mais non par Martin Bernard.

D. Il résulte de vos aveux précédents que vous avez pris part au pillage de la rue Bourg-l'Abbé. Vous vous êtes servi d'un fusil de chasse; vous avez été successivement sur la place du Châtelet, à l'Hôtel-de-Ville, au marché Saint-Jean, à la barricade de la rue Grenétat. Vous reconnaissez ces faits ? — R. Ils sont exacts.

D. Avez-vous vu Martin Bernard à l'attaque du marché St-Jean? — R. Je répète que je ne veux pas servir d'auxiliaire à l'accusation.

D. Ainsi donc vous refusez de répondre ? — R. Je ne répondrai qu'à ce qui me concernera personnellement.

D. Mais il s'agit de vos réponses dans l'instruction, de vos déclarations écrites, que vous avez signées; il s'agit là d'un fait positif, d'un fait personnel. Vous avez fait une déclaration, elle est devenue un fait avoué, personnel; c'est là un fait qui vous concerne : vous devez répondre. Avez-vous vu Blanqui? — R. Je réponds que je ne veux pas servir d'auxiliaire à l'accusation.

D. Ainsi vous ne voulez pas répondre. Avez-vous vu Barbès?

Nouguès (à demi-voix) —Barbès... Barbès...

Quelques voix.—Répondez, répondez.

Nouguès (après quelques instants d'hésitation).—Oui, je l'ai vu.

D. N'avez-vous pas vu Martin Bernard au premier rassemblement rue Bourg-l'Abbé?—R. Non, je l'affirme sur l'honneur.

D. Mais vous avez dit pourtant précédemment l'avoir vu.—R. Je l'ai dit probablement pour céder à votre insistance.

D. Je ne vous ai pas fait de question qui vous obligeât de mentir. Je vous ai dit de déclarer la vérité, voilà toute mon insistance. Vous êtes entré dans des détails que je ne connaissais pas, et sur lesquels je n'ai pu vous interroger. Vous avez dit que Martin Bernard était celui qui avait fait ouvrir le magasin d'armes, et que, quand on lui avait demandé où était le comité exécutif, il avait répondu : C'est nous.—R. C'est un propos qui m'a été rapporté.

D. Je ne vous interrogeais pas sur ce fait, je l'ignorais ; c'est vous-même qui avez fait cette déclaration. — R. Vous choisirez entre ces deux déclarations celle qui vous paraîtra véritable, ou celle faite dans le cours de l'instruction, sous l'impression des premiers événements, ou celle faite ici librement devant mes juges.

D. On ne pourra pas supposer que celle que vous avez faite sans difficulté sur Martin Bernard ne soit la vérité. Mais en supposant que vous n'ayiez ainsi parlé que parce que vous croyiez Martin Bernard mort, pourquoi auriez-vous chargé sa mémoire d'un fait aussi coupable.—R. Sa mémoire n'aurait pas été déshonorée pour cela ; c'est un fait qui m'a été rapporté.

D. Comment se fait-il que vous qui connaissez intimement Martin Bernard, qui avez reçu un fusil du magasin d'armes, comment se fait-il que Martin Bernard, lui qui est grand, remarquable, l'un des chefs principaux, n'ait pas frappé vos regards dans un lieu aussi étroit que la rue Bourg-l'Abbé?— Lorsque je suis arrivé sur le terrain avec un des derniers groupes de l'association , les fusils étaient en partie distribués ; il est probable que M. Martin Bernard était à la tête, si toutefois il y était, et j'ai pu ne pas le voir.

D. Voyez dans quelle inconséquence vous tombez; la Cour l'appréciera. Je dois, dans l'intérêt de la vérité, et dans le vôtre même, vous engager à sortir d'une voie qui n'est pas celle de la vérité.— R. Ma déclaration relative à Martin Bernard et à Bonnet, je la tiens comme sincère.

D. Vous avez pris part à l'attaque du poste du marché Saint-Jean. Que s'est-il passé, et quelle part avez-vous prise à l'attaque de ce lieu ? — R. Nous sommes arrivés sur le poste, les chefs les plus avancés ont dit aux soldats : « Rendez vos armes! » Les soldats n'ont pas voulu : nous nous sommes approchés d'eux pour les désarmer; plusieurs des nôtres ayant été piqués par les baïonnettes des soldats se sont écriés : « Nous sommes blessés! » Alors nous avons formé un demi-cercle autour du poste, et nous avons tiré.

D. Vous avez vu tomber de ces militaires ? —R. Oui, monsieur.

D. Vous vous êtes rapproché de l'un d'entre eux ? — R. Oui.

D. Que s'est-il passé entre vous et lui? — R. Je me suis penché vers un militaire qui avait reçu une balle dans la poitrine, je tâchais de le consoler; je lui dis que c'était le refus de son chef qui nous avait décidé à tirer sur eux.

D. Vous prenez à tâche d'atténuer tout ce que vous avez dit, alors même que cela pourrait être en votre faveur. Vous avez dit que, voyant tomber cet homme, vous vous étiez approché de lui et lui aviez demandé pardon. Ces paroles étaient d'un cœur honnête; vous ne les répétez pas même en ce moment. — R. Je ne puis me rappeler les paroles textuelles de mon interrogatoire. Oui, je lui ai parlé, je lui ai dit de douces paroles; n'est-ce pas une espèce de pardon?

D. A quel endroit vous êtes-vous retiré de cette espèce de champ de bataille ! — R. Je me suis retiré de l'insurrection sur les dix heures, lorsque la barricade de la rue Grenétat était prise ou près de l'être.

D. N'est-ce pas dans cet endroit que vous avez vu Martin Bernard ? — R. Je vous ai déjà dit que je ne l'ai vu nulle part. Il est vrai que dans mon interrogatoire j'ai dit que je l'avais vu presque partout; mais j'ai expliqué cela. D'ailleurs, je ne pouvais l'avoir vu là, puisque j'avais quitté l'insurrection.

D. Vous étiez porteur de deux fusils; où les avez-vous cachés ? — R. Je les ai mis en lieu de sûreté d'abord, et quelques jours après je les ai transportés chez une femme que je connaissais.

D. Comment étiez-vous possesseur de ces deux fusils? — R. L'un est celui avec lequel j'ai combattu, l'autre, je l'ai trouvé par terre dans une rue du quartier.

D. Reconnaissez-vous avoir écrit la lettre adressée à la fille Morel ? — R. Oui.

D. Il a été saisi à votre domicile quelques caractères d'imprimerie (petit-romain), qui présentent de l'analogie avec ceux du formulaire. Comment expliquez-vous leur présence chez vous ? — R. Les caractères proviennent du travail. Ainsi, dans notre état nous corrigeons sur le plomb ; nous avons des lettres à substituer à d'autres lettres : nous les avons dans nos mains ou dans un composteur, et souvent, au lieu de les mettre dans les casiers, nous les mettons dans nos poches et nous oublions de les remettre à l'imprimerie, et nous les emportons chez nous. C'est une négligence dont les imprimeurs ne se plaignent même pas... Arrivés chez nous, nous les déposons sur un meuble. Voilà comment on a trouvé chez moi quelques caractères d'imprimerie.

D. Il a été saisi, le 12 mai, dans le quartier de l'insurrection, une proclamation dont le caractère paraît être le même que celui du formulaire.

(Sur l'ordre de M. le président, on présente à l'accusé la proclamation et le formulaire.)

D. Connaissez-vous ces deux pièces ? — R. J'en connais une, la proclamation, pour l'avoir vu à la Conciergerie ; vous me l'avez montrée. Quant à l'autre, elle a été saisie chez moi : je vais vous en expliquer la possession : Il y a environ dix-huit mois ou deux ans que je l'ai. Cette pièce était assez curieuse, comme le *Moniteur républicain* ou l'*Homme libre* ; on savait que c'étaient des pièces contraires au gouvernement, et on se les passait de main en main. je me serais défait de cette pièce parce que je savais qu'elle pouvait me compromettre, mais elle était resté cachée derrière un meuble et je n'y pensais plus.

M. LE PRÉSIDENT. — On va donner lecture des deux lettres que vous avez écrites, l'une à la fille Morel, l'autre à la dame Daniel.

M. le greffier-adjoint donne lecture de ces deux lettres.

La première, adressée à Rose Daniel, portant en substance :

« Nous avons besoin de quelque argent afin de nous préparer à notre sacrifice, en hommes d'honneur, c'est-à-dire, en payant quelques dettes publiques.

« En cas de succès de l'entreprise, la somme sera fidèlement remboursée. » Ajoutant qu'en cas de malheur pour eux et de revers de l'entreprise, elle risquait de perdre le prix de ce dernier sacrifice.

La seconde, adressée à Reine Morel :

« Ma chère Reine,

« Jusqu'à présent, il ne m'est rien arrivé... Nous avons combattu toute la journée d'hier, mais nous espérons recommencer ce soir... Prie pour moi, et, si j'échappe, tu seras ma femme... »

M. LE PRÉSIDENT. — Vous étiez évidemment informé de l'attentat ; par conséquent, il fallait, pour le commettre, que vous eussiez un but. Quel but vous proposiez-vous?

Nouguès. — Eh! mon Dieu, vous le savez aussi bien que moi!

D. Quel était-il? — R. L'établissement de la république.

D. N'importe par quel moyen? Au prix du sang? — R. Au prix du sang... mais du nôtre aussi, mais en combattant.

M. le Président. — D'après les réponses que vous venez de faire, il m'est impossible de ne pas faire donner lecture de votre interrogatoire écrit.

M. Léon de la Chauvinière donne lecture des divers interrogatoires subis par Nougès, soit devant M. Zangiacomi, soit devant M. le président.

M. le Président, après cette lecture. — Vous venez d'entendre les déclarations formelles que vous avez faites dans votre interrogatoire. Elles étaient en quelque sorte spontanées et volontaires sur les points les plus importants. Réfléchissez, et jugez s'il vous convient de persister dans vos rétractations d'aujourd'hui.

Nouguès. — De quelle rétractation voulez-vous parler?

D. De ce que vous avez dit relativement à Martin Bernard. — R. Je ne rétracte pas tout ce que j'ai dit; je rétracte seulement l'assertion que j'avais vu Martin Bernard presque partout. Je croyais qu'il y était, qu'il devait y être, voilà pourquoi j'ai dit qu'il pouvait se trouver presque partout; mais sans préciser aucun lieu.

D. J'ignore si la Cour acceptera votre explication, mais peu de personnes l'accepteront. Vous avez dit au sujet de Bernard que vous l'aviez vu le matin rue Bourg-l'Abbé, persistez-vous dans votre déclaration? — R. J'ai déjà dit que je ne voulais pas servir d'auxiliaire à l'accusation.

D. Il ne s'agit pas de servir d'auxiliaire à l'accusation. Vous avez fait une déclaration dont l'accusation s'est emparée, et qui reste. —R. J'affirme sur l'honneur que je n'ai fait de déclaration sur Martin Bernard que par erreur. Je ne rétracte rien de ce que j'ai dit sur le reste, et je m'en rapporte à mes interrogatoires. Je ne veux pas rétracter ce que j'ai dit.

M. le Président. — Barbès, avez-vous quelque chose à dire sur cet interrogatoire?

Barbès. — Je ne présente pas de défense.

M. le Président. — Martin Bernard, avez-vous quelque chose à dire? (Martin Bernard garde le silence.)

M. le Président. — Répondez.

Martin Bernard , vivement. — Je n'ai rien à vous dire.

D. Vous reconnaissez donc tout ce qu'a dit Nouguès comme exact? — R. Je n'ai rien à dire.

Mᵉ Dupont. — Je n'examinerai pas en ce moment quelle valeur peut avoir contre un accusé la déclaration d'un coaccusé. Mais il importe de remarquer que Nouguès n'est pas aussi en contradiction avec ses premières déclarations qu'on le suppose. On lui a demandé s'il savait que Barbès, Blanqui et Martin Bernard faisaient partie du comité exécutif de l'association. Il a répondu (page 13 de son interrogatoire imprimé):

« Je sais seulement que, rue Bourg-l'Abbé, plusieurs individus se sont approchés de Martin Bernard (Blanqui et Barbès n'étaient pas près de lui en ce moment), et on demanda qu'on nommât le conseil dont il avait été question. Martin Bernard a répondu : Il n'y a pas de conseil ; le conseil, c'est nous.

Il avait rapporté tout cela dans l'instruction comme ouï-dire, il n'est donc pas en contradiction avec son langage d'aujourd'hui.

Le procureur-général. — Mais voici un autre passage de son interrogatoire, page 20. On lui demande s'il a entendu dire qu'il y avait un conseil exécutif; il répond : Oui, messieurs, j'ai entendu dire par les hommes les plus influents de l'association, par des jeunes gens, par des ouvriers, qu'il y avait un conseil exécutif qui se déclarerait au moment du combat, c'est ce qui explique pourquoi *on s'est rué* sur Martin Bernard, le dimanche 12 mai, rue Bourg-l'Abbé, comme je l'ai dit hier, pour lui demander de faire connaître le conseil exécutif. L'accusé Nouguès a donc parlé d'un fait dont il a été témoin, puisqu'il dit qu'*on s'est rué* sur Bernard.

Mᵉ Dupont. — Il ne faut pas aller plus loin que la déclaration de Nouguès. Je suppose que le premier jour il eût dit : J'ai entendu dire que Martin était là, j'ai entendu dire qu'on lui avait demandé où était le conseil exécutif, et qu'il avait fait cette réponse ; il n'y aurait aucune contradiction entre ses dépositions premières et ce qu'on regarde comme une rétractation. Il n'y a pas de contradiction entre ces deux phrases, si on donne à la première le sens affirmatif ; il n'y a pas de désaccord entre les deux déclarations.

Attaque du poste du marché Saint-Jean.

La Cour continue l'audition des témoins. On entend ceux qui sont relatifs à l'attaque du poste du marché Saint-Jean.

Henriet (Alexis), âgé de vingt-cinq ans, sergent au 28e de ligne, alors caporal, caserné au faubourg du Temple. — Dans la journée du 12 mai, au poste du marché Saint-Jean, sur les quatre heures, une foule d'insurgés se présenta sur la place. Aussitôt le sergent cria aux armes! et les douze hommes qui composaient ce poste sortirent et se rangèrent devant le poste.

Alors les insurgés se portèrent sur nous en criant : Rendez les armes! Le sergent s'avança vers eux; ils l'entourèrent, et l'un d'eux lui dit : Rendez vos armes, elles ne sont pas chargées, vous allez vous faire écharper. Il répondit à cette sommation qu'il ne rendrait pas les armes. Aussitôt les insurgés firent feu sur nous, et sept hommes du poste, tant tués que blessés, tombèrent. Ils s'approchèrent alors des quatre ou cinq hommes qui restaient et les désarmèrent. Les uns voulaient les emmener avec eux, les autres ne voulaient pas. Enfin, l'un d'eux, plus humain que les autres, profita d'un moment pour nous faire entrer dans une maison en nous disant de rester là, qu'il ne nous serait rien fait tant que nous ne paraîtrions pas dans la rue.

M. le Président. — Pourriez-vous reconnaître quelques-uns de ces individus? — R. Je reconnaîtrais bien le nommé Mialon.

M. le Président. — Accusés, levez-vous. (Au témoin.) En reconnaissez-vous quelques-uns?

Le Témoin. — Non, Monsieur.

D. Regardez bien. (Le témoin regarde les accusés.) Levez-vous, accusé en blouse du deuxième banc. (Roudil se lève.) Reconnaissez-vous celui-là? — R. Non, M. le président.

M. le Président. — Faites lever le suivant, celui qui a une veste de velours. (Lebarzic se lève.) Reconnaissez-vous celui-là? — R. Non, Monsieur.

D. Faites lever le suivant, celui qui a une veste et un gilet jaune. Reconnaissez-vous celui-ci?

Le témoin, après avoir bien considéré l'accusé. — C'est lui... je le reconnais... (Mouvement.)

Mialon. — Et moi je dis qu'il en a menti.

Me Blot Lequesne, défenseur de Mialon. — Je ferai remarquer à la Cour que, lors de la représentation qui a été faite précédemment au témoin des nommés Lemière dit Albert, Focillon et Mialon, le témoin a déclaré ne reconnaître aucun de ceux qui les avaient attaqués. La Cour remarquera aussi que lorsque le témoin a regardé tous les accusés en masse, il n'a pas reconnu parmi eux Mialon.

M. LE PROCUREUR-GÉNÉRAL. — Il résulte de l'instruction que tant que lors de la première confrontation, alors que Mialon n'a pas été reconnu, il était en blouse et avait dessous un petit habit. Lorsqu'il a été revêtu d'une veste et d'un pantalon de velours, le témoin n'a pas hésité à le reconnaître.

M. LE PRÉSIDENT. — Mialon, comment étiez-vous vêtu ? — R. J'avais un pantalon de velours et une veste.

M. LE PROCUREUR-GÉNÉRAL, au témoin. — Comment Mialon était-il vêtu ? — R. Il avait un pantalon et une veste de velours.

M. LE PRÉSIDENT. — Que faisait-il ? — R. Il était armé d'un fusil; mais je ne l'ai pas vu tirer.

MIALON. — Je dis, moi, que je n'ai pas eu de fusil, que je n'ai pas tiré. Je ne suis pas été par là ; je n'y ai été aucunement. Je n'ai pas bougé du quai Napoléon de la journée. Je n'ai pas passé le pont Notre-Dame. Le soir, j'ai été voir le marché Saint-Jacques, je n'ai été que jusqu'à la rue des Arcis voir si c'était fini, et je suis rentré chez moi. Voilà ce que j'ai fait dans la journée des affaires qu'il y a eu. Je n'ai rien fait à l'Hôtel-de-Ville; je n'ai rien fait au marché aux Fleurs; je ne suis pas sorti nulle part, si ce n'est sur les huit heures du soir, après avoir soupé.

Me BLOT-LEQUESNE. — De quelle espèce de fusil était armé l'homme que le témoin croit reconnaître dans Mialon ?

LE TÉMOIN. — D'un fusil à piston.

GIRARD (Denis), âgé de vingt-six ans, sergent au 26e régiment de ligne. — Le 12 mai, je commandais le poste du marché Saint-Jean; j'avais avec moi dix hommes et un caporal. Vers quatre heures environ, une bande d'individus déboucha par la rue de la Verrerie. Je n'avais pas encore eu le temps de défaire les paquets de cartouches, qu'un de ces hommes tira deux coups de fusil en criant : Rendez-vous, citoyens, ou la mort ! Ils avancèrent sur le poste.

Je voulus m'avancer pour leur parler ; mais ils se jetèrent sur moi, et me désarmèrent, malgré mes efforts. Ils firent une décharge, et sept hommes tombèrent; quatre étaient blessés, et les autres raides morts. Ils entrèrent dans le poste comme des furieux, et il y en eut entre eux qui tirèrent sur des hommes déjà tombés. Ils fendirent la tête, d'un coup de hache, à un homme qui était déjà tombé. (Mouvement). Ils m'entraînent avec violence, voulant que je marchasse pour me battre avec eux. Comme je refusai, ils m'ont menacé. Ils m'auraient probablement fait un mauvais parti, mais un monsieur qui passait, dit : « Ne faites rien à cet homme, c'est un soldat, il a fait son devoir? les soldats ne sont-ils pas vos frères? Laissez-lui donc la vie puisque vous avez ses armes. Celui qui avait en ce moment le canon de son fusil sur ma poitrine, le releva et dit: c'est vrai !

Mᵉ Dupont.—N'avez-vous pas été, le 15, à l'Hôtel-Dieu avec un commissaire de police?—R. Oui, Monsieur.

Mᵉ Dupont.—N'avez-vous pas reconnu là l'homme qui avait tiré le deuxième coup et qui était parmi les morts?—R. Oui Monsieur.

M. le Président.—Ne reconnaissez-vous pas parmi les accusés celui qui vous a sauvé la vie en empêchant qu'on ne vous tue?—R. Non, Monsieur.

M. le Président. —Regardez-bien les accusés les uns après les autres.

Le témoin.—Je ne reconnais personne.

Mᵉ Bertin.—Quelle était la coiffure de l'homme qui a tiré le premier coup?

Le témoin.—Il était coiffé d'une casquette.

Amy Christian, soldat au 28ᵉ de ligne, témoin.—J'étais de garde au marché Saint-Jean. Le chef de poste a fait sortir ses soldats du poste, et nous y étions depuis quelques minutes, lorsqu'une bande armée vint sur nous, sommant le sergent de rendre ses armes. Sur le refus du sergent, on s'empara de lui. La bande tira sur nous et nous prit nos armes. On voulut nous emmener, mais dans le trajet on nous fit entrer dans une maison, où nous sommes restés une heure.

M. le président, après avoir fait lever les accusés.—Reconnaissez-vous quelqu'un des accusés ici présents?

Le témoin.—Aucun.

Mᵉ Blot-Lequesne, défenseur de Mialon.—Je désirerais que le témoin déclarât s'il reconnaîtrait Mialon.

Le témoin, après avoir examiné Mialon.—Je ne le reconnais pas. (Le témoin se retire.)

Vincent (Pierre), soldat au 28ᵉ de ligne, était de garde le 12 mai, au marché Saint-Jean. Il rend compte des faits dans les mêmes termes que les précédents témoins.

(Le témoin ne reconnaît aucun des accusés.)

Reine Morel, femme de chambre au château de Ris, près Corbeil. Le témoin dépose que Nouguès lui a adressé, lors des événements, une lettre dans laquelle il lui annonçait qu'il s'était bat-

9

tu. La lettre était du 13 mai. Nouguès disait qu'il s'était battu la veille et qu'il se battrait encore le lendemain.

M. LE PRÉSIDENT. — Comment la lettre que Nouguès a écrite s'est-elle trouvée chez lui ? — R. Je la lui ai renvoyée. C'est mon frère, qui demeure dans la même maison que lui, qui la lui a remise.

D. Connaissez-vous les opinions politiques de Nouguès ? — R. Pas positivement.

Le sieur MOREL, frère du précédent témoin, dépose des faits relatifs à la lettre écrite à sa sœur.

La femme LAROCHE, portière de la maison habitée par la dame Roux, donne quelques détails au sujet de la malle déposée chez la dame Roux.

MARJOLIN (Eugène-Alexandre), âgé de 13 ans 1/2, demeurant chez son père, rue de la Calandre, 27, est entendu sur les faits relatifs à l'attaque du poste du quai aux Fleurs :

Le dimanche 12 mai, dit-il, vers trois heures et demie, après avoir quitté un camarade de pension, j'ai vu sur le quai aux Fleurs une troupe d'hommes armés à la tête de laquelle était un chef. Ils se sont avancés sur le poste du Palais-de-Justice et ont demandé à l'officier de rendre ses armes. L'officier a répondu qu'il ne savait pas ce que c'était que de se rendre.....

Le témoin achève sa déposition à voix basse.

M. DE LA CHAUVINIÈRE, répétant la déposition. — Le témoin dit que Barbès a tiré un coup de fusil à bout-portant à l'officier. Le coup ne l'a pas atteint, parce que l'officier a relevé le fusil avec son sabre ; ensuite, il paraît que le sabre s'est embarrassé, et au second coup l'officier a été tué.

M. LE PRÉSIDENT. — Est-ce que le témoin a prononcé le nom de Barbès ?

(M. de la Chauvinière fait un signe de tête affirmatif.)

LE TÉMOIN. — Oui, Monsieur.

M. LE PRÉSIDENT. — Faites lever les accusés. (Au témoin.) Reconnaissez-vous quelqu'un d'entre eux ?

MARJOLIN. — En voilà un devant moi.

D. Lequel ? — R. Celui qui est en blouse bleue. (Le témoin paraît désigner Delsade.)

D. Reconnaissez-vous celui qui a tiré sur l'officier ? — R. C'est celui-là. (Il montre Barbès.)

D. Tout-à-l'heure vous désigniez un autre individu ? — R. C'est celui qui est en face de moi.

M. LE PRÉSIDENT, montrant Barbès. — Est-ce celui qui a la longue barbe et une redingote ?

NOEL MARTIN, un des accusés, se levant. — On vient de faire une chose qui n'est pas tolérable. Le gendarme a montré du doigt au témoin celui des accusés qu'il devait désigner. (Rumeur.) Ce n'est pas parce que je connais M. Barbès, mais cela ne doit pas se faire.

D. Qui s'est permis cette désignation ? — R. Ce monsieur, le brigadier de gendarmerie. (Mouvement.)

UN SPECTATEUR placé dans la tribune la plus rapprochée des accusés.—On l'a vu d'ici.

MARTIN (montrant les spectateurs de la même tribune. — Je m'en rapporte plutôt à ces messieurs.

M. LE PRÉSIDENT.—Le fait est-il vrai ?

UNE VOIX dans une des tribunes publiques.—Oui, cela est vrai.

LE BRIGADIER. — Je lui ai montré Barbès du doigt en disant par ce signe : Est-ce celui-ci. L'enfant l'avait déjà désigné, lui et un autre aussi.

M. LE PRÉSIDENT (au témoin). — Y a-t-il une personne qui vous ait fait signe de le reconnaître. — Oui.

D. Qui vous a fait ce signe ? — R. Le gendarme.

D. Est-ce lui qui vous l'a fait connaître ? — R. Non, Monsieur; il m'a demandé : Est-ce celui-ci? en le montrant du doigt.

M. LE PRÉSIDENT.—Il vous a donc parlé ?

MARJOLIN.—Non, il m'a fait entendre cela par signe.

D. Est-ce par suite de ce signe que vous avez reconnu l'accusé ? — R. Non, je l'avais reconnu auparavant.

MARTIN.—L'officier a dit lui-même au brigadier qu'il avait tort de désigner un accusé du doigt.

M. LE PROCUREUR-GÉNÉRAL.—Les deux accusés Barbès et Delsade se sont levés à la fois ; une difficulté s'est élevée pour savoir lequel des deux était désigné par l'enfant. Le brigadier a pu demander à l'enfant par signe : Est-ce celui-ci ou celui-là. (Bruit.)

M. DE MONTALIVET, pair.—Ne justifiez pas. Un gendarme ne doit jamais rien dire.

M. LE PRÉSIDENT.—Dans tous les cas, le brigadier de gendarmerie ne devait faire aucun signe, il ne devait donner aucune espèce d'indication au témoin.

Me ARAGO.—Dans tous les cas, l'enfant avait déjà vu Barbès à la Conciergerie, et ce n'est pas lui qu'il avait désigné. Avant de mettre sous les yeux de la Cour la déposition écrite du témoin, je demande d'abord s'il n'a pas vu un autre individu que Barbès qu'il dit maintenant reconnaître.

MARJOLIN. — Non, Monsieur.

Mᵉ ARAGO. — L'enfant a dit que le chef était porteur de deux pistolets de prix, et qu'il a tiré de sa ceinture un de ces pistolets.

Il résulte de la déposition écrite du témoin que l'individu placé à la tête des insurgés était de moyenne taille, assez gros; il croit l'avoir vu conduire à la préfecture, tandis que celui qui aurait tué l'officier était un jeune homme de dix-huit à vingt ans.

Mᵉ BERTIN. — M. le président, veuillez demander au témoin quel était l'âge de celui qui portait la blouse.

M. LE PRESIDENT. — Quel était l'âge de celui qui portait la blouse? — R. Vingt ans ; il était bien mis, avait une blouse et un pantalon collant.

M. LE PROCUREUR-GÉNÉRAL. — Quel est le jour où vous avez vu conduire cet individu à la préfecture de police ? — R. Lundi soir.

DELSADE. — J'y ai été conduit à quatre heures du matin.

Mᵉ ARAGO. — Je ferai remarquer qu'il est constant que le témoin a été confronté avec Barbès, et qu'il ne l'a point reconnu.

Mᵉ BERTIN. — Il est bien constant aussi que l'individu dont on a voulu parler n'est pas Delsade.

M. LE PRESIDENT. — Delsade, levez-vous. (Au témoin) Le reconnaissez-vous ? — R. Non, Monsieur, c'est un individu bien plus grand et bien plus mince.

GROS (Casimir), âgé de vingt-quatre ans, chef des stations des Favorites, place du Palais-de-Justice. — J'étais à mon bureau lorsque j'entendis un coup de pistolet. Je sortis et je vis une bande d'hommes armés auprès du poste. L'un d'eux a dit à l'officier : « Rendez vos armes! » Sur son refus de le faire, ces individus firent feu sur le poste, et l'officier tomba mort.

D. Avez-vous pu voir celui qui a tué l'officier ? — R. Non, Monsieur, celui qui parlait à l'officier était entouré des insurgés, de sorte que je n'ai pu le voir.

D. N'avez-vous pas parlé à un insurgé? — R. Oui, j'ai parlé à l'un d'eux que je croyais blessé, je lui ai dit : Vous êtes blessé? Il me répondit brutalement : Non, jamais le Français n'est blessé. (On rit.)

M. LE PRESIDENT. — Accusés, levez vous. (Au témoin.) Reconnaissez-vous quelques-uns de ces individus? — R. Non, Monsieur.

M. LE PRESIDENT. — L'audience va être suspendue pendant un

quart-d'heure, et à la reprise on entendra les officiers de paix appelés en vertu de mon pouvoir discrétionnaire.

(L'audience est suspendue à trois heures. On remarque que, pendant la suspension, le brigadier de gendarmerie dont il vient d'être question dans l'incident que nous avons rapporté plus haut, est relevé de faction, et remplacé par un autre sous-officier. On remarque aussi que Delsade a changé de place, et est plus éloigné de Barbès.)

Le président donne l'ordre d'introduire l'un des officiers de paix.

M. VASSAL (Charles), officier de paix. — J'étais à la Préfecture de police le 12 mai, où nous avons eu connaissance qu'on venait de piller le magasin d'armes de M. Lepage. Le chef de la police municipale nous fit prendre les armes, et nous nous formâmes en troupe dans la cour. Nous y étions à peine qu'on vint attaquer le poste du Palais-de-Justice. Nous entendîmes quelques coups de fusil. Le chef de la police municipale nous dit : Il faut nous rendre maîtres des appartements, nous établir aux croisées qui donnent sur la rue de Jérusalem, et si on vient nous attaquer, nous nous défendrons. Je défends à qui que ce soit de tirer un seul coup de fusil avant qu'on ait tiré sur la Préfecture de police ou sur vous.

Je fus placer quatorze hommes à la porte de la Préfecture qui donne sur la rue de Jérusalem. La moitié de mes hommes était en bourgeois, les autres avec leur uniforme de sergents de ville. Ceux qui étaient en bourgeois étaient des sergents de ville que les besoins du service avaient obligés de se mettre en bourgeois le matin.

Mon confrère Figat fut placé à la porte du quai de l'Horloge, avec un pareil nombre d'hommes. Mon autre camarade Roussel resta dans la cour. Nous entendions quelques coups de fusil ; nous restâmes sans faire le moindre bruit ; quelques instants après les insurgés arrivèrent par le quai, en face de la porte de la Préfecture.

Les premiers qui passèrent ne tirèrent pas. Sept ou huit hommes plus hardis tirèrent sur la Préfecture. Ce fut alors qu'on ouvrit la porte chartière. La garde municipale fit feu, nous fîmes également feu, et les insurgés alors se dispersèrent. Quelque temps après, on vint nous dire que les insurgés se portaient sur la rue du Harlay. Le chef de la police municipale nous dit : Vous allez vous porter sur ce lieu ; vous sortirez par la cour du Harlay. Si vous trouvez des insurgés, vous les amènerez ; s'ils font feu sur vous, vous ferez feu sur eux. S'ils ne prennent pas l'offensive, vous ne tirerez pas. En arrivant rue du Harlay, nous ne vîmes rien. On nous dit que les insurgés étaient venus là, qu'ils avaient chargé leurs fusils, et que, sur le quai des Orfèvres, ils avaient tiré sur un détachement qui passait en face sur le quai des Augustins, et avaient blessé un maréchal-des-lois. Nous rentrâmes donc sans coup férir.

En rentrant à la préfecture de police, on nous dit : On s'est trompé ; ce n'est pas rue du Harlay qu'il fallait aller, mais à la place

Dauphine, dans la maison à gauche, en débouchant de la préfecture de police. Roussel, Figat et moi nous partons avec nos hommes. Sur la place Dauphine, nous trouvâmes là cinq fusils, dont quatre à deux coups tout neufs, n'ayant pas encore servi, et un autre à un coup.

Sur la place Dauphine, il y a un poste composé d'un caporal et six hommes. Je dis au caporal : « Vous ne pouvez pas rester ici ; vous risquez à être attaqués ; vous n'êtes pas en force pour vous défendre, et la préfecture de police elle-même n'est pas gardée par des forces assez imposantes pour vous renforcer. Il faut que vous veniez avec nous. » Rentrés à la préfecture de police, on nous dit : Vous ne savez donc pas ce qui s'est passé au Palais-de-Justice ? l'officier a été tué. Le chef de la police municipale nous dit alors : Vous allez aller au Palais-de-Justice, voir s'il est vrai que le poste est abandonné par la troupe de ligne, et vous m'en rendrez compte. Si vous ne pouvez pas aller jusque-là, vous rentrerez. J'allai avec M. Figat reconnaître le poste du Palais-de-Justice. Nous le trouvâmes encombré de curieux sans armes, nous les invitâmes à sortir, à l'exception de quelques-uns que nous priâmes de nous aider à porter les sacs des soldats, leurs fourniments, leurs schakos, le schako de l'officier, ses épaulettes, sa bourse et son mouchoir. Ces objets furent donc rapportés à la préfecture de police. On nous dit alors à la préfecture : Il paraît que le poste du Palais-de-Justice va être de nouveau attaqué. Nous sortîmes de nouveau ; Figat prit par le quai de l'Horloge, et moi par la cour de la Sainte-Chapelle, de manière à faire notre jonction au quai aux Fleurs : nous occupâmes alors le poste militairement environ pendant un quart-d'heure. Nous ne vîmes aucun des insurgés, personne ne tira sur nous.

M. LE PRÉSIDENT. — Combien d'hommes étiez-vous ? — R. Nous avions laissé du monde pour garder les appartements. Nous sommes sortis avec trente hommes, chacun quinze environ.

D. Comment étiez-vous armés ? — R. Nous avions des fusils de munition avec leurs baïonnettes.

D. Combien aviez-vous d'hommes en uniforme ? — R. A peu-près autant que d'hommes en bourgeois. De peur que la garde municipale ou la troupe de ligne ne tirassent sur nous, nous nous étions revêtus de nos insignes ; nous les avions mis en évidence.

Me DUPONT. — Il est clair qu'il ne s'agit pas ici des faits rapportés par les témoins à charge. Ces témoins ont dit que les individus en armes avaient fait feu. Le témoin n'a pas tiré, ses compagnons n'ont pas tiré, ce n'est donc pas de lui ni de ses compagnons qu'il s'agit.

M. LE PRÉSIDENT. — L'un des témoins dont vous parliez a dit qu'il avait entendu tirer derrière lui, et que n'ayant vu personne dans la rue, il s'était retourné, et avait vu de la fumée du côté du quai aux Fleurs.

R. Ils ont dit qu'ils n'avaient pas vu d'insurgés, et que cependant ils avaient entendu tirer.

M. LE PROCUREUR-GÉNÉRAL. — Un point important à signaler, c'est qu'il n'est sorti personne de la préfecture de police avant l'attaque de la préfecture, et à plus forte raison, avant l'attaque et la prise du poste du Palais-de-Justice.

M. LE PRÉSIDENT. — Cela est effectivement très-important. M. l'officier de paix a déclaré que les coups de fusil avaient été tirés du côté du Palais-de-Justice avant le moment où il est sorti. Comme la prise du poste du Palais-de-Justice a précédé l'attaque de la préfecture de police, il est évident que les agents qui n'ont pu sortir qu'après la délivrance de la Préfecture, ne sont sortis, à plus forte raison, qu'après la prise du Palais-de-Justice.

Me ARAGO. — Une seule observation. D'après l'itinéraire que vient de tracer M. l'officier de paix, on ne comprendrait pas comment l'un des témoins entendus hier, M. Guyot, aurait rencontré sur le milieu du Pont-au-Change une troupe armée composée mi-partie de bourgeois, mi-partie de sergents de ville. Je demande donc que le docteur Guyot soit entendu de nouveau sur ce fait, puisqu'il est dénié, et sur cet autre fait qu'aucun signe extérieur ne distinguait les agents en bourgeois.

M. LE PRÉSIDENT, au témoin. — Est-il sorti de la préfecture de police d'autre troupe armée?

LE TÉMOIN. — Il n'en est sorti aucune autre; aucune n'a dépassé le Palais-de-Justice, et n'a mis le pied sur le pont au Change.

Me ARAGO. — Je demande qu'on entende de nouveau M. Guyot.

M. LE PRÉSIDENT. — Le témoin Guyot est absent on le fera assigner de nouveau.

LE TÉMOIN. — Je n'ai pas l'honneur de connaître M. Guyot. C'est peut-être un monsieur décoré que j'ai rencontré à l'angle du Pont-au-Change, et qui me dit : « N'allez pas loin, vous allez vous faire tuer. »

M. ROUSSEL, autre officier de paix, fut chargé de la garde de la grille du jardin. Il a vu passer des insurgés qui n'ont pas fait feu sur sa troupe.

M. FIGAT, troisième officier de paix, qui était chargé de la surveillance de la grille de la préfecture donnant sur le quai de l'Horloge, a été attaqué par les insurgés qui se tenaient au coin de la rue du Harlay. Il a repoussé la force par la force.

Sa déposition est identique à celle des deux précédents officiers de paix.

Interrogatoire de Bonnet.

M. le président passe à l'interrogatoire de Bonnet.

M. LE PRÉSIDENT. — Vous avez été arrêté le lundi 13 mai. — R. Oui, M. le président.

D. Vous demeurez rue Bourg-l'Abbé, n° 16 ? — R. Oui, M. le président.

D. Y demeurez-vous seul ? — Non ; j'y demeurais avec Meillard et Doy.

D. Connaissez-vous les opinions politiques de Meillard ? — R. Non, pas précisément.

D. Ne vous a-t-il pas proposé de vous faire entrer dans une société secrète ? — R. Non ; il connaissait assez mes opinions pour ne pas me faire une telle proposition. Je ne m'accordais pas avec lui sur la politique. Jamais je n'ai fait parade d'opinion républicaine.

D. Dimanche matin Meillard n'a-t-il pas apporté une malle dans votre logement commun ? — R. Cette malle a été apportée par des personnes que je ne connais point.

D. Expliquez ce que vous avez fait dans la journée du 12 mai. —R. Le dimanche 12 mai deux hommes apportèrent une malle de la part de Meillard. A la peine qu'ils avaient à la soulever, l'idée me vint que cette malle contenait autre chose que des effets, et lorsque je la pesai je n'eus plus de doute à cet égard. Nous nous sommes dit alors que cette malle, dont nous ne savions pas le contenu, pouvait nous compromettre. Nous allâmes donc Doy et moi à la recherche de Meillard, et le trouvâmes au café de la rue des Deux-Portes. Je lui dis de suite : « Meillard, dis-moi ce qu'il y a dans la malle que tu m'as envoyée ; je crains qu'elle ne me compromette. » Il me répondit : « Sois tranquille, ce n'est rien ; dans deux ou trois heures elle sera enlevée. »

Toujours préoccupé de ce que contenait cette malle, je dis de nouveau à Meillard de la faire prendre ou au moins de me dire ce qu'elle contenait. « Sois tranquille, me dit-il, avant une heure elle sera enlevée. »

Je sortis pour faire un tour, et en revenant je rencontrai Meillard au coin de la rue aux Ours ; après avoir pris ensemble un canon, il me dit : « Allons vite à la maison, je vais prendre la malle ; » il était environ trois heures. En arrivant dans la rue Bourg-l'Abbé, je remarquai bien des individus se donnant le bras, allant et venant d'un air très-affairé ; je ne pouvais me rendre raison de cela. Je monte à la maison pour prendre la malle ; j'entendis à ce moment crier : *Aux armes !* Aussitôt Meillard me pressa de monter pour l'aider à descendre la malle, toujours sans vouloir me dire ce qu'elle contenait. Nous la prîmes chacun d'une main, Meillard et moi, et nous la descendîmes.

En arrivant dans l'allée, je vis une quarantaine d'individus qui attendaient la malle, et avec une impatience marquée. La malle s'ouvrit ; ce fut l'un de ces hommes qui tira quelque chose de sa poche et qui ouvrit la malle. Je fus alors bien étonné de voir qu'elle était pleine de cartouches. Voyant cela, je dis aux hommes : « Il faut que je m'en aille ; enlevez-moi votre malle, sortez-moi cela de chez moi. » Ils la mirent alors au milieu de la rue, et cela fait je sortis de chez moi et je m'en fus le plus vite possible. La première personne que je rencontrai en m'en allant, c'était Doy, au coin du passage Saucède ; je lui dis : « Mon pauvre Doy, nous sommes perdus. Je ne savais pas ce qu'il y avait dans la malle ; je l'ai vu ouvrir tout-à-l'heure, c'est telle chose qui était dedans. Où faut-il aller ? que faut-il faire ? Il faut nous méfier, car je ne voudrais pas qu'on puisse dire que nous savions ce qu'il y avait dans la malle. »

Je ne savais pas où était Meillard ; j'aurais bien voulu le trouver en ce moment-là. J'allai à la maison ; il n'y était pas ; je sortis avec deux amis, et j'allai au café de la rue des Deux-Portes ; de là nous allâmes rue Saint-Martin ; nous y allâmes tous les trois. Il n'y avait rien d'extraordinaire ; nous rencontrâmes près de la rue Bourg-l'Abbé une compagnie de gardes municipaux ayant en tête un commissaire de police ; ils montaient la rue Saint-Martin, nous la descendions.

Arrivés près du Marché-Saint-Jean, nous vîmes une espèce de barricade formée d'une grosse voiture à pierres. Elle était en haut de la rue de la Verrerie. Il y avait là tout au plus huit ou dix insurgés. Je fus témoin d'un fait qui me fit bien du mal (Ici l'accusé raconte qu'un sergent de la ligne fut blessé et qu'il s'empressa de le secourir) ; il ajoute : Ca me faisait peine de voir cet homme-là dans cette position. Je dis à ceux qui s'empressaient autour de lui : Il faut secourir cet homme ; menez-le dans la rue voisine qui aboutit à une maison de bains, on lui donnera là des secours.

Au bout de quelques pas le sergent ne put plus se soutenir ; il tomba et mourut. Doy et Cavé étaient affectés, cela leur faisait mal comme à moi.

Nous entrâmes alors tous les trois dans le café du sieur Bolé. On se battait dans la rue Saint-Denis : nous entendîmes une décharge ; la porte était restée ouverte. Plusieurs bourgeois, refoulés par la rue des Deux-Portes, arrivèrent, entrèrent dans le café. Ce fut alors que Nouguès, qui dit m'avoir reconnu, est entré avec les autres dans le café. Ces personnes ont demandé à boire ; et je me rappelle en effet avoir donné de l'absinthe et de l'eau à Nouguès.

Un instant après, des amis m'ont conduit au café de la rue du Renard-Saint-Laurent, où je trouvai un de mes amis qui était blessé. On demandait un médecin ; je suis allé chercher M. Strelling en cabriolet ; il vint et pansa le blessé. Quand je quittai Doy, à dix heures du soir, il me dit qu'il ne fallait pas rentrer chez nous, et qu'il irait coucher ailleurs, il me proposa de venir avec lui, je préférai retourner à la maison. Le lendemain matin, je reçus la visite d'un commissaire de police qui vint voir si la malle de Meillard y était encore. Alors je fus arrêté.

M. le Président. — Cet homme que vous avez vu dans le café était-il blessé grièvement?

Bonnet. — Il était blessé au-dessus de la cheville du pied.

D. Vous avez vu ouvrir la malle où étaient les cartouches, et vous les avez vu distribuer? — R. Je n'ai su que c'étaient des cartouches que quand on a ouvert la malle; je ne les ai pas vu distribuer.

D. Comment pouviez-vous ignorer qu'une malle aussi importante était placée dans votre chambre? — R. Franchement je dis la vérité. Je suis innocent; j'ai expliqué toutes mes démarches. Jugez s'il y a lieu à condamnation pour cela.

Interpelé par M. le président, l'accusé nie avec énergie avoir pris part aux actes de l'insurrection. Il ne s'est occupé que de soigner les blessés. Il ajoute : Je conviens qu'il y a des apparences contre moi; mais je ne m'occupe pas de politique, en ma qualité d'étranger. Je travaille régulièrement douze heures par jour à mon état de graveur; tous les soirs je vais au café des Deux-Portes y passer une heure ou deux à lire les journaux, et je rentre ensuite chez moi. Je ne crois pas qu'un homme qui se conduit ainsi puisse être accusé de se mêler de politique et de complot.

M. le Président. — Nous allons passer à l'audition des témoins relatifs à Bonnet.

Thuillard (Nicolas-Arsène), cordonnier, rue Bourg-l'Abbé. — Au moment où on a pillé les magasins d'armes de M. Lepage, j'étais sur le pas de ma porte avec Bonnet; je lui manifestai l'émotion que me causait tout ce bouleversement.

D. Au moment du pillage, la malle était-elle descendue? — R. La malle a été descendue après le pillage.

D. Bonnet était-il présent à la distribution? R — Je suis remonté chez moi, et quand je suis redescendu j'ai vu ouvrir la malle et distribuer les cartouches. Bonnet n'y était pas.

Le témoin Thuilliard déclare ne connaître aucun des autres accusés.

Renaud, quincailler rue Bourg-l'Abbé, n° 10, dépose que le 12 mai, vers trois heures de l'après-midi, il vit sortir de la maison où il demeure, une malle portée par deux individus. Cette malle ayant été ouverte, on prit les cartouches qu'elle contenait et on les distribua aux insurgés.

M. le Président. — Avez-vous vu distribuer des cartouches? — R. Oui, M. le Président.

D. Reconnaissez-vous Bonnet comme l'un des individus qui ont descendu la malle! — R. Non, je ne le reconnais pas.

Junon (Jean-Salomon), âgé de 24 ans, bijoutier, ne sait rien par lui-même des faits qui se sont passés le 12 mai; il était à l'hospice. Il a eu des détails par ses amis Doy, Rossio et Cavet, qui sont venus le visiter. Le témoin connaît Meillard et sait qu'il a pris part à l'attentat et qu'il a été blessé à la jambe.

D. Vous a-t-on dit que Bonnet avait aidé Meillard à descendre la malle. — R. Oui, Monsieur.

M⁰ Blanc, défenseur de Bonnet. — M. le président, veuillez demander au témoin s'il est à sa connaissance que Bonnet s'occupât de politique

Le Témoin. — Jamais je ne me suis aperçu qu'il s'occupât de politique.

M. le Président, à Bonnet. — Il est impossible que vous ayez pu croire que le pillage des magasins de l'armurier fût pour tout autre chose que pour provoquer à l'émeute. L'acte de descendre la malle est donc intimement lié au pillage, et indique que vous saviez apporter des munitions pour mettre en usage les armes qu'on pillait.

M⁰ Blanc. — Pour admettre cette coïncidence, il faudrait d'abord supposer que Bonnet connaissait le contenu de la malle. Or, Bonnet ne se place pas dans cette situation; il part de ce point qu'il ignorait complétement ce que contenait la malle. Or, de cette explication première se déduit aisément cette autre, qu'il ignorait que la malle se liât en aucune façon au pillage de l'armurier.

Lamirault, âgé de trente-cinq ans, couverturier, tambour de la garde nationale, 12⁰ légion. — Le 12 mai j'étais de garde au poste de l'Hôtel-de-Ville. Des insurgés, armés de fusils de chasse, de munition et de pistolets, ont attaqués le poste; ils ont tiré des coups de fusil et se sont emparés des armes des gardes nationaux, ils m'ont pris ma caisse et ont voulu me forcer de marcher avec eux.

M. le Président. — En ce moment-là, avez-vous reconnu quelques-uns des insurgés? (On fait lever les accusés.) Voyez si vous reconnaissez quelqu'un parmi les accusés.

Lamirault, montrant Bonnet. — Je crois reconnaître celui-là.

M⁰ Blanc. — Le témoin dit : « Je crois. »

M. le Président (au témoin). A quel signe avez-vous reconnu l'accusé Bonnet?

Lamirault — Je l'ai reconnu aux cheveux, à ce que je crois.

M. le Président, à l'accusé. — Le sentiment qui vous a porté à suivre les insurgés dans la plupart des lieux qu'ils ont parcourus, ne vous aurait-il pas porté à les suivre à l'Hôtel-de-Ville?

BONNET.—Non, Monsieur, je n'y ai pas été ; je vous ai dit la vérité, l'exacte vérité. Je n'y ai pas été.

M. le procureur-général donne lecture de la déposition écrite de Lamirault, lequel, interpelé dans l'instruction sur le point de savoir s'il reconnaissait Bonnet, a dit qu'il croyait reconnaître la taille et surtout les cheveux de cet accusé, ajoutant que la figure ne lui était point inconnue.

M. Selling, docteur médecin, déclare qu'il a connu l'accusé Bonnet au collége, et qu'il l'a perdu de vue depuis. Le 12 mai dernier, celui-ci vint le chercher à l'hôpital Saint-Louis pour soigner un de ses amis qui avait reçu une balle dans la jambe. Il était alors six heures et demie du soir. A huit heures, le témoin se rendit avec Bonnet dans le lieu où le blessé avait été conduit. La blessure était légère, elle n'intéressait que les parties molles de la jambe.

Me BLANC. — La Cour a, dans cette déposition, une explication positive de l'emploi du temps de Bonnet depuis six heures au moins, car il lui a fallu du temps pour aller de la rue Saint-Sauveur, où était le blessé, jusqu'à l'hôpital Saint-Louis. Ce temps de parcours a dû être d'autant plus considérable, qu'il aura été forcé de faire de nombreux détours. Quant au temps qui a précédé, si tous les témoins étaient entendus, l'emploi du temps de Bonnet, minute par minute, serait justifié du matin au soir de la journée du 12 mai ; mais beaucoup de ceux qui pourraient édifier la Cour sur ce point sont arrêtés ; car, par une circonstance fatale, tous ceux que Bonnet a nommés dans son désir de prouver son alibi, ont été arrêtés sur l'ordre du ministère public.

M. LE PROCUREUR-GENERAL.—Vous devez savoir, Me Blanc, vous avez assez d'expérience en matière d'instruction criminelle, pour savoir que le ministère public ne fait arrêter personne ; ce sont les juges qui décernent les mandats à mesure que la lumière arrive par l'instruction.

Me BLANC. — Je vous demande pardon, l'expression m'était échappée, mais ce fait existe, tous ces individus ont été arrêtés.

La Cour entend encore deux témoins sans importance.

L'audience est levée à cinq heures un quart et continuée à demain.

6ᵉ **AUDIENCE**. — 1ᵉʳ **JUILLET**.

ROUDIL.—GUILBERT : *interrogatoires et dépositions.*—MIALON : *interrogatoires et dépositions.*

L'audience est ouverte à midi et quart.
On procède à l'appel nominal.

Interrogatoire de Roudil, ouvrier en parapluies, 19 ans.

M. LE PRÉSIDENT. — Accusé Roudil, levez-vous. Vous avez été arrêté le dimanche 12 mai à deux heures trois-quarts, à l'esplanade du pont Saint-Michel, du côté du quai des Augustins?

ROUDIL. — Oui, Monsieur.

D. N'étiez-vous pas porteur d'un fusil à deux coups et d'une giberne.—R. Oui, Monsieur.—D. N'y avait-il pas plusieurs paquets de cartouches dans la giberne. — R. Je n'en sais rien. — D. Vous aviez en outre sur vous des capsules, des cartouches et des balles? — R. Oui, Monsieur. — D. Comment vous êtes-vous procuré le fusil et les capsules? — R. A la rue Bourg-l'Abbé. — D. Est-ce vous-même qui avez pris le fusil?—R. Non, Monsieur, on me l'a offert et je l'ai pris. — D. Qui vous l'a offert? — R. Un individu que je ne connais pas. — D. Cependant, vous deviez connaître les individus qui vous armaient et vous emmenaient ainsi? — R. Je ne les connaissais pas du tout. — D. Vous ont-ils menacé, vous ont-il fait violence. — R. Non, Monsieur.—D. Par conséquent, c'est bien volontairement que vous les avez suivis. — R. Oui, Monsieur. — D. D'après votre dernier interrogatoire, vous auriez marché pour combattre pour la liberté et contre Louis-Philippe?—R. Je n'ai pas parlé de cela moi-même, je n'ai fait que répéter les paroles que j'avais entendues.

D. Comment avez-vous été averti de vous trouver rue Bourg-l'Abbé? — R. Je n'ai pas été averti. — D. Comment, vous n'avez pas été averti par votre chef de section?—R. Je n'avais pas de chef de section. —D. Est-ce que vous ne faisiez pas partie de la Société des Saisons? — R. Non, Monsieur. — D. Il est impossible que vous ayez reçu une arme, une distribution de cartouches sans savoir pourquoi, sans avoir été averti par quelqu'un?

Roudil. — Je suis sorti de chez moi à deux heures, deux heures et demie, trois heures moins un quart. Mon intention était d'aller dîner dans un lieu où je dîne tous les dimanches. J'ai pris par la rue Transnonain, la rue Aumaire, la rue Royale-Saint-Martin. Je vis beaucoup de monde descendre du boulevart ; cela me parut drôle. J'arrivai à la rue Saint-Martin. On me dit qu'il y avait un rassemblement rue Bourg-l'Abbé. Je pris le boulevart, la rue St-Denis, jusqu'au passage Saucède, je vis plusieurs individus qui en sortaient ; j'entrai dans le passage, je le traversai, et j'arrivai à la maison du sieur Lepage. Je vis là un individu qui avait des armes à la main. On jetait des fusils par la fenêtre. Un individu qui avait deux fusils, me dit : Tiens, citoyen, en voilà un. Je le pris aussitôt sans faire aucune résistance.

D. Où avez-vous été avec ce fusil ? — R. J'ai pris la rue Quincampoix.

D. Où avez-vous été ensuite ? — R. J'ai été jusqu'au pont Notre-Dame, en suivant la rue Saint-Martin. Je me suis trouvé au milieu du groupe d'insurgés qui ont pris le poste du Palais-de-Justice. Au pont Notre-Dame, il vint à passer une voiture bourgeoise. On s'occupait à en faire descendre le monde. J'étais du nombre de ceux qui étaient à la voiture. Pendant ce temps les autres individus étaient arrivés jusqu'au poste du Palais-de-Justice. J'entendis plusieurs coups de fusil ; je vins au poste ; les autres avaient disparu par la rue de la Barillerie. Il y avait par terre un fusil de munition, une giberne et un schako. Un homme prit le fusil ; je pris la giberne, et on rejeta le schako dans le poste. En prenant la rue de la Barillerie avec quelques individus, j'aperçus un détachement de gardes municipaux. Nous n'étions pas en force pour soutenir le choc ; nous nous sauvâmes par une petite rue qui est au milieu de la rue de la Barillerie (rue de la Calandre). Notre intention était de rejoindre les autres. Nous arrivâmes sur le pont Saint-Michel, et là nous ne vîmes plus ni les insurgés, ni les gardes municipaux. J'étais là depuis deux minutes, lorsque deux mouchards m'ont saisi.

M. le Président. — Vous avez donc la prétention de ne pas avoir été à l'attaque du poste du Palais-de-Justice ? — R. Oui, Monsieur.

D. N'avez-vous pas dit dans votre interrogatoire que vous aviez assisté au chargement des armes qui avait précédé l'attaque du Palais-de-Justice ? — R. Je n'ai pas dit cela ? — D. C'est consigné dans votre interrogatoire. Où avez-vous chargé votre fusil ? —

R. Rue Quincampoix. — D. Vous avez avoué dans votre interrogatoire avoir tiré un coup de fusil? — R. J'en ai effectivement tiré un, mais involontairement, au moment où j'ai été arrêté. Le fusil est parti en l'air. J'avais la main sur la détente, on m'a serré la main, et le coup est parti. — D. Vous avez dit que vous aviez tiré le coup de fusil afin que ceux qui voulaient vous prendre ce fusil ne tirassent pas sur vous? — R. Il est parti malgré moi. — D. Vous avez opposé une vive résistance, et, en vous débattant, vous avez tiré un des deux coups de votre fusil sur un bourgeois qui avait contribué à votre arrestation? — R. Cela n'est pas, c'est une erreur. — D. Avant d'aller au pont Saint-Michel, n'avez-vous pas été à la Préfecture de police? — R. Non, Monsieur. J'ai passé devant le Palais-de-Justice et non devant la Préfecture de police. — D. Vous l'avez reconnu dans votre interrogatoire. Le juge vous demande : En venant de la rue aux Ours au pont Saint-Michel, n'êtes-vous pas passé devant la Préfecture de police? Vous répondez : Oui, Monsieur. — Persistez-vous à soutenir que vous ne faites partie d'aucune société secrète? — R. Oui, Monsieur.

M. LE COMTE DE FLAHAUT. — Dans l'instruction, l'accusé déclare sans cesse qu'il a été forcé, qu'on l'a menacé de le tuer s'il ne combattait pas. Aujourd'hui il ne se représente plus comme ayant été contraint. Pourquoi cette différence?

M. LE PROCUREUR-GÉNÉRAL. — L'accusé n'avait pas dit jusqu'ici que pendant l'attaque du poste du Palais-de-Justice il était occupé à arrêter une voiture et à dételer les chevaux.

ROUDIL. — Plusieurs fois dans l'interrogatoire j'ai parlé de la voiture arrêtée; j'ai dit aussi que j'étais sur le pont Notre-Dame lorsqu'on a tiré sur le poste du Palais-de-Justice.

M. LE PRÉSIDENT. — Qui est-ce qui commandait la bande que vous avez suivie depuis la rue Bourg-l'Abbé? Quel en était le but?

ROUDIL. — Je ne connaissais pas de but; il n'y avait pas de chef.

Interrogatoire de Guilbert, corroyeur, 37 ans.

M. LE PRÉSIDENT. — Vous avez été arrêté faisant partie d'une bande armée qui se dirigeait vers la Préfecture de police.

GUILBERT. — La bande dont je faisais partie n'était pas nombreuse : c'était moi seul; je n'ai tiré sur personne; je n'ai point fait usage de l'arme dont j'étais porteur.

D. Comment aviez-vous cette arme? — R. J'ai quitté ma boutique de l'autre côté du canal, avec un apprenti que je quittai bientôt. Je pris la direction de la maison de ma mère pour dîner chez elle. Je ne la trouvai pas ; j'allai régler un compte chez un marchand de vin voisin. J'entendis du monde dans la rue : on criait de fermer les boutiques ; il était au moins quatre heures. Je suivis la foule. Près du pont Notre-Dame, je vis un commencement de barricade.

Dans mon premier interrogatoire, ayant peu l'habitude de paraître devant la justice, je ne savais comment me défendre. Je déclarai que j'avais trouvé les fusils et les cartouches dans une allée. La vérité est qu'à peine entré dans la rue de la Vieille-Draperie, je fus entouré d'une foule d'insurgés qui me donnèrent un fusil et des cartouches. J'eus beau leur dire que j'étais trop en ribotte pour rester avec eux, et que d'ailleurs n'ayant pris part à aucune insurrection, je ne voulais pas faire usage de l'arme qu'ils m'avaient donnée. Ayant la tête échauffée, je me suis amusé avec le fusil ; je tirai la baïonnette, et tout le long du chemin, sans savoir où j'allais, je m'amusai avec le fusil, comme un enfant à qui on donne un fusil pour s'amuser.

Un homme me cria : « Imprudent, que faites-vous seul avec cette arme? » Je lui répondis : « Je ne vais pas me battre. » Je fus accosté par un monsieur qui me dit : « Vous avez un beau fusil. » Je répondis à celui-ci : « S'il vous fait plaisir, acceptez-le. » Au même instant, plusieurs personnes me sont tombées dessus, et m'ont pris mon fusil. Pour avoir fait feu avec ce fusil, jamais ; jamais je n'ai mis le doigt sur une détente ; je ne saurais pas le charger.

M. LE PRÉSIDENT. — Vous avez été vu tirant sur la troupe ; vous vous disposiez à la mettre de nouveau en joue, lorsque vous avez été arrêté.

L'ACCUSÉ. — Il y a ici assez de gens d'armes pour reconnaître si l'arme dont je me servais avait été tirée. Je jure qu'elle ne l'a pas été par moi.

D. Les témoins qui ont déposé contre vous n'appartiennent pas à la force publique ; ce sont des citoyens qui, en vous arrêtant, n'ont fait que céder à l'indignation que votre conduite a excitée en eux. Leur témoignage ne saurait être suspect.

R. Si les témoins disent le contraire de ce que j'ai avancé, je ne pourrais autrement les appeler que des faussaires et de faux témoins. (Rumeurs.)

D. Ces témoins ont déclaré que le fusil dont vous étiez porteur était un fusil de munition dont la baïonnette était forcée.

R. Je me suis servi de ce fusil comme d'un jouet, je le répète. Comment voulez-vous qu'ayant la baïonnette d'une main, j'aie pu de l'autre charger le fusil, alors qu'il paraît qu'avec deux, c'est encore fort difficile pour ceux qui n'en ont pas l'habitude.

D. Ce fusil est reconnu pour avoir été pris à l'un des militaires blessés au Palais-de-Justice. Vous faisiez sans doute partie des insurgés qui ont pris part à l'attaque de ce poste ?

R. Je n'ai pas pris part à l'attaque de ce poste ; c'est dans la rue de la Vieille-Draperie que j'ai été armé du fusil, et qu'on m'a forcé à prendre des cartouches et des balles.

D. Il a été constaté, lors du premier interrogatoire, que vos mains paraissaient noircies par la poudre. — R. Je suis corroyeur sur noir de mon état, il est impossible que j'aie les mains blanches.

GUILBERT déclare qu'il n'a jamais fait partie des sociétés secrètes.

M. Jules FAVRE. — Je désirerais que M. le président eût la bonté de demander à Roudil quel est le motif qui l'a déterminé, lui, étranger à toutes les sociétés secrètes, à s'associer aux gens qu'il avait rencontrés.

M. LE PRÉSIDENT. — Quel motif aviez-vous à prendre part avec les insurgés, d'aller attaquer le poste du Palais-de-Justice, la préfecture de police ?

ROUDIL. — Je n'ai pas de réponse à faire à cette question.

D. Etes-vous républicain ? — R. Je n'ai pas de réponse à faire là-dessus, je ne suis d'aucun parti pour le présent moment. (Hilarité.)

M. LE GREFFIER en chef lit la déposition du sieur Rabeau, employé. Ce témoin a contribué à arrêter Roudil, qui, a-t-il déclaré dans l'instruction, n'a cessé de faire feu sur la préfecture de police.

MARLET (Dominique), agent de police. — Fourcade et moi nous jetâmes sur un jeune homme qui tirait sur la préfecture. Dans la lutte, son mouchoir, sa cravate se sont défaits, et il en est tombé des cartouches sur le pont. Cet homme disait : « Que me voulez-vous ? laissez-moi ; ce n'est pas à vous que j'en veux. » Pendant qu'il se débattait, un des coups du fusil à deux coups qu'il tenait, partit et blessa une des personnes qui nous avaient aidés à l'arrêter. Je reconnais l'accusé Roudil.

10

M. LE PRÉSIDENT. — Vous aviez des cartouches sur vous, Roudil?

ROUDIL. — Elles étaient dans mon mouchoir, et enfermées dans du papier.

M. LE PROCUREUR-GÉNÉRAL. — Est-ce seulement lorsque Roudil se débattait que le coup est parti; ou bien Roudil tirait-il déjà des coups de fusil auparavant?

M. MARLET. — Nous l'avons remarqué dans le groupe acharné à faire feu; je ne l'ai pas précisément vu tirer. (On rit.)

FOURCADE, inspecteur de police, fait une déposition analogue à celle du précédent témoin.

D. Reconnaissez-vous Roudil pour celui que vous avez arrêté? — Non, Monsieur.

M. LEQUIN (André), libraire, rue Saint-André-des-Arts, 55. — Me trouvant au bout du pont Saint-Michel, le 12 mai dernier, je vis arriver une troupe d'insurgés; ils tirèrent des coups de fusil sur les gardes municipaux qui passaient sur les quais. Je dis alors à des personnes qui étaient près de moi, il ne faudrait que trois ou quatre bons lapins pour arrêter ces gens-là. « Rien de plus facile, » me dit un monsieur qui se trouvait là, et que j'ai su plus tard s'appeler Tascheret; il m'aida, et nous en arrêtâmes un qui était en train de charger son fusil.

J'ai vu ensuite un homme qui avait une blouse, ayant une giberne par-dessus, qui a été arrêté par plusieurs personnes. J'en ai remarqué un en blouse, tirant des coups de fusil et débouchant de la rue de la Barillerie. Les personnes qui l'avaient arrêté voulaient le jeter à l'eau.

(On fait lever les accusés Guilbert et Roudil. Le témoin reconnaît Guilbert, mais il ne peut reconnaître Roudil.)

Me LIGNIER, défenseur de Guilbert. — Je prie M. le président de demander au témoin si, lorsqu'il a arrêté Guilbert, celui-ci a opposé de la résistance?

LE TÉMOIN. — Non, aucune résistance; il s'est laissé conduire comme un mouton.

GUILBERT, au témoin. — Puisque vous me connaissez si bien, quelles sont les paroles que vous m'avez adressées avant de m'arrêter?

LE TÉMOIN. — Je ne vous en ai pas adressées; j'ai mis seulement la main sur vous, et j'ai saisi votre fusil par la baïonnette.

GUILBERT. — Cela n'est pas; vous m'avez arrêté en me disant que j'avais un beau fusil.

M. Tascheret (Nap.-Joseph), comptable, rend compte de l'arrestation de Guilbert à-peu-près dans les mêmes termes.

M. le Président, après avoir fait lever l'accusé Guilbert, au témoin. — Le reconnaissez-vous? — R. Oui, mais il n'était pas dans ce costume; je ne l'ai pas vu tirer; mais je l'ai vu parmi les insurgés qui rechargeait son fusil.

M. le Président. — La Cour appréciera toutes ces circonstances.

Témoins à décharge assignés sur la demande de Roudil et de Guilbert.

M. Delpierre, fabricant de parapluies. — Tout ce que je puis dire sur le compte de Roudil, c'est que j'ai toujours été content de lui; il est fort tranquille. J'ai été bien étonné lorsque j'ai appris qu'il avait été arrêté. Il était midi lorsqu'il est sorti de chez moi, il n'avait pas l'air d'un homme qui va se battre. Il n'est pas à ma connaissance qu'il s'occupât de politique, ni qu'il fît partie d'aucune association.

Roudil, marchand de vin, rue de la Grande-Truanderie, oncle de l'accusé, déclare n'avoir jamais eu à se plaindre de Roudil.

M. le Président. — Le témoin a-t-il connaissance que Roudil s'occupât de politique? Etait-il républicain? Avait-il une opinion très-marquée? — R. Roudil venait souvent me voir le dimanche; il ne m'a jamais rien dit qui pût me le faire regarder comme un homme politique.

Mallet (André), corroyeur. — Depuis vingt ans je connais Guilbert, et depuis dix ans il travaille chez moi, je l'ai toujours connu comme un honnête homme, bon travailleur, se suffisant à lui-même. Il était environ deux heures, lorsqu'il vint me demander de l'argent, pour sortir le dimanche. Il était déjà ivre. Je lui donnai quarante sous, en lui disant qu'il allait s'achever.

Guiton, menuisier, rue Neuve-d'Angoulême. — J'ai vu l'accusé Guilbert sur les midi une heure dans le quartier.

Me Grevy. — Savez-vous s'il y avait chez Guilbert une idée quelconque qui ressemblât à une idée politique!

Le témoin. — Oh! pour la politique, il s'en occupait fort peu, pas du tout.

Me Grevy. — Les témoins assignés par Guilbert ont pour but de rendre compte de son temps jusqu'au moment de son arrestation.

La dame Bussière, logeuse, rue de la Vannerie, 13. — Je connais

Guilbert : il venait souvent voir sa mère, qui est ma locataire. Le dimanche 12 mai, au moment où on criait aux armes et où on fermait les boutiques, j'ai vu Guilbert dans l'allée ; il sortait de chez sa mère.

Me ARAGO. —Je prie M. le président de faire appeler de nouveau le témoin de Penne. (Le témoin est rappelé).

M. DE PENNE. —Alors que l'individu qui paraissait être le chef des insurgés parlait à l'officier du poste, j'ai vu un des insurgés, placé à la droite des soldats, à côté de la guérite, tirer sur l'officier un coup de fusil qui le tua.

Me ARAGO. —Je demande comment était cet insurgé, quel était son costume ?

M. DE PENNE. —Tout ce que je puis dire, c'est qu'il était plus petit de taille que celui qui paraissait être le chef. C'était un jeune homme de vingt-deux à vingt-trois ans.

M. LE PROCUREUR-GÉNÉRAL. —Où était-il placé ?

LE TÉMOIN. — A trois pas du peloton, un peu à côté de la guérite.

Témoins à décharge assignés à la requête de Barbès.

M. de Pouy, propriétaire à Paris.

Me ARAGO. —Le témoin, dans la soirée du dimanche 12 mai, dans je ne sais quelle rue, n'a-t-il pas entendu dans un groupe parler des événements de l'après-midi, et notamment de l'attaque du poste du quai aux Fleurs.

LE TÉMOIN. — Je me rappelle cette circonstance. Il est vrai que le dimanche soir, entre huit et neuf heures, j'allai faire un tour avec un de mes amis. A la hauteur de la rue des Lombards, plusieurs individus se formèrent en groupe, je m'approchai, et j'entendis un individu dire que c'était lui qui avait tué l'officier du poste du Palais-de-Justice. (Mouvement.)

M. LE PRÉSIDENT. — Quelle heure était-il ? —R. Il était neuf heures du soir environ.

D. C'était un groupe d'insurgés ? —R. Je ne saurais vous le dire.

M. LE PROCUREUR-GÉNÉRAL. — Quel était l'aspect de cet individu ? C'était un individu de taille ordinaire, ni grand, ni petit, de vingt-deux à vingt-trois ans.

D. Où se passa cet incident ? — R. C'était rue des Lombards, en face une petite rue qui conduit à la rue Quincampoix.

M. LABEDANT, employé aux postes.

Mᵉ ARAGO. — Le témoin n'a-t-il pas entendu une conversation dans un groupe rue des Lombards? — R. Le soir, en me promenant, je vis dans la rue des Lombards un groupe d'hommes assemblés. Je m'avançai, et j'entendis un des hommes qui disait : « C'est moi qui ai tué l'officier du poste. » Un moment après, j'entendis une décharge de coups de fusils, et je me retirai.

M. LE PRÉSIDENT. — Avez-vous rapporté ce propos à quelqu'un?

R. Je n'en ai parlé à personne.

D. Comment! vous n'en avez pas parlé à l'autorité, à vos chefs? Il me semble que cela aurait été assez naturel. (Mouvement.). — R. Je n'en ai parlé à personne.

M. LE COMTE D'ARGOUT. — Etait-il armé, celui qui parlait ainsi? R. Non, Monsieur.

M. LE PRÉSIDENT. — Avez-vous parlé à quelqu'un de ce que vous auriez entendu rue des Lombards? — R. Je n'en ai fait mystère à personne, je l'ai dit à beaucoup de monde, et notamment dans le café de Paris, au Palais-Royal, où je vais souvent.

D. Nous allons passer maintenant à l'interrogatoire de Delsade. Delsade, levez-vous.

(Delsade se lève.)

D. Pourquoi n'avez-vous pas aujourd'hui votre blouse? Vous l'aviez hier. Qu'on aille chercher cette blouse, et qu'on la fasse prendre à l'accusé. Je vais en attendant interroger Mialon.

Interrogatoire de Mialon, terrassier, 56 ans.

M. LE PRÉSIDENT. — Mialon, levez-vous et placez-vous au milieu. Vous avez été condamné pour vol qualifié à cinq ans de réclusion avec exposition; vous avez subi votre peine?

MIALON. — Oui, Monsieur.

D. Aviez-vous de l'ouvrage à l'époque du 12 mai? — R. Je ne travaillais pas depuis à-peu-près cinquante jours.

D. Cependant il fallait que vous eussiez des ressources, puisqu'on a trouvé 25 fr. sur vous quand on vous a arrêté. — R. Moi et mon frère nous avons travaillé long-temps avec un entrepreneur, et mis de l'argent de côté. Nous avions travaillé pendant deux ans à notre tâche. Ma femme portait du pain et gagnait vingt sous par jour. Elle a même fait une *bêtise* quand on m'a arrêté. Comme je n'avais pas d'argent sur moi, elle m'a fourré 25 fr. dans ma poche, et puis quand on m'a trouvé ces 25 fr., on a dit que je les avais reçus de quelqu'un pour aller avec les *curieux*.

D. A quelle heure êtes-vous sorti le dimanche 12 mai?—R. Je suis sorti le matin pour aller en Grève demander de l'ouvrage. Il était cinq heures un quart. Je suis resté jusqu'à huit heures et demie ou neuf heures. — D. A quelle heures êtes-vous sorti l'après-midi? — R. A deux heures et demie ou trois heures. — D. Pourquoi êtes-vous sorti? — R. Comme d'habitude, pour me promener; je demeure sur le quai Napoléon. — D. Il paraît que, quand vous êtes sorti, il y avait déjà du tumulte, car votre femme, votre fille et la portière voulaient vous empêcher de sortir. Vous êtes sorti malgré leurs instances. — R. Ma femme n'était pas encore rentrée de porter son pain quand je suis rentré. Ma fille ne m'a rien dit, ni la portière non plus, qui était assise à la porte. Le principal locataire de la maison, M. Limosin, était à la porte. Je dis : « Pourquoi donc que vous avez fermé la porte? » Je ne savais tant seulement pas qu'il se faisait du *turmulte*. Je m'en allai du côté du pont. Arrivé au milieu du quai aux Fleurs, j'ai suivi les curieux. J'ai trouvé une cartouche et une balle, que j'ai mises dans ma poche, malheureusement pour moi. Quand je suis revenu, j'ai mis ça dans le tiroir de ma commode.

D. Vous n'avez pas fait partie de la Société des Saisons? — R. Non, Monsieur, je n'ai été d'aucune société secrète. Il faudrait donner de l'argent pour ça, et je n'en ai déjà pas trop pour moi et ma famille.

D. Pourquoi avez-vous dit d'abord que c'était votre enfant qui avait trouvé la cartouche?— R. Je l'ai dit parce que j'ai perdu la tête en voyant les sergents de ville venir pour m'arrêter.

D. On a trouvé dans votre poche de la poudre provenant de la cartouche? — R. Parce que la cartouche s'était défaite dans ma poche.

D. Où êtes-vous allé en sortant de chez vous?—R. J'ai suivi le quai aux Fleurs en face de chez moi; j'ai resté un peu là sur le *parapel*. Je suis remonté en descendant du quai Napoléon par le pont Notre-Dame, et je me suis appuyé sur le *parapel*, où j'ai resté très-longtemps.

D. Vous aviez dit qu'après avoir ramassé une cartouche et une balle sur le quai aux Fleurs, vous étiez allé à la place de Grève, où vous avez vu l'insurrection? — R. Je n'ai pas dit cela. — D. C'est écrit, c'est signé. — R. Eh bien! ils n'ont pas bien écrit! (Hilarité). S'ils l'ont mis comme cela, ils se sont trompés. Je suis allé à la Grève le lendemain matin. —D. Vous avez dit que vous aviez vu deux militaires morts sur le quai aux Fleurs. — R. J'ai vu ces deux hommes au corps-de-garde de la Préfecture, entre les jambes des chevaux. — D. N'avez-vous pas pris part vous-même à l'attaque de ce poste? — R. Non. J'ai malheureusement assez de la condamnation que j'ai subie sans aller me mêler des affaires qui pouvaient encore me faire arriver de la peine. — D. Les insurgés avec lesquels vous marchiez ne criaient-ils pas : «Vive la république! à bas Louis-Philippe! aux armes ! » — R. Je ne puis pas avoir entendu cela, puisque je n'y étais pas. — D. N'avez-vous pas pris part à l'attaque du poste du marché Saint-Jean. — R. Je n'y ai pas pris part, puisque je ne suis pas sorti du quai Napoléon et du quai aux Fleurs. Ce n'est que plus tard que je suis allé vers la rue des Arcis. — D. Vous êtes cependant signalé comme ayant fait partie de la bande qui a attaqué le poste du marché Saint-Jean. — R. Ceux qui ont dit cela ont bien menti, j'ai l'honneur de vous le dire. — D. Vous êtes formellement reconnu par plusieurs témoins et par les militaires qui gardaient ce poste? — R. Cela n'est pas vrai. Je ne suis pas allé au marché Saint-Jean ce jour-là. — D. N'avez-vous pas été dans la rue aux Ours, où, appuyant votre fusil sur une voiture renversée, vous auriez frappé à mort un maréchal-des-logis de la garde municipale, au moment où il débouchait de la rue Saint-Denis? — R. Cela n'est pas. Je ne suis pas allé dans la rue aux Ours. — D. N'est-ce pas vous qui avez dit ces paroles qui ont été recueillies : «Je lui ai envoyé un garde national qui le gardera dans son sommeil? » — R. Cela n'est pas vrai. Quand même je me serais trouvé dans cette affaire, est-ce que j'aurais pu dire des paroles pareilles? Je ne l'ai pas dit.

D. N'avez-vous pas pris part au désarmement du poste de la Grève? — R. Je ne suis allé à la Grève que le matin de très-bonne heure pour chercher de l'ouvrage. — D. N'est-ce pas vous qui avez tiré sur le brigadier Jonas, et qui avez dit : «Voyons voir si je n'en descendrai pas un. » — R. Cela n'est pas vrai, puisque je n'ai pas passé par-là. — D. La personne qui a entendu ces paroles et qui vous a vu tirer au même instant, a dit qu'elle vous avait reconnu à l'accent, que c'était un Auvergnat. La même personne vous ayant vu dans le cabinet du magistrat d'instruction a parfaitement reconnu votre personne et votre accent. — R. Je ne sais pas. Je n'ai pas connaissance de cela. — D. Après avoir tiré le coup de feu qui a tué Jonas, n'êtes-vous pas revenu sur le lieu même? — R. C'est faux; ce n'est pas vrai! — D. C'est vous qui avez tué le maréchal-des-logis, car c'est vous qui avez tiré le coup

de fusil? —R. Je n'ai pas été par là. Vous me feriez mourir, que je
ne pourrais pas dire une chose que je n'ai pas faite, et avouer
avoir été dans un endroit où je n'ai pas été.

Dépositions des Témoins.

Catherine Frémy, femme Perrot, portière, quai Napoléon, 29 :
—Le dimanche 12 mai, au moment où des coups de fusils étaient
tirés du côté de la rue Planche-Mibray, Mialon voulut sortir et je
fis mes efforts pour l'en empêcher parce que sa femme et sa petite
fille pleuraient.

Mialon.—Vous vous trompez, mère Perrot, ce n'est que le soir
après souper que j'ai voulu sortir.

Le témoin.—Allons donc! vous perdez la tête; c'était entre quatre et cinq heures. Déjà avait eu lieu le carnage du Palais-de-
Justice; une barricade avait été faite au bout du quai Notre-
Dame, si bien que lorsque Mialon fut conduit à la préfecture par
le commissaire de police, il me dit : La mère Perrot, si je n'étais
pas sorti, comme vous me le conseillez, j'aurais bien fait.

M. le Président.—Pendant combien de temps Mialon est-il
resté dehors?

Le témoin.—Depuis quatre heures et demie à cinq heures jusqu'à neuf heures et demie.

Mialon.—Ce n'est pas vrai, c'est que vous ne m'avez pas vu, je
suis rentré à six heures un quart. J'ai passé de l'autre côté, par le
derrière de la maison.

Le témoin.—Vous ne connaissez pas votre main droite de votre
main gauche. Comment voulez-vous parler?

Me Blot-Lequesne, défenseur de Mialon, au témoin.—Dans la
maison qu'habitait Mialon, soupçonnait-on qu'il eût subi une
condamnation !

Le témoin.—Non, Monsieur, pas du tout; il y a plus de quinze
ans que je connais ces braves gens, et je ne m'en doutais pas.

Me Blot-Lequesne.—Et sa conduite ?

Le témoin.—Il n'y a rien de mal à en dire. Il ne me parlait
jamais.

Me Blot-Lequesne.—Ne le regardez-vous pas comme un homme
d'une intelligence extrêmement faible ?

Le témoin.—Quant à ça, en fait de science, on sait bien qu'il
n'a pas couché dans l'église, et qu'il n'a pas volé le Saint-Esprit.
(On rit).

Me Blot-Lequesne. — Je voudrais que le témoin déclarât si, dans la maison, on ne le regardait pas comme une sorte d'imbécile.

Le Temoin. —Je ne sais pas ce qu'on en pensait, quant à moi, je le croyais tout juste bon pour travailler à la terre.

Bussy (Jean), chef d'équipage aux travaux de l'Hôtel-de-Ville. —Le poste de la préfecture de la Seine venait d'être enlevé, lorsqu'un des insurgés remit un fusil au témoin, qui fut obligé de suivre les insurgés jusqu'au marché Saint-Jean. Il déclare avoir vu Mialon tirer sur la porte du marché. Il reconnaît l'accusé.

Mialon.— C'est faux ! je ne suis pas été par là !

Gilles (Claude), maréchal-des-logis dans la garde municipale. —Le 12 mai, vers quatre heures du soir, j'ai été avec un détachement commandé par mon collègue Jonas, vers la mairie du 6ᵉ arrondissement. Le commissaire de police nous dirigea vers la barricade de la rue Grenétat, qui fut enlevée par une compagnie d'infanterie. Nous avançâmes dans la rue Saint-Denis. Au coin de la rue aux Ours, il y avait une autre barricade ; un coup en partit, et mon camarade Jonas tomba mort à côté de moi. Je n'ai pas vu qui avait fait feu.

Milet, limonadier, rue aux Ours, 41. — Le 12 mai, vers cinq heures du soir, j'entendis un coup de fusil partir d'une barricade qui était au coin de la rue Saint-Denis. Je regardai à la fenêtre, et je vis un garde municipal mort sur la chaussée; j'aperçus un homme qui chargeait son arme; je ne l'ai pas vu tirer.

M. le Président. — Le reconnaîtriez-vous ? — R. Oui, Monsieur.

M. le Président. —Faites lever le troisième accusé du deuxième banc (Guilbert).

Le Temoin. —Ce n'est pas cela. C'était un petit vieux d'une cinquantaine d'années.

M. le Président. — Faites lever Mialon.

Le Temoin. —C'est bien cela ; je le reconnais.

Mialon. —C'est faux !

Louis Morel, teinturier, rue aux Ours, 46, rend compte du même fait. Il ne reconnaît pas Mialon.

Marie Amadoff, femme Brocard. — Le 12, à cinq heures, je vis trois gardes municipaux à cheval dans la rue aux Ours; l'un d'eux a été tué par un monsieur qui était habillé avec un gilet rond en velours couleur olive, et un pantalon de même couleur.

M. le Président. — Mialon, levez-vous.

LE TÉMOIN, — Tout l'ensemble de monsieur me fait croire que c'est lui.

GARNAUD, fruitier, reconnaît à la tournure de Mialon que c'est lui qui a tiré sur Jonas : mais il ne reconnaît pas positivement la veste dont il était vêtu le 12 mai.

MARRAD (Pierre-Eugène), âgé de 21 ans, bijoutier, rue aux Ours, 18, dépose des mêmes faits. Il a vu par derrière l'individu qui a tiré sur le garde municipal.

M. LE PROCUREUR-GENERAL. — Il faudrait que le témoin vît l'accusé par derrière.

Mialon se tourne.

MARREAU. — C'est bien cela.

COTTIN (Guillaume), libraire, rue aux Ours, 26, a vu Mialon tirer sur Jonas. Si j'avais eu un fusil, ajoute le témoin, j'aurais tué l'assassin. (Rumeur)

Le témoin reconnaît Mialon.

MENEAU (Louis-Édouard), garnisseur d'instruments de musique, rue aux Ours, 26, rend compte de la mort du maréchal-des-logis Jonas, avec les mêmes détails que les précédents témoins.

GUYOT (Edme), âgé de trente-neuf ans, miroitier, rue aux Ours, 26. — L'homme vêtu en velours qui, armé d'un fusil et caché derrière une barricade, a ajusté trois gardes municipaux qui s'avançaient de la rue Saint-Denis dans la rue aux Ours, a dit : Voyons voir si j'en descendrai un.

M. LE PRESIDENT. — Regardez Mialon.

LE TÉMOIN. — Je puis affirmer que c'est cet homme qui a tué le garde municipal. Je n'ai pas vu sa figure, mais je l'ai reconnu chez le juge d'instruction à sa tournure et à sa corpulence. Je l'ai reconnu aussi à son accent.

UN PAIR. — Monsieur le président, il faudrait faire marcher l'accusé devant les témoins.

(On fait descendre l'accusé Mialon dans l'hémicycle.)

M. LE PRÉSIDENT. — Marchez, Mialon.

MIALON, marchant. — Voilà, Monsieur, voilà ; tout ce que vous voudrez.

M. LE PRÉSIDENT. — Témoin Guyot, reconnaissez-vous l'accusé à sa démarche.

GUYOT. — C'est bien à peu près la tournure que j'ai remarquée; mais je n'ai pas assez vu sa figure pour le reconnaître.

(On fait revenir le témoin Meneau devant lequel on fait marcher Mialon.)

LE TÉMOIN MENEAU. — C'est absolument la taille et la démarche de l'homme que j'ai signalé. (Le regardant de près et presque sous le nez.) Maintenant je crois que je pourrais assurer que c'est sa figure.

M. LE PRÉSIDENT, au témoin Guyot. — L'homme en veste a parlé devant vous, reconnaîtriez-vous sa voix?

LE TÉMOIN. — Oui, Monsieur.

M. LE PRÉSIDENT, à l'accusé. — Mialon, dites ces mots : Voyons voir si j'en descendrai bien un.

MIALON. — Mais je n'ai pas dit cela, voyez-vous bien! Je n'y étais pas!

M. LE PRÉSIDENT. — N'importe, dites-le maintenant.

MIALON. — Voyons voir si je pourrai bien en descendre un.

LE TÉMOIN, vivement. — C'est çà ! on ne peut pas mieux dire que vous l'avez dit.

MIALON. — Vous en avez menti, vous êtes un menteur. (Mouvement.)

Me BLOT-LEQUESNE.—La Cour a pu remarquer que l'intelligence de Mialon est extrêmement faible; des témoins nombreux affirmeront qu'il est dans un état d'idiotisme complet. Je prie MM. les pairs d'avoir pour ses formes de dénégation quelque indulgence.

BERNIER (Louis-Charles), marchand de vins, rue Quincampoix, 93, à l'angle de la rue aux Ours.—L'individu qu'on m'a représenté à la Conciergerie est celui qui a tiré sur la garde municipale; il était vêtu d'une veste de velours olive, et était armé d'un fusil de munition. Il appuya son fusil sur le fiacre et tira.

D. Seriez-vous en état de le reconnaître?—R. Oui, monsieur le président; je le reconnaîtrais entre trente mille âmes.

M. LE PRÉSIDENT. — Mialon, levez-vous.

LE TÉMOIN.—Le voilà ! c'est bien lui ; je le reconnais de même que je le reconnus à la Conciergerie.

MIALON. — Vous vous trompez, car je n'ai pas été dans ces endroits-là.

DELEHAYE (Louis), ébéniste, rue aux Ours, 18.—J'ai vu Mialon qui tirait sur trois gardes municipaux ; il a ajusté le maréchal-des-logis Jonas, en appuyant son fusil sur la roue d'un fiacre renversé, et l'a tué.

MIALON.—C'est un faux, je n'y ai pas été.

M. LE PRÉSIDENT (au témoin). —A quoi l'avez-vous reconnu ? — R. A ses effets, à sa tournure, et puis à sa figure aussi.

D. Comment est-il fait ?— R. C'est un homme qui n'est pas bien fait, qui a l'épaule de côté et le nez un peu long.

M. LE PRÉSIDENT. — Mialon, levez-vous.

LE TÉMOIN. — Oui, oui, c'est lui ! je n'ai pas besoin de le regarder. (Rumeur)

RAGON (Jean-Quintien), propriétaire, rue aux Ours, 23, reconnaît Mialon pour celui qui a tué Jonas.

MIALON.—En voilà encore un qui ment! (Rumeur)

Mᵉ BLOT.—Je prie la Cour d'écouter ce malheureux avec quelque indulgence.

M. LE PRÉSIDENT.— Le défenseur a raison ; l'accusé a droit à des égards à raison de sa position.

M. JACQUET, pharmacien rue aux Ours.—J'ai fort bien vu l'homme qui a tué le maréchal-des-logis; il avait une veste olive et un pantalon *idem*, mais je ne l'ai vu que par derrière.

Le témoin reconnaît Mialon.

MIALON. — Je dis qu'il en a menti. (Murmures.) Mais pourtant il faut bien que je me défende. (A son défenseur.) Vous voyez bien qu'on ne veut pas me laisser parler. Tuez-moi de suite, ce sera plutôt fait.... Je n'étais pas dans cet endroit, et jamais je n'ai tenu un fusil ni de chasse ni de munition.

L'audience est suspendue.

A la reprise de l'audience, M. le président fait revenir le témoin Delehaie, sur la demande de l'avocat de Mialon.

Mᵉ BLOT-LEQUESNE. — N'avez-vous pas été mis en prévention ?—R. Oui, Monsieur, j'étais à la Préfecture, inculpé.

M. LE PROCUREUR-GÉNÉRAL. — On avait appris que deux individus étaient entrés dans la maison de l'accusé et y avaient déposé des armes. On a pensé que Delehaie avait pu donner un asile volontairement aux insurgés. Il a été arrêté ; mais son innocence a été reconnue, et il a été mis en liberté.

Mᵉ BLOT-LEQUESNE. — Le témoin n'a-t-il pas dit en prison que celui qui avait tué le maréchal-des-logis Jonas était un homme de 70 ans?

LE TÉMOIN. — Pas du tout; je n'ai pas dit cela.

Mᵉ BLOT-LEQUESNE.—L'accusé Martin m'a dit positivement que Delehaie lui avait déclaré en prison que celui qui avait tué le maréchal-des-logis était un homme de 66 ans.

L'ACCUSÉ MARTIN (Noël).—Je déclare que Monsieur m'a dit positivement, et devant plusieurs prévenus, que celui qui avait tué le maréchal-des-logis était un homme de 66 ans.

Le témoin.—Je ne pense pas avoir dit cela.

M. le Président.—Etes-vous sûr de ne pas avoir dit cela.

Le témoin.—Je ne le pense pas, mais je ne l'affirmerais pas.

Mialon.—Cet homme-là, quand il était à la Conciergerie, est venu près de moi comme pour me donner un conseil ; il m'a demandé pourquoi j'étais arrêté, je lui ai répondu : Moi je suis arrêté à faux, je suis pris pour un autre. Je me suis aperçu que ce camarade-là voulait, comme on dit, me tirer les vers du nez. Quand on a vu que je m'étais aperçu de cela, on l'a changé et on l'a fait monter dans une autre salle.

Delehaie.—On ne m'a pas fait changer. Je n'ai voulu surprendre les secrets de personne. J'ai dit la vérité.

L'accusé Lemière. — Le témoin a fait avec moi la même chose. Il est venu près de moi me demander pourquoi j'étais arrêté, qui j'étais, ce que j'avais fait. Tous les prévenus qui ont été à la Conciergerie pourraient en déposer. Il en a dit autant à tout le monde. Alors on a été obligé de le faire sortir, parce que les prisonniers se seraient aperçus que c'était un mouchard. Tout le monde de la Conciergerie pensait cela.

M. le Président.—Nous allons entendre les témoins à décharge cités sur la demande de Mialon.

La Cour reçoit la déposition de ces témoins. Il en résulte que Mialon était un homme rangé, qui travaillait beaucoup quand il avait de l'ouvrage, qui n'était pas joueur, qui payait bien son terme, mais dont l'intelligence était si bornée que son frère était obligé de venir exprès de la campagne, pour régler ses propres comptes avec ses maîtres. Il ne s'occupait jamais de politique.

Témoin relatif à Roudil.

M. Simon, imprimeur en indiennes, a contribué à l'arrestation de l'accusé Roudil. Cet accusé, qui était sur le pont Saint-Michel, a voulu tirer deux coups de fusil sur lui, mais le fusil a été détourné. Cependant le témoin a été blessé à la main par le second coup. Il pense que c'est le chien du fusil qui, en s'abattant, l'a blessé au doigt.

Roudil.—A la préfecture, le témoin a dit que la blessure de sa main provenait de ce que je l'avais mordu.

M. Simon Je ne me rappelle pas bien cela. Je n'ai pas bien su dans le premier moment à quoi attribuer ma blessure.

M. le président fait lever l'accusé Guilbert.

M. SIMON déclare le reconnaître pour un de ceux qui étaient avec Roudil sur le pont Saint-Michel.

Témoins relatifs à l'accusé Guilbert.

BONNELLIER, sellier.—Je connais Guilbert, qui demeure près de chez moi. Le dimanche 12 mai, il sortit vers trois heures de l'après-midi, mais il était tellement ivre, que ma femme lui dit d'aller se coucher, ce qu'il dit qu'il allait faire dans une demi-heure, après avoir fait un tour de promenade. Au bout de quelques instants, je vis Guilbert chanceler et presque tomber, ne pouvant se tenir sur ses jambes. Je connais du reste Guilbert sous les rapports les plus favorables.

L'audience est levée à cinq heures un quart et renvoyée à demain.

7ᵉ AUDIENCE. — 30 JUIN.

DELSADE. — *Interrogatoire et dépositions.* —LEMIERE. — *Interrogatoire et dépositions.* — AUSTEN. — *Interrogatoire et dépositions.*

L'audience est ouverte à midi et demi. L'appel nominal ne constate l'absence d'aucun membre de la Cour.

Roudil n'est pas présent. M. le président annonce que cet accusé est indisposé.

Interrogatoire de Delsade, tabletier, 32 ans.

Interpelé, l'accusé Delsade déclare avoir découché dans la nuit du samedi 11 au dimanche 12 mai. — Il a passé la nuit chez un marchand de vins du quartier de la Halle.

D. Vous avez déjà été arrêté dans l'affaire du Cloître-Saint-Méry? — R. J'ai été arrêté en 1832 dans la rue Aubry-le-Boucher. J'étais allé chercher ma femme qui travaillait rue Saint-Martin.

D. N'êtes-vous pas dans l'habitude de tenir des propos contre le gouvernement? — R. Je n'en tiens jamais contre personne.

D. Votre beau-frère a déclaré qu'il voyait en vous un républicain exalté, et que, pour ce motif, il vous a chassé de chez lui? — R. Je n'ai jamais été chassé de chez lui; j'y ai conduit un jour un ami, on lui a fait une sottise, et c'est moi qui me suis fâché.

D. Vous avez été arrêté le soir près de la Rotonde du Temple, au moment où vous sortiez d'un cabaret d'où l'on a tiré sur la troupe ? — R. Je ne sortais pas du cabaret, mais de chez mon beau-frère. J'ai vu arriver la troupe qui m'a cerné. Si j'avais eu de mauvaises intentions, je me serais en allé du côté opposé.

D. Vous avez soutenu une lutte opiniâtre avec la troupe, puisque vous avez été blessé d'un coup de baïonnette. — R. Si cinquante à soixante hommes se jetaient sur vous en croisant la baïonnette, vous ne songeriez guère à vous battre seul contre eux, bien sûr ! (Rires.)

D. Au moment de votre arrestation, vous aviez les mains noircies de poudre. — R. Je n'ai pas tiré un seul coup de fusil. J'avais les mains noires, parce que je travaille avec du charbon.

Ici l'accusé raconte l'emploi de son temps dans la journée du 12 mai. Après avoir passé la nuit à la Halle, il s'en fut chez un de ses camarades pour y déjeuner avec des poissons qu'il avait achetés. Je rentrai à la maison, ajoute-t-il, et je sortis de chez moi vers deux heures et demie ; jusqu'à ce moment, j'étais resté couché. En sortant, j'allai chez mon beau-père, M. Selonsier, rue Neuve-Saint-Méry, 44. Il était sorti ; je restai vingt minutes ou une demi-heure avec ma belle-mère ; de là je passai rue Beaubourg pour retourner chez moi, et j'y rencontrai des chapeliers que je connais depuis de vue seulement ; j'entrai ensuite chez des marchands de vins de côté et d'autre ; et, à neuf heures environ, autant que je puis me rappeler, je rentrais chez moi, lorsque je fus assailli par la troupe. On me porta un coup de baïonnette dans l'aine ; je fus arrêté presque sous mes croisées.

DELSADE nie avec force avoir participé aux actes de l'insurrection. Il n'est pas même allé du côté du Palais-de-Justice, quoiqu'on lui reproche d'avoir pris part aux attaques qui ont eu lieu dans ce quartier.

D. Cependant la femme Viard, marchande de vins sur le quai des Orfèvres, vous reconnaît ; elle ne peut se tromper, car elle vous a vu quelquefois avec votre frère, garçon de bureau à la préfecture de police ; elle vous a entendu dire à un insurgé : « Il ne faut pas aller par-là, nous tirerons plus haut. » — Cela n'est pas ; la femme Viard ne m'a reconnu chez le juge d'instruction qu'après qu'on a prononcé mon nom devant elle.

D. Vous aviez prié Carbonnier de recevoir le dépôt des trois fusils dont vous étiez porteur. — C'est faux.

D. Il résulte encore de la déposition de la femme Champagne

que le 12 mai vous avez laissé trois fusils et une baïonnette à son domicile. — R. Je n'ai jamais été chez la femme Champagne porter des fusils. Je n'ai porté qu'une fois un fusil, c'était en 1830, et je l'ai fait honorablement, je peux m'en vanter.

M. LE PRESIDENT (aux huissiers). — Faites représenter à l'accusé les trois fusils avec la baïonnette.

DELSADE. — Oh! ce n'est pas la peine, je ne les reconnais pas, puisque je n'en avais pas.

Témoins relatifs à Delsade.

FEMME VIARD (Sophie-Zaepfel), marchande de vin, quai des Orfèvres, 23.—Le dimanche 12 mai, je vis passer devant ma boutique une bande d'individus armés de fusils. Ils tirèrent plusieurs coups de fusil sur la Préfecture, et comme on y riposta, ils se retirèrent du côté de la rue du Harlay. Comme ils repassaient, je reconnus parmi eux le beau-frère de Durand, garçon de bureau à la Préfecture, auquel j'entendis dire : « Pas ici, plus loin. »

M. LE PRÉSIDENT.—Accusé Delsade, levez-vous.

AU TEMOIN. — Le reconnaissez-vous ? — R. Oui, Monsieur, c'est bien lui.

D. Est-ce lui qui a dit : Pas ici, plus loin?—R. Oui, Monsieur.

DELSADE.—D'où vient que la première fois vous ne m'avez pas reconnu à la Préfecture.

Me BERTIN, défenseur de Delsade.—Dans son premier interrogatoire, le témoin a déclaré reconnaître pour Delsade un autre individu, le nommé Dorcade, qui lui était présenté.—R. Dans le premier moment d'émotion j'ai cru que c'était lui.

CHAMBON (François), marchand de vin, quai des Orfèvres, a vu des individus tirer sur la Préfecture. Il n'en sait pas plus long.

DURAND, garçon de bureau à la Préfecture de police, et beau-frère de Delsade.—Delsade ne faisait pas mystère de ses opinions politiques, il était républicain exalté, mais non méchant. S'il avait été avec des gens raisonnables, je ne crois pas qu'il eût été capable de faire aucun mal ; il faut qu'on l'ait mal conseillé.

GOMONT (Etienne-Julien), menuisier, rue de l'Egoût-Saint-Germain, 9.—Le dimanche 14 mai, je revenais de Passy entre quatre et cinq heures, et je me trouvais sur le Pont-Neuf lorsque je rencontrai, à la tête d'une bande d'individus, Delsade, armé d'un fusil, à qui je demandai ce qu'il y avait. Celui-ci me répondit en m'appuyant le canon de son fusil sur la poitrine : « Ce qu'il y a,

je vais te le dire : toi et le grand serrurier, si vous avez le malheur de rester à la Préfecture, nous vous dégommons tous les
deux, parce que nous allons y retourner. »

M. LE PRÉSIDENT. — Delsade, levez-vous.

LE TÉMOIN.—Je le reconnais.

M. LE PRÉSIDENT. —Delsade, avez-vous quelque chose à répondre?—R. J'ai à répondre que c'est faux. Est-ce que j'aurais mis le
canon d'un fusil sur la gorge d'un homme, je ne l'aurais jamais
fait ; je ne croirais devoir m'en servir que pour protéger un homme en danger. Ce n'est pas moi, car je n'ai pas été par-là, je n'ai
point passé l'eau.

CARBONNIER, rue Coquillière.— Delsade est venu le 12 mai pour
déposer trois fusils à la maison ; sur mon refus de les recevoir, il
est monté avec chez madame Champagne.

Femme CHAMPAGNE, rue Oblin, 11. — Le 12 Delsade arriva chez
moi ; il paraissait un peu saoûl. Il me proposa de garder trois fusils qu'il avait ; je crois qu'il revenait du Palais-de-Justice.

DELSADE. — Je ne suis pas allé chez vous ce jour-là.

TERREVILLE, capitaine au 53ᵉ.—A la rotonde du Temple, un individu en blouse, placé sur la porte d'un marchand de vins, d'où
on nous avait déjà tiré plusieurs coups de fusils, m'a couché en
joue. Son fusil a raté deux fois sur moi. Un de mes soldats ayant
tiré, un homme est tombé à ses pieds ; plusieurs autres ont pris la
fuite par la porte opposée. Nous prîmes dans la rue quatre individus, dont l'un a reçu un coup de baïonnette, au moment où il se
défendait contre ceux qui l'arrêtaient.

D. Reconnaissez-vous Delsade ? — R. Oui, Monsieur.

BERLURAU (Jean), âgé de 23 ans, soldat au 55ᵉ.—Je faisais partie
de la patrouille qui, à dix heures du soir, s'est transportée près la
rotonde du Temple. Un individu se sauvait le long de la maison ;
c'est moi qui, pour le faire arrêter, lui ai porté un coup de baïonnette à la cuisse.

UN PAIR.—Le témoin a-t-il vu l'accusé avec un fusil ? — R. Il
n'avait pas de fusil quand on l'a arrêté.

CHENAGOU , fusilier au 53ᵉ, faisant partie de la même patrouille.
—Un individu en blouse, avec une barbe noire et collier, qui sortait du cabaret, qui se trouvait à côté de l'homme que je venais de
tuer, prit la fuite. Il a reçu un coup de baïonnette. Je reconnais
l'accusé Delsade comme étant celui qui a été piqué d'un coup de
baïonnette après qu'il était sorti du cabaret, après que j'ai tiré un
coup de fusil.

11

Millet, capitaine au 55ᵉ, le 12 mai dernier, dit à Delsade, lorsque celui-ci fut arrêté et conduit à la mairie : Vous dites que vous avez du courage, mais vous devriez le conserver contre l'ennemi commun, s'il venait nous attaquer.—Vous avez raison, me répondit-il; mais j'ai été entraîné; je ne pensais à rien lorsque j'ai rencontré un groupe d'insurgés qui m'a forcé de prendre les armes.

Delsade.—Cela n'est pas vrai; c'est un faux témoin.

Berthier. (Jean-Marie-François), docteur en médecine.—Le 12 mai dernier, je me trouvais de service à la mairie du 7ᵉ arrondisment, lorsqu'on amena sept individus qui venaient d'être arrêtés près la rotonde du Temple. L'un d'eux, vêtu d'une blouse, et qui avait un collier et des moustaches noirs, fut présenté à mon examen comme étant blessé d'un coup de baïonnette.

D. Reconnaissez-vous Delsade? — R. Parfaitement.

D. Les mains n'étaient-elles pas noires et n'exhalaient-elles pas une odeur de poudre?— R. Oui, Monsieur.

Delsade.—Il n'est pas étonnant que, touchant souvent du charbon de terre, mes mains soient noires et exhalent une odeur de soufre.

Témoins à décharge pour Delsade.

M. le Président.—Faites entrer les témoins à décharge assignés sur la demande de Delsade.

Plusieurs des témoins rendent un compte favorable de la conduite et du caractère de Delsade. Un d'entre eux déclare qu'il était déjà ivre dans la matinée du 12 mai.

Mᵉ Arago. — Je demande à la Cour la permission de faire une observation. Je reçois à l'instant, par l'intermédiaire de l'un de MM. les huissiers, une lettre qui paraît avoir quelque importance; elle est ainsi conçue :

« Je puis certifier que le dimanche 12 mai, à neuf heures du soir, passant dans la rue des Lombards, j'ai entendu dire que l'individu qui, à l'attaque du poste du quai aux Fleurs, avait tué l'officier, venait de passer. (Et par post-scriptum :) Je suis dans la chambre des témoins. (Mouvement)

M. le Président. — Ce témoin sera entendu en vertu de mon pouvoir discrétionnaire. Qu'on le fasse entrer de suite, s'il est là. (Le témoin n'est pas présent)

M. le Président. — Nous allons procéder à l'interrogatoire de Lemière; faites-le placer au milieu.

Interrogatoire de Lemière (tabletier , 23 ans).

Lemière s'exprime avec beaucoup de facilité.

M. LE PRÉSIDENT. — A quelle heure êtes-vous sorti de chez vous le dimanche 12 mai. — R. A trois heures.

D. Quel motif vous a porté à vous mêler aux troubles, malgré l'insistance de votre logeuse.—R. C'est que je demeure sur le derrière ; j'entendis des coups de fusil, et je descendis pour savoir ce que c'était. Si j'avais demeuré sur le devant, je me serais mis à la fenêtre et je ne serais pas descendu.

L'accusé déclare n'avoir jamais fait partie d'aucune société secrète. Il déclare que c'est un monsieur bien mis, qui passait dans la rue, qui l'a armé et l'a forcé de suivre les insurgés.

D. Quand on vous a conduit au poste de la mairie, n'êtes-vous pas convenu que vous aviez désarmé un garde national?—R. Voici le fait : Les gardes nationaux qui étaient de service étaient tous de mon quartier ; en me voyant amener, quelques-uns dirent en riant : « Tiens, c'est toi, le petit ébéniste ; il paraît que tu es pris. Est-ce que tu aurais, par hasard, désarmé des gardes nationaux ? » Je répondis en riant : « Sans ce que je désarmerai encore. » Je disais cela en riant. C'étaient des gens du quartier. Il paraît que des gardes nationaux qui ne me connaissaient pas ont pris cela au sérieux, et ont mal interprété mes paroles.

M. LE PRÉSIDENT. — En disant : « sans ceux que je désarmerai encore, » vous faisiez l'aveu que vous en aviez déjà désarmé un. —R. Je vous répète que je n'ai dit cela que par forme de plaisanterie, et parce que je ne croyais m'adresser qu'à des personnes qui me connaissaient bien. Je croyais dire cela sans porter par cela ombrage à personne ; je pensais en moi-même que c'était une chose qu'on pouvait se dire entre voisins.

M. LE PRÉSIDENT.—On a saisi chez vous le sabre du garde national de la 5ᵉ légion, portant le numéro 1588. On va vous le représenter.

LEMIÈRE.— Il est bien inutile de me le représenter ; je le reconnais ; je sais bien qu'il était chez moi.

D. Comment vous l'êtes-vous procuré ? — R. C'est le soir en m'en allant qu'un des insurgés me l'a donné. Je n'attendais que le moment de m'en aller, lorsqu'un insurgé, voyant que je ne me servais pas de mon fusil, me le demanda et me donna le sabre en place.

D. Ainsi, vous êtes resté jusqu'au soir avec les insurgés ? — R. J'étais bien content de m'en aller, j'ai filé aussitôt que cela m'a été possible.

D. Vous avez été également signalé par M. Simon, épicier, rue Saint-Avoie, comme étant un des plus exaltés de la bande, et comme ayant fait une perquisition chez lui pour avoir de la poudre et des pétards. — R. Mais c'est moi qui ai demandé sa comparution. Or, si tout cela était vrai, je n'aurais pas eu la bêtise de faire venir un témoin qui m'aurait vu à la tête des insurgés, que j'aurais menacé et qui parlerait contre moi. Vous voyez bien que j'ai mis beaucoup de franchise dans tout cela, car c'est moi qui vous ai dit que j'avais eu un fusil, c'est moi qui vous ai découvert le sabre, c'est moi qui vous ai donné le nom de M. Simon. (Mouvement.)

D. Mais si vous étiez forcé de suivre les insurgés, il n'y avait rien de plus facile pour vous que de rentrer, lorsque la femme Loubry tenait la porte ouverte. — R. C'était impossible, la garde municipale était dans la rue, et en entrant dans la maison avec un fusil, j'aurais fait faire dans la maison un massacre comme celui de la rue Transnonain. Je ne voulais pas exposer mes camarades et toutes les personne de la maison. (Sensation.)

D. Vous avez dit dans l'instruction qu'en vous battant vous croyiez vous battre pour le peuple. — R. Non, j'étais forcé.

D. Vous avez déclaré que votre fusil n'allait pas. — R. Je n'ai pas pu déclarer ça, puisque je ne m'en suis pas servi. J'ai dit que c'était la personne qui me l'avait pris, et qu'elle avait ajouté que c'était encore un fusil de la police, ensuite elle l'a débourré.

D. Que signifient ces mots que c'était un fusil de la police ? — R. Il y en a beaucoup qui ont supposé que c'était la police qui donnait des armes de force, après les avoir arrangées de manière qu'elles ne partissent pas. Je ne peux pas croire que ce soit les citoyens qui forcent d'autres citoyens à se battre ensemble. (Rumeur.)

D. Le morceau de coton rouge que vous avez emporté n'était-il pas destiné à faire un drapeau ? — R. Je l'ignore. Je l'ai emporté, il est vrai ; mais il n'a pas servi.

D. Un drapeau de cette étoffe n'a-t-il pas été planté sur une barricade au coin de la rue Saint-Magloire ? — R. Oui, je l'ai vu, mais ce n'est pas moi.

D. Vous étiez là parmi les insurgés ? — R. Oui, mais je n'ai été que là.

D. Vous avez tiré avec eux des coups de fusil sur la troupe? — R. Non : c'est faux.

D. Vous avez dit que vous aviez vu tomber sur cette barricade un individu désigné sous le nom de *Polonais?* — R. Non, j'ai dit que j'en avais entendu parler, mais je ne l'ai pas vu.

D. N'avez-vous pas dit à Ch. Basset que les Parisiens étaient des lâches ; et n'avez-vous pas voulu briser le sabre que vous aviez? — R. Puisque j'ai déclaré la vérité, je la dirai ici tout entière.

« Le lundi quelques ouvriers vinrent chez moi ; comme ils parlaient assez haut, je me réveille et je demande ce qu'il y a. L'un d'eux me dit qu'il venait de voir un homme paisible tué par un garde national. Moi, indigné de ce fait, je me lève et je dis : « Il faut que les Parisiens soient bien lâches pour laisser faire cela ; car si l'on ne peut plus sortir de chez soi sans être victime de l'un ou de l'autre, il faudra bientôt murer les portes. » Et c'est sur cela que j'ai voulu briser mon sabre, qui est encore tout plié. Ensuite je suis sorti de colère, et j'ai été le mettre dans un grenier. Un de mes ouvriers me dit : « Donnez-le moi, ce sabre ; il ne vous servira plus à rien, et moi j'en ferai des lames de rasoir. » Je lui répondis que si ç'avait été de l'acier, il aurait cassé. Le lendemain j'avais réfléchi, et je pris le parti de le jeter dans la rue. Quant, huit jours après, on l'a retrouvé dans un petit grenier, et non pas chez moi, j'ai déclaré que c'était à moi, parce que je ne voulais pas compromettre les personnes de la maison.

D. Vous appartenez à d'honnêtes parents, vous avez un père ancien militaire, le plus brave homme du monde, qui gémit de votre conduite. Vous le savez bien. Il vous a vu. — R. Non.

D. Il a demandé à vous voir? — R. Je vous demande pardon, il n'a pas voulu me voir.

D. C'est qu'il était fort mécontent de vous. — R. Cela n'est pas étonnant, je suis un ouvrier.

Interrogatoire d'Austen, bottier, 23 ans, né à Dantzick, (Prusse.)

Austen déclare être en France depuis 1836. Il est venu pour travailler. Il n'a jamais fait partie de sociétés secrètes.

D. Le dimanche 12 mai, n'avez-vous pas été porter de l'ouvrage chez M. Muller? — R. Je vais vous dire ce que j'ai fait le 12 mai. J'avais travaillé toute la nuit. Je suis allé rendre de l'ouvrage à mon bourgeois, M. Muller.

D. N'étiez-vous pas si pressé que vous n'avez pas voulu attendre que madame Muller vous réglât votre compte?—R. Voici ce qui s'est passé. Il m'était dû 14 francs, M. Muller me dit: « Il faut attendre que ma femme aille changer une pièce de cent sous pour faire votre compte. Attendez un moment. » Je lui dis alors: « Il est bien plus simple que vous me donniez trois pièces de cent sous; ce sera vingt sous que je vous redevrai et que vous me retiendrez sur le premier ouvrage que je ferai. D'ailleurs, je suis pressé et je n'ai pas le temps d'attendre. Voici pourquoi j'étais pressé. En quittant mon garni, mon hôtesse m'avait dit que la soupe était prête. Comme j'avais passé la nuit à travailler, je voulais manger la soupe chaude. Je n'aime pas à manger froid, d'abord. (On rit.) Je suis sorti de mon garni vers trois heures trois heures et demie. Arrivé dans une rue que je crois être la rue Saint-Denis, des insurgés m'ont pris et m'ont forcé de marcher avec eux.

Comme je me débattais, l'un d'eux m'a donné un coup dans la poitrine; quelques autres disaient: « Il faut le fusiller! » Alors, comme j'avais encore mon tablier de travail, ils me mirent des cartouches dedans, en me disant de les distribuer. Nous étions dans la rue Grenétat. Je passais dans cette rue pour aller au Temple acheter un tirepied, parce que le mien était mauvais et hors de service. Un homme qui portait une redingote, un pantalon et un chapeau, et qui était plus petit que moi, portait un fusil et me força de marcher avec lui. Je lui dis: Laissez-moi, je marche avec vous. Alors il m'a donné un grand paquet de cartouches.

Pendant que j'étais sous la porte cochère, un homme est tombé; c'était un blond, comme moi, on a dit: voilà encore un Polonais. On m'a forcé de le transporter chez un marchand de vin. On a dit, en parlant de moi: voilà notre jeune homme *à la tête carrée*, il faut qu'il soit bon à quelque chose. J'ai conduit l'homme dans le cabaret, la même chose que j'en avais déjà porté un autre.

La troupe est arrivée, j'ai voulu me lancer, j'ai reçu deux coups de baïonnette. Si je voyais le soldat qui m'a porté les coups de baïonnette, je le reconnaîtrais bien; un officier de la garde municipale m'a porté un coup d'épée. Tombé près de la barricade, j'ai voulu me relever, un officier de la ligne m'a mis le pistolet sous la gorge en disant: c'est un Polonais qui vient assassiner les Français. J'ai répondu: je suis Français de cœur autant que vous. L'officier me traita de misérable canaille; là-dessus, je lui ai dit: j'en ai battu de plus grands que vous. Etant fort maltraité par ces mi-

litaires, j'ai dit que j'aimerais mieux être tué de suite que de rester avec un tyran. Par tyran, j'ai entendu celui qui m'avait donné
un coup d'épée.

Le docteur Ferny est venu soigner mes blessures et m'a demandé si j'avais tiré des coups de fusil. J'ai répondu : au contraire, j'ai reçu des coups de baïonnette, et on a manqué de me couper la main. J'avais été d'abord maltraité par les insurgés qui
m'ont forcé de couper des paquets de cartouches avec mon couteau,
ensuite j'ai failli être tué par les soldats.

L'accusé nie avoir participé au pillage des magasins de Lepage.

D. Non-seulement vous avez fait la distribution des cartouches,
mais vous vous êtes trouvé derrière la barricade où l'on s'est
battu avec le plus d'acharnement. Vous y avez été blessé. On
vous a relevé blessé derrière la barricade de deux coups de baïonnette et d'un coup d'épée, d'après votre dire même. Comment
pouvez-vous prétendre que vous avez été forcé de vous trouver
là ? — R. Je me suis trouvé enveloppé par les insurgés ; on m'a
mis le pistolet sur la gorge pour me faire marcher.

D. On a trouvé près de vous le fusil que vous aviez évidemment
lâché. Comment voulez-vous qu'on ne pense pas que vous vous
êtes battu ? — R. Je n'avais pas de fusil, puisque j'avais seulement
aidé à couper les cartouches et à porter deux blessés. L'officier
m'a donné un coup d'épée parce que je lui ai répondu en colère
quand il m'a traité de canaille.

D. Vous êtes d'autant plus coupable que vous étiez venu chercher en France l'hospitalité et du travail ; vous y avez trouvé tous
les secours que l'humanité et la philantropie peuvent réclamer.
Vous avez reconnu les services que vous aviez trouvés en France,
en y excitant la guerre civile, en faisant armer les citoyens les
uns contre les autres et en faisant l'acte le plus coupable que
puisse commettre un Français et à plus forte raison un étranger.
— R. Je ne suis pas un factieux ; je ne sais pas si c'est être factieux et républicain que de chanter la *Marseillaise* ; je l'ai entendu
jouer même au château des Tuileries. (Mouvement.) Jamais, au
reste, je ne me suis mêlé de politique.

(L'audience est suspendue pendant une demi-heure et reprise
à trois heures et quart.)

M. LE PRÉSIDENT. — A la demande du défenseur de Delsade, le
témoin Dorcade va être introduit. (Ce témoin est en état d'arrestation comme impliqué dans les événements des 12 et 13 mai.)

Dorcade, âgé de 29 ans, menuisier.

J'ai été reconnu à la Conciergerie par la dame Viard, qui m'a pris pour Delsade et qui a prétendu m'avoir vu passer sur le quai des Orfèvres. Je lui ai dit qu'elle se trompait. Ce n'est qu'une demi-heure après qu'elle est convenue de son erreur.

DELSADE. — Je demanderai à M. le président si le témoin me ressemble.

Témoins relatifs à Lemière.

THÉRÈSE FOURNIER, femme Loubry, femme de ménage, rue Guérin-Boisseau, 24. — Le dimanche 12 mai, j'ai vu Lemière sortir lorsqu'on tirait des coups de fusil, mais je ne sais ce qu'il a fait.

D. A quelle heure est-il rentré? — R. Entre huit et neuf heures du soir.

BOISSET (Pierre-François), ébéniste, âgé de 20 ans.—Le dimanche 12 mai, j'étais avec Lemière, mon camarade, dans la chambre que nous occupons en commun. Sur les deux heures et demie trois heures, nous entendîmes un homme qui disait dans la cour qu'il y avait des émeutes dans la rue aux Ours.

Dans la soirée je sortis, et je ne rentrai qu'un peu tard. Quand je rentrai, Lemière était déjà rentré et avait mis sur sa cheminée deux balles et un sabre. Je regardai ces objets et je remis ensuite le sabre sur le lit. Le lendemain, un de nos amis, nommé Tyby, vint voir Lemière, et après cela sortit avec moi. Chemin faisant il me dit : « Il paraît que Lemière s'est battu hier. » Je lui répondis : Il paraît que oui, puisqu'il le dit. Quelques jours après, Tyby étant venu voir Lemière, et s'étant mis à causer, Lemière, qui était couché, s'élança de son lit en disant que les Parisiens étaient des fainéants, et il a voulu casser son sabre. J'avais oublié de vous dire que le mardi qui suivit le 12 mai, Lemière m'a montré une cravate, en disant : « Voilà une belle cravate, comme ça ferait bien un drapeau rouge. »

M. BIENASSÉ (Edouard), coiffeur, rue Bourg-l'Abbé, 36. — Le dimanche 12 mai, une heure et demie après le pillage des armes de M. Lepage, j'étais sur le pas de ma porte lorsque deux individus vinrent à moi, l'un armé d'un fusil de munition avec baïonnette et d'un sabre : il me mit la baïonnette à deux pouces de la poitrine, me demandant des armes. Je répondis que je n'en avais pas, et comme il insistait, je lui dis qu'on me les avait déjà prises : au surplus, ajoutai-je, allez au magasin de M. Lepage. Vous sentez bien que je lui disais cela pour rire. (Rires.)

D. Reconnaissez-vous bien l'individu qui vous a demandé des armes? — R. Je ne sais pas, M. le président, on m'en a fait voir un chez le commissaire ; c'était bien la même taille ; mais quant au physique, je ne puis rien en dire.

VERMILLAC (Jean-Marie), garçon coiffeur chez M. Bienassé, fait une déposition semblable à la précédente.

Le témoin ne reconnaît pas Lemière qui lui est présenté.

DAVID (Louis), marchand d'outils, rue Bourg-l'Abbé, n. 16. — Le dimanche 12 mai, j'étais chez moi lorsque j'entendis un grand bruit dans la rue. Je vis deux individus, dont l'un avait un fusil avec une baïonnette, se diriger vers la boutique de M. Bienassé, coiffeur. Cet individu lui demanda ses armes en lui mettant sa baïonnette sur la poitrine. Cet homme portait une blouse bleue.

(On fait lever l'accusé Lemière.)

LE TEMOIN. — Je le reconnais pour être celui dont je viens de parler.

LOUBERT (Jean-Baptiste), débitant de tabac, rue Bourg-l'Abbé, n. 23, dépose dans les mêmes termes ; mais il ne peut affirmer que l'individu en question fut Lemière.

M. SIMON (Charles), épicier, âgé de 71 ans, rue Sainte-Avoye, 44. — Le 12 mai, vers six heures et demie, on frappa violemment à ma porte à coups de hache et de crosse de fusil, en me demandant de la poudre et des armes. Je sortis par une porte de derrière et je parlai dans la rue à ces individus. J'affirmai que je n'avais pas de poudre. Ils soutinrent que j'avais des pétards, qu'ils en avaient déjà acheté chez moi. Je répondis que je n'en avais pas, que s'ils m'en avaient acheté, c'était il y a trois ans ; que depuis je ne tenais plus cet article. (Rires.) Ils me demandèrent des armes. Je répondis : Messieurs, j'ai 71 ans, je suis trop vieux pour être de la garde nationale. J'avais un gendre qui est mort il y a peu de temps, je suis seulement ici avec ma femme et ma fille, si vous ne voulez pas me croire, désignez deux ou trois personnes pour visiter ma maison. Un jeune homme, qui paraissait plus exalté que les autres, mais qui m'inspirait quelque confiance, parce qu'il prenait ma défense, est entré avec un autre. Je les ai menés dans ma maison. Mon épouse fut effrayée ainsi que ma fille et dit : Il vaudrait mieux nous faire mourir tout de suite tous les trois. Ces Messieurs, bien convaincus qu'il n'y avait pas d'armes à la maison, se sont en allés.

D. Avez-vous remarqué un homme en redingote bleu foncé ?

— R. Oui, Monsieur, c'est celui qui m'avait inspiré le plus de confiance.

D. N'y en a-t-il pas un qui vous a dit que le but de l'insurrection était de faire rendre compte au roi. — R. Oui, je vous le répète, c'est celui qui m'inspirait le plus de confiance. (Rires prolongés. Le témoin prend part à l'hilarité générale.)

M. LE PRÉSIDENT. — Lemière, vous souvenez-vous de ces faits?

LEMIÈRE. — Oui, Monsieur. Je me suis avancé un peu plus que les autres, parce qu'ayant été longtemps dans le quartier, je connais Monsieur qui ne me connaît pas. J'ai dit à mes camarades : Ce Monsieur est trop vieux (je vous demande pardon) pour être de la garde nationale. Il faut le laisser tranquille. J'ai mis mon fusil en travers de la porte, et lui ai dit : Tant que je serai là on ne vous fera pas de mal. C'est moi qui ai fait appeler Monsieur devant le juge d'instruction. Je n'aurais pas été assez bête pour demander son témoignage s'il avait pu dire quelque chose contre moi. Quant à des pétards, je leur disais : Vous savez bien que ce n'est pas avec des pétards qu'on fait la guerre.

M. SIMON. — Pendant que je causais avec ces Messieurs devant la porte cochère, il y en avait d'autres qui donnaient des coups de hache dans les panneaux de la boutique.

LEMIÈRE. — Pas tant que j'ai été là. Il y a eu un coup de hache porté, il m'était destiné, je l'ai paré en baissant la tête.

M. SIMON. — Je sais que quelqu'un de ces Messieurs a pris ma défense.

M. JUILLIARD (Jean-Marie), âgé de trente ans, marchand de nouveautés, rue Saint-Denis, 162. — Le 12, vers cinq heures, une bande d'insurgés est venue assaillir ma boutique, me demandant de l'étoffe rouge pour faire des drapeaux. On menaçait d'enfoncer le magasin. J'ai fait jeter par la fenêtre une dixaine d'aunes de calicot rouge provenant de coupons différents. Ils s'en sont faits des drapeaux, des cravates et des écharpes.

DUSSENTY (Nicolas), sapeur au 53e régiment, faisait partie du détachement commandé le 12 mai par le colonel Ballon. Il ne sait rien de particulier aux accusés.

TIBY, ébéniste. — J'ai vu le lundi Lemière. Il m'a dit qu'il avait reçu deux ou trois balles mortes, qu'il s'était battu.

Témoins relatifs à Austen.

DUVAL (Louis-Philippe), marchand de vins, rue Grenétat, 4. — Le 12 mai, je vis des hommes armés arriver par la rue Royale-

Saint-Martin. Je m'empressai de fermer la porte cochère, mais ces hommes se mirent à l'enfoncer à coups de pioches et de crosses de fusil. Ils me dirent : « N'ayez pas peur, nous ne voulons pas vous faire de mal ; nous voulons seulement avoir de quoi construire des barricades. » Ils prirent alors des tonneaux, des planches, des tables. Après cela quelques-uns d'eux s'approchèrent de moi et me dirent que je devais avoir un fusil. J'étais hors d'état de faire résistance, j'ai remis mon fusil. Je ne reconnais personne.

EMILE TISSERAND, capitaine-adjudant-major dans la garde municipale (mouvement de curiosité) :

« Le 12 mai, vers quatre heures, on vint nous prévenir que des désordres avaient lieu dans la rue Bourg-l'Abbé. Des détachements se dirigèrent sur le lieu du désordre. Quelques instants après, on vint encore nous prévenir que les désordres augmentaient ; on envoya de nouveaux détachements. Vers quatre heures et demie, on nous annonça que les insurgés étaient fort nombreux, et qu'ils menaçaient la mairie du 6ᵉ arrondissement. Je reçus ordre de M. le capitaine Lallemand de me porter immédiatement vers cet endroit. Je partis immédiatement, mais à peine arrivé dans la rue Saint-Martin, je trouvai la foule compacte, mais cependant inoffensive ; elle s'ouvrit pour me faire passage, un grand nombre de personnes vint au devant de moi en me conjurant de retourner sur mes pas, disant que mon détachement était trop faible, et que j'allais être infailliblement écharpé.

» Je ne tins aucun compte de ces avis qui pouvaient m'être donnés dans de mauvaises intentions ; je doublai au contraire le pas, et, arrivé à peu de distance de la rue Grenétat, j'aperçus une barricade bien établie au débouché de cette rue dans la rue Saint-Martin. Je fis faire une fusillade dessus assez vive ; mais comme les insurgés ripostaient vigoureusement, et que je ne voulais pas faire tuer mes hommes en détail, je fis rentrer de suite mon détachement dans la cour de la mairie pour faire recharger les armes et prendre mes dispositions afin d'enlever la barricade à la baïonnette. J'ordonnai à mes hommes de me suivre au pas de course, sans tirer un coup de fusil.

» Je me plaçai à quelques pas en avant du centre de mon peloton et je donnai le signal au tambour de battre la charge. Je m'élançai l'épée à la main, suivi de tous mes hommes ; les insurgés battaient aussi la charge de leur côté et me reçurent avec un feu bien nourri à bout portant. Neuf hommes furent touchés et je fus le dixième. Je m'élançai aussitôt sur la barricade, un des insurgés

me tira un coup de fusil et me manqua. Je lui portai un coup d'é-
pée dans le sein, il tomba. Cet homme avait une chevelure blonde,
longue et flottante ; il était en blouse grise. Du reste, l'ensemble
de sa figure est présent à ma mémoire ; je l'ai parfaitement reconnu.

Je sortis en ce moment de la barricade ; en ce moment un des
insurgés était un genou en terre, son fusil était passé dans la barricade ; il retira son fusil et l'appuya sur ma poitrine. Je fus heureusement assez leste pour le traverser d'un coup d'épée. Dans les
convulsions de la mort il me saisit par les jambes, je tombai, et
nous roulâmes tous les deux à terre. (Mouvement)

En me relevant, je trouvai les gardes aux prises avec un homme
qu'ils avaient déjà touché de leurs baïonnettes, et je lui portai un
coup d'épée. Les factieux se sauvèrent, les uns dans des portes
laissées ouvertes, les autres dans la rue Grenétat, où avait été élevée une deuxième barricade. Nous fûmes reçus par des coups de
fusil, mais la barricade fut enlevée également. Je passai de suite
à la troisième, qui se trouvait au débouché de la rue Neuve-Bourg-
l'Abbé dans la rue Bourg-l'Abbé, que j'enlevai ; puis à celle établie au débouché de la rue Bourg-l'Abbé dans la rue aux Ours.
Enfin, je me portai sur la cinquième, établie au débouché de la
rue aux Ours dans la rue Saint-Martin, que j'enlevai comme les
autres, et je fis occuper le bout de la rue aux Ours dans la rue St-
Denis. De cette manière, je fus maître de tout le pâté de maisons
compris entre la rue Grenétat et la rue aux Ours.

Les insurgés continuèrent à tirer sur nous d'une position qu'ils
occupaient vers le coin de la rue Neuve-St-Merry, puis de la rue
Quincampoix et de celle Salle-au-Comte où je les avais refoulés.
Ayant été averti, vers dix heures, qu'un grand nombre d'insurgés
s'étaient retranchés dans le passage Beaufort, plusieurs gardes nationaux qui s'étaient joints à moi me prièrent de leur donner un
détachement pour déloger les insurgés de ce lieu. Je leur donnai
treize hommes, commandés par le maréchal-des-logis Regnault.

A ce détachement se joignirent M. Gard, capitaine de la 6e légion, M. Hugo, caporal de la même légion, M. Pelletier, grenadier, et plusieurs autres. Cette charge réussit parfaitement. Un
des factieux fut tué ; un autre blessé et pris ; de plus, une grande
quantité d'armes, une caisse de tambour et plusieurs paquets de
cartouches.

Cette déposition, faite d'un ton ferme et énergique, paraît produire sur la cour une vive impression.

M. le Président. — Austen, levez-vous. (Au témoin) Reconnaissez-vous cet homme ?

Le Témoin. — Je le reconnais parfaitement. Il doit être blessé au sein gauche.

M. le Président.— A quel moment précis l'avez-vous blessé ?

Le Témoin.—Je l'ai blessé avant d'entrer à la barricade, au moment où j'y entrais, où j'en atteignais le sommet.

Austen.—Le témoin ne peut pas me reconnaître parce qu'il m'a blessé ; car il en a blessé plus de dix, tandis qu'il dit qu'il n'en a blessé que deux. Il y a une preuve qui établit qu'il ne me reconnaît pas d'une manière positive, c'est qu'il est venu bien des fois à Saint-Louis où j'étais et qu'il ne m'a pas parlé, qu'il ne m'a par conséquent pas reconnu : ce n'est qu'à la préfecture qu'il m'a reconnu, il ne m'a pas reconnu avant.

M. le Président. — Vous ne pouvez pas nier qu'il ne vous ait frappé dans la barricade.

Austen.—J'étais à dix pas de la barricade sous la porte cochère. Il y avait dans la barricade, sur le premier rang et parmi les insurgés qui se battaient, un homme qui comme moi avait de longs cheveux blonds ; c'est celui-là qu'il croit reconnaître en me dépeignant. (S'adressant au témoin.) Oui, Monsieur, j'étais en ce moment-là entouré de gardes municipaux qui me serraient de près et avaient par conséquent leurs baïonnettes sur ma poitrine ; c'est en ce moment que vous avez levé votre bras armé de votre épée au-dessus des têtes des gardes municipaux, et que vous m'avez plongé votre épée. Votre épée a dû ployer, car elle m'aurait sans cela traversé.

Un Pair.—Austen avait-il une arme à la main quand vous l'avez blessé ?

M. Tisserand.—Il venait de faire feu.

Austen.—Tous les gardes municipaux qui étaient entrés dans la barricade avant M. le témoin ne m'avaient rien fait, parce qu'ils avaient bien vu que je ne faisais rien. M. le témoin n'est pas du tout arrivé le premier, comme il veut bien le dire. Il n'y est arrivé que trois ou quatre minutes après que les soldats y étaient entrés. Voyant qu'ils ne me faisaient rien, il m'a donné un coup d'épée par-dessus leur tête. (Mouvement). Ce que je puis dire, c'est que le témoin se trompe en disant que je venais de tirer, et que j'étais sur le devant de la barricade. Il est vrai qu'il m'a blessé, mais il en a blessé beaucoup d'autres. Je jure franchement que je n'ai pas pris part à la révolte.

M. le Président. —Capitaine, la Cour a entendu avec un vif intérêt la relation que vous venez de faire, et vous félicite par ma bouche sur votre vigoureuse et très-honorable conduite.

M. Gard (Jean-Baptiste-Joseph), cartonnier, rue Phelippeaux, 15, est le capitaine de la garde nationale qui a accompagné M. le capitaine Tisserand dans l'attaque de la quatrième barricade, et qui a été si honorablement cité par ce témoin. M. Gard rend compte des mêmes faits dans les termes les plus modestes. Quant aux détails, il ne peut en donner; il déclare qu'il était à la gauche de la barricade, qu'il y avait bien vu un individu à droite lutter avec M. Tisserand; mais qu'en raison de leur position respective, il ne peut le reconnaître.

M. Pelletier (Jules-Alexis), âgé de trente-neuf ans, propriétaire, demeurant à Paris, rue du Temple, 63, entre dans de grands détails sur les faits déjà racontés par le capitaine Tisserand, qu'il accompagne dans son expédition contre la barricade Grenétat. Je vis, dit-il, le lieutenant Tisserand qui luttait corps à corps avec un insurgé qu'il traversa de son épée. Nous trouvâmes de l'autre côté de la barricade plusieurs individus grièvement blessés, tous étendus par terre : quelques-uns paraissaient sans vie. Je remarquai surtout l'un d'eux, qui avait les cheveux blonds très-longs; les gardes municipaux qui avaient essuyé le feu et la troupe de ligne qui arrivaient au pas de course étaient exaspérés.

Je me plaçai devant ce blessé pour qu'on ne le tuât pas, et je le transportai à la mairie avec l'aide d'un brigadier de la garde municipale nommé Delbinne. Il avait vingt ou trente cartouches sur lui : il avait plusieurs coups de feu dans la poitrine, et un coup de baïonnette au-dessous du sein droit.

Austen. — Je demanderai à monsieur si, lorsque M. Tisserand me donna un coup d'épée, j'avais un fusil?—R. Non, il était couché par terre, mais il y en avait beaucoup dans la barricade.

Me Genteur. — Le témoin a vu un insurgé luttant avec le lieutenant Tisserand, qui le traversa de son épée. Cet insurgé était-il Austen?—R. Non.

Austen. — Le témoin peut-il dire si j'étais dans la porte-cochère ou sur la barricade.

R. Austen se trouvait dans l'encoignure de la porte-cochère, entre les bras de ses camarades.

M. le Président. —Le témoin peut se retirer; mais avant, j'ai besoin de lui exprimer, et je regrette de ne l'avoir pas fait pour le précédent témoin, la profonde estime qu'a inspirée à la Cour la conduite de la garde nationale dans cette grave circonstance.

DELBINNE, brigadier de la garde municipale. — Le dimanche 12 mai, nous avons marché à une barricade élevée dans la rue Saint-Martin, au coin de la rue Grenétat. Nous avons fait feu pendant trente-cinq minutes, après quoi nous sommes revenus dans la cour de la mairie. Alors, le lieutenant nous dit : « Nous allons prendre la barricade d'assaut, à la baïonnette. Après nous être emparés de la barricade, j'ai vu Austen couché sur un mort à la droite de la barricade. Je lui ai donné un coup de baïonnette, le croyant mort ; je suis entré dans une porte-cochère, pour savoir s'il y avait des insurgés. N'ayant trouvé personne, je suis sorti de la maison, et en sortant, je vis qu'il ouvrait l'œil gauche.

Alors je dis : Il n'est pas mort. Je le pris par le collet, et aidé d'un grenadier de la garde nationale, nous l'avons porté à la mairie du 6e arrondissement. Je le reconnais bien aujourd'hui.

CAZABONNE, garde municipal, qui était à la barricade Grenétat, ne reconnaît pas Austen.

M. GÉRARDIN, médecin, a soigné les blessures d'Austen.

M. LANTIN, logeur. — J'ai vu Austen sortir le 12 mai, dans la matinée, pour aller porter son ouvrage chez M. Muller, du côté du Palais-Royal. Il est rentré vers trois heures pour manger la soupe, et est sorti ; je ne l'ai pas vu depuis.

M. MULLER, bottier. — Austen a commencé à travailler chez moi le 20 mars dernier. Le 12 mai il est venu apporter de l'ouvrage chez moi vers une heure et demie ou deux ; il avait travaillé toute la nuit pour se faire de l'argent. Ma femme lui donna 3 fr. ; je ne l'ai pas revu depuis.

Me GENTEUR. — Austen parlait-il politique ? — R. Jamais chez moi on ne parle politique.

M. LE PRÉSIDENT. — Le sieur Lefèvre a été assigné sur la demande de Delsade ; faites-le entrer.

M. LEFÈVRE (François), âgé de 51 ans, médecin, rue Culture-Sainte-Catherine. — J'ai examiné l'accusé Delsade à la mairie. Il avait une blessure légère. J'ai examiné ses mains qui avaient évidemment une odeur de poudre.

Me GENTEUR. — Je demanderai à M. le président de faire paraître le sieur Prat, témoin à décharge.

M. LE PRÉSIDENT. — Faites venir le témoin.

Le sieur Prat est introduit.

D. Que savez-vous sur le compte d'Austen ? — R. Je dirai qu'Austen a travaillé toute la nuit du samedi au dimanche.

D. Jusqu'à quelle heure a-t-il travaillé le dimanche? — R. Il a travaillé toute la matinée; je suis sorti vers une heure et demie, il travaillait encore.

L'audience est levée à cinq heures et demie.

8ᵉ AUDIENCE. — 3 JUILLET.

WALCH, *interrogatoire et dépositions.* — LEBARZIC, *interrogatoire et dépositions.* — PHILIPPET, *interrogatoire et dépositions.*

A midi et demi l'audience est ouverte.

On remarque que Roudil n'est pas au nombre des accusés.

Interrogatoire de Walch, menuisier (27 ans).

M. LE PRÉSIDENT. — Walch, levez-vous. Vous connaissez le sieur Romazotti, maréchal-des-logis de la garde municipale? N'avez-vous pas été recommandé à ce militaire par vos parents?

WALCH. — Oui, Monsieur; c'est mon cousin.

D. Quelques jours après les événements des 12 et 13 mai, vous êtes allé voir Romazotti à sa caserne? Ne lui avez-vous pas dit que votre contre-maître vous avait offert 40 sous par jour si vous vouliez vous mêler à l'insurrection; que le 12 mai on vous avait donné des cartouches plein votre tablier, et que vous avez tiré trois coups de fusil sur la troupe; qu'ensuite vous aviez quitté votre arme et que vous vous étiez sauvé; mais il vous restait quelques cartouches que vous avez remises à Romazotti et à votre sœur?

L'accusé répond que s'il a dit avoir tiré trois coups de fusil, c'était en plaisantant. S'il s'est trouvé au milieu des insurgés, c'est malgré lui.

D. On ne vous a pas donné alors un fusil? — R. Non, Monsieur. On m'a entraîné dans le faubourg Saint-Antoine. Nous sommes entrés chez un marchand de vin. Un jeune homme est arrivé avec un mouchoir rempli de cartouches. Ils m'ont forcé d'en accepter. Nous avons parcouru plusieurs rues, et nous sommes arrivés jusqu'à la place de Grève. Chemin faisant, on m'a donné un fusil. Je n'en voulais pas; on m'a menacé. J'ai dit que je ne savais pas comment on tirait un coup de fusil. On m'a chargé mon fusil, mais je n'ai point tiré.

D. La dernière partie de votre déposition ne s'accorde en aucune façon avec la déclaration que vous avez faite devant le commissaire de police, devant le juge d'instruction et devant moi. Vous y avez déclaré formellement que vous aviez tiré trois coups de fusil.—R. J'ai rencontré Romazotti chez ma sœur le dimanche qui a suivi les événements. Mon cousin m'a demandé si je n'avais pas tiré sur la troupe ; je lui ai répondu en plaisantant que j'avais tiré trois coups de fusil. Il paraît qu'il en a fait un rapport chez le commissaire de police, puisque le commissaire m'a demandé si j'avais tiré trois coups de fusil. J'ai répondu que non. Le commissaire m'a dit qu'il savait le contraire, et que je m'en étais vanté. J'ai répondu : « Vous êtes plus savant que moi ; vous n'avez qu'à écrire ce que vous voudrez. » Voilà pourquoi le commissaire l'a écrit.

On opppose à l'accusé ses précédents interrogatoires ; il prétend qu'on l'a mal compris, et persiste dans ses réponses.

Walch persiste à dire que Philippet l'a conduit rue Charenton, et que là il a délivré des armes dans un cabaret. Il a, dit-il, entendu dire que Philippet était le chef de la bande.

D. Philippet ne vous parlait-il pas quelquefois politique, république?—R. Il ne parlait pas de cela à moi seul ; il en parlait aux autres ouvriers dans les ateliers ; mais jamais à moi.

D. Vous connaissez Lebarzic?—R. Oui, Monsieur.

D. Ne faisait-il pas partie des insurgés qui accompagnaient Philippet auprès de la rue Ménilmontant?—R. J'ai vu Lebarzic seulement dans le faubourg Saint-Antoine.

D. Lui a-t-on donné un fusil?—R. Non, Monsieur.

D. Lebarzic a-t-il été avec les insurgés partout où vous êtes allé?—R. Je l'ai vu au faubourg Saint-Antoine et dans un autre endroit que je ne connais pas.

D. Ne portait-il pas un paquet sous le bras?—R. Lebarzic portait quelque chose sous le bras. J'ai entendu dire que c'était le drapeau de la république ; mais je n'en suis pas sûr. (On rit.)

D. Vous avez dit que Philippet vous avait fait la proposition de vous donner 40 sous si vous vouliez vous mêler aux insurgés?—R. C'est la vérité.

D. Connaissez-vous Dugas?—R. Non.

D. Avez-vous su si quelqu'un des ouvriers de M. Pihet a pris part à l'insurrection?—R. Je n'en sais rien.

D. Avez-vous su que l'un d'eux avait été blessé et était mort des suites de sa blessure?—R. Je ne sais pas cela non plus.

12

Une légère discussion s'élève entre les défenseurs de Lebarzic et de Walch, au sujet des réponses que vient de faire cet accusé. M. le chancelier fait observer aux avocats que leurs explications trouveront place dans la plaidoirie.

Me ADRIEN BENOIT. —Je prie M. le président d'adresser à Walch la question suivante : Quelle heure était-il lorsque Walch a vu Lebarzic se joindre à la bande de cinq ou six hommes dont Walch faisait partie?

WALCH. — Il était trois heures et demie à quatre heures.

Interrogatoire de Lebarzic, chauffeur dans la filature du sieur Lafleur (vingt-trois ans).

M. LE PRÉSIDENT. —L'accusé Philippet était votre contre-maître? — R. Oui, Monsieur.

D. Vous travailliez habituellement dans un lieu appelé la Pompe, où vous étiez seul?—R. Oui, Monsieur.

D. Vos autres camarades y venaient-ils quelquefois? — R. Rarement.

D. Philippet ne vous a-t-il pas parlé de la dissolution de la Chambre des députés? — R. Oui, Monsieur.

D. Que vous a-t-il dit à cette occasion? — R. Il m'a dit que cela ne faisait pas de bien au commerce.

D. N'a-t-il pas parlé des élections qui allaient se faire? — R. Oui, Monsieur.

D. Que vous a-t-il dit à l'occasion des élections? — R. Je lui demandai ce que c'était; il me dit que c'étaient des bourgeois qui payaient 100 fr. d'imposition pour avoir le droit de voter pour des personnes.—(On rit)

D. Ne portiez-vous pas le 12 mai, un drapeau enveloppé dans du papier et que vous auriez remis Philippet? — R. Oui, Monsieur.

D. Comment était-il? — R. Il était rouge, bleu, blanc, et avait une écharpe noire.

D. M. Lafleur a dit que Philippet était venu le 12 à la fabrique, et qu'il vous avait vus causer ensemble vers quatre heures?— R. Il était de meilleure heure, car j'en suis sorti entre deux ou trois heures.

D. N'êtes-vous pas sorti avec lui?—R. Oui, Monsieur.

D. En sortant, Philippet ne vous a-t-il pas remis un paquet enveloppé d'un papier bleu? Vous a-t-il dit ce qu'il contenait?— R. Il me l'a dit chemin faisant.

D. Plus tard, n'a-t-il pas été reconnu par plusieurs individus?
— R. Oui. Il s'est approché de plusieurs individus qui lui ont fait un signe; nous montâmes ensemble le faubourg Saint-Antoine, et, arrivés à la rue Lenoir, je remis le paquet à un autre et je rentrai chez moi.

D. Avez-vous reconnu quelqu'un de ces individus?— R. J'ai reconnu Dugas et Walch.

D. Dugas n'avait-il pas un collier de barbe?— R. Oui, Monsieur.

D. N'aviez-vous pas vous-même une longue barbe et des moustaches?—R. J'avais des moustaches et une mouche comme on en a dans le régiment? je les fis couper parce que je craignais de me compromettre.

D. Où êtes-vous allé avec Philippet et les autres individus qui composaient la troupe?— R. Je suis allé jusqu'à la rue Saint-Nicolas et de là à la rue Lenoir, où je me suis débarrassé du paquet dont j'étais porteur.

D. Comment vous êtes-vous débarrassé de cet objet? — R. Je pris le prétexte d'un individu qui faisait un signe avec le bras; je remis le paquet entre les mains d'un individu revêtu d'une blouse, disant qu'on m'appelait. Je me suis retiré.

Sur les demandes de M. le président, Lebarzic déclare qu'il n'a pris aucune part à une distribution de cartouches et de fusils qui eut lieu dans une petite rue près la rue Saint-Denis, et qu'à cinq heures et demie du soir il alla reprendre sa femme pour aller avec elle voir sa mère à Saint-Mandé.

M. LE PRÉSIDENT. — Vous avez fait preuve de bons sentiments dans le cours de l'instruction; vous êtes père de famille, les renseignements sur votre compte sont excellents. C'est une raison de plus pour que vous disiez toute la vérité.—R. Je ne peux pas dire de mensonge; je vous ai dit ce qui est à ma connaissance.

D. Philippet vous a-t-il proposé de vous affilier à quelque société secrète? vous a-t-il offert de l'argent pour vous engager à le suivre?—R. Non.

Interrogatoire de Philippet.

Cet accusé répond constamment d'un ton grave et avec beaucoup de convenance.

M. LE PRÉSIDENT. — Vous avez servi, de 1830 à 1832, dans la garde municipale?

L'ACCUSÉ.—De 1830 à 1833.

D. Pour quel motif en êtes-vous sorti?—R. Pour me marier.

D. N'avez-vous pas été cependant à-peu-près rayé des contrôles pour insubordination, et même pour indélicatesse?—R. Je n'ai jamais commis d'indélicatesse.

D. Depuis combien de temps êtes-vous employé comme contre-maître chez M. Lafleur?—R. Depuis quatre ans.

D. M. Lafleur ne vous a-t-il pas représenté que vous lisiez trop les journaux, que vous perdiez trop de temps à vos repas?—R. Effectivement, j'ai l'habitude de lire les journaux à mes repas. Souvent je suis dérangé pendant mes repas par les ouvriers de l'atelier, qui me font appeler; il en résulte que je suis plus de temps à mes repas.

M. LE PRÉSIDENT.—Avant de continuer l'interrogatoire de Philippet, je vais lire à la Cour une lettre de Roudil, qui vient de m'être remise à l'instant.

« M. le Président,

« M'étant trouvé assez gravement indisposé hier, je viens vous prier de me permettre de ne pas me présenter aujourd'hui, 3 juillet. Comme les interrogatoires concernant mes coaccusés sont tout-à-fait étrangers à ma cause, que ma présence n'est pas urgente, je vous prie de ne pas séparer mon affaire de la leur. Seriez-vous assez bon pour en prévenir mon avocat, qui accédera sans doute à la demande que j'ai l'honneur de lui faire.

ROUDIL.

M. LE PRÉSIDENT, reprenant l'interrogatoire.—Vous connaissiez Walch?

L'ACCUSÉ.—Oui; pas sous le nom de Walch, mais sous celui de Joseph.

D. Connaissez-vous Lebarzic?—R. Oui, M. le président.

D. Rosalie et la femme Martin?—R. Oui, comme ouvrières travaillant à l'atelier.

D. Vous avez tenu des discours politiques devant ces quatre personnes?—R. Je ne me le rappelle pas.

Vous avez entendu la déclaration de Lebarzic, qui a dit que vous lui aviez parlé de la dissolution des Chambres, d'une révolution qui éclaterait bientôt; de la crise commerciale qui, si elle se prolongeait, réduirait les ouvriers à *crever* de faim; des élections dans lesquelles les bourgeois patentés votaient pour des personnes. —R. Oui, j'ai entendu ces déclarations, mais elles ne sont pas vraies.

D. La fille Rosalie a ajouté que vous lui prîtes la main, en disant: Regardez, Rosalie, vous serez bien coiffée avec un bonnet
rouge; elle ne répondit rien, et craignant que son absence ne fût
remarquée par le sieur Lafleur, elle retourna à son métier, avec
la recommandation que vous lui fîtes de n'en pas parler aux autres
ouvrières. Depuis, vous êtes revenu plusieurs fois auprès de son
métier causer des mêmes choses, et un jour vous lui parlâtes d'une
boîte contenant de la charpie et des bandes qui seraient données
pour panser les blessés. Elle répondit qu'elle marcherait volontiers
pour porter secours aux blessés. Alors vous avez déclaré que si
vous étiez vainqueurs, une fois la révolution finie, on lui donnerait en récompense un bonnet rouge et une croix.—R. Tout cela
est faux.

D. Vous êtes revenu le lendemain 13, et vous paraissiez rêveur? — R. Il y avait de quoi, après les malheurs de la veille.

D. Rendez compte de l'emploi de votre temps dans la journée
du 12 mai? — R. J'ai l'habitude de m'en aller fumer quand je
n'ai rien à faire. Le dimanche matin, je suis allé fumer ma pipe,
moi et mon chien (on rit), dans la campagne. Après avoir été du
côté du chemin de fer, je suis allé au cabinet littéraire, et j'ai lu
plusieurs journaux; car lorsque je vais dans un cabinet littéraire,
je ne me contente pas de lire un journal, je les lis tous. (On rit.)
J'aime lire les journaux, chacun a ses goûts, et je crois que ceux-
là ne sont pas défendus. Après avoir lu les journaux, il était à peu
près dix heures, je suis rentré chez moi avec mon chien : mon
épouse m'avait préparé à déjeûner; cela m'a conduit jusqu'à
midi. Je suis allé me promener du côté des Champs-Elysées, toujours avec mon chien. Je suis entré aux galeries de l'industrie,
mon chien comme de juste est resté à la porte; cependant je dois
dire qu'il parvint à pénétrer dans les galeries, ce diable de chien !

Il était trois heures et demie quand je sortis. Pendant que je
reportais mon parapluie au bureau, je m'aperçus que mon chien
manquait; je suis revenu le long des boulevarts sans entendre
parler de rien. Je suis rentré à l'atelier pour prendre mon couteau,
mon couteau me faisait faute, car il contient plusieurs lames et un
poinçon très-commode pour déboucher ma pipe. Je suis allé me
promener du côté du cimetière du Père-Lachaise. C'est assez naturel, je suis marié en secondes noces; de mon premier mariage
j'ai eu cinq enfants; une partie de mes enfants et ma première
épouse sont au Père-Lachaise. Vous sentez bien que ce cimetière
m'attire plutôt que tout autre endroit.

Arrivé en face de la boutique de l'épicier Lelandais, j'y suis entré pour prendre du tabac ; il me dit : On se bat dans la rue Saint-Denis. Je répondis : C'est une chose bien étrange, car je n'ai entendu parler de rien ; je vais aller voir ce que c'est. De crainte de perdre mon parapluie, je l'ai remis à l'épicier Lelandais, et j'ai suivi les boulevarts. J'ai vu beaucoup de monde et je suis arrivé jusque sur le boulevart des Italiens.

Il y avait beaucoup de monde sur le boulevart. La nuit venue, je suis entré au théâtre du Gymnase-Enfantin, où j'ai passé ma soirée. C'est après le spectacle, vers onze heures, onze heures et demie, que je suis retourné aux Batignolles, où j'ai trouvé ma femme fort en peine de moi ; elle me connaît cependant, et sait que je suis d'un caractère à ne pas m'aller fourrer dans ces choses-là. Elle était cependant fort inquiète. Voilà, MM. les pairs, l'emploi de ma journée du 12.

D. Ainsi, vous ne seriez retourné à l'atelier que pour prendre votre couteau ; ce n'est qu'accidentellement que vous vous seriez rencontré avec Lebarzic ? — R. Je ne l'ai pas vu.

PHILIPPET nie avoir rencontré Walch, Lebarzic et Dugas, et les avoir emmenés pour se battre.

D. Il y avait cependant de grands rapports entre les opinions républicaines de Dugas et les vôtres ? — R. Je suis arrivé jusqu'à l'âge de quarante ans sans m'occuper de politique, et ce n'est pas après avoir tant travaillé que j'irais me mêler de politique.

Ici Philippet oppose les dénégations les plus formelles aux déclarations de Walch et Lebarzic relativement à la distribution de cartouches et de fusils dans le faubourg Saint-Antoine. Il nie aussi avoir tiré sur la troupe.

D. Je vous fais remarquer que tous ces faits résultent encore de la déclaration de Walch, qui avoue avoir tiré trois coups de fusil pour sa part, et qui n'a aucun intérêt à vous accuser non plus que lui-même. Lui connaissez-vous quelque cause d'inimitié ? — R. Au contraire, M. le président, je croyais qu'il me devait de la reconnaissance, et voici pourquoi :

Philippet explique que Walch s'était fait chasser de l'atelier pour s'être grisé, y était rentré par l'intercession de lui Philippet. Walch prétend que ce fait est faux.

D. On a trouvé chez vous un numéro du *Journal du Peuple ?* — R. Je l'avais acheté pour lire les événements du 12 mai, mais ils n'y étaient pas relatés.

D. On a trouvé un pareil exemplaire chez Dugas? — R. Ce n'est pas moi qui le lui ai donné.

Interrogatoire de Dugas, menuisier-mécanicien (34 ans).

M. LE PRÉSIDENT fait placer Dugas au milieu et procède à son interrogatoire.

Dugas oppose des dénégations à toutes les charges qui s'élèvent contre lui. Il n'a jamais fait partie de la Société des Saisons ; il n'a jamais cherché à recruter ses camarades pour la république ; il avoue qu'il lisait le *Journal du Peuple*, l'*Intelligence*. On a trouvé chez Dugas un petit livre qui a pour titre *Philosophie populaire*, et qu'il a acheté sur le quai à cause de son titre. Si on a trouvé un canon de pistolet, c'est qu'il a rapporté le pistolet d'Afrique, où il a été dans les colons militaires dissous par le général de Rovigo. Dugas ne connaît que fort peu Lebarzic, et ne connaît pas Walch. Il connaît Philippet sans être lié avec lui ; il ne l'a pas vu le 12 mai.

Dugas explique l'emploi de son temps dans la journée du 12, et soutient n'avoir pas fait partie d'une bande qui aurait reçue des cartouches dans le passage de la Boule-Blanche, des fusils dans la rue Saint-Martin, et qui aurait fait feu sur la troupe.

M. LE PRÉSIDENT. — Walch, persistez-vous dans vos déclarations relatives à Philippet?

WALCH. — Oui, M. le président.

M. LE PRÉSIDENT. — Lebarzic, persistez-vous dans vos déclarations relatives à Philippet?

LEBARZIC. — Oui, M. le président.

Le défenseur de Mialon demande à faire entendre deux témoins qui prétendent avoir vu l'assassin de Jonas.

M. LE PRÉSIDENT. — Nous ne pouvons interrompre dans ce moment ; nous les entendrons plus tard.

Témoins relatifs à Walch, Lebarzic, Philippet et Dugas.

M. Romazotti est introduit.

M. LE PRÉSIDENT. — Quels sont vos nom et prénoms?

LE TÉMOIN. — Romazotti.

M. LE PRÉSIDENT. — Quelle est votre profession de foi?...

M. ROMAZOTTI. — Garde municipal. (Hilarité. M. le président fait un geste de contrariété.)

Le témoin dépose : Il connaît Walch ; il est son parent éloigné. Quelques jours après les événements de mai, Walch vint le voir à la caserne des Minimes, et lui raconta que les insurgés l'avaient entraîné et forcé de tirer trois coups de fusil à la Grève. Walch n'avait plus de fusil, mais il avait encore des cartouches qu'il donna au témoin ; le témoin les déposa chez le commissaire de police, M. le commissaire de police fit plus tard venir Walch, et provoqua une déposition de sa part.

PHILIPPET. — Monsieur le président, voulez-vous avoir l'obligeance de me faire reconnaître par le témoin ?

M. LE PRÉSIDENT. — Témoin, reconnaissez-vous Philippet ?

M. ROMAZOTTI, regardant l'accusé. — Non, Monsieur.

PHILIPPET. — Regardez-moi bien... vous devez me reconnaître, que diable ! (On rit.) Nous avons été ensemble dans la garde municipale. Je ne suis pas si changé que vous ne puissiez me reconnaître !

LE TÉMOIN. — J'étais dans la cavalerie, et M. Philippet dans l'infanterie. Il n'est donc pas étonnant que je ne l'aie pas connu.

M. BOUCLY, substitut du procureur-général. — Walch ne vous a-t-il pas parlé de son contre-maître ?

LE TÉMOIN. — Oui... en effet... Walch m'a dit que son contre-maître lui avait proposé d'entrer dans une société secrète, où il devait avoir 40 sous par jour. Je l'engageai à s'abstenir de ces salaires-là, et je lui dis que si je le rencontrais dans les émeutes, je m'adresserais de préférence à lui en qualité de compatriote. (On rit.)

Je connaissais peu Walch, puisque je ne l'ai vu que deux fois depuis qu'il est à Paris.

WALCH. — N'est-ce pas en riant que j'ai dit à M. Romazotti que j'avais tiré trois coups de fusil en Grève ?

LE TÉMOIN. — Walch me l'a dit assez sérieusement ; mais, du reste, je crois qu'il a été entraîné... Je ne lui crois pas d'opinions... Madame Sevin, portière de la maison dans laquelle demeure Walch, l'a vu rentrer le dimanche 12 mai entre onze heures et demie et minuit. Ordinairement il rentrait sur les huit ou neuf heures.

Madame Roger, logeuse, chez laquelle demeurait Walch, dépose que cet accusé est rentré à minuit, le 12 mai ; qu'il lui a dit le lendemain qu'il avait été entraîné la veille par des insurgés, et qu'il n'avait pu s'échapper qu'à minuit. Il avait des cartouches dans sa ceinture ; l'une était mouillée, et cependant elle prit feu au contact d'une allumette. Le témoin dit à Walch : « Quelle malheur que vous vous soyez mis dans tout ça. » Alors Walch jeta les cartouches qui lui restaient dans les lieux et dans le ruisseau.

Sur l'interpellation du défenseur, le témoin déclare que Walch ne s'occupait jamais de politique, et qu'elle a été très-étonnée quand elle a vu qu'on l'arrêtait.

François Lafleur, filateur de coton.—Philippet a été mon contre-maître pendant environ trois ans ; c'était un fort bon sujet, un ouvrier très-exact et très-habile. Jamais je n'ai remarqué qu'il s'occupât d'affaires politiques.

M. le Président. — N'avez-vous pas entendu dans les ateliers prononcer le mot république ? — R. Effectivement, en passant un jour dans les ateliers, j'ai entendu prononcer ce mot, mais c'était si vague que je n'y faisais aucune attention.

D. Qu'avez-vous à dire sur le compte de l'accusé Walch ? — R. Oh ! absolument rien, pour celui-là ; il ne parlait pas, il ne disait pas un mot. Je ne sais même pas si je lui ai jamais adressé la parole autrement que pour le payer.

Le témoin déclare ne pouvoir rien dire sur les conversations que Philippet aurait eues avec les femmes Rosalie et Martin.

Philippet.—M. Lafleur, vous rappelez-vous le jour où j'ai renvoyé Walch en votre présence parce qu'il s'était soûlé ?

Walch, avec vivacité. — Ce n'est pas vous qui m'avez renvoyé, c'est M. Lafleur.

Philippet.—Laissez parler le bourgeois.

M. Lafleur. — Philippet, en effet, me dit un jour que Walch s'était présenté ivre dans les ateliers. Je lui ai dit : « Si c'est une habitude, il faut le renvoyer. »

Philippet.—M. Lafleur se rappelle-t-il que c'est moi-même qui ai intercédé pour qu'il reprît Walch ?

M. Lafleur. — Je me rappelle, en effet, que je voulais prendre le frère de Walch que j'occupe en ce moment en remplacement de ce dernier. Philippet m'a dit : « Il faut le reprendre, cela lui servira de leçon. » Et je l'ai repris.

Me Barre. — Lebarzic paraissait-il inquiet, tourmenté, le 13 mai ? — R. Je n'ai rien vu dans la conduite de Lebarzic ; je l'ai toujours vu à son ouvrage, à sa pompe à feu ; par exemple, il s'endormait quelquefois, parce que dans le lieu où elle est il fait extrêmement chaud.

Louise Aubry, femme Martin, joigneuse dans la filature.

D. N'avez-vous pas eu avec Philippet des conversations politiques ?—R. Je l'ai entendu parler de révolution comme tout le monde en parlait ; mais pour son compte je ne l'ai jamais vu s'occuper de politique.

La femme Martin, ouvrière chez M. Lafleur, ne sait rien de l'affaire.

M. LE PRÉSIDENT. — Philippet vous a-t-il dit qu'on devait se battre sous peu? — R. Il en parlait comme tout le monde en parlait en général.

Dlle DELILLE (Rosalie), joigneuse, âgée de vingt ans. — Je travaille depuis deux ans dans la fabrique du sieur Lafleur, jamais je n'avais entendu parler politique au nommé Philippet, lorsqu'à la dernière dissolution des chambres, il dit dans l'éplucherie, où se trouvaient toutes les ouvrières, qu'on allait se battre, que tout le monde voulait la république, et qu'il allait y avoir une révolution. Un jour, il vint auprès de moi dans l'éplucherie, et, me parlant particulièrement, il me répéta qu'on allait avoir une révolution ; qu'ils étaient considérablement de républicains, et qu'ils espéraient remporter la victoire. Je lui demandai où cette révolution aurait lieu, et il me répondit : dans Paris.

Je repris la parole, et je dis que si j'étais homme, et que s'il y avait guerre dans le pays étranger, j'irais volontiers me battre ; mais seulement là. Cela parut faire plaisir à Philippet, et il me dit : « Je vois bien que vous seriez assez courageuse pour venir avec nous. » Je me mis à sourire, et la conversation finit là. Quelques jours après, il y a de cela six semaines environ, un dimanche, entre onze heures et midi, Philippet vint me chercher dans la carderie, où je travaille, et il me dit qu'on me demandait à la pompe ; j'y allai avec lui, et j'y trouvai le chauffeur.

Alors Philippet ouvrit une petite armoire qui se trouve dans la pompe, et il en retira une plaque en fer sur laquelle était peint un drapeau tricolore, avec son bâton, surmonté d'un bonnet rouge. Alors M. Philippet me prit par la main, et me dit : « Regardez, Rosalie, vous serez bien coiffée avec un bonnet rouge. » Je ne répondis rien.

Un jour, il me parla d'une boîte contenant de la charpie et des bandes qui me seraient données pour panser les blessés. Je répondis que je marcherais volontiers pour porter secours aux blessés. Alors Philippet me dit que s'ils étaient vainqueurs, une fois la révolution finie, ils me donneraient en récompense un bonnet rouge et une croix. Le mardi 7 mai dernier, dans l'après-midi, M. Philippet et le chauffeur Lebarzic déployèrent une pièce d'étoffe de

coton croisé, d'une aune et demie carrée, composée de quatre pièces cousues les unes aux autres : les trois premières blanc, bleu et
rouge, formant les deux tiers de la pièce, et la quatrième noire
formant l'autre tiers.

Après m'avoir montré ce drapeau, ils le remirent dans le papier, et M. Philippet me dit : « Voilà ce qui nous servira
pour lundi. » Je ne suis point allée à la fabrique le dimanche 12,
et n'ai pas vu M. Philippet ce jour-là; mais il est revenu le lundi
à six heures du matin; il paraissait très-rêveur, et il n'est presque pas resté dans l'atelier pendant cette journée; je me suis dou-
tée qu'il était à la pompe.

M. LE PRÉSIDENT. — Philippet, qu'avez-vous à dire?

PHILIPPET. — J'ai à dire une chose, c'est que c'est on ne peut pas
plus absurde.

LEBARZIC. — Et moi, je dis que tout ce que le témoin a raconté
est la vérité; je l'ai entendu comme elle. (Rumeurs au banc des
accusés.)

M. LE PRÉSIDENT, à Walch. — Et vous, qu'avez-vous à dire?

WALCH. — Je n'ai rien à dire, cela ne me regarde pas.

Me GREVY, défenseur de Philippet. — Il y a une contradiction très-
grave entre la déposition écrite du témoin et sa déposition orale, et je
crois qu'il serait facile d'établir, dans l'intérêt de Philippet, que la
déclaration de Lebarzic n'ajoute rien à la foi due à la déclaration
du témoin.

LELANDAIS (Pierre-Jacques-Michel), épicier, déclare que le dimanche 12, Philippet est venu dans sa boutique vers quatre à cinq
heures, demander du tabac. En lui en servant, je lui dis qu'il y
avait du bruit dans Paris. Cela parut le surprendre. Il m'a remis
son parapluie qu'il m'a prié de garder, et il s'en est allé je ne
sais où.

FARJAS (Thomas), courtier en vins, croit reconnaître Philippet
pour un des hommes qui ont attaqué l'Hôtel-de-Ville.

M. LE PRÉSIDENT. — A quelle heure l'avez-vous vu? — R. Vers
quatre heures.

M. LE PRÉSIDENT. — Cette déposition ne s'applique pas à l'accusé; c'est évident par la date et les heures. Le témoin peut se retirer.

Plusieurs marchands de vins de la rue de Charenton ont vu
beaucoup d'individus allant et venant le 12 mai, mais ils ne reconnaissent personne parmi les accusés.

PIHET, mécanicien. — Dugas travaillait chez moi. Je l'ai renvoyé huit jours avant les événements, parce qu'il était de la propagande et affichait des opinions républicaines. Je ne sais pas ce qu'il a fait les 12 et 13 mai ; je sais seulement par des on dit qu'il aurait cherché à embaucher les menuisiers ses camarades pour prendre part aux troubles. Quelques jours après les événements il a coupé sa longue barbe.

D. Aviez-vous chez vous des armes de guerre? — R. J'en fabrique ; il y en avait chez nous trois cents au moment de l'insurrection. J'ai demandé qu'on m'envoyât de la troupe pour garder ma maison, ce qui a été fait, parce que l'on m'avait menacé de venir me piller le mardi 14. —

M⁰ Adrien BENOÎT.—Le témoin a-t-il entendu parler des propositions d'embauchage faites par l'accusé?

LE TÉMOIN. — On m'a parlé d'un sieur Angé à qui il aurait fait des propositions, mais Angé les aurait refusées, disant qu'il n'y avait pas assez à boire.

Plusieurs autres témoins déposent des mêmes faits en ne rapportant que des ouï-dire.

La Cour entend ensuite sur la demande de Dugas plusieurs témoins, des dépositions desquels il semble résulter que Dugas, que l'accusation présente comme ayant découché dans la nuit du 12 au 13 mai, était rentré chez lui.

Mᵐᵉ Guerraiche dépose que Dugas lui a dit que s'il venait une révolution il n'y prendrait pas part. Il ajouta : « Je ne ferai pas comme en 1830. Les gens de ma classe n'ont rien à gagner à tout cela. Ils ne font que servir de marche-pied aux autres. »

Augustine Guerraiche est certaine que Dugas est rentré le dimanche soir.

M. Pernetti, capitaine d'artillerie, qui a été appelé par la Cour pour procéder à la vérification des armes, rend compte de cette opération. On a soumis à son examen trois cents fusils, dont la plupart étaient chargés. Trois ou quatre cartouches seulement sortaient des magasins de l'état, les autres étaient de fabrique particulière.

On présente à M. Pernetti le fusil de Guilbert ; il déclare que ce fusil a fait feu plusieurs fois.

M. Garan, chef d'escadron d'artillerie, auquel on présente les trois fusils de chasse déposés chez la femme Champagne par Delsade, croit qu'un seul de ces fusils a fait feu.

La femme LEBARZIC.—Mon mari est sorti le dimanche 12 mai, à sept heures du matin, il est rentré à deux ou trois heures au plus, il a déjeûné, puis il s'est reposé sur son lit, où il est resté jusqu'à cinq heures. Il est venu me retrouver à Saint-Mandé, d'où il m'a remenée ; nous sommes rentrés à sept heures et demie du soir ; il n'est pas ressorti de chez lui.

PHILIPPET.—J'ai fait assigner M. le capitaine pour qu'il dise s'il me connaît.

LE TÉMOIN.—J'ai connu un Philippet qui a servi sous mes ordres.

PHILIPPET, se levant.—Mon capitaine me reconnaît-il?

LE TÉMOIN.—Je le reconnais. Je n'ai rien à dire sur les faits de l'accusation ; je suis entièrement étranger à ce qui s'est passé.

PHILIPPET. — Mon capitaine doit se rappeler ce que j'ai fait en 1830. Je fus choisi pour faire partie du détachement qui est venu ici, dans cette même enceinte, garder les ministres de Charles X, dont on faisait le procès à cette époque. Je ne pense pas que mon capitaine aurait choisi les gardes investis de cette confiance parmi les indélicats. Je suis resté dix-sept jours ici enfermé pendant le procès, et MM. les Pairs présents y étaient aussi. Ce n'est pas un homme indélicat qu'on choisit pour un pareil service. Je demanderai à mon capitaine si, à sa connaissance, j'ai jamais commis la moindre indélicatesse.

LE TÉMOIN.—J'ai fait faire le relevé des punitions infligées à cette époque. Dans le mois d'avril 1831, j'ai infligé huit jours de salle de police à Philippet pour avoir dépensé de l'argent dans une auberge et s'être en allé sans payer. Voilà ce que porte le registre des punitions.

PHILIPPET. — Je demande à donner là-dessus des éclaircissements. Lorsque je suis entré dans la garde municipale, j'étais bourgeois : j'allais souvent, étant bourgeois, manger dans une auberge où j'avais crédit. J'y allai avec un camarade de la garde municipale, et ce jour-là j'étais sorti sans argent. J'étais très-bien connu, quand j'étais bourgeois, du marchand de vin. Par malheur ce jour-là le mari était absent. En sortant, je dis à sa femme : C'est pour moi. Je ne pensais pas que mon habit militaire empêcherait cette femme de me reconnaître.

Le soir, quand son mari rentra, elle lui dit : J'ai fait crédit à un garde municipal. Son mari lui demanda son nom. Comme elle ne m'avait pas reconnu, elle ne put le lui dire. Cet homme, assez brutal de son caractère, lui dit : C'est désagréable, cela ; tu fais crédit à tort et à travers à tout le monde. J'irai demain à la caserne. Je n'avais pas encore prêté serment. Le lendemain, le mari vint se plaindre, et voilà comme j'ai été puni ; c'est l'exacte vérité. Nous étions deux, nous avions fait un écot de chacun 24 sous chez le marchand de vin.

J'étais avec un nommé Hubert, garde municipal comme moi, vieux militaire, et incapable comme moi, de vouloir faire tort à un marchand, d'une misérable somme de 24 sous. Mon capitaine me fit mettre à la salle de police, rien de plus juste. Je lui expliquai mes raisons, il les trouva bonnes ; et la preuve qu'il m'a toujours considéré comme un honnête homme, c'est que le fait en question s'est passé en 1831, et que je suis resté dans la garde municipale jusqu'en 1833. Je ne vois pas qu'on puisse dire qu'il y ait là un fait d'indélicatesse.

M⁰ BARRE.—Le témoin veut-il dire si l'accusé a, comme on le dit, été chassé de la garde municipale?

PHILIPPET.—J'ai donné ma démission.

LE TEMOIN.—Il a été congédié comme démissionnaire par ordre de M. le ministre de la guerre.

PHILIPPET.—J'ai un certificat de mon capitaine ici présent, attestant ma bonne conduite au corps. C'est honorable cela !

M⁰ BARRE donne lecture de ce certificat fort honorable pour Philippet.

MATIGNAC, fabricant de cordes, rue de Charonne, déclare que Philippet a travaillé chez lui pendant deux ans, qu'il s'y est toujours parfaitement comporté.

L'audience est levée à cinq heures trois quarts et renvoyée à demain.

———◇———

9⁰ AUDIENCE. — 4 JUILLET.

LONGUET, NOEL MARTIN, MARESCAL, PIERNÉ et GRÉGOIRE,
interrogatoire et dépositions.

A midi un quart, la Cour entre en séance.

(M. le comte de Breteuil, malade, ne répond pas à l'appel.)

M. LE PRÉSIDENT. — M. le capitaine Pernetti est invité à examiner le fusil qui a été saisi entre les mains de Roudil.

(Un fusil double est présenté au témoin.)

M. PERNETTI. — Il résulte de l'examen que je viens de faire de ce fusil, qu'il a fait feu du côté droit, et n'a pas fait feu du côté gauche.

M. LE PRÉSIDENT.— A-t-il fait feu plusieurs fois du même côté ?

— R. D'après l'état de la cheminée du fusil, qui est salie de poudre, je serais porté à croire qu'il a fait feu plusieurs fois ; c'est au surplus ce dont je pourrais m'assurer en démontant la cheminée.

(D'après l'invitation de M. le président, ce témoin sort avec le fusil.)

(Les accusés Longuet, Martin (Noël), Marescal, Pierné et Grégoire quittent leurs places de la troisième banquette, et sont conduits en bas au premier rang, afin d'être plus près de leurs défenseurs.)

Interrogatoire de Longuet, commis-voyageur, 23 ans.

M. LE PRÉSIDENT. — N'avez-vous pas assisté le lundi 13 mai à une distribution de cartouches qui a eu lieu à peu de distance de votre domicile ?

LONGUET. — Je demeure avec mon frère, dont je suis l'associé, et c'est moi qui fais les voyages pour nos affaires. Le 12 mai, vers deux heures et demie, nous allâmes chez une dame rue Saint-Martin. Quelque temps après, nous apprîmes qu'il y avait une émeute. Je descendis par curiosité pour voir ce que c'était qu'une émeute. Il n'y avait rien dans la rue, nous nous dirigeâmes vers le Palais-Royal, puis nous allâmes passer la soirée dans un bal du côté du Montparnasse ou de la barrière du Maine. Je laissai mon frère avec d'autres jeunes gens, et revins seul rue Quincampoix. Mon frère avait, contre son habitude, emporté la clé, et comme il n'était pas rentré, j'allai passer la nuit chez M. Eudes ; j'ai su depuis que mon frère avait passé la nuit avec des jeunes gens, du côté de la barrière, à raison de 1 fr. 35 c. par tête. Lorsque je revins rue Quincampoix, mon frère n'était pas encore rentré ; je me mis à lire dans un journal le récit des événements de la veille, puis je m'occupai des préparatifs du voyage. Comme mon frère n'arrivait pas, j'allai déjeûner seul dans un restaurant au coin du passage Molière.

Ensuite je retournai pour voir si mon frère était rentré. Ne le voyant pas, j'allai chez M. Varlet, droguiste, rue des Lombards. J'y restai trois quarts d'heure environ. J'y causai avec un M. Wagner, qui pourra déposer. Alors un garçon épicier vint me demander si je voulais l'accompagner pour aller voir les barricades du côté de la rue Saint-Merry. Je l'ai suivi par pure curiosité. A peine étions-nous rue Saint-Merry, que ce jeune homme me quitta ; malheureusement je n'eus pas la même prudence ; je me laissai entraîner par un groupe de quinze ou vingt individus. Nous allâmes dans la rue des Blancs-Manteaux ; Martin (Noël) faisait partie de cette troupe. Un garde national vint à passer, on lui demanda ses armes, il refusa de les livrer ; alors on s'en empara par la force, l'un prit son fusil, l'autre son sabre, et on le laissa aller. En ce moment, un omnibus vint à passer. On renversa cette voiture du côté de la rue du Temple.

Je dois dire que Martin était à-peu-près le seul armé dans cette troupe ; il avait le fusil du garde national ; on désarma encore un autre garde national.

Je voulus m'en aller, mais un des insurgés me dit : On ne s'en va comme cela. Je fus obligé de marcher avec l'attroupement jusqu'à la place du Temple. Là, on entra chez un armurier qui déjà avait été pillé la veille. Il n'y restait que des armes rouillées, des fleurets, de mauvaises lames de sabres et de baïonnettes. J'ai pris pour mon compte la lame d'un sabre.

On est allé ensuite chez un pharmacien. J'y suis entré comme les autres. Alors, trois individus qui avaient des fusils arrivèrent. L'un d'eux vint directement à moi et me dit : Voulez-vous de la poudre ?—Pour quoi faire ? Je n'ai pas de fusil. On m'a donné malgré moi un paquet de poudre. On m'a remis un fusil pour le charger ; je n'ai pu que l'amorcer. Un autre a pris le fusil, et l'a tiré en l'air.

J'attendais avec impatience l'arrivée de la troupe, afin que, le rassemblement étant dispersé, je pusse prendre la fuite. La troupe arriva, mais trop tard. Lorsque nous fûmes rue Saint-Louis, un monsieur m'accosta et me dit : Suivez-moi. Dans le premier moment, j'étais tellement troublé, que je ne me rappelle pas les réponses que j'ai pu faire. J'ai d'abord refusé de dire mon nom, pour ne point affliger et compromettre ma famille.

D. Ne faisiez-vous pas partie de la Société des Saisons ?—R. Non, Monsieur.

D. Il résulte de la déclaration d'un de vos coaccusés que vous étiez le chef d'un rassemblement ? — R. C'est certainement faux.

D. Après avoir pris part au renversement d'une citadine, et lorsque le commissaire de police et ses agents sont arrivés, ne vous êtes-vous pas porté envers eux à des actes de violence coupables ?

— R. Non, je n'étais pas là ; lorsque je l'ai su, j'ai blâmé les atrocités qui avaient été commises.

D. Rue d'Anjou, voyant passer un jeune homme en blouse, ne l'avez-vous pas forcé de prendre les armes, le menaçant de le tuer, s'il ne le voulait pas ? — Non, Monsieur, je n'ai pas fait de menaces.

D. Rue Quincampoix, vous avez pris une cartouche et l'avez mise dans le fusil d'un jeune homme qui était près de vous ? — R. Oui, Monsieur.

D. Quelques instants après, on vous a vu rue Saint-Denis, vous donnant beaucoup de mouvement pour rallier les insurgés. Il a été reconnu que vos mains sentaient la poudre ?—R. Je n'étais pas le chef, puisque j'ai été entraîné à faire comme les autres pour ne point me faire un mauvais parti. Je n'avais point d'armes, et si mes mains sentaient la poudre, c'est pour avoir tenu un panier de cartouches que j'ai renversé.

D. Un de vos coaccusés a dit que vous aviez tiré trois coups de fusil sur la garde nationale, et que vous aviez été désigné rue du Temple par les insurgés pour les commander.—R. C'est une erreur grave.

D. Vous appartenez à une famille respectable que votre conduite plonge dans la douleur. Je vous engage à racheter, autant que possible, votre conduite par la plus grande sincérité dans vos aveux. Avez-vous quelque chose à y ajouter. — R. Non, Monsieur, j'ai tout dit.

Interrogatoire de Martin (Pierre-Noël), cartonnier, 19 ans.

D. Vous avez été arrêté, le 13 mai, dans un grenier de la maison Saint-Claude ?—R. Oui, Monsieur.

D. N'étiez-vous pas porteur d'un fusil de munition chargé et amorcé ?—Oui, Monsieur.

D. D'où vous provenait ce fusil ?—R. Rue Michel-le-Comte, je l'ai pris à un grenadier de la garde nationale qui le portait ; je me suis approché de lui par derrière, et je lui ai pris.

D. N'avez-vous pas fait feu le lundi sur la garde nationale ?—R. Oui, Monsieur.

D. Combien de fois avez-vous tiré ? — R. J'ai tiré deux ou trois fois ; mais je n'en suis pas sûr.

D. Vous avez dit, quand vous avez été arrêté, que vous saviez votre affaire, que vous en aviez pour cinq ou six ans de galères. — R. Je n'ai pas pu dire cela. Je sais bien qu'on ne mène pas pour un délit politique aux galères. (Mouvement.)

D. Dites-nous l'emploi de votre journée du dimanche. — R. J'ai travaillé le dimanche jusqu'à midi. Ensuite je suis sorti pour aller voir ma mère à Saint-Mandé. Le soir, je suis allé me mettre à la queue du théâtre des Folies-Dramatiques, il vint beaucoup de monde, et on dit qu'on se battait. Un camarade m'engagea à aller voir ce qui se passait. En passant devant la rue Saint-Martin, nous vîmes qu'on se battait à la mairie du 6e arrondissement. Nous suivîmes le boulevart jusqu'à la porte Saint-Denis, nous arrivâmes rue Grenétat, et de là rue Bourg-l'Abbé, où je fus blessé au doigt.

D. Avez-vous participé au pillage des armes chez les frères Lepage; après avoir été blessé, ne vous êtes-vous pas réfugié dans l'allée de la maison dont le sieur Delehaie est portier? — R. Oui. J'y ai passé environ deux heures; mais je suis allé coucher chez un logeur, rue de Bretagne, 52.

D. Quand vous avez été arrêté, n'étiez-vous pas avec un autre jeune homme? — R. Oui; c'était un jeune homme qui disait qu'il était garçon tailleur; la baïonnette de son fusil était toute noire, mais je ne l'ai pas vu tirer.

D. Qu'avez-vous fait des fusils dont le tailleur et vous étiez porteurs? — R. Nous sommes montés au troisième. Lui était très-exalté, et il voulut tirer; mais je lui dis : Faites attention, vous allez faire un massacre comme dans la rue Transnonain.

D. L'instruction constate que ces deux fusils provenaient, l'un du désarmement du poste de l'Hôtel-de-Ville, et l'autre de l'attaque de la mairie du 6e arrondissement. Vous étiez donc à l'attaque de ces deux postes? — R. Non, Monsieur; c'est au moment où j'ai reçu une balle dans le doigt que j'ai vu le fusil que j'ai ramassé.

D. Il résulte de l'instruction que vous avez participé à l'attentat des 12 et 13 mai, ce que vous ne regardez pas comme un fait grave, puisque vous appelez cela un délit politique. — R. J'y ai participé le 12, par un mouvement convulsif, car lorsqu'on ne fait rien à personne, et qu'on reçoit un coup de fusil dans le doigt, on a bien le droit de riposter.

D. Ce ne sont pas les soldats qui rétablissent l'ordre qui peuvent être inculpés, mais les individus qui descendent dans les rues pour le troubler, qui désarment les corps-de-garde, qui tirent sur les citoyens et se cachent ensuite. Voilà ceux qui doivent être jugés avec sévérité. Ce sont là des actions abominables, et vous appelez cela des délits politiques ! A quelle heure êtes-vous sorti de chez Delehaie ? — R. A neuf heures et demie.

D. A quelle heure êtes-vous rentré chez vous ? — R. Tout de suite.

D. Et le lendemain, lundi, à quelle heure êtes-vous allé travailler ? — R. Le lundi on ne va pas travailler dès le matin. J'y ai été à huit heures, car j'avais rencontré un camarade, et nous avions causé ensemble.

D. A quelle heure avez-vous attaqué et désarmé un garde national, rue Michel-le-Comte ? — R. A midi.

D. Etiez-vous seul ? — R. Non, j'étais avec d'autres que j'avais rencontrés. Ils désarmèrent le garde national, et moi j'ai pris le fusil.

D. Combien d'hommes y avait-il là ? — R. Quinze ou seize.

D. Paraissaient-ils avoir un chef, et quel était ce chef ? — R. Ils paraissaient tous en désordre, et je ne crois pas qu'ils avaient de chef en ce moment-là ?

D. Et plus tard ? — R. Je vais vous dire toute la vérité. Dans l'instruction, j'avais déclaré que Longuet était le chef de l'attroupement, mais c'est parce que je supposais que Longuet et Marescal étaient deux mouchards, et que je pensais que si Longuet était un mouchard, il serait content de me voir dire cela de lui. Il n'y avait pas de chef ; il y avait bien un homme à barbe noire qui voulait l'être, mais on n'a pas voulu. D'ailleurs, s'il y avait eu un chef, il n'aurait pas eu la maladresse de nous placer entre deux feux.

D. Vous donnez une très-mauvaise explication de votre conduite, car vous avez déclaré que Longuet était le chef. Cependant vous dites que c'était un mouchard. Or, comment auriez-vous pris pour chef un mouchard qui devait nécessairement vous trahir ? — R. Dans le moment, je le croyais.

D. Vous avez déclaré que Longuet avait chargé votre fusil ? — Oui, Monsieur.

Longuet.—Je demanderai à Martin si j'ai complètement chargé son fusil, ou bien si je n'ai fait seulement que mettre de la poudre dans le bassinet ?

Martin. — Longuet a mis la poudre dans le bassinet et dans le canon, et du papier avec lequel j'ai bourré.

M. Nocguier, substitut du procureur-général. — Longuet après avoir mis la poudre et le papier, n'a-t-il pas mis aussi la balle ?

Martin.—Oui. Je lui ai dit : Vous ne mettez pas de balle ; alors il en a demandé à un camarade qui était à côté de lui.

M. le Président — Ainsi, vous soutenez que Longuet a mis la poudre dans le canon et le bassinet de votre fusil, et que c'est sur cette poudre, après que vous aviez bourré, qu'il a mis une balle ?

Martin.—Oui, Monsieur.

Longuet.—Martin se trompe formellement. Il y avait là plusieurs autres personnes, et c'est peut-être une de ces personnes qui lui a donné la balle ; mais j'atteste, sur mon honneur et sur ma conscience, que ce n'est pas moi. J'ai peut-être mis un peu de poudre dans son fusil ; mais pour la balle, je ne l'ai pas mise.

Martin.—C'est peut-être un autre, je ne m'en souviens pas bien.

Me Ferdinand Barrot, défenseur de Longuet.—Je ferai observer qu'il y avait trois individus, un qui tenait un fusil, l'autre qui donnait la poudre, et le troisième qui fournissait les balles. Ainsi la balle a pu être mise par cette troisième personne.

M. le Président. — Etait-ce celui qui tenait la poudre, c'est-a-dire Longuet, ou bien l'autre individu qui fournissait les balles, qui a mis la balle dans votre fusil ? — R. C'est possible.

N'avez-vous pas aidé, rue du Temple, les insurgés à former une barricade avec une citadine renversée ? — J'étais présent, mais je n'ai pu y aider, puisque j'avais mon fusil dans la main.

D. Le rassemblement dont vous faisiez partie ne s'est-il pas porté à des actes de violence contre le commissaire de police et les hommes qui l'accompagnaient. — R. Je n'ai rien vu du tout, si ce n'est un homme qui a voulu m'arracher mon arme, puis des bâtons qu'on levait en l'air.

D. Une lutte ne s'est-elle pas engagée entre vous et un citoyen qui voulait vous désarmer ? — R. Oui.

D. N'avez-vous pas assisté au pillage de la boutique du sieur Perdreau ? — R. Je me suis trouvé là comme tous les autres.

D. Vous avez pris part au désarmement d'un certain nombre de gardes nationaux dont les fusils ont été enlevés à leur domicile. Vous êtes entré notamment chez un limonadier, un boulanger, un teinturier et un charcutier. — R. Le limonadier a remis son fusil volontairement.

Me Ferdinand Barrot.—Longuet était-il à la porte du limonadier ?

Martin.—C'est possible.

M. le Président. —Le boulanger vous ayant dit qu'il n'avait pas d'armes, vous l'avez couché en joue.

Martin. — Je ne l'ai pas couché en joue ; mais je lui ai dit que la résistance était inutile.

D. Avez-vous chargé un fusil, et l'avez-vous ensuite remis à Marescal ? — R. Je n'ai pas chargé de fusil, ma blessure à la main m'en empêchait. Quelqu'un a chargé le fusil remis à Marescal : je ne sais pas qui.

D. Vous êtes convenu que vous aviez tiré trois coups de fusil sur la troupe ; dans quelle rue les avez-vous tirés ? — J'ai tiré le premier coup dans la rue Saint Martin, et les autres dans les rues voisines.

D. A-t-il été tiré des coups de fusil p r d'autres individus faisant partie du rassemblement ? — R. Je le pens .

D. En ont-ils tiré beaucoup ? — R. Pas beaucoup.

D. Marescal a-t-il tiré ? — R. Je crois qu'il a tiré en l'air.

D. Vous avez dit que votre blessure à la main ne vous permettait pas de charger vous-même votre fusil. Par qui a-t-il été chargé ? — R. Je ne me le rappelle pas. C'est par quelqu'un qui se trouvait là.

D. Il faut que vous ayez été bien acharné à l'insurrection, puisque, ayant été blessé la veille, et éprouvant de la difficulté à charger votre fusil, vous êtes revenu encore vous battre le lendemain. — R. Si je n'avais pas été blessé la veille, je n'aurais pas été exaspéré et je ne me serais pas battu le lendemain.

D. Il est plus probable que si vous ne vous étiez pas battu, vous n'auriez pas été blessé. — R. Le premier jour, j'étais là par hasard, et tout-à-fait inoffensif.

D. N'avez-vous pas dit que Longuet avait voulu vous prendre votre fusil ? — R. Je crois bien me rappeler que Longuet m'a demandé mon fusil lorsqu'il était chargé, et que Longuet l'a emporté.

Longuet. — Martin se trompe complétement.

M. le Président. — Longuet a dit dans son interrogatoire que, lorsqu'il a pris une lame de sabre chez Perdreau, il s'en est servi pour commander. Vous rappelez-vous que, dans la rue d'Anjou ; Longuet a dit à un jeune homme, vêtu d'une capote grise : « Il faut remettre votre fusil. » Le jeune homme résista ; mais on lui prit son fusil, après lui avoir donné des coups de plat de sabre. Confirmez-vous cette déclaration ? — R. Oui, Monsieur.

M. Le Président. — Longuet, qu'avez-vous à dire ?

Longuet. — Demandez à Martin comment il a pu avoir connaissance de cette circonstance, puisqu'il était là, lui, dans l'intérieur de la cour, et que j'étais, moi, à l'extrémité. Il est vrai que j'ai engagé cet individu à faire comme moi, et à s'esquiver aussitôt que j'en aurais l'occasion.

M. LE PRESIDENT. — Quel motif vous a donc fait poursuivre ainsi cet homme, à tel point, que vous êtes entré dans une maison.

LONGUET. — J'agissais forcément et je cédais à la contrainte de ceux qui étaient avec moi.

M. LE PRESIDENT. — Martin, avez-vous fait partie de quelque société secrète?

MARTIN. — Jamais, Monsieur.

LONGUET. — Demandez à Martin, puisque j'avais une lame de sabre à la main, et que je commandais, si j'ai réellement exercé quelque acte de commandement, si j'ai donné quelque ordre, et si quelques uns de mes actes ont été suivis d'une exécution quelconque.

MARTIN. — Non, Monsieur, il marchait à côté de nous; et comme il était mieux mis que les autres, qu'il avait meilleure tournure (moi j'avais un tablier, une blouse), on avait l'air de dire qu'il était chef, alors on allait avec lui. Mais pour commander comme un officier commande ses troupes, il ne commandait pas.

M. LE PRESIDENT. — L'avez-vous positivement entendu exercer un commandement quelconque? lui avez-vous entendu dire, par exemple, allez ici, allez là.

MARTIN. — Non, Monsieur. On le suivait, et il nous a conduits dans un bien mauvais pas. Il nous a mis entre deux feux. Aux premiers coups de fusil il s'est sauvé.

Me BARBIER. — Voulez-vous demander au prévenu s'il reconnaît avoir mis en joue quelques-uns des individus qu'il a désarmés?

MARTIN. — Je jure devant Dieu que je n'ai mis personne en joue. Je m'étais réfugié dans un endroit où il était impossible de mettre personne en joue. On m'avait vu me sauver et on criait : Il est là. Un homme s'avança à la porte de l'allée en me disant : Rends ton fusil. Je répondis : Je le rendrai quand je serai mort. Cet homme-là m'a fait tout l'effet d'un capon, car il s'est sauvé en criant aux armes, à l'assassin. (On rit.)

Me BARBIER. — J'ai demandé s'il était vrai que Martin eût mis quelqu'un en joue?

MARTIN. — J'ai dit dans l'instruction que j'avais mis le boulanger en joue. Ce n'est pas moi ; c'est un jeune homme qui était avec moi et qui a dit : Attends ! attends ! je vais bien lui faire donner son fusil à celui-là.

M. LE PRÉSIDENT. — Longuet, avez-vous eu quelques communications avec les individus qui conduisaient l'insurrection ? Pourriez-vous dire quels étaient leurs projets, leurs tendances ?

LONGUET. — J'étais trop ému pour saisir les détails. J'ai pris part au mouvement par un sentiment de curiosité.

M. LE PRÉSIDENT. — Comment ! vous cédiez à un simple mouvement de curiosité en désarmant des citoyens, en tirant des coups de fusil. Comment est-il possible que vous n'ayez pas entendu les hommes avec lesquels vous vous trouviez dire quel était leur but, à quelle impulsion ils obéissaient, avec qui ils s'entendaient ?

LONGUET. — J'affirme que je suis dans cette affaire comme beaucoup de gens qui se mêlent aux troubles sans réfléchir, sans raisonner.

M. LE PRÉSIDENT. — Il est constaté qu'il y avait eu des hommes qui suivaient les rassemblements, en fournissant à ceux des insurgés qui n'en avaient pas, de la poudre et des balles.

Mᵉ PUYBONNIEUX, avocat de Marescal. — Longuet a dit dans un de ses interrogatoires qu'un individu venant à lui sur la place du Temple, lui aurait tenu ce langage :

C'est sans doute l'esprit de parti qui vous fait agir en ce moment, et bien, suivez mon conseil, retirez-vous ; vous êtes là dans un mauvais cas, vous avez un mouchard devant vous.

LONGUET. — Cela est vrai.

Mᵉ PUYBONNIEUX. — Quel était l'individu qu'on désignait ainsi ?

LONGUET. — C'était Marescal que cet individu désignait ainsi ; mais je ne m'en suis pas méfié, parce qu'il m'a semblé qu'on le forçait à marcher comme on me forçait moi-même.

Interrogatoire de Marescal, ouvrier en décors, 33 ans.

Interrogé par M. le président, Marescal déclare qu'il a passé la journée du dimanche 12 mai à la campagne avec sa femme et la famille de son bourgeois.

M. LE PRÉSIDENT. — Le lundi 13, vous avez été arrêté environ à trois heures et demie ; vous étiez alors porteur d'un fusil qui était fraîchement déchargé ? — R. C'est vrai.

D. L'aviez-vous tiré ? — R. Oui, Monsieur, j'ai tiré un coup en l'air.

D. Il a été constaté que vous aviez les mains noircies de poudre? — R. Si elles eussent été noircies de poudre, j'aurais eu le temps de les laver.

D. Vous aviez le fusil d'Ernest Degroust, charcutier?—R. Oui, Monsieur.

D. Comment l'aviez-vous? — R. On m'avait forcé de le prendre. Des individus ont dit que j'étais un mouchard; qu'il fallait prendre un fusil et faire comme eux. Je le pris, me disant en moi-même : Il ne servira pas à d'autres.

D. Quand l'avez-vous tiré? — R. Dans la rue, un individu m'a donné une cartouche, j'ai chargé le fusil, je l'ai tiré en l'air et me suis sauvé.

D. Vous avez dit que vous n'aviez accepté que parce qu'on vous regardait comme un mouchard? — R. C'est vrai. Des individus disaient que j'étais employé à la police, que je venais sans doute pour les faire arrêter.

D. Avez-vous été employé de la police? — R. Oui, Monsieur, j'ai été surveillant provisoire à la Conciergerie. (Mouvement.)

D. A quelle époque? — R. A l'époque du procès de Meunier.

D. Avez-vous reconnu dans le rassemblement quelques-uns des individus que vous aviez vus à la Conciergerie? — R. Non, Monsieur.

D. Il me semble, d'après ce que vous avez dit, que quelques individus **vous auraient reconnu**, et que le soupçon manifesté contre vous vous aurait décidé à marcher avec eux. — R. Oui, Monsieur.

M. LE PRÉSIDENT.—Lorsque vous avez été arrêté, vos coprévenus ne vous ont-ils pas maltraité?

MARESCAL. — Oui, Monsieur, lorsque je me suis trouvé dans la prison avec eux, ils m'ont accusé d'être un mouchard, ils ont dit que j'étais venu pour savoir ce qui se passait. Ils ont même fait un complot pour me pendre dans un endroit où nous nous trouvions une quarantaine : plus tard, un jour que je fus mené en perquisition pour reconnaître le trou qu'avait fait la balle du coup de fusil que j'avais tiré en l'air, ils me poursuivirent jusqu'à la grille comme des lions furieux, et ils m'auraient fait un mauvais parti si heureusement le surveillant n'eût ouvert la grille à temps. Il y eut un rapport de dressé là-dessus.

Lorsque je revins sur la cour ils continuèrent à dire que j'étais un mouchard, qu'on avait su de moi tout ce qu'on voulait savoir, et qu'on me renvoyait pour en apprendre encore. Le lendemain ils ont tenu un conseil pour me juger. Ils m'ont même sommé de me présenter pour répondre. Je n'ai pas voulu paraître devant leur tribunal, où j'ai appris qu'il y avait un président, un procureur-général et des conseillers. (On rit.) Alors j'ai été condamné et affiché dans les salles comme un homme indigne de vivre parmi eux, n'étant pas un vrai citoyen. Je restai alors tout seul, isolé de toute communication. Personne ne me parla. Quelque temps après, on me mit sur la cour des femmes, à la Conciergerie, où sont en ce moment les individus prévenus de vol.

D. Vous avez été employé aussi à la prison de la Roquette? — R. Oui, Monsieur. Je n'étais que provisoirement à la Conciergerie; mais sur les renseignements que M. Lebel a donnés sur mon compte au préfet de police, je suis passé aide-surveillant à la Roquette, où je ne suis resté que quinze jours, et je me suis remis à travailler.

D. Qu'avez-vous fait depuis deux ans que vous êtes sorti de la Roquette? — R. J'ai travaillé à des travaux du gouvernement, à tous les travaux que j'ai pu trouver.

D. A quel moment vous êtes-vous mêlé aux insurgés le dimanche 12? — R. Je n'étais pas à Paris ce jour-là.

D. Et le lundi? — R. Il pouvait être une heure et demie à deux heures, je ne sais pas précisément.

D. Etiez-vous avec eux quand Martin a désarmé, rue Michel-le-Comte, un garde national? — R. Oui.

D. N'avez-vous pas aidé, rue du Temple, à renverser une voiture et à faire une barricade: — R. Non.

D. Ne faisiez-vous pas partie de la Société des Saisons? — R. Je n'ai jamais fait partie d'aucune société, je ne sais pas ce que c'est que la politique ou la république.

D. Vous avez parlé d'une espèce de jugement qu'on avait voulu rendre contre vous? — R. Oui, Monsieur.

D. Quel était le président de ce tribunal? — R. Je ne sais pas son nom, puisque personne ne voulait me fréquenter. Tout ce que j'ai remarqué, c'est que celui qui s'appelait le président avait une jambe de bois.

D. De quelles personnes se composait ce prétendu tribunal? — R. Il y avait des conseillers, un président, un procureur-général, et de plus un avocat qu'on avait nommé pour moi tout comme ici. (On rit). Mais je n'ai jamais su le nom d'aucun d'eux.

D. Dans quelle prison était-ce? — R. C'était à la Préfecture de police; mais depuis on nous a changés de prison.

Interrogatoire de Pierné, chaussonnier, 18 ans.

D. A quelle heure, le 13 mai, vous êtes-vous mêlé aux insurgés?—R. En sortant de chez mon bourgeois, on a dit qu'il y avait encore du train et qu'on fermait les boutiques; ma bourgeoise a fermé la sienne. Je suis allé du côté du Temple; là j'ai trouvé une baïonnette que j'ai ramassée; au même instant un officier de la ligne et des gardes nationaux sont arrivés; les autres ont pris la fuite; en me sauvant j'ai été arrêté.

D. Etiez-vous avec les insurgés lorsque Martin a désarmé, rue Michel-le-Comte, un garde national? — Non, M. le président.

D. Avez-vous pris part au pillage de la boutique du sieur Perdreau?—R. Oui, Monsieur.

D. Le sieur Perdreau a déclaré que vous étiez l'un des plus animés au pillage.—R. J'ai été poussé par les autres.

D. Qui était le chef de cette bande dont vous faisiez partie? — R. Je ne puis pas le dire.

D. La baïonnette que vous cachiez sous votre blouse lorsqu'on vous a arrêté provenait de l'un des fusils enlevés aux gardes nationaux?—R. Je l'ignore.

D. Vous étiez aussi armé d'un fleuret démoucheté, que vous avez jeté en fuyant. Il a été reconnu par M. Perdreau comme ayant été enlevé de chez lui.—R. C'est possible.

Interrogatoire de Grégoire, fabricant de paillassons, 40 ans.

M. LE PRÉSIDENT. — Grégoire, comment avez-vous employé la journée du 12 mai?

GRÉGOIRE.—Je suis allé voir un de mes amis, du côté du Marché-aux-Chevaux, nous sommes allés à la chasse aux filets pour prendre des petits oiseaux.

D. Le lundi 13, vous avez été ramassé sur le trottoir de la rue des Quatre-Fils, vis-à-vis la maison 10; vous étiez grièvement blessé à l'épaule d'un coup d'arme à feu? — R. Oui, Monsieur. (L'accusé a encore le bras gauche retenu par des éclisses, sous sa blouse.)

D. Au moment de votre arrestation, vous aviez les mains et la bouche noircies de poudre?—R. Cela n'est pas. C'était du tabac et non de la poudre.

D. Vous cherchiez à vous glisser sous la porte cochère ; un fusil de garde national était à côté de vous ?—R. Il ne m'aurait pas été possible de me glisser sous la porte, j'étais renversé en arrière.

D. Faisiez-vous partie de la Société des Saisons ?—R. Jamais.

D. Quel motif avez-vous eu pour prendre part aux troubles, vous homme marié et père de quatre enfants ? — R. Je ne m'en suis pas mêlé, j'allais chez M. Borel pour chercher de l'ouvrage.

D. Quinze jours auparavant ces événements, aviez-vous reçu un secours ?—R. Oui, Monsieur.

D. De qui ? — R. Du roi. (Sensation.) C'était une raison de plus pour ne pas prendre les armes contre mon roi qui m'avait fait du bien ; c'est-il croyable, ça ?

M. Pernetti examine le fusil trouvé près de l'accusé, et déclare qu'il a fait feu au moins deux fois.

Déposition des témoins relatifs aux accusés Longuet, Martin, Mareseal, Plerné, Grégoire.

M. Winter (François-Léopold), secrétaire du commissariat de police du quartier Saint-Martin-des-Champs.—Le lundi, 13 mai, vers une heure, on vint nous prévenir, au bureau du commissariat, qu'on venait de renverser une citadine, rue du Temple, pour en former une barricade, et que les insurgés voulaient enlever des meubles aux marchands pour l'achever. Je suivis M. le commissaire Cabuchet, et j'aperçus dans ce moment quinze à vingt insurgés dont un seul était armé d'un fusil. Cet individu paraissait âgé de dix-huit ans environ, avait une blouse bleue et un tablier d'ouvrier par devant.

M. Cabuchet marcha à eux, en saisit un qui était vêtu aussi d'une blouse bleue ; alors les autres se jetèrent sur lui, le frappèrent à l'aide de perches qu'ils venaient de prendre au marché du Temple, et lui arrachèrent son captif.

D. Avez-vous reconnu quelques-uns de ces individus ? — R. J'ai reconnu celui qui était armé d'un fusil ; mais je n'ai pas reconnu celui qui m'a blessé.

(M. le président fait lever les cinq accusés.)

D. Reconnaissez-vous une ou plusieurs personnes ?—R. Je reconnais celui-là (il désigne l'accusé Martin) ; c'est celui qui était armé d'un fusil.

M. Nouguier, avocat-général.—N'avez-vous pas vu un individu frapper le commissaire d'un coup de pioche ?

Le Témoin.—Oui, c'est alors que j'allai à son secours.

M. Nouguier. — Dans l'instruction vous avez cru reconnaître Pierné pour l'individu qui aurait frappé M. le commissaire de police.

Le Témoin. — Il lui ressemble un peu ; mais je ne saurais l'affirmer. Je crois qu'il avait les cheveux un peu plus longs.

M. Perdreau (Antoine), marchand fripier. — Le lundi 13 mai, vers une heure après-midi, une quarantaine d'individus, dont un seul armé d'un fusil, les autres de bâtons, sont venus frapper à la porte de ma boutique : j'ai refusé de l'ouvrir ; comme ils allaient l'enfoncer, j'ai été forcé de l'ouvrir.Trois sont entrés et m'ont pris huit paires de fleurets, six lames d'épée et six lames de sabre.

(Le témoin croit reconnaître Marescal ; il lui semble que cet accusé avait des moustaches.)

Marescal.—Je n'ai jamais eu de moustaches.

Le Témoin.—Mais vous aviez une toque de velours.

Marescal.—C'est vrai.

M. Nouguier.—Quelle a été la part de Pierné ?

Le Témoin. — Il n'est pas entré chez moi ; il était derrière le petit Martin. Il faisait comme les autres ; il demandait des armes.

Me Barbier. — Martin n'a-t-il pas mis son fusil au travers la porte pour empêcher la foule d'entrer ?

Le Témoin.—C'est la vérité. Personne d'ailleurs ne m'a rien dit de désagréable.

M. Quelquejeu (Charles-François), pharmacien. — Le lundi 13 mai, un rassemblement eut lieu à ma porte ; plusieurs individus me demandèrent mon fusil , en disant que j'étais le sergent-major, et que je devais avoir des fusils. Je répondis que, quoique sergent-major, je n'avais pas d'autre fusil que le mien ; en réalité, j'en avais trois. Il me dit : « Nous vous rendrons votre fusil lorsque nous nous en serons servis. »

Le témoin ne reconnaît aucun des accusés.

M. Denizot (Denis), boulanger, rue de Poitou, 17. — Le lundi 13 mai, vers deux heures, une trentaine d'individus, dont un seulement armé d'un fusil et les autres de sabres ou de baïonnettes, sont venus me demander mon fusil de garde national. Comme je refusai de le remettre, celui qui était armé d'un fusil me mit en joue. Je donnai mon arme.

Confronté avec les cinq accusés, le témoin dit : « Dans l'instant je n'ai la prétention de reconnaître aucun des accusés. »

M. Desgroux (Jean-Louis), charcutier, dépose qu'il fut sommé par une bande d'insurgés de remettre son fusil ; son garçon le donna.

Le témoin reconnaît l'accusé Marescal pour celui qui reçut le fusil qu'on lui prit.

M⁰ Puybonnieux. — Dans le signalement donné dans l'instruction par le témoin, je vois que l'individu à qui le fusil a été remis n'avait ni moustaches ni favoris ; il est constant que Marescal, dans ce moment-là, avait des favoris.

M. le Président, au témoin. — Est-ce Marescal qui a tiré son fusil en l'air ?

Le Témoin. — Je ne l'ai pas vu, mais on me l'a assuré.

Gallois (Jean-Pierre-Bazilie), monteur en bronze, rue d'Anjou, 4, a vu des insurgés entrer au café voisin, et demander le fusil au maître du café. Il croit reconnaître l'accusé Longuet.

M. Lemaire, professeur de rhétorique. — Le lundi 13 mai, à l'extrémité de la Vieille-Rue-du-Temple, je fus accosté par un jeune homme armé d'un morceau de fer aiguisé en forme de poignard, qui me dit d'un ton menaçant qu'il me percerait si j'avançais ; je m'arrêtai, et il s'éloigna. Cet homme revint à moi avec les mêmes gestes et les mêmes menaces, et je m'arrêtai de nouveau. Il s'éloigna encore, et je pus continuer ma route. Arrivé au coin de la rue de Poitou, j'aperçus un groupe d'insurgés faisant feu de la rue de Poitou vers la rue d'Anjou, ils s'enfuirent après cela, et se retirèrent au coin de la rue Neuve-Saint-François pour y recharger leurs armes. Parmi eux se trouva un individu vêtu d'un habit, pantalon et gilet noirs. Il tenait alors à sa main un papier contenant plusieurs cartouches ; je le vis distinctement prendre une cartouche et la mettre dans le fusil d'un jeune homme qui était près de lui.

Quelques instants après, en remontant la rue Saint-Louis jusqu'à la hauteur de l'église, je revis un individu qui me paraissait être le même que celui que j'avais déjà remarqué au coin de la rue Neuve-Saint-François, tenant à la main des cartouches. Je m'arrêtai quelques instants à le considérer ; je le reconnus parfaitement.

Je pensai qu'il était le chef des insurgés. Je résolus en conséquence de l'arrêter. Je le suivis alors en face de la rue St Gervais, où il entra, et quand il fut arrivé dans la rue Saint-Anastase, je le saisis, en demandant au besoin main-forte à un officier de la garde nationale ; je le conduisis moi-même jusqu'au peloton de la garde nationale de la 6ᵉ légion, qui se trouvait avec un détachement de la ligne, dans la rue Saint-Louis. L'officier de ligne et l'officier de la garde nationale visitèrent les mains de celui que je venais d'arrêter, et reconnurent, à l'odeur surtout, qu'il avait tenu de la poudre.

M. Lemaire reconnaît Marescal pour un homme coiffé d'une toque, qui était arrêté en ce moment par la garde nationale. Il croit reconnaître Pierné pour l'un des insurgés. Quant à Longuet, c'est bien l'homme en habit noir qu'il a suivi et arrêté rue St-Gervais. Pierné lui a paru l'un des insurgés les plus énergiques; il était fort animé; ses cheveux étaient beaucoup plus longs qu'ils ne le sont aujourd'hui.

M. Nouguier, avocat-général. — Je désire savoir si l'accusé a fait couper ses cheveux.

Pierné. — Non, Monsieur.

M. l'avocat-général. — Persistez-vous à le soutenir? on pourra constater le fait.

Pierné. — Eh bien oui, Monsieur, je les ai fait un peu couper.

M. Vallois, tabletier, rue Saint-Martin, était de garde le 13 à la mairie; il a, étant en patrouille, procédé à l'arrestation de plusieurs individus dont les mains et les lèvres étaient noires de poudre.

Le témoin reconnaît Martin, Longuet et Marescal.

Longuet. — Le témoin peut-il attester que j'avais les mains et les lèvres noires de poudre? Ce fait n'a été constaté par personne.

Le Témoin. — Oui, les lèvres et les mains de Monsieur étaient noires... je l'ai bien vu; il avait un curedent avec lequel il recurait continuellement ses dents. Monsieur, même, n'a pas voulu dire son nom; je l'y engageai; il me répondit: Non, je ne dirai pas mon nom, mon père me maudirait.

Le témoin ajoute que Martin a dit quand on l'a arrêté: J'ai tiré trois coups, et je regrette de n'en avoir pas tiré davantage... Je ne suis pas républicain... mais.... On lui parla d'Henri V; il répondit: Henri V, je ne sais pas ce que c'est que ça... Je me suis battu parce qu'hier un garde national m'a écorché la main.

Le défenseur de Martin. — N'a-t-on pas maltraité Martin?

Le Témoin. — Oui, il a été en butte à quelques mauvais traitements: on disait qu'il était un gueux, une canaille, et on le maltraitait.

M. de St-Léger, capitaine au 28e de ligne, a vu un insurgé arrêté par la garde nationale; il n'avait pas d'armes; un autre insurgé a été remis entre ses mains par un bourgeois : celui-là avait les mains, mais non pas les lèvres, noires de poudre.

On fait lever les accusés.

Longuet est celui qui avait les mains noires de poudre ; Marescal est celui qui a été arrêté sans armes.

Ce témoin reconnaît aussi Martin qui a été arrêté dans une maison.

Lefèvre (Francisque-Hippolyte), commis-épicier. —Le lundi 13, dans l'après-midi, je vis un individu qui paraissait être le chef d'une bande d'insurgés, et qui en poursuivait un autre qui se réfugia dans notre boutique. Le premier avait un sabre à la main et menaça l'autre de ce sabre s'il ne le suivait pas.

Le témoin reconnaît Longuet pour être celui qui poursuivait l'autre.

M. le Président. — Et l'homme poursuivi s'est réfugié chez vous ?

Le Témoin. — Oui, Monsieur; il y a même un commis de chez nous qui a cru qu'on le poursuivait et qui s'est caché sous la table. (On rit.)

Porthault (Lubin-Joseph), tisserand, grande rue de Reuilly, 47.—Le lundi, étant sorti, j'ai aperçu une bande de quinze à vingt insurgés. La garde nationale se mit à leur poursuite. Ils se sauvèrent par une rue. Martin Noël était avec eux. Craignant moi-même d'être atteint par une balle, je suis entré dans la même maison que Noël. Celui-ci cacha son fusil sous un escalier, et déclara qu'il ne le rendrait qu'à la mort. Un individu est venu, qui a voulu nous arrêter ; mais Noël reprenant son fusil l'en a menacé. Plus tard, nous avons été arrêtés tous les deux dans cette maison.

Le témoin reconnaît Longuet et Martin Noël.

Raynaud, caporal de voltigeurs au 28e de ligne, et Courtade, voltigeur au même régiment, rendent compte des mêmes faits. Ils ont remarqué que Longuet et Martin Noël avaient les mains noires de poudre.

Dambreza, apprêteur bijoutier, rue Saint-Martin, 108, sergent à la 5e légion. Nous arrêtâmes, rue Saint-Louis, le nommé Longuet, qui avait un habit noir, puis un autre que j'ai su depuis s'appeler Marescal. Celui-ci était porteur d'un fusil de munition récemment déchargé. Il avait les lèvres noircies par la poudre. Nous arrêtâmes un enfant nommé Porthault, et ensuite le nommé Martin, porteur d'un fusil enlevé à un grenadier de la garde nationale.

On signalait Martin comme ayant tiré deux coups sur la garde nationale, il répondit avec un sang-froid extraordinaire : « Je n'en ai pas tiré deux, j'en ai tiré trois », et il expliqua comment il les avait tirés. Ces propos excitant beaucoup d'exaspération, je craignais qu'on ne lui fît un mauvais parti ; je le pris sous ma protection, et le saisissant par le collet je le poussai dans le corps-de-garde de la mairie, en disant : « Respectez cet homme ! il est prisonnier et appartient désormais à la justice. » Martin a fait un mouvement en voyant Marescal arrêté. Il disait que la veille il était venu dans l'émeute, et qu'ayant été blessé cela l'avait irrité et excité à se battre.

Le témoin reconnaît les accusés Longuet, Martin et Marescal.

M. LE PRÉSIDENT. — Martin, pourquoi témoignez-vous tant de surprise de l'arrestation de Marescal ?

MARTIN. — On nous l'avait signalé comme un mouchard en disant : « Défiez-vous de cet homme-là. » J'ai trouvé drôle de voir qu'un mouchard fût arrêté. (On rit.)

M. PUERLAS (Emmanuel), sellier. — Une trentaine d'individus rassemblés, le 13 mai, dans la rue du Temple, ont renversé un omnibus pour faire une barricade. M. Cabuchet et son secrétaire sont arrivés. M. Cabuchet saisit un des individus ; cet individu se mit à crier : « A moi ! à moi ! » Un seul était armé d'un fusil, et, le voyant marcher la baïonnette en avant sur le secrétaire du commissaire de police, je me suis jeté à sa rencontre et lui ai arraché son fusil ; ma lutte avec lui m'empêcha de voir ceux qui frappaient M. le commissaire de police et son secrétaire.

M. LE PRÉSIDENT. — Le témoin peut se retirer. La cour vous félicite sur l'énergie que vous avez montrée en cette circonstance.

DOMINIQUE CHENEVIÈRE, tambour dans la sixième légion de la garde nationale. — Le 13 mai, j'étais dans une patrouille de la garde nationale qui se dirigeait vers la rue Saint-Louis, où il y avait des troubles. Au coin de la rue Saint-Anastase, j'ai battu la charge. Un insurgé qui était au coin de la rue Saint-Gervais m'a ajusté et tiré son coup ; il ne m'a point atteint. A l'entrée de la rue Saint-Gervais on nous a dit que deux insurgés étaient entrés dans la maison n° 2 ; j'ai déposé ma caisse à la porte, ainsi que mon collier ; je suis monté dans cette maison le sabre à la main avec quelques autres. Je suis monté dans le grenier, et j'ai vu un individu armé d'un fusil de munition se sauver dans un coin. Je l'ai saisi et je l'ai piqué un peu avec la pointe de mon sabre, en lui disant : brigand, où est l'autre ? car on disait qu'il y en avait un second ; il m'a répondu : « Monsieur, je vous demande pardon, je n'ai tiré que trois coups. »

MARTIN. — Je dois dire une chose. Le tambour était en ribotte, et, quand il m'enleva mon fusil, je le pris par le pan de son habit, je lui saisis son sabre et je l'ai jeté de côté. Si j'avais voulu...

M. LE PRESIDENT. — Ce n'est pas ce que vous avez fait de plus beau ; cela prouve que vous avez fait résistance : c'est un délit de plus.

M. Boutevillain, bimbelottier, fait une déposition analogue à la précédente.

M. NOUGUIER, substitut du procureur-général. — N'avez-vous pas eu de conversation avec Martin?—R. Oui, à la mairie ; il m'a dit qu'il avait tiré trois coups de fusil sans rien faire, que probablement j'étais plus adroit que lui ; car chaque fois que je tirais il lui venait comme du sel dans la figure. Il est probable que c'étaient les éclats que ma balle soulevait en frappant le mur.

M. Jardin (Noë), traiteur, déclare que Martin est fort tranquille et ne s'occupe jamais de politique.

Le docteur Thilaye dépose que depuis dix ou douze ans il n'est plus en relations avec la famille Martin ; il y a environ une dixaine d'années il a donné des soins à l'accusé pour une affection cérébrale.

ADVENEL (Jean-Gabriel), négociant, rue d'Orléans. — Dans la journée du 12, vers les deux heures, j'ai arrêté, au coin de la rue d'Orléans, l'accusé Marescal ; il était porteur d'un fusil.

Me PUYBONNIEUX.—Lorsque le témoin arrêta Marescal, celui-ci ne dit-il pas : « Je m'en vais reporter le fusil à la personne à laquelle on l'a pris ; veuillez m'accompagner. »

LE TEMOIN. — Je ne me rappelle pas cela. Je me rappelle seulement que l'accusé dit qu'il avait tiré en l'air.

MARESCAL. — Est-ce que j'ai fait de la résistance ? Vous ai-je adressé quelques injures ?

LE TEMOIN.—Aucune.

D. N'était-il pas tout près de la maison du sieur Desgroux, charcutier, rue de Poitou, auquel le fusil a été pris?—R. Il en était tout près.

M. Riquier (Louis) croit reconnaître Marescal pour l'un des insurgés qui, le dimanche 12, construisirent une barricade rue de la Planche-Mibray.

MARESCAL.—Ce jour-là j'étais à Meudon avec ma femme et la famille de mon bourgeois.

14

M. Riquier rend compte de ce qu'il a vu à l'attaque du poste du marché Saint-Jean. « J'ai, dit-il, donné des secours aux militaires blessés; j'en ai emmené un avec moi et je lui ai retiré sa cravate, après avoir pris soin de retirer de sa giberne quelques cartouches. En ce moment un des insurgés, vêtu d'une veste de velours, portant les cheveux coupés raz sur la tête, vint et prit les cartouches.

Me ARAGO. — Ce témoin est la personne qui, il y a quelques jours, m'a écrit pendant l'audience qu'il avait entendu, rue des Lombards, le 12, à neuf heures du soir, parler dans un groupe de celui qui avait tué le commandant du poste du quai aux Fleurs.

M. RIQUIER. — Effectivement, c'est moi. Je passais à neuf heures, neuf heures et quart du soir, rue des Lombards, le dimanche 12 mai; il y avait là plusieurs groupes formés. Chacun racontait ce qu'il avait vu. J'ai entendu une personne que je ne connaissais pas qui disait : « Celui qui a tué l'officier du poste du Palais-de-Justice vient de passer tout à l'heure, il y a cinq minutes.

D. Vous a-t-on dit son nom? — R. Non, Monsieur; on m'a dit seulement qu'il était petit.

Me ARAGO. — Je prie seulement la Cour de se rappeler qu'il était alors environ neuf heures un quart.

Athanase Shury, sculpteur, employait Marescal comme homme de peine. Le 12 mai, celui-ci est venu avec lui et sa famille se promener à Meudon, où il a passé toute la journée. Ce n'est que le soir qu'il a appris par un employé du chemin de fer qu'il y avait eu du bruit à Paris. Il n'a quitté Marescal et sa femme qu'à neuf heures du soir.

Me PUYBONNIEUX. — Marescal parlait-il quelquefois politique? — R. Non, Monsieur.

FRANÇOIS-LOUIS HYON, fabricant de plaqué, était au nombre des gardes nationaux qui prirent les armes et se rendirent à la mairie du 6e arrondissement dans la journée du 13. Guidés par les habitants, nous nous mîmes, vers deux heures, à la poursuite des insurgés qui se sauvaient. Arrivés au coin de la rue d'Anjou, nous échangeâmes quelques coups de fusil avec ceux des insurgés que nous rencontrâmes. J'en vis cinq ou six prendre la fuite rue des Coutures-Saint-Gervais, et j'en poursuivis un que j'arrêtai.

M. LE PRÉSIDENT. — Le reconnaissez-vous?

LE TÉMOIN (montrant Pierné). — Le voilà. Mes camarades me dirent de faire attention, qu'il pourrait bien avoir quelque arme cachée sous sa blouse; je lui fis ôter ses bretelles, et dans ce mo-

nent tomba à terre, de dessous sa blouse, une baïonnette que je
amassai.

D. Avait-il les cheveux plus longs qu'il ne les a maintenant? —
R. Oui, Monsieur, un peu plus longs.

Jean Douillez, lieutenant de la garde municipale, reconnaît Grégoire. Celui-ci avait les lèvres noires au moment de son arrestation.

Huzé (Jean-Baptiste), fabricant de chaussons, rend bon compte
e la conduite de Pierné, qui travaillait chez lui.

Fougère (Jean-Baptiste-Antoine), fabricant de plaqué, rue Jean-
Robert, 21, officier de la 6e légion. — Je faisais partie d'un détachement, lorsqu'arrivé au coin de la rue du Temple je [vis l'accusé Grégoire se sauvant, un fusil à la main. En ce moment la
arde nationale fit feu sur lui. Je le vis tomber, alors je courus sur
lui et m'emparai de son fusil qui était à côté de lui.

M. le Président. — Avait-il les lèvres noires? — R. Oui, Monsieur.

Grégoire. — Elles ne pouvaient être noires que de mon tabac,
u que je chique.

Vionjas (Henri) et Reniau (Jean), gardes municipaux aux Minimes,
éposent du même fait. Ils reconnaissent Grégoire; ils déclarent
ne lorsqu'on arriva près de cet accusé, il essayait de se faire pas-
er sous la porte cochère près de laquelle il était. Il avait les lèvres
outes noires.

Fournières, concierge, rue des Quatre-Fils, 10. — Le lundi 13
mai, j'ai entendu des coups de fusil, et puis on a frappé à la porte,
n disant : « Ouvrez, au nom de la loi. » M'étant assuré que c'é-
ait de la garde nationale, j'ai ouvert, et ils ont déposé dans la
our un blessé. Je ne voulais pas ouvrir; mais cet homme, pen-
ant qu'on le transportait, disait : « Achevez-moi, car je suis main-
enant hors d'état de gagner ma vie. »

M. le Président. — Qu'on fasse lever Grégoire. (Au témoin.) Le
econnaissez-vous?

Le témoin. — Je sais qu'il a la barbe rousse, mais je ne sais pas
i je pourrais le reconnaître.

M. le Président. — Mais regardez-le, approchez-vous.

Le Témoin. — Ah oui, c'est celui-ci, le voilà, c'est bien lui.

M. Deschamps, docteur en médecine, a soigné Grégoire lorsque
celui-ci fut blessé; il ajoute : L'accusé a prétendu qu'il ne faisait
point partie des insurgés; qu'il allait chez un fabricant de tapis
u de paillassons, rue Notre-Dame-de-Nazareth. (Le témoin re-

connaît Grégoire). Je dois ajouter que j'ai interrogé le blessé su
la noirceur de ses lèvres, et qu'il m'a répondu que cela venait d
ce qu'il chiquait.

M. SANDEMY, négociant. — Lundi, vers une ou deux heures, o
fit entrer dans ma cour un homme blessé, et l'on me dit que j'e
répondais sur ma tête.

« Je pansai sa blessure; il avait les mains sales et calleuse
comme celles d'un homme qui travaille. Je demandai à cet homm
pourquoi il avait tiré sur la garde nationale; il me répondit qu'
n'était pas un insurgé, que c'est en se sauvant avec tout le mond
qu'il avait été blessé. « Comment voulez-vous, ajouta-t-il, qu
j'aie tiré sur la garde nationale; c'est-il Dieu possible? je suis dé
coré de juillet, et il n'y a pas plus de trois semaines que j'ai reç
30 fr. du roi. »

Mᵉ LAFARGUE, défenseur de Grégoire. — Le témoin a dit dan
l'instruction que Grégoire avait les lèvres noires. Il a ajouté un
circonstance.

LE TÉMOIN. — Je remarquai que le cercle noir n'existait que su
la partie gauche de la bouche. J'en tirai cette conclusion que s
cet homme, ancien militaire, avait déchiré la cartouche, il l'aura
déchirée non à gauche, mais à droite.

La femme TINAU, logeuse, rue de la Calandre. — Depuis quat
ans que Marescal demeure chez nous, il s'est conduit en honnê
homme. J'ai su que Marescal avait obtenu plusieurs fois des se
cours de la famille royale. J'affirme qu'il a passé à la campagne l
journée du dimanche.

M. BRUGEARD, commis droguiste, rue des Lombards, appel
aussi pour Longuet.

Le témoin a connu Longuet à Saint-Quentin; il était associ
avec son frère. « Le lundi 13, dit-il, il y avait très-longtemps qu
M. Longuet était à la maison; il n'avait pas du tout l'air disposé
aller à l'émeute. Il ne serait pas sorti, bien certainement, si on n
fût venu le chercher. »

Un témoin, camarade de Longuet, dépose que celui-ci devait
le lendemain, prendre la diligence pour un voyage qu'il avait
faire, en sa qualité de commis-voyageur.

M. JOLY, graveur-imprimeur. — Dans la journée du lundi 13
Longuet est resté avec moi de onze heures à midi.

LONGUET. — Le témoin ne m'engagea-t-il pas à ne pas m'expo
ser? Que lui ai-je répondu?

M. JOLY. — Je lui donnai en effet ce conseil, et Longuet me dit

Soyez tranquille, je n'irai pas me fourrer par là. Il faut que je
arte ce soir, et avant de partir j'ai des échantillons à aller cher-
her. »

M. Morissot.—Je revenais le lundi, 13 mai, de Melun, lorsque
entendis qu'on battait le rappel. Je demandai où il fallait se
éunir, et on me répondit : A la mairie. En m'y rendant, je ren-
ontrai une troupe d'insurgés à moitié de la rue Michel-le-Comte.
c me rangeai sur la partie droite de la rue pour les laisser pas-
er ; mais on me cerna le passage ; les insurgés m'entourèrent, et
un d'eux me demanda de lui faire remise de mes armes. Je ré-
ondis qu'il ne les aurait pas ; et voulant me mettre en défense,
croisai la baïonnette. En ce moment Martin saisit mon fusil et
oulut le faire basculer ; pendant que je luttais avec lui, un autre
isurgé s'empara de mon sabre et voulut m'en porter un coup.
uelques habitants vinrent à mon secours et m'emmenèrent dans
ne maison voisine.

Lorsque je fus devant le juge d'instruction, confronté avec Mar-
n , celui-ci me rappela une circonstance. Voici ce fait ; il est
xact : tandis que je me défendais contre ceux qui voulaient me
ésarmer, un insurgé dit : « Il faut lui passer son sabre dans le
entre. » Martin répondit : « Non, il ne faut pas. » Il le dit avec
ssez de force pour être obéi. Il est bien positif que c'est Martin
ui s'est opposé à ce qu'on me passât mon sabre à travers le corps.

M. Soufflot, âgé de cinquante-huit ans, garde national, ap-
elé en vertu du pouvoir discrétionnaire. —J'ai marché le 13 mai
vec un détachement de la garde municipale. Nous avons enlevé
ne barricade sans résistance. Nous avons trouvé l'accusé Gré-
oire blessé à côté d'un homme mort.

M. Salignac.—Je connais aussi Martin, qui a travaillé chez moi
abord comme apprenti, ensuite comme ouvrier.

Me Barbier. — Martin n'était-il pas sujet à des affections fé-
riles que l'on attribuait à une maladie de jeunesse. — R. Oui,
onsieur.

La dame Destraces, cartonnière. — Je connais l'accusé Martin,
ui s'est comporté loyalement chez moi. Je l'ai renvoyé parce
u'il se livrait à des enfantillages : je n'avais pas le moyen de le
ayer pour ne rien faire.

La dame Cibron, marchande des quatre saisons.—Quelque temps
vant les événements de la soirée du dimanche, Martin songeait si
eu à mal faire qu'il était à la queue du théâtre des Folies-Dra-
atiques.

L'audience est levée à six heures moins cinq minutes et renvoyée à demain midi. Il ne reste plus à entendre que quelques témoins à décharge. M. le procureur-général prendra ensuite la parole.

10ᵉ **AUDIENCE**. — 5 **JUILLET**.

Déclaration de Barbès *et de* Martin Bernard. — *Réquisitoire de M. le Procureur-général et des Avocats-généraux.*

A midi un quart, la Cour entre en séance.

M. le comte de Rambuteau ne répond pas à l'appel.

M. LE PRÉSIDENT. — L'interrogatoire des accusés étant terminé, M. le procureur-général a la parole.

Mᵉ BLOT-LEQUESNE, défenseur de Mialon. — J'ai encore appris hier soir que plusieurs personnes qui ont été témoins des faits n'ont pas été assignées. Elles doivent se présenter spontanément à l'audience d'aujourd'hui. Si elles se présentaient, je prierai M. le chancelier de vouloir bien les faire entendre, et si elles ne se présentaient pas, je prierais encore M. le président de vouloir bien les faire assigner.

BARBÈS. — J'ai protesté contre l'accusation qu'on veut faire peser sur moi d'avoir tué le lieutenant Drouineau, non pas pour défendre ma vie, puisque déjà je vous en ai fait l'abandon ; mais parce que cette accusation s'adresse à mon honneur et à mon caractère qu'elle tendrait à ternir. Je suis heureux que mes défenseurs aient trouvé dans le dossier une pièce qui prouve matériellement que ce n'est pas celui que vous appelez le chef des insurgés qui peut avoir tué le lieutenant Drouineau. Si c'eût été le chef, il l'aurait frappé, ou de face pendant le colloque qu'il avait avec lui, ou de droite à gauche. Or, voici le procès-verbal du docteur Roy, qui constate que toutes les blessures ont été faites autrement.

« Le sixième cadavre est un officier du 21ᵉ de ligne, atteint de deux coups de feu.

« Une balle a pénétré sous l'épaule gauche, traversé latéralement la poitrine, et est sortie par l'aisselle droite, un peu au-dessous de la clavicule.

« Une autre balle a pénétré la partie inférieure et antérieure gauche de la poitrine, et est sortie au milieu du dos près de la colonne vertébrale. »

C'est une preuve qui démontre matériellement, suivant moi, que le lieutenant Drouineau ne peut pas avoir été tué par le chef des insurgés, qui a été représenté comme parlant avec lui. Par conséquent, ce chef ne peut pas s'être trouvé dans la position de faire feu de gauche à droite sur le lieutenant.

Martin Bernard. — Lorsque j'ai été interrogé par M. le président, j'ai jugé à propos de ne pas répondre, me réservant de contester les témoignages qui me seraient contraires, s'il y en avait. Or, plus de deux cents témoins sont venus dans cette enceinte, et il n'en est pas un seul qui ait déclaré m'avoir vu, qui ait dit : Il me semble avoir vu cet homme.

M. le Président. — La parole est à M. le procureur-général.

Réquisitoire de M. le Procureur-Général

CONTRE LES ACCUSÉS BONNET, BARBÈS, MARTIN BERNARD ET NOUGUÈS.

Messieurs les pairs, s'il est un sentiment qui à l'époque où nous vivons soit commun à tous les cœurs honnêtes ; s'il est une pensée qui domine avec une force égale tous les esprits éclairés, on peut affirmer que c'est le respect de la légalité et la réprobation de tous les actes par lesquels elle est ouvertement violée ; c'est dans la volonté ferme et constante de maintenir, à l'égard de tous, l'empire absolu de la loi, que l'instinct public cherche une sorte de contrepoids à la divergence des opinions et à la mobilité des idées. Au sein même des partis qui se montraient le plus hostiles au gouvernement établi, il n'est pas d'homme ayant quelque valeur politique qui n'ait compris qu'en essayant de briser le joug des lois on n'affrontait pas seulement les châtiments qu'elles prononcent, mais qu'on se dévouait encore à subir dans l'opinion publique une condamnation inévitable ; et si l'habileté de quelques-uns s'exerce à ruiner des institutions libérales par l'abus des droits qu'elles assurent et qu'elles protégent, elle affecte du moins d'en respecter les extrêmes limites. A cette condition, seulement, un parti, quel qu'il soit, peut conserver en France quelque mouvement et quelque vie : il n'en est pas qui ne s'anéantît de lui-même, au moment où il cesserait de se présenter sous l'apparence d'une opinion soutenue et défendue par les voies légales.

D'où vient donc, Messieurs, qu'en dépit de cette disposition générale des esprits dans laquelle se résument à-la-fois la pensée du progrès et la volonté de l'ordre, le sentiment de la liberté et le besoin d'une règle, nous puissions être réduits à voir la paix publique soudainement troublée par les attaques sanglantes qui attestent l'insolent espoir de faire fléchir l'autorité des lois sous

la puissance aveugle de la force. Quelles sont donc ces sombres
inimitiés qui fermentent dans le sein de la Société et se consument
en longs efforts pour lui infliger un jour de combat et de deuil?
Ce procès les met au grand jour : il vous a montré, Messieurs,
l'existence d'une secte peu nombreuse, mais ardente et résolue,
aux yeux de laquelle tous les droits établis reposent sur l'injustice
et l'usurpation, qui condamne sans réserve les institutions politiques et civiles, et qui se proclame elle-même en état de guerre
avec tous les pouvoirs légitimes. Brisant les liens qui les attachent
à la Cité, ces missionnaires de désordres et d'anarchie s'affranchis-
sent eux-mêmes de tous les devoirs qui leur sont imposés envers
le pays, envers leurs concitoyens : les obligations même qui naissent des relations d'homme à homme ne les arrêtent point quand
il s'agit d'assurer le triomphe de leurs extravagantes et coupables
théories.

Organiser la guerre civile, exciter autour d'eux les plus violentes et les plus odieuses passions, troubler par les armes le calme
d'une population paisible, jeter dans les familles le deuil et l'ef-
froi, faire couler en quelques heures, dans nos rues, plus de sang
que les crimes vulgaires n'en répandent en une année dans toute
l'étendue de la France, rien ne leur coûte ni ne les arrête, rien
n'est capable de désarmer leur fureur. Leur foi suffit à leurs yeux
pour les absoudre, et leur audace pour les honorer : quand la force
publique les aura domptés, quand la justice leur demandera compte
de leurs crimes, ils n'en dissimuleront ni la pensée, ni le but, ni
l'exécution. S'ils se proclament *non coupables* de quelque acte
odieux au récit duquel se révolte avec plus de dégoût la conscience publique, c'est qu'il y a des excès que ne peut publiquement accepter aucune impudeur; mais ils traiteront d'ailleurs avec
le pays de puissance à puissance, et, comme des soldats vaincus
sur un champ de bataille, ils réclameront les droits de la guerre
et les immunités du malheur.

En vérité, Messieurs, quand un magistrat devant une cour de
justice entend de pareilles prétentions se formuler, il se demande
comment il est possible qu'elles soient émises de bonne foi, et qu'il
se rencontre des hommes qui, après avoir jeté un pareil défi aux
lois et au gouvernement de leur pays, qui, après s'être couverts
du sang de leurs concitoyens, avouent leurs actes sans confesser
leur culpabilité, et ne trouvent pas dans leur cœur un sentiment
de regret et de repentir ils parlent de leur cause, comme si elle
était légitime, de leurs efforts comme s'ils n'étaient pas criminels,
de leurs combats comme s'ils n'étaient pas impies.

Quelle est donc cette excuse, Messieurs ? Quels sont-ils ces actes
dont on a fait ici un aveu qui était presque une apologie ? Quelles
sont les doctrines qui ont pu produire et qui expliquent de telles
choses ? C'est là ce qu'il s'agit maintenant de rechercher.

Lorsqu'en 1834 la cour des pairs fut saisie de la connaissance
des attentats d'avril, lorsqu'à la suite d'une instruction longue et
consciencieuse elle put révéler au grand jour l'organisation de la
Société des Droits de l'Homme, et signaler au pays ses doctrines

et son but, lorsqu'il fut devenu certain pour tous que cette association anarchique avait couvert la France d'un vaste réseau, et
que partout à la fois, et à heure fixe, elle avait levé l'étendard de
la révolte, qui eût pu croire alors, en présence de cette loi salutaire qui frappait les associations politiques, en présence de l'arrêt
de votre justice qui condamnait les principaux chefs de la plus
redoutable de toutes, en présence surtout de la réprobation publique, qui flétrissait si énergiquement les principes et les actes
qui avaient ensanglanté les principales villes de France, qui eût
pu croire qu'à cet instant-là même l'indomptable obstination de
quelques fanatiques s'occupait activement de la réorganisation
d'une société secrète, dans le double but du régicide et de l'insurrection.

Et cependant, Messieurs, vous le savez, c'est de cette époque
que date l'organisation de la Société des Familles, qui depuis a
pris le titre de Société des Saisons ou des Printemps.

Son existence, révélée d'abord par la saisie d'une lettre écrite à
l'un des inculpés dans l'attentat d'avril, fut bientôt certifiée par
les dernières déclarations du condamné Pépin, complice de Fieschi. Pépin fit connaître qu'il avait été lui-même initié à cette criminelle association, et signale comme l'un des chefs l'accusé Auguste Blanqui, auquel il convient avoir confié le secret de l'horrible
complot de Fieschi. Depuis, vous le savez, Messieurs, chaque jour
nous montre les sectionnaires à l'œuvre pour préparer un attentat.

C'est en 1836 la découverte d'une fabrique de poudre pour le
compte et sous la direction des chefs de cette société, Barbès et
Blanqui ; c'est à cette même époque, l'arrestation de ces deux
hommes dans le même logement, et la saisie en leur possession
des listes de la société qu'ils dirigent. C'est depuis lors, et presque
quotidiennement jusqu'au commencement de 1837, de nouvelles
saisies d'armes et de munitions, qui attestent l'activité toujours
croissante des conspirateurs.

A cette dernière époque, où l'ordonnance d'amnistie vint répondre à une pensée générale de conciliation qui dominait dans le
pays, les éternels ennemis de notre repos, invariables dans leur
ardente hostilité, mais comprenant toutefois qu'ils étaient réduits
à leurs propres forces, et que l'attentat à main armée leur était
interdit, organisèrent des presses clandestines, et s'efforcèrent par
des publications nombreuses de soulever toutes les mauvaises passions. C'est alors qu'on vit apparaître ces pages monstrueuses qui
dépassent par leur violence démagogique, par le cynisme du fond
et de la forme, par les furibondes colères dont chaque ligne est
empreinte, tout ce que la presse des plus mauvais jours de la Terreur a jamais produit de plus atroce.

On s'est efforcé, Messieurs, dans le cours de ces débats, de ré-
pudier la responsabilité de ces écrits ; mais il faut cependant que
nous vous rappelions deux circonstances dont la gravité ne vous
aura pas échappé.

— 218 —

M. le procureur-général rappelle ici la pièce trouvée chez Barbès en 1835. (Voir le rapport, page 11.)

Mais d'un autre côté, Messieurs, vous savez que, par une sorte d'audacieuse insulte à la justice, un neuvième numéro de ce dégoûtant pamphlet a presque immédiatement suivi la condamnation des huit premiers. Jetons les yeux, Messieurs, sur quelques lignes de cet écrit, et nous verrons que son auteur réclame une part dans les attentats de 12 et 13 mai, dont Barbès, de son propre aveu, est l'un des principaux coupables.

12 MAI 1839.

« Il y a un mois à peine, nous avons voulu traduire nos principes en action ; l'idée a voulu devenir un fait ; mais, cette fois encore, nous avons échoué ; la royauté enregistre un triomphe de plus. Cette fois encore nous ne sommes que des anarchistes, de lâches pillards, des brigands sans foi ni loi.

« Oui, les 12 et 13 mai, quelques-uns des nôtres ont été vaincus, mais par le nombre. Que MM. les monarchistes ne croient pas en avoir fini avec nous, qu'ils ne croient pas que cette tentative soit notre dernier mot. Si quelques hommes sont tombés sous leurs balles, nos rangs n'en sont pas plus éclaircis pour cela ; au contraire ! »

L'article se termine par un paragraphe qui commence ainsi : « Jetons, en finissant, quelques fleurs sur les tombeaux de nos nouveaux martyrs. »

La solidarité, disons mieux, la complicité, elle est ici avouée, et, il faut le dire, cet aveu est surabondant, car l'identité des moyens et du but, l'égale perversité des uns et des autres, le sang demandé par le *Moniteur républicain*, le sang versé par les assassins du mois de mai, tout prouve qu'il y a là une seule et même pensée.

Enfin, Messieurs les pairs, quoiqu'on puisse dire à cet égard, il faut bien cependant que les chefs de la Société des Familles acceptent la responsabilité d'une pièce dont la publication coïncide avec celle du *Moniteur républicain*, et qui a pour but de faire connaître aux affiliés la réorganisation de la Société même qu'ils dirigent. Nous voulons parler de l'*ordre du jour des phalanges démocratiques*.

Ce document, Messieurs, passera sous vos yeux ; vous y verrez que le comité annonce aux sectionnaires que les *familles* s'appelleront désormais *peloton, nom plus clair et plus significatif;* vous y trouverez l'énumération des causes qui, d'après le comité, ont fait échouer toutes les tentatives révolutionnaires, notamment, « ces insurrections *purement défensives,* dans lesquelles l'ardeur des « soldats de la république s'est inutilement consumée, par le défaut d'organisation dans le parti républicain, et par le manque « de dévouement dans les chefs.

« Un autre effet, ajoute le comité, de ces déplorables fautes, « c'est que nombre de républicains, voyant ainsi les chefs man-

« quer à leur devoir, imaginent à plusieurs reprises de se défaire
« du tyran principal. *A part tout ce qu'avaient de louable leurs pro-*
« *jets,* il n'y avait pas de vrais succès à espérer ; car ce n'est pas
« tout de tuer le tyran, il faut anéantir la tyrannie, et l'on ne pou-
« vait, et l'on ne peut encore obtenir ce résultat qu'au moyen de
« l'union de tous les républicains... Aussi le comité, touché de
« l'insuffisance et du danger des attaques isolées, se réserve-t-il
« expressément la direction des coups que la Société doit porter
« pour obtenir ce double résultat. Aucun sectionnaire ne pourra
« rien tenter contre la tyrannie et contre les tyrans sans son ordre
« formel. Couper la tête à l'hydre, c'est très-bien ; mais ce serait
« mieux de l'écraser tout entière. »

Plus loin, le comité s'impose à lui-même le devoir de provoquer
et de saisir le moment propice de l'insurrection. « Nous voulons
« tous, dit-il, une révolution radicale et sociale..... Le peuple et
« les travailleurs produisant tout ont droit exclusif à tout. »

C'est dans le formulaire annoncé par cet ordre du jour, et saisi
en même temps, que le comité fait prêter au récipiendaire le serment *d'abattre la tyrannie, et de contribuer au triomphe de l'égalité
des conditions sociales, fondée sur le partage égal de tous les produits
de la terre et de l'industrie ;* il lui impose l'obligation *de se procurer
des armes, de faire de la propagande écrite et verbale, et de rechercher
surtout les liaisons avec l'armée.*

Depuis cette époque, Messieurs, c'est-à-dire depuis les premiers
mois de 1838, nous voyons la Société des familles, dont les rangs se
sont grossis par les doubles efforts de la presse clandestine et de la
propagande verbale, s'occuper avec une nouvelle activité de la fabrication des munitions de guerre. Plusieurs dépôts sont successivement saisis, et les détenteurs font connaître qu'ils ont été affiliés à une société secrète, et qu'on les a mis en rapport avec Martin Bernard.

Il est temps, Messieurs, de rappeler, en présence surtout des déclarations de l'accusé principal, l'organisation et les doctrines de
la Société des Familles ou des Saisons. C'est le comité de cette association, on vous l'a dit, qui a préparé et décidé l'attaque ; c'est
l'association qui sous ses ordres a réalisé l'attentat ; il importe
donc de retracer ici les statuts de cette société, de faire connaître
l'organisation dernière qu'elle avait reçue, sous le nom de Saisons,
de montrer par les pièces qui émanent d'elle-même quels sont
les principes dont elle espérait le succès par la révolte.

La plus petite subdivision de la Société se compose de six hommes et d'un chef qui forment une semaine, dont le chef est le dimanche. Quatre semaines réunies composent un mois placé sous
la direction d'un chef plus élevé nommé juillet. Trois mois forment une saison, commandée par un chef suprême nommé printemps ; quatre saisons réunies enfin, forment une année commandée par l'un des chefs suprêmes de l'association, par l'un des membres du comité, sous le nom d'*Agent révolutionnaire.*

Les trois membres du comité ou conseil exécutif, Barbès, Martin Bernard et Blanqui, étaient connus des sectionnaires non

comme membres du comité, mais comme agents révolutionnaires ; et le réglement de la Société portait, en effet, que le comité restait inconnu, mais qu'au moment du combat il était tenu de se faire connaître. C'est là, Messieurs, ce qui explique par avance l'une des charges les plus graves que l'instruction ait fait peser sur Martin Bernard.

Telle était, Messieurs, l'organisation de la Société des Saisons dirigée par Barbès, Martin Bernard et Blanqui ; et quand nous rappellerons bientôt à la Cour les préparatifs immédiats et la marche de l'insurrection, il deviendra plus évident encore, que, pour arriver à de tels résultats, il ne fallait rien moins que la hiérarchie et la discipline d'une organisation presque militaire et depuis longtemps pratiquée.

Maintenant, Messieurs, les principes et le but de cette association vous sont déjà connus ; qu'il nous soit permis toutefois de vous les rappeler en mettant sous vos yeux quelques-uns des passages d'une pièce écrite toute entière de la main de Barbès, et qui n'est autre chose que le formulaire de la réception des membres de la Société qu'il dirigeait.

« Le récipiendaire est introduit les yeux bandés.

« Le prés... au présentateur : Quel est le nom du nouveau frère que tu nous amènes ?

« Au récipiendaire : Citoyen (le nom), quel est ton âge ? ta profession ? le lieu de ta naissance ? ton domicile ? quels sont tes moyens d'existence ?

« As-tu réfléchi sur la démarche que tu fais en ce moment, sur l'engagement que tu viens de contracter ? Sais-tu bien que les traîtres sont frappés de mort ?

« Jure donc, citoyen, de ne révéler à personne rien de ce qui se passera dans ce lieu.

« Le prés... fait les questions suivantes : Que penses-tu de la royauté et des rois ?

« 1° Qu'elle est exécrable, que les rois sont aussi funestes pour l'espèce humaine que les tigres pour les autres animaux.

« Quels sont maintenant les aristocrates ?

« 2° L'aristocratie de naissance a été détruite en juillet 1830 ; maintenant les aristocrates sont les riches, qui constituent une aristocratie aussi dévorante que la première.

« Faut-il se contenter de renverser la royauté ?

« 3° Il faut détruire les aristocrates quelconques, les priviléges quelconques ; autrement ce ne serait rien faire.

« Que devons-nous mettre à la place ?

« 5° Le gouvernement du peuple par lui-même, c'est-à-dire la république.

« Ceux qui ont des droits sans remplir les devoirs, comme maintenant les aristocrates, font-ils partie du peuple ?

« 10° Ils ne devraient point en faire partie ; ils sont pour le corps social ce qu'est un cancer pour le corps humain ; la première condition du retour du corps à la santé, c'est l'extirpation du cancer : la première condition du retour du corps social à un état juste est l'anéantissement de l'aristocratie.

« Immédiatement après la révolution , le peuple pourra-t-il se gouverner lui-même ?

« 13° L'état social étant gangrené, pour passer à un état sain, il faut des remèdes héroïques ; le peuple aura besoin, pendant quelque temps, d'un pouvoir révolutionnaire.

En résumé, quels sont donc tes principes ?

• 14° Qu'il faut exterminer la royauté et toutes les aristocraties, substituer à leur place la république, c'est-à-dire le gouvernement de l'égalité ; mais, pour passer à ce gouvernement, employer un pouvoir révolutionnaire qui mette le peuple à même d'exercer ses droits. »

« Citoyen , les principes que tu viens d'énoncer sont les seuls justes, les seuls qui puissent faire marcher l'humanité vers le but qui lui est fixé ; mais leur réalisation n'est pas facile ; nos ennemis sont nombreux et puissants ; ils ont à leur disposition toutes les forces sociales ; nous, républicains, notre nom même est proscrit, nous n'avons que notre courage et notre bon droit. Réfléchis, il en est temps encore, sur tous les dangers auxquels tu te voues en entrant dans nos rangs. Le sacrifice de la fortune, la mort peut-être, es-tu décidé à les braver ?

« Ta réponse est la preuve de ton énergie.—Lève-toi, citoyen, et prête le serment suivant :

« Au nom de la République, je jure haine éternelle à tous les rois, à tous les aristocrates, à tous les oppresseurs de l'humanité. Je jure dévouement absolu au peuple, fraternité à tous les hommes, hors les aristocrates ; je jure de punir les traîtres ; je promets de donner ma vie, de monter même sur l'échafaud, si ce sacrifice est nécessaire pour amener le règne de la souveraineté du peuple et de l'égalité.

« Le prés... lui met un poignard à la main.

« Que je sois puni de la mort des traîtres, que je sois percé de ce poignard, si je viole mon serment ! Je consens à être traité comme un traître, si je révèle la moindre chose à quelque individu que ce soit, même à mon plus proche parent, s'il n'est point membre de l'association.

« Le prés... : Citoyen, assieds-toi ; la Société reçoit ton serment ; maintenant , tu fais partie de l'association, travaille avec nous à l'affranchissement du peuple.

« Citoyen, ton nom ne sera point prononcé parmi nous, voici ton numéro d'inscription dans l'atelier.—Tu dois te pourvoir d'armes, de munition. — Le comité qui dirige la Société restera inconnu jusqu'au moment où nous prendrons les armes. — Citoyen, un de tes devoirs est de répandre les principes de l'association.—Si tu connais des citoyens dévoués et discrets, tu dois nous les présenter.

« Le récipiendaire est rendu à la lumière. »

Ainsi, vous le voyez, Messieurs, ce que veulent ces hommes,

c'est moins encore une révolution politique qu'une révolution sociale; on signale la royauté à la haine, le Roi à la vengeance; on fait appel aux plus violentes passions pour exterminer ce qu'on nomme les aristocraties, c'est-à-dire, la richesse sous quelque forme qu'elle se produise; le gouvernement qu'on veut réaliser, en définitive, c'est bien la république, mais avant tout, il *faut des remèdes héroïques, le peuple a besoin pendant quelque temps d'un pouvoir révolutionnaire.*

Il faut le dire, MM. les pairs, quand on voit que de tels hommes et de telles idées peuvent troubler et ensanglanter en quelque sorte périodiquement notre pays, quand la France, cette grande nation, si intelligente, si justement fière d'elle-même, est incessamment tenue en échec par le fanatisme insensé de quelques hommes, qui n'entraînent à leur suite que ce qu'il y a de plus inepte dans l'ignorance, de plus désordonné dans le vice, de plus implacable dans la cruauté, on serait pénétré d'une profonde et douloureuse humiliation, si l'on ne se disait après tout, que le droit et la puissance réunis ne sont pas toujours une garantie suffisante contre l'embuscade et le guet-à-pens.

C'est, Messieurs, cette impossibilité de prévoir ces soudaines agressions qui a rendu possible et qui vous explique l'attentat du 12 mai. Barbès a pris le soin de vous le dire, les sectionnaires avaient été convoqués à heure fixe, (deux heures et demie) dans le quartier Saint-Martin, pour passer une revue des chefs à qui la prudence avait commandé de laisser ignorer le but réel, le secret de la convocation. Ainsi, jusqu'au moment où le cri: *aux armes!* proféré par les chefs de l'association s'est fait entendre, trois personnes seulement, les trois membres du comité, savaient que le gouvernement et les lois allaient être attaqués à force ouverte.

Ce point, Messieurs, est grave, car il répondait par avance à des insinuations qui ont été faites, mais dont le caractère est si odieusement absurde que nous ne voulons pas même les relever.

Tout avait été préparé pour l'attaque, par les meneurs du mouvement: des caisses de cartouches avaient été apportées depuis deux jours, dans le voisinage du magasin d'armes des frères Lepage, qu'on devait piller avec violence pour armer les insurgés: une caisse renfermant des haches, des pistolets d'arçon et des écharpes rouges est ouverte par quelques-uns des meneurs, qui distribuent le contenu aux sections, et le magasin d'armes est envahi à l'aide d'escalade et d'effraction; bientôt quelques centaines de fusils et des pistolets, des boîtes de capsules en grand nombre sont en la possession des révoltés, qui reçoivent de la main des chefs les cartouches qui avaient été apportées par leurs soins.

Nous ne vous retracerons pas, Messieurs, les scènes diverses, nombreuses, mais presque toutes également atroces dont l'ensemble constitue ce que vous avez à juger: nous suivrons la marche de la révolte, pour suivre avec elle, à sa tête ou dans ses rangs, les accusés dont nous nous sommes chargés de vous présenter la situation judiciaire telle que l'instruction et les débats l'ont établie.

Le premier. Non assurément par la gravité de l'accusation et des charges, mais par la date et par l'ordre des faits qui lui sont imputés, c'est Bonnet. Nous vous rappellerons donc succinctement, Messieurs, les charges qui pèsent sur cet accusé.

Bonnet, Messieurs, est un jeune homme de 28 ans, Suisse d'origine, exerçant à Paris la profession de graveur; il occupait, rue Bourg-l'Abbé, n° 16, un logement en commun avec les nommés Doy et Georges Meillard, ses compatriotes, tous deux ses coaccusés dans cette affaire.

Au moment où l'insurrection venait d'éclater, rue Bourg-l'Abbé, deux hommes descendirent du logement de Bonnet une caisse remplie de cartouches qui fut ouverte par l'un d'eux; les cartouches furent distribuées par l'un de ces deux hommes aux insurgés qui les entouraient. Voilà, Messieurs, le fait saillant à la charge de Bonnet, car Bonnet et Georges Meillard sont les deux hommes qui ont descendu cette malle.

De ce fait que Bonnet a consenti à recevoir la malle et a aidé à la descendre dans la rue, M. le procureur-général tire l'induction que cet accusé devait savoir que la malle contenait des cartouches destinées à armer les insurgés, et que par conséquent il a pris part à l'attentat.

Bonnet, ajoute-t-il, s'est successivement trouvé sur plusieurs des points attaqués.

Enfin, le soir il se trouve à point nommé pour donner à Georges Meillard, blessé dans les barricades, les soins que réclame sa position.

Il vous appartient de décider si toutes ces circonstances ne viennent pas confirmer, comme nous le pensons, les présomptions si graves qui résultent du fait principal rappelé par nous en commençant.

Mais il est temps, Messieurs, d'entrer plus avant dans notre tâche, et d'absorber la partie de cette accusation relative à l'un des deux principaux accusés, à Barbès, qui se rattache de toutes parts à l'attentat, et qui semble résumer en lui seul toutes les phases de la révolte.

Nous ne reproduirons pas devant vous le récit exact que vous a présenté M. le rapporteur des antécédents judiciaires de cet accusé; nous nous bornerons à rappeler que l'ordonnance d'amnistie a ouvert à Barbès les portes de la prison, vous laissant le soin d'apprécier comment il a reconnu cet acte de clémence et de pardon.

Deux chefs d'accusation s'élèvent contre Armand Barbès; le premier est le plus grave, c'est l'attentat, qui, dans son exécution, comprend le fait de l'assassinat.

Avons-nous besoin, Messieurs, de rappeler ici sur le premier chef d'accusation tous les faits établis par l'instruction et les débats, alors que l'accusé a tout avoué devant vous et s'est audacieusement glorifié du crime énorme qu'il a commis?

Nous le ferons succinctement, mais nous devons le faire, car il importe que nous signalions ici la tactique qui a dicté ce système de défense.

Armand Barbès a refusé toute réponse dans l'instruction écrite : aux débats, il refusa de subir l'interrogatoire ; il déclare qu'il était l'un des principaux chefs de la Société des Saisons, qu'il avait préparé l'attentat, qu'il a convoqué les sectionnaires sous le prétexte d'une revue, mais en réalité pour l'exécution du crime, qu'il a donné le signal du combat, distribué les munitions, excité au pillage des armes ; qu'il s'est mis à la tête d'une bande, qu'il a tiré sur les troupes, et qu'il n'a quitté les barricades qu'à la suite des blessures qu'il avait reçues : puis il proteste qu'il n'a point assassiné le lieutenant Drouineau ; *il n'est capable ni coupable d'un tel crime*, vous dit-il, mais il refuse de s'expliquer à cet égard, et déclare qu'il ne veut point se défendre.

Messieurs, votre conviction sur la culpabilité de Barbès, comme auteur de l'attentat, n'avait assurément pas besoin de cet aveu pour s'établir et se fonder. Barbès ! c'est lui qui, deux jours avant le crime, fait apporter chez la dame Roux les cartouches qu'il distribua le 12 mai aux insurgés ; c'est lui qui convoque les sectionnaires, et le billet saisi sur le cadavre de Maréchal en est la preuve positive ; c'est lui qui, après le pillage des armes, prend le commandement des insurgés, et le témoin Canez le voit à la tête de la bande, un fusil de chasse à la main, criant : *Aux armes ! vive la République !* Prendre la direction de la Cité et se rendre au Palais-de-Justice : l'instruction le retrouve au marché St-Jean, et Nouguès, à cette audience même, où il recule devant ses déclarations relatives à Martin Bernard, persiste à dire qu'il a vu Barbès au marché Saint-Jean : vous savez, Messieurs, que les derniers efforts de la révolte se sont concentrés rue Grenétat ; Barbès était là encore, et il est arrivé blessé, la bouche et la main noircies par la poudre.

Ainsi, la preuve était acquise contre cet accusé, et nous ne devons rien à ses aveux. Mais Barbès, feignant de se méprendre sur la véritable gravité de son crime, s'efforce, par ses aveux sur l'attentat, de donner du poids et de l'autorité à ses dénégations sur l'assassinat.

BARBÈS, vivement. — Telle n'a jamais été mon intention.

M. LE PROCUREUR-GNEERAL. — C'est l'intention que je vous impute.

Barbès, je le répète, ne paraît pas comprendre que son silence calculé, que ses refus de répondre à la justice, qu'il qualifie de refus de défense, viennent, au contraire, donner une importance nouvelle aux charges déjà si graves de l'accusation.

Est-ce donc sérieusement, Messieurs, qu'en refusant toute réponse à la justice, qu'en se dispensant prudemment de toute explication demandée, on vient vous dire qu'on dédaigne de vous répondre, alors cependant qu'on se présente assisté de deux défenseurs, dont on ne contestera point et le zèle et l'habileté ?

Non, Barbès, vous ne refusez pas de vous défendre, et en cela vous avez raison : mais, si vous refusez habilement les réponses qui pourraient vous embarrasser ; si vous n'acceptez pas une discussion qui pourrait vous convaincre, ne nous donnez pas, du moins, cette prudente tactique pour la résignation du martyr.

Vous êtes un vaincu, traduit, dites-vous, devant des ennemis politiques.

Ainsi, en présence même de la justice, vous êtes encore en insurrection contre les lois : vos paroles ne sont que la conséquence des crimes qui vous sont imputés ; il n'y a pas de malfaiteur qui, chaque jour, ne puisse tenir un tel langage devant les tribunaux du pays, car il n'y a pas de crime qui ne soit une révolte contre les lois.

Sous les yeux de vos juges, vous vous posez en prisonnier de guerre ! Et de quelle guerre, nous vous le demandons ? Sont-ce des ennemis, ces malheureux soldats confiants au milieu de leurs concitoyens qu'ils sont chargés de protéger et de défendre ? Sont-ce des ennemis ces gardes nationaux qui se dévouent à la paix publique ? Egorger subitement les uns, abattre les autres à l'improviste et lâchement, à la faveur d'une embuscade, vous osez appeler cela guerre ! Mais, c'est déshonorer la guerre que d'en souiller ainsi le nom, en en décorant le plus odieux, le plus infâme guet-apens.

Vous vous appelez soldat du peuple ! Mais quoi ! ces industriels que vous pillez et dont vous troublez et vous ruinez le commerce, ces soldats enfants du peuple : ces citoyens armés pour l'ordre public, sur lesquels vous faites feu au milieu des rues, et que vous égorgez en pleine paix, sous les yeux et au milieu de leurs familles, n'est-ce donc pas là le peuple ? N'y a-t-il de peuple pour vous, que les malfaiteurs de toutes natures, qui, soit paresse, soit stupide et aveugle entraînement, soit perversité, refusent de parvenir par les voies ouvertes à tous les citoyens, et veulent acquérir tout, et tout-à-coup, par le vol et la violence ? Malfaiteurs effrontés, dont le mobile est une avide et noire ambition, dont le but est le pouvoir et la fortune, dont les moyens sont la révolte, le pillage et l'assassinat ! Ah ! Messieurs, si la loi nous a donné l'austère mission de poursuivre le crime, et d'en demander la répression, si dans l'accomplissement de cette pénible tâche, nous éprouvons souvent le besoin de tempérer et d'adoucir notre indignation par la pitié, ce n'est pas lorsque le crime se pose audacieusement devant nous, ce n'est pas lorsqu'il s'aggrave lui-même, par une théorie perverse et absurde, ce n'est pas lorsque cherchant sa justification dans son principe, il insulte fièrement à la civilisation et aux lumières, par les maximes de la barbarie ! Vous livrez, dites-vous, votre tête, comme le sauvage à ses ennemis ! Oui, vous vous rendez justice ! vous prenez le rang qui vous appartient, vous vous placez comme il convient, en dehors de la civilisation et de toutes les relations sociales ; mais n'oubliez pas cependant que vous êtes ici en présence de la plus haute justice du pays, et que votre exaltation sauvage et vos crimes barbares seront jugés selon les lois sociales et humaines.

Messieurs, si le sentiment de la défense personnelle ne nous avait pas expliqué les paroles de Barbès, nous en serions réduits à chercher encore et leur sens et leur portée. Par quel inconcevable égarement d'esprit, par quelle étrange illusion, celui qui se pro-

15

clame le principal auteur de l'attentat, celui qui se place de lui-même à la tête des bandes d'insurgés, qui se vante d'avoir fait le coup de feu contre la troupe, recule-t-il devant la responsabilité d'un acte isolé, qui, quelque odieux qu'il puisse être, n'a rien de plus grave assurément, que les scènes nombreuses et diverses du crime dont il n'est qu'un épisode?

Comment! vous avez tout préparé, tout organisé, tout exécuté, et vous croyez avoir moins fait par là qu'en commettant vous-même un meurtre? — Savez-vous bien que vingt militaires ont été tués, que soixante autres soldats ont été plus ou moins blessés par vos ordres? Vous auriez, dites-vous, donné à Drouineau sa part de champ et de soleil? Mais si les débats nous permettaient de vous accorder que vous n'êtes pas le meurtrier de Drouineau, est-ce que nous ne sommes pas encore en droit de vous dire que vous commandiez à cette attaque, que le feu a été dirigé par vos ordres, et nous demanderions alors au chef comment il entend repousser la responsabilité de l'acte qu'il a ordonné. Mais en vérité, Messieurs, à qui prétend-on en imposer par de telles protestations? Qui donc voudra croire que le rassemblement armé qui se dirige sous les ordres de Barbès vers le poste du Palais-de-Justice, qui charge les armes avant d'aborder les militaires (deux témoins le déclarent), qui donc voudra croire que ce rassemblement s'approche avec des intentions pacifiques? Est-ce que les paroles adressées par le chef de la bande au chef du poste : *Vos armes ou la mort!* n'impliquaient pas nécessairement la sanction sanglante qui les a suivies? Est-ce que cette odieuse exécution n'est pas la plus complète démonstration qui l'a précédée? Comment donc le chef de cette bande d'insurgés, comment celui qui a prononcé les paroles menaçantes si promptement et si cruellement réalisées vient-il essayer de rejeter sur ses agents la responsabilité qui lui appartient? Est-ce qu'il oublie, lui qui se vante en quelque sorte d'avoir pris part aux scènes principales de l'attentat, qu'elles ont présenté partout le même caractère, le caractère odieux du guet-apens et de l'assassinat? Qu'est-ce donc que cette atroce exécution du marché Saint-Jean, où sept militaires sans défense sont égorgés par une bande de furieux? où l'un de ces militaires, qui respirait encore, reçoit à terre un coup de hache qui lui ouvre le crâne? où un autre qui avait eu l'insigne bonheur d'échapper à ce massacre général, reçoit plusieurs coups de fusil par derrière, après avoir été désarmé, et au moment où il veut se réfugier dans le corps-de-garde.

Disons-le donc, Messieurs, avant d'aborder la discussion relative à l'imputation directe d'assassinat : en développant cette partie de l'accusation, nous ne prétendons rien ajouter à la culpabilité de Barbès. C'est en effet l'attentat qui est le crime principal de cet accusé; c'est le succès de cet attentat qu'il voulait avant tout, et c'est la préoccupation exclusive de ce but qui a étouffé en lui tout sentiment moral, fait taire le cri de la conscience, et légitimé pour lui tous les moyens. Toutefois, il importe de constater les résultats acquis par l'instruction.

Et d'abord, Barbès n'était-il pas le chef qui commandait et dirigeait le rassemblement qui s'est porté vers le poste du Palais-de-Justice? A cet égard, le doute n'est pas même possible; les témoins ont tracé l'itinéraire suivi par cette bande à la tête de laquelle le témoin Cahez a vu Barbès; il a donné de cet accusé le signalement le plus positif; et dans l'instruction comme aux débats, il l'a reconnu sans hésitation. Cette bande, qui suivait alors la rue des Arcis, se dirigeait vers la Cité, conséquemment vers le marché aux Fleurs.

Cependant, Messieurs, nous nous attendons à une objection qu'il importe d'écarter dès à-présent. Barbès, au moment de son arrestation, le 12 mai, vers huit heures du soir, était coiffé d'un chapeau de paille, et l'homme qui commandait le rassemblement du Palais-de-Justice avait un chapeau noir. Nous allons prouver que Barbès, au commencement de l'insurrection, était coiffé d'un chapeau noir.

Rappelons-nous, Messieurs, la déposition si précise du témoin Bertrand. Ce témoin est propriétaire de la maison dans laquelle habite la dame Roux, rue Quincampoix, n. 23. Vous savez que Barbès, et il convient de ce fait, avait fait apporter, le 9 mai, une malle de cartouches chez cette dame, dans la vue de l'insurrection du dimanche. Eh bien! le témoin Bertrand déclare qu'immédiatement après le pillage des magasins de Lepage, une bande d'insurgés, tous armés de fusils, se dirigea vers la rue qu'il habite. A la tête de cette bande d'insurgés était un jeune homme de vingt-huit à trente ans, de grande taille, ayant des favoris bruns, avec barbe entière sous le menton et des moustaches Il était vêtu d'une redingote de couleur foncée et coiffé d'un chapeau noir. Sa figure est longue, dit le témoin avant la confrontation, son nez est droit et allongé; son corps est mince : je le reconnaîtrais bien s'il m'était représenté. Il fit faire halte à la porte du témoin, qui est aussi celle de la dame Roux, en disant : C'est là. Puis il monta l'escalier avec douze ou quinze individus, fit enfoncer la porte de l'appartement occupé par la dame Roux, et descendre la malle qui fut ouverte sous la porte-cochère où se distribuèrent les cartouches.

Nous le demandons, Messieurs, était-il nécessaire que le témoin Bertrand reconnût positivement Barbès, pour que nous fussions assurés qu'il ne pouvait parler d'un autre que de lui. Qui donc avait fait apporter la malle dans cette maison? Barbès n'était-il pas le seul qui pût conduire chez la dame Roux, et n'est-ce pas lui de toute nécessité qui a fait faire halte à ses hommes, en leur disant : C'est-là! puisque lui seul savait en effet que c'était là! Eh bien! le témoin Bertrand déclare que Barbès était coiffé d'un chapeau noir, et son témoignage est positivement confirmé par le témoin Cahez.

Si l'on nous demande comment nous expliquons ce changement de coiffure, nous répondrons d'abord qu'il est certain et que cela devrait suffire; nous dirons ensuite qu'il s'explique naturellement par un fait matériel. Barbès, dans la soirée, a été blessé à la tête : il déclare lui-même qu'il est tombé à la renverse et qu'il est demeuré quelque temps sans connaissance. Comment donc s'étonner que son chapeau ait été changé ; qu'il l'ait perdu dans une telle circonstance, et qu'il en ait reçu un autre de l'un de ses camarades? Cette objection détruite, et le fait du changement de chapeau constaté, rappelons-nous la scène du Palais-de-Justice telle que l'ont décrite les nombreux témoins qui en ont eu le douloureux spectacle.

Vous le savez, Messieurs, la bande d'insurgés en quittant le pont Notre-Dame suivait la rue du Quai-aux-Fleurs du côté opposé à la rivière : le chef était à sa tête un fusil à deux coups à la main. Le poste était sous les armes, en dehors du corps-de-garde ; le chef des insurgés s'approcha de l'officier, et lui dit : « Rendez-vous ou la mort; tous les postes sont à nous. » Sur la réponse négative de ce brave et malheureux militaire, tous les témoins s'accordent à dire que le chef qui s'était adressé au lieutenant lui tira un premier coup de fusil qui ne l'atteignit point, parce que l'officier releva le fusil avec son sabre, mais qu'aussitôt ce même homme se recula de quelques pas, et d'un second coup l'étendit raide mort. Au même instant les insurgés firent feu sur le poste, et dix militaires tués ou blessés furent renversés par cette décharge. Résumons, Messieurs, car le point en discussion est grave, résumons les dépositions des témoins.

Les militaires qui composaient le poste du Palais-de-Justice, et qui ont échappé au massacre, ont tous été entendus comme témoins au nombre de huit. Tous affirment que c'est le chef des factieux qui s'est adressé à l'officier, et qui, sur son refus de rendre les armes, lui a tiré deux coups de fusil à bout portant. Voilà, Messieurs, un fait certain, incontestablement établi par l'instruction et les débats : c'est le chef des insurgés qui a personnellement à se reprocher la mort de Drouineau. Si nous rappelons maintenant qu'Armand Barbès était le chef de cette bande, vous comprenez, Messieurs, quelle est la redoutable conclusion qui résulte de ce rapprochement.

Mais ce n'est pas tout, et les faits qu'il nous reste à rappeler donnent à cette conclusion une force invincible.

Et d'abord un fait saillant c'est l'unanimité des témoignages et leur parfaite identité sur les caractères extérieurs, sur le signalement général de l'homme qui commandait le rassemblement.

Cet homme était grand, mince, vêtu d'une redingote courte et de couleur foncée ; il avait des favoris, des moustaches et une longue barbe ; il était coiffé d'un chapeau noir ; il portait à la main un fusil à deux coups.

Ainsi, dès l'abord, nous constatons que ce signalement s'applique exactement à Barbès; et en même temps s'évanouissent les difficultés qui paraissaient résulter de l'incertitude de quelques témoins qui semblaient hésiter entre Barbès et Delsade.

Ce n'est pas seulement Messieurs, parce que la qualité de chef appartient certainement à Barbès et non à Delsade, mais c'est encore parce qu'il est prouvé que Delsade était vêtu le 12 mai d'une blouse bleue, et coiffé d'une casquette : toute confusion disparaît donc, puisque l'unanimité des témoins signale pour vêtement une redingote courte boutonnée jusqu'en haut, et pour coiffure un chapeau noir.

Puisque nous parlons de cette confusion qui n'a d'ailleurs été que passagère, il est essentiel que nous rappelions certaines circonstances qui nous paraissent avoir une réelle importance.

Lorsque Delsade a été représenté aux témoins, qui n'ont jamais affirmé le reconnaître, mais qui lui ont trouvé beaucoup de ressemblance avec l'assassin de leur officier, Delsade était couché. Ainsi les différences de costumes, les différences de taille, les différences d'ensemble avaient disparues, et il ne restait que l'aspect, qui, il faut bien le dire, présente des analogies frappantes avec la figure de Barbès.

Mais, Messieurs, lorsque ces deux accusés ont été représentés ensemble aux témoins, les dissemblances sont devenues saillantes, et vous avez entendu un témoin, le soldat Gervaisy, vous dire en parlant de Delsade : « J'avais vu à la Conciergerie un homme qui ressemble beaucoup à l'assassin de Drouineau, mais ce ne peut pas être lui, car cet homme est vêtu d'une blouse, et l'assassin portait une redingote. »

Un autre soldat, Paulin (Victor), qui croit être sûr que Barbès est l'assassin, ajoute qu'il n'avait pas la barbe si noire que Delsade.

Un autre, enfin, qui n'a jamais hésité dans la reconnaissance qu'il a faite de Barbès, a répondu en voyant Delsade : Cet homme a la figure étroite comme celui qui était le chef de la bande qui a assailli le poste, mais il est moins grand, et je ne pourrais dire s'il en faisait partie.

Ici l'accusation cherche à établir, d'après les dépositions des témoins à charge, que Barbès seul est l'auteur du meurtre de Drouineau.

Faut-il maintenant discuter les témoignages qu'on a fait entendre à décharge ?

Parlerons-nous des témoins appelés pour constater qu'une trentaine de sergents de ville en uniforme, accompagnés de quelques inspecteurs de police en bourgeois, sont sortis armés, de la préfecture de police, après l'attaque du Palais-de-Justice ? Quel intérêt a ce fait dans l'accusation qui nous occupe, et comment qualifier les insinuations auxquelles il a donné lieu ? Ce qui résulte de cette partie du débat, complétement étrangère aux faits de l'accusation, c'est qu'en effet, après l'attaque de la Préfecture de police, conséquemment après l'attaque du Palais-de-Justice, des officiers de paix sortirent, revêtus de leurs insignes, avec leurs brigades armées, pour explorer les environs de ces établissements; qu'ils n'ont pas dépassé le quai de l'Horloge, qu'ils n'ont pas tiré un seul coup de fusil, et qu'ils ont rapporté à la Préfecture six fusils de chasse abandonnés par les insurgés.

Que dire aussi, Messieurs, de ces dépositions faites avec une si remarquable identité pour vous raconter que le dimanche soir, vers neuf heures, dans un groupe qui stationnait auprès de la rue des Lombards, un inconnu se vanta d'avoir tiré sur l'officier Drouineau ?

Admettons le fait, que prouverait-il ? Que signifie ce dire d'un inconnu ? quel degré de confiance mérite-t-il ? Est-ce que Barbès est le seul d'ailleurs qui ait tiré sur Drouineau ? Est-ce que nous ne savons pas que deux balles ont atteint cet officier ? Est-ce que la bande tout entière n'a pas fait feu sur le poste ?

Mais d'un autre côté, Messieurs, le fait en lui-même est-il croyable ? Comment ! c'est dans un groupe où se trouve du moins des inconnus, en pleine rue, quand l'insurrection est partout étouffée, qu'un homme désarmé viendra sans motif s'imputer un fait odieux ? s'exposer gratuitement à être arrêté, poursuivi pour un tel propos ? Le fait est incroyable, et il nous est bien permis de nous étonner aussi que les témoins qui l'auraient entendu ne l'aient trouvé assez grave pour en parler à la justice qu'au moment de vos débats !

Nous en avons assez dit, Messieurs, sur ces dépositions à décharges reçues dans l'intérêt de Barbès. Nous abordons immédiatement l'accusation relative à Martin Bernard.

Messieurs, si Barbès est l'homme d'action de la Société des Printemps, Martin Bernard, non moins audacieux que lui dans l'exécution, est par-dessus tous autres le recruteur obstiné des sociétés secrètes. Intelligent, actif, habile plus que tout autre, il exerce sur une partie de la classe ouvrière l'influence la plus coupable et la plus dangereuse. Nous ne craignons pas d'affirmer que l'organisation ténébreuse de cette bande redoutable est due principalement à cet accusé ; nous ajoutons, avec l'appui de l'instruction, que la déplorable ardeur et le fanatisme entêté de Martin Bernard sont tels que, dans l'intervalle qui s'est écoulé entre les événements du 12 mai et son arrestation, il s'est efforcé, tout en se dérobant aux recherches de la justice, de remplir les cadres de l'association qu'il dirige, et de présenter les éléments d'un nouvel attentat.

Mais n'anticipons pas, Messieurs, sur les charges que nous devons développer devant vous.

Martin Bernard a refusé toutes réponses dans l'instruction et à l'audience, et vous avez apprécié la prudente habileté de cette réserve. Comment, en effet, pouvait-il, à côté de ceux qu'il a entraînés dans l'attentat et qu'il a placés sur le banc des accusés à côté de Barbès, membre comme lui du comité, et qui avoue sa participation à l'attentat en prenant sur lui la responsabilité des actes de ceux-là qu'il a entraînés à sa suite ; comment pouvait-il nier une culpabilité certaine, notoire, pour nous servir de l'expression de Nouguès ? Cela était impossible, Messieurs, et Martin Bernard a pris le parti de ne pas répondre, mais il a chargé deux avocats de le défendre.

Nous avons parlé de Nouguès ; rappelons les charges que ses déclarations ont fait peser sur Martin Bernard.

Nouguès est l'ami intime de Martin Bernard, et cette intimité,

Messieurs, est poussée si loin que Nouguès, qui n'appartenait pas,
dit-il, à la Société des Saisons, recevait cependant les plus graves
confidences de Martin Bernard, et a su par lui le jour et l'heure
de l'insurrection.

Nouguès.—Je n'ai pas dit cela. (Mouvement.)

M. le Procureur-General.—C'est moi qui le dit.

Nouguès.—Je ne l'ai pas dit.

M le Procureur-General. — Vous allez voir que vous l'avez
dit.

Nouguès ne dissimule pas ses opinions républicaines ; il ne recule devant aucun de ses actes ; il s'attribue sans forfanterie, mais
au contraire avec le sentiment du repentir, la part de culpabilité
qui lui appartient.

Nouguès n'est donc pas un révélateur intéressé ; il n'entend
même rien révéler ; mais, forcé par l'évidence des faits de confesser sa culpabilité, il se croit placé sous l'empire de la même nécessité quand il s'agit de son ami, Martin Bernard, dont, à ses yeux,
la participation directe à l'attentat présente un caractère si complet
de certitude et de notoriété qu'une dénégation est impossible. Ce
qu'il déclare, il ne l'a pas entendu dire, il le sait parce qu'il l'a vu ;
il l'a vu parce qu'il a suivi partout Martin Bernard et Barbès.

Ici M. Franck-Carré, pour prouver la participation de Martin
Bernard à l'insurrection du 12 mai, donne lecture des interrogatoires subis dans l'instruction par Nouguès, et dans lesquels ce
dernier déclare que Martin Bernard a pris part à tous les actes de
l'insurrection.

Plus tard, lorsqu'on demandera de nouvelles indications à Nouguès, il les refusera catégoriquement : « Je ne suis pas un dénon-
ciateur, dira-t-il. Si j'ai parlé de ce qui concerne Barbès, Martin
Bernard et Blanqui, c'est parce que cela est de notoriété publique. »

Cependant, Messieurs, à cette audience et par un sentiment que
vous avez tous compris, Nouguès persiste dans ses déclarations
relatives à Barbès et à Blanqui, parce que Barbès avoue les faits
et que Blanqui est en fuite ; mais il se rétracte à l'égard de Martin
Bernard, qui s'est renfermé devant nous dans un silence complet ;
examinons le mérite de ces rétractations tardives.

Nouguès vous a dit : « Quand j'ai fait ces déclarations dans l'instruction, je croyais Martin Bernard mort, je le supposais tué dans
l'insurrection. »

Nouguès ne s'aperçoit pas que cette étrange explication serait,
au besoin, la preuve de la vérité des déclarations mêmes qu'il essaie de rétracter. Pourquoi donc, en effet, supposait-il que Martin Bernard avait été tué dans la révolte, s'il ne savait pas qu'il y
avait pris une part coupable?

Mais, cela n'est pas possible ; c'est le 6 juin seulement, près
d'un mois après l'attentat, que Nouguès a été arrêté ; et lui, l'ami
intime de Martin Bernard ; lui, l'un des plus ardents champions
de la révolte ; lui, le confident obligé de toutes ces trames coupables, il avait ignoré que Martin Bernard se cachait, qu'il était re-

cherché par la justice! Non, Messieurs, encore une fois, cela
n'est pas possible. Et lorsque Nouguès a parlé devant M. le
chancelier dans les interrogatoires des 7 et 8 juin, non-seulement
il a dit vrai, mais c'est l'évidence des faits qui ne lui a
pas permis de les nier. Que signifierait en effet cette conduite de
Nouguès? Comment! il dira vrai, quand il accuse Barbès et Blanqui, et il mentira pour charger Martin Bernard, son camarade,
son ami? Mais dans quel but? Pour quel motif inculperait-il si
gravement un innocent qui n'aurait eu d'autre tort que celui d'ê-
tre son ami? Sa défense personnelle n'y est en aucune façon intéressée; il faut donc le reconnaître, la déclaration de Nouguès est
inattaquable, elle présente, au plus haut degré, tous les caractès de
la vérité.

Il faut maintenant entretenir la Cour d'un fait grave qui se rattache aux circonstances générales de l'attentat, et qui élève une
charge de plus contre Barbès et Martin Bernard.

Vous savez, Messieurs, qu'une proclamation avait été préparée
par le comité de la Société des Saisons pour le jour de l'insurrection. Un exemplaire imprimé de cette pièce a été trouvé dans le
magasin des frères Lepage; ce document est grave, nous devons
le reproduire en entier. (Voir ce document, page 23.)

Une observation doit ici trouver sa place : elle résulte des signatures apposées au bas de cette pièce comme celles des membres
du gouvernement provisoire.

Les chefs, les seuls et véritables chefs de l'odieux attentat dont
nous demandons justice ont bien compris que leurs noms inconnus n'avaient aucune puissance, et, par un infâme mensonge,
trompait leurs adeptes eux-mêmes, ils cherchaient par leur criminelle entreprise un appui qu'elle n'avait point, dans l'adhésion
supposée de quelques personnages politiques.

Les signatures qui terminent la proclamation n'ont donc, Messieurs, d'importance que parce qu'elles constituent, de la part des
accusés principaux, l'aveu de leur propre impuissance; mais il y
a dans cette pièce d'autres noms dont la présence y est bien grave.

« Le gouvernement provisoire a choisi des chefs militaires pour
diriger le combat; ces chefs sortent de vos rangs; suivez-les, ils
vous mèneront à la victoire.

» Sont nommés :

» Auguste Blanqui, commandant en chef;

» Barbès, Martin Bernard, Quignot, Meillard, Nétré, commandants des divisions de l'armée républicaine. »

Vous le voyez, Messieurs, l'intérêt qui a dicté la fable du gouvernement provisoire, et le mensonge des signatures qui terminent la pièce, étaient précisément de donner du crédit et de l'autorité aux nominations militaires; c'était en quelque sorte le bre-
vet que les commandants de la révolte se donnaient à eux-mêmes
sous des noms supposés. Ces nominations ont donc une réelle gravité; elles seraient au besoin à elles seules la plus grave présomption, sinon la preuve de la participation à l'attentat, des hommes
que l'on désignait aux insurgés comme *leurs chefs militaires,* qu'on

leur recommandait de suivre au combat, qui *devaient les conduire à la victoire.*

Barbès, Martin Bernard sont nommés commandants de division de l'armée républicaine. Barbès, vous savez s'il a justifié cette nomination ; nous vous demanderons maintenant si la nomination de Martin Bernard ne vient pas donner aux déclarations de Nouguès une confirmation éclatante ?

Nous en avons assez dit sur ce point, Messieurs, et nous nous occupons immédiatement d'une pièce dont la gravité est immense contre l'accusé Bernard.

Nous l'avons dit, Messieurs, cet accusé, l'un des trois membres du comité de la Société des Saisons, était plus spécialement chargé, en raison de ses relations avec la classe ouvrière, de l'embauchage et du recrutement de la Société. Vous savez que Martin Bernard n'a été arrêté que le 21 juin. Eh bien ! on a trouvé sur lui une pièce écrite en entier de sa main (il l'a reconnue même à cette audience), qui n'est autre chose que le formulaire de la réception des membres de la Société des Saisons.

Mais ce formulaire est bien grave, car il a été modifié par Martin Bernard en raison de l'attentat même que vous avez à juger, et il prouve tout-à-la-fois la participation de l'accusé à ce crime et ses efforts pour en préparer un nouveau.

La pièce tout entière passera sous vos yeux, Messieurs ; mais il importe que nous rappellions en ce moment quelques-uns de ses termes :

« Le récipiendaire est introduit, etc.

« Sais-tu qui nous sommes et ce que nous voulons : Nous allons te le dire en peu de mots :

« Apôtres infatigables de l'égalité, nous nous sommes associés dans le but de faire triompher cette sainte cause les armes à la main. Forts de notre bon droit, rien ne pourra nous rebuter et nous décourager dans l'accomplissement de cette tâche glorieuse. Nous avons juré haine à mort à la royauté et à l'aristocratie qui oppriment la France ; nous ne te parlons pas des douleurs du peuple, tu les conçois et tu les sens aussi bien que nous.

« Te sens-tu le courage de partager nos dangers ? Es-tu prêt comme nous à faire le sacrifice de ta vie et de ta liberté lorsque l'heure du combat aura sonné ? Réfléchis bien avant de te lier à nous par un serment à l'immensité de notre entreprise. Nous avons affaire à forte partie. Nos ennemis sont puissants ; ils ont une armée, des trésors. Nous autres prolétaires, nous sommes pauvres et sans appui. Nous n'avons pour nous que la justice et la sainteté de notre cause. « Peut-être sommes-nous destinés à succomber « encore une fois et à aller rejoindre dans la tombe ou dans les « cachots de Philippe les martyrs du 12 mai. Tu n'hésites pas, « parle sans crainte ?

« Lève-toi : voici le serment que tu vas prêter :

« Je jure d'obéir aux lois de l'association.

« Je jure de prendre les armes au signal de nos chefs et de combattre avec eux jusqu'à la mort.

« Que ton sang retombe sur ta tête si tu trahis tes serments. Nous te proclamons membre de l'association. »

Tout est dit sur Martin Bernard, Messieurs; sa culpabilité au premier chef est établie sans réplique; il n'est pas seulement le complice des crimes que vous avez à juger; il en est l'un des auteurs principaux : comme Barbès il encourt moralement et légalement la responsabilité du sang versé.

Il nous reste, Messieurs, à vous parler de Nougués; mais ses aveux complets nous dispensent de toute argumentation sérieuse.

Vous vous rappelez aussi, Messieurs, la lettre de cet accusé adressée à la demoiselle Reine Morel; elle forme en dehors de ses aveux une première preuve irréfragable, il nous suffira de la lire :

« 13 mai.

« Ma chère Reine,

« Jusqu'à présent il ne m'est rien arrivé... Nous avons combattu toute la journée d'hier, mais nous espérons recommencer ce soir.... Prie pour moi, et si j'échappe tu seras ma femme; au revoir, je t'embrasse mille fois.

« Ton mari. »

Vous savez aussi, Messieurs, que chez une fille Daniel, maîtresse de Nougués, on a saisi deux fusils qu'il avait cachés dans une paillasse. L'un de ces fusils provient des magasins de Lepage. Nougués convient de ces faits, ainsi que de sa participation aux principales scènes de la révolte.

Permettez-nous, toutefois, de vous soumettre quelques réflexions qui nous sont dictées par notre conscience et par l'importance et la gravité de notre mission.

Messieurs, on va vous parler sans doute au nom de la défense, du caractère politique des crimes qui vous sont déférés; et, à ce titre, on prétendra se faire un droit de votre indulgence. Sur ce point, nous vous devons notre pensée tout entière.

L'indulgence pour le crime politique! la loi nouvelle l'a consacrée dans de justes limites; elle est dans les modifications qu'a subi le Code pénal en 1832, et dont le bénéfice a déjà profité à tant de coupables! Ce n'est pas ici que nous avons besoin de dire qu'il y aurait péril à faire plus que la loi; mais, nous dirons à la défense : Vous ne voulez pas que les crimes de la pensée puissent jamais être frappés du dernier supplice; vous rappelez de sanglantes exécutions qui, dans d'autres temps, ont été le résultat de complots, c'est-à-dire de résolutions d'agir, concertées et arrêtées, mais non encore réalisées. Eh bien! ce que vous ne voulez pas, la loi ne le veut plus aujourd'hui, et cette loi les partis la doivent à ce gouvernement qu'ils attaquent avec tant de violence. Mais ici, n'abusons pas des termes, et ne confondons pas et les faits et les principes.

Eh quoi! vous recrutez et vous embrigadez des sectaires, vous les convoquez à heure fixe, vous leur donnez le signal du pillage et du meurtre, vous les armez par des vols commis à l'aide de

violences et d'effractions dans des maisons habitées ; puis, par d'o-
dieux guet-apens, vous égorgez des citoyens, des officiers, des soldats sans défense, et vous prétendez vous absoudre, par cela seul
que ces exécrables forfaits auront été précédés d'un complot politique ! par une déplorable fantaisie de votre imagination vous
nous présentez insolemment ce complot comme l'excuse de tous
les crimes qui l'ont suivi !

C'est en vérité une bien étrange et bien audacieuse prétention
que celle de ces hommes qui se persuadent, sans doute, qu'il suffit
d'appeler vertu ce qui est crime, pour donner au mal les caractères et l'apparence du bien ; que des rebelles, par cela seul qu'ils
se déclarent les ennemis du gouvernement et de la Société, puissent se justifier par leur crime, et s'arroger le titre de grand citoyen.

Comme si tous les forfaits n'avaient pas le caractère d'une
attaque contre les lois sociales ; comme si ce n'était pas précisément à ce titre qu'ils sont justement frappés de la réprobation
publique ! Vouloir les légitimer par leur principe même, prétendre
les absoudre par la circonstance qui les aggrave, c'est opposer à
la conscience du genre humain qu'on insulte, les sophismes d'une
altière mais repoussante immoralité.

Quels sont donc, Messieurs, ces hommes qui après avoir prémé-
dité et exécuté les plus grands crimes, n'ont d'autre défense à produire que la glorification même de leurs forfaits ! Est-ce qu'on
peut, est-ce qu'on doit leur accorder qu'ils se rattachent à une
opinion politique. Ah ! Messieurs, pour l'honneur de la raison
humaine nous ne l'admettons point. Il n'y a pas en France, il n'y
pas au monde, d'opinion sérieuse qui ne repousse avec un juste
mépris les absurdes et sanglantes utopies qu'on nous présente
comme un système politique. Il n'y a pas d'opinion qui, prenant
pour point de départ le meurtre et le vol, les prenne aussi pour
but et veuille pouvoir organiser la rapine et l'assassinat. A quel
parti, à quelle faction, rattacherez-vous donc ceux qui, dans une
langue barbare et sauvage disent an peuple : « Point de pitié, mets
nus tes bras, qu'ils s'enfoncent dans les entrailles de tes bourreaux ! !... » ceux qui s'écrient que les aristocrates sont les riches,
et qu'il faut exterminer toutes les aristocraties, ceux qui veulent
« l'égalité des conditions sociales, fondées sur le partage égal de tous
les produits de la terre et de l'industrie. »

Ne confondons point, Messieurs, le brigandage même lorsqu'il
s'exerce par bandes organanisées avec les partis politiques ; resti-
tuons à chaque chose son véritable caractère, et ne donnons point
un démenti à la conscience publique.

Et maintenant, Messieurs, est-ce pour les hommes qu'on viendra vous demander indulgence ? mais est-ce qu'indépendamment
de leur participation individuelle aux scènes horribles des 12 et 13
mai, Barbès et Martin Bernard ne sont pas responsables par complicité directe de tout le sang qui s'est versé ? Qui donc a soulevé
ces bandes d'assassins ? qui les a instruites et disciplinées au meurtre ? qui marchait à leur tête et les entraînait par la contagion du

crime? Messieurs, jamais attentat plus odieux ne fut commis; jamais culpabilité principale ne fut mieux établie. L'indulgence pour Barbès, pour l'homme qui, en 1835, adhérait au crime de Fieschi par une proclamation sanguinaire; pour celui qui, le 12 mai, s'écriait : « Que la vengeance soit terrible, car elle a trop tardé! Peuple, frappe, extermine sans pitié les vils satellites, complices volontaires de la tyrannie, » et qui, en effet, entrait par un odieux assassinat dans cette route sanglante qu'il désignait à ses séides! Cette indulgence, elle lui a été accordée tout entière quand l'ordonnance d'amnistie vint lui ouvrir les portes de sa prison : aujourd'hui il n'a droit qu'à la justice.

L'indulgence pour Martin Bernard? pour celui dont l'active turbulence, dont le propagantisme obstiné a recruté principalement cette association ténébreuse qui ne devait se manifester au grand jour que par ses attentats !

L'indulgence pour cet homme qui, au moment où la justice le décrétait d'accusation, semblait avoir redoublé de criminelle industrie pour fomenter de nouveaux désordres et préparer de nouvelles et sanglantes catastrophes ! Non, non, il faut enfin que le jour de la réparation arrive; et c'est au nom de la société tout entière justement alarmée que nous demandons le châtiment des coupables. C'est à votre arrêt, Messieurs les pairs, qu'il appartient de rendre au pays cette sécurité dont il a besoin, et que peuvent seuls maintenir le courage et la fermeté des magistrats.

L'audience est suspendue pendant un quart d'heure.

M. BOUCLY, avocat-général, a la parole à la reprise de l'audience. Il soutient l'accusation à l'égard de Roudil et Guilbert, et que ces deux accusés ont pris part à l'attaque du Palais-de-Justice et de la préfecture de police; il pense, néanmoins, que leurs bons antécédents et leur jeunesse inspireront quelque indulgence à la Cour. Il se dispose ensuite à aborder les faits relatifs à Mialon.

(Tout-à-coup la voix de l'avocat-général s'arrête, il pâlit et retombe sur un siège. Plusieurs pairs lui offrent des sels que deux huissiers lui font respirer.)

M. LE PRÉSIDENT. — M. Nouguier pourrait prendre la parole pour donner le temps à M. Boucly de se reposer. (M. Boucly quitte l'audience.)

M. NOUGUIER, avocat-général, s'occupe d'abord des faits relatifs à Delsade. — Delsade était au pillage des magasins Lepage, à l'attaque du Palais-de-Justice, à l'attaque de la préfecture de police. L'accusation le perd de vue pendant le fort de l'insurrection, mais le retrouve vers les sept heures dans un cabaret de la rotonde du Temple, d'où il a fait feu sur la troupe.

La culpabilité de Lemière résulte de son propre aveu; mais ce qu'il ne dit pas et ce que les témoins ont prouvé, c'est qu'il a combattu à la fameuse barricade de la rue Grenétat; c'est qu'il s'est montré encore à la dernière barricade de l'insurrection, à la barricade de la rue Saint-Magloire sur laquelle a été élevé un drapeau rouge, trouvé en la possession de l'accusé. Vainement il allègue pour sa défense qu'il n'a cédé qu'à la violence, rien ne l'établit.

L'accusation arrive ensuite à Austen.

« Malgré l'impassibilité de notre mission, s'écrie M. l'avocat-général, nous n'avons pas pu nous défendre d'un sentiment involontaire d'indignation, quand nous avons réfléchi qu'Austen ne nous appartient pas, qu'Austen est étranger. Il est venu en France comme sur une terre hospitalière, pour y chercher du travail qui ne lui a pas manqué, car vous savez que c'est lui qui a manqué au travail. Alors, cet homme négligent, ne trouvant pas par lui-même le moyen de satisfaire à ses passions, s'en prend à la pensée de tenter par les armes un nivellement de toutes les fortunes, et voilà que cet homme, avec qui notre constitution politique n'a que faire, qui, s'il ne la trouve pas bonne, a la liberté de se retirer au pays qui l'a vu naître, vient prendre le fusil, s'établir au milieu des insurgés, pour jouer le rôle de réformateur. C'est là un abus bien coupable d'une hospitalité si généreusement exercée. »

M. Nouguier arrive ensuite aux faits qui se sont passés dans le Marais, le 13 mai : « Certes, dit-il, Longuet n'avait aucune liaison avec la Société des Saisons, et avec les chefs militaires de cette Société, mais il n'en est pas moins vrai qu'il a été lundi à la tête d'une bande qui a désarmé plusieurs gardes nationaux à domicile, et qu'il a amorcé et chargé les fusils de ses coaccusés. Martin-Noël est chargé par ses propres aveux; il a pris part aux mêmes faits que Longuet; de plus, il a tiré trois coups de fusils sur la troupe, et s'en est vanté après son arrestation. Pierné a pris part à l'attentat, mais d'une manière moins grave que Martin. Marescal est coupable au même chef que Pierné, plus coupable peut-être, car le fusil dont il était porteur avait fait feu plusieurs fois. Grégoire avait également tiré plusieurs fois sur la troupe, lorsqu'il a été dangereusement blessé. »

M. Nouguier termine en reproduisant quelques-uns des arguments de M. Franck-Carré contre les sociétés secrètes qui aspirent au renversement du gouvernement actuel. Il adjure la Cour de repousser d'une main ferme les attaques des ennemis de l'ordre.

M. Boucly reprend son réquisitoire, et s'attache à établir la participation de Mialon à l'insurrection et à le présenter comme le meurtrier du brigadier Jonas.

MIALON. — C'est faux ! ah ! mais c'est que c'est faux !

M. BOUCLY, après avoir discuté les dépositions des témoins et essayé de démontrer la culpabilité de Mialon, s'occupe ensuite de Philippet, Walch, Lebarzic et Dugast, dont la culpabilité, selon lui, ne saurait être mise en doute.

Mais, dans l'opinion de M. l'avocat-général, s'ils sont coupables, ils ne le sont pas tous au même degré. Philippet était contre-maître de la fabrique où travaillaient Walch et Lebarzic, c'est lui qui a entraîné ces deux ouvriers en faisant ainsi un déplorable abus de l'influence de sa position sur eux. C'est lui aussi qui a entraîné Dugast. En se résumant, M. Boucly persiste dans l'accusation à l'égard de tous les accusés dont il a entretenu la Cour, en laissant à sa sagesse le soin d'apprécier si, en considération des aveux et du repentir de Walch et de Lebarzic, elle ne croira pas devoir user d'indulgence envers les deux prévenus.

L'audience est levée à six heures et renvoyée à demain midi pour entendre les plaidoiries des avocats.

⸻ ◦ ⸻

11ᵉ AUDIENCE. — 6 JUILLET.

Auditions des témoins à décharge en faveur de Mialon et de Lemière. — PLAIDOIRIES ; *De Mᵉ Arago pour Barbès.* — *De Mᵉ Paillet pour Nougués.* — *De Mᵉ Favre pour Roudil.* — *De Mᵉ Arago pour Martin Bernard.* — *Et de Mᵉ Liguières pour Guilbert.*

L'audience commence à midi.

M. LE PRÉSIDENT. — Avant d'entendre les défenseurs, je vais procéder à l'audition de quelques témoins réclamés à décharge par les défenseurs des accusés. On va d'abord introduire ceux qui ont été appelés pour l'accusé Mialon.

M. Boquin, coiffeur, rue aux Ours, 1, dépose que le maréchal-des-logis Jonas a été tué par un homme en blouse bleue près duquel se tenait un individu en veste de velours. Cet individu lui a paru être déguisé et porteur d'un costume qui ne lui appartenait pas.

M. LE PRÉSIDENT. — Reconnaissez-vous Mialon comme étant cet individu ?

M. BOQUIN. — Je ne reconnais pas Monsieur. L'homme dont je

parle était plus gros, il avait des épaules plus larges et des favoris noirs.

Boquin fils, âgé de 12 ans, rue aux Ours. — J'ai vu un certain nombre d'individus renverser une voiture. Derrière se trouvait un homme qui tira un coup de fusil et disparut.

M. LE PRÉSIDENT. — Reconnaissez-vous Mialon?

Boquin fils. — Je ne reconnais pas cet homme-là du tout.

Me BLOT-LEQUESNE. — Quel était l'individu qui a tiré le coup de fusil?

Boquin. — Il était très-gos et d'une grande taille.

Me BLOT-LEQUESNE. — La Cour se rappellera qu'un des témoins à charge a déclaré que l'individu qui avait tiré était d'une corpulence bien prise. Ce signalement ne se rapporte point à l'accusé.

M. CHARLET, rentier, rue aux Ours. — Le dimanche 12 mai, j'étais occupé dans mon cabinet. Ayant entendu un grand bruit dans la rue, je mis la tête à la fenêtre. Je vis, au coin de la rue Bourg-l'Abbé, deux hommes vêtus, l'un d'un bourgeron, l'autre d'une veste de velours avec un chapeau à larges bords. Il avait par-dessus une espèce de ceinturon large, que je ne puis mieux comparer qu'à un ceinturon de chasseurs tyroliens. Il tirait fort bien aussi, car c'est lui qui, dès les premiers coups, a tué le maréchal-des-logis de la garde municipale.

Me BLOT-LEQUESNE. — Le témoin a-t-il remarqué le signalement?

M. CHARLET. — J'étais au deuxième étage, et à vous parler franchement, entendant des coups de fusil, je me suis tenu derrière l'entre-deux des croisées. J'ai vu seulement l'homme de côté; il avait des favoris bruns.

M. LE PRÉSIDENT (Après avoir fait lever Mialon.) — Reconnaissez-vous l'homme qui est levé?

M. CHARLET. — L'homme dont je parle m'a fait l'effet d'avoir plus de volume que l'accusé.

M. DELILLE, rue aux Ours, 16. — J'étais à ma croisée lorsque j'ai aperçu dans la rue un homme armé d'un fusil. Je l'ai vu ajuster un garde municipal et ensuite se retirer.

D. Avez-vous reconnu l'individu? — R. Je l'ai vu un instant : il avait une veste de velours, un ceinturon de cuir et un pantalon de velours aussi.

(Sur l'ordre de M. le président, Mialon se lève.)

D. Est-ce celui-là? Le reconnaissez-vous? — R. Non, je ne le reconnais pas.

Mᵉ Blot-Lequesne. — Cette personne n'était-elle pas différente de corps et de figure avec l'accusé? n'était-elle pas plus forte? — R. Oui.

D. En quoi était-elle différente? — R. C'était un homme plus fort et plus grand.

Maës (Pierre), terrassier, rue aux Ours.

D. Connaissiez-vous Mialon avant les événements? — R. Oui, Monsieur.

D. Que savez-vous? — R. Monsieur, le 12 mai, je revenais de faire une course, lorsqu'à la porte Saint-Denis je m'aperçus qu'il y avait du trouble. Je demandai ce que c'était, lorsque des jeunes gens m'ont dit : « Venez avec nous, brave citoyen. » Ils ont tiré quelques coups de fusil, puis après un instant je me suis esquivé; et ne sachant par où passer, j'ai été à tort à travers pour gagner la maison.

D. Et vous n'avez reconnu personne? — R. Non, Monsieur.

M. le Président. — Faites entrer Grossonnery, témoin à décharge pour Lemière.

Mᵉ Nogent-St-Laurent, défenseur de Lemière. — MM. les pairs se rappellent que lorsque Lemière fut interrogé, une considération pleine de sagesse partit de la bouche de M. le président. M. le président lui dit que si sa conduite avait toujours été bonne, l'homme honorable qu'il avait pour père n'aurait pas refusé de le voir. Eh bien! Lemière, justement préoccupé de cette pensée, a voulu faire prouver à la justice sa bonne conduite, ses mœurs probes et honnêtes, et c'est dans ce but que nous avons appelé le témoin Grossonnery.

M. Grossonnery est entendu. Il déclare qu'il connaît Lemière pour l'avoir vu travaillant chez lui. Il ajoute que jamais en aucune circonstance, il n'a eu de mal à dire de Lemière.

M. le Président. — La parole est à Mᵉ Arago.

Plaidoirie de Mᵉ Arago.

Messieurs les pairs, appelé le premier à faire entendre dans cette enceinte une parole de défense, je dois, vous le sentez, ne point borner ma tâche à la discussion des actes de Barbès; je dois suivre partout le ministère public et ne rien laisser sans réponse. Je dois d'abord, Messieurs, repousser avec énergie les terribles insinuations, terribles et gratuites, dont on veut, à l'avance, frapper un accusé. Qu'est-ce donc, en effet, que ce mot d'assassin, ce mot de régicide qu'on lui jette à la face? Qu'est-ce que ce rapprochement du nom de Fieschi et du nom de Barbès? Deux noms, croyez-le bien, que vous ne pouvez pas associer; un abîme les sépare. Qu'est-ce encore, M. le procureur-général, que cette odieuse solidarité attribuée par vous à Barbès dans la publication clandestine d'un *Moniteur républicain*, qui prêche l'arnachie et l'effusion du sang? Sur quelles fragiles preuves avez-vous tenté d'établir la part qu'il aurait prise à cette publication? et sur quelles apparences vous êtes-vous fondé pour soutenir ici que, confident du crime de 1835, il voulait l'exploiter?

« Pépin, avez-vous dit, Pépin, complice de Fieschi, révélait avant de mourir son affiliation à une société secrète. Membre actif de cette société, Blanqui, l'ami de Barbès, savait les projets de Pépin; Barbès les savait donc aussi. » Et vous expliquez de la sorte le sens d'une prétendue proclamation saisie à cette époque dans le domicile de Barbès? O sublime induction! Sachez, Messieurs les pairs, que traduit alors en police correctionnelle pour délit d'association, Barbès qui ne déguise point sa pensée s'est levé tout-à-coup au seul nom de Fieschi, et s'est écrié : « Fieschi, monstre infernal, Fieschi, vil instrument fait pour déshonorer et pour perdre à jamais le parti politique qui l'aurait employé! » N'oubliez pas ce cri, vous qui êtes ses juges; n'oubliez pas non plus qu'il a formellement dénié le *Moniteur républicain,* et qu'il vous a prouvé que la Société des Saisons est étrangère à ce journal; oui, il vous l'a prouvé par un argument péremptoire auquel le ministère public s'est dispensé de répondre.

Qu'est-ce enfin, qu'est-ce, je vous le demande, à vous qui êtes le maître de l'accusation, qu'est-ce que cette chaîne fatale au moyen de laquelle vous avez rattaché la Société des Saisons à la Société des Droits de l'Homme, l'insurrection d'hier aux révoltes fameuses de 1834? Quelle liaison intime avez-vous découverte entre ces deux époques, entre ces guerres civiles dont l'une vécut longtemps, dont on étouffa l'autre au bout de quelques heures? Prétendez-vous, par hasard, rapprochant une minute deux sociétés secrètes, affirmer qu'elles se ressemblent toutes? Oh! vous avez raison. C'est du même principe qu'elles sont toutes issues; ce sont les mêmes idées qui les ont toutes nourries. Si la Société des Saisons tire son origine de celle des Droits de l'Homme, c'est la Société des Communes, autrefois engendrée par le carbonarisme, qui a donné naissance aux Droits de l'Homme.

Ici, Messieurs les pairs, se place une objection que notre prévoyant adversaire, supposant l'argument, nous a faite d'avance. « Gardez-vous bien, disait-il aux prévenus, gardez-vous de rappeler d'anciennes conspirations qui n'étaient autre chose que des conspirations. Votre conduite, à vous, c'est le vol le meurtre et le pillage organisés ; votre insurrection n'a rien de politique, ne parlez donc point de politique. » Non, je n'évoquerai pas le poignant souvenir de ces quatre martyrs qu'on a tués en Grève, des quatre sergents de La Rochelle. Mais je parlerai, si je veux, du complot de Béfort : il n'y avait pas là qu'un complot ; l'exécution suivait. Les avocats d'alors parlaient-ils politique, ou ne plaidaient-ils que le meurtre et le brigandage ? Ils parlaient politique, moi je veux imiter les avocats d'alors.

Et maintenant, Messieurs, maintenant que voilà notre route déblayée de toutes ces accusations parasites dont on avait encombré le chemin de la défense, marchons au but sans nous en écarter. Cherchons dans la cause elle-même les éléments de votre conviction ; jugeons en l'observant de haut cette soudaine prise d'armes des 12 et 13 mai, que l'on vous a dépeinte sous les plus sinistres couleurs, que l'on vous représente comme une invasion de barbares dans le meilleur des mondes. Examinons, Messieurs, aussi rapidement, mais aussi fidèlement que possible, les circonstances politiques à l'encontre desquelles se sont manifestés les événements subits, dont l'auteur principal est assis là devant vous, attendant son arrêt.

Les insurrections spontanées sont celles qui se manifestent tout-à-coup au milieu du pays le plus calme, lorsque le pays est heureux, lorsque la sécurité règne partout, lorsque la crainte de l'avenir ne fait battre le cœur de personne. Voilà les insurrections spontanées ; mais croyez-vous qu'il faille les ranger toutes dans ces deux mêmes catégories ? Est-ce qu'il n'y aurait que des insurrections provoquées et des insurrections criminelles au premier chef ? Non ; il y a toujours dans les actions des hommes le fait et l'intention. L'intention doit passer avant le fait ; et si l'on voulait juger l'insurrection du 12 mai par elle-même, si l'on ne voulait pas apprécier, permettez-moi le mot, l'atmosphère politique au milieu de laquelle elle s'est manifestée, on courrait, Messieurs, grand risque de se tromper.

Quel était donc l'état politique de la France aux 12 et 13 mai dernier ? Remontons, si vous le voulez, à quelques mois. En désaccord avec le parlement, le ministère ne pouvait plus garder le pouvoir. La couronne, appelée dans cette espèce de conflit, à opter entre le système ministériel et la majorité qui semblait se former dans le sein de la chambre élective, la couronne a opté pour le ministère. La grande majorité des électeurs, qui sentait à merveille l'importance de sa mission, a répondu tout aussitôt à l'appel de la couronne, et si bien qu'appréciant sa position, le ministère du 15 avril crut devoir se retirer. Ses membres rentrèrent tous dans la vie privée. Alors le pays s'attendait à voir un ministère nouveau s'élever tout-à-coup ; eh bien ! non ; l'attente du pays fut complétement déçue. Cette obstination du pouvoir a produit les résultats les plus désastreux. Ce qu'on a appelé la crise ministérielle a été une source de ruines incalculables, et, pour ne nous occuper que de la ville de Paris, on voyait des faillites et des banqueroutes se succéder pour ainsi dire sans interruption, les ateliers se fermer, les ouvriers errant par bandes dans les rues, demandant, réclamant du pain, car ils n'avaient plus de travail.

« Voilà l'état de fermentation dans lequel se trouvait Paris, et la ville de Paris trouvait des échos dans toute la France à l'époque des 12 et 13 mai. Ceux-ci avaient de quoi vivre, parmi les ouvriers ; ceux-là vivaient au jour le jour. Mais les autres, ceux qui avaient besoin de leur travail quotidien pour acheter leur pain quotidien ; ceux-là, Messieurs, avaient faim, et ne pouvaient pas attendre. Voilà l'état réel, non pas exagéré dans lequel se trouvait la captiale les 12 et 13 mai. Est-ce là, je le demande, un état normal ? Est-ce là un état politique, dans lequel une insurrection se levant tout-à-coup, on puisse dire que c'est une de ces révoltes que M. Villemain a nommées *révoltes spontanées ?* Evidemment, non. Et ne croyez pas que je veuille ici faire l'éloge de l'insurrection ; loin de moi cette pensée. Je n'excuse rien, mais je veux que tout soit apprécié à sa juste valeur ; mais je ne veux pas qu'on grossisse la culpabilité des prévenus ; je veux que justice soit faite à chacun suivant ses œuvres, et non pas au-delà.

Maintenant, Messieurs les pairs, croyez-vous que ce soit un caprice de mon imagination, ce tableau que je viens de tracer ? Croyez-vous que je n'aie pas trouvé le motif véritable qui a jeté dans la rue tant d'hommes armés et non armés, qui allaient partout, oui, partout, en aveugles, pensant toujours qu'une chance allait leur être ouverte vers un meilleur avenir ? Non ; et le gouvernement lui-même a si bien compris que c'était là la cause de l'insurrection, que le soir même de l'insurrection du 12 mai le nouveau ministère fut formé. A présent, Messieurs les pairs, examinerai-je devant vous les faits généraux de cette insurrection ?

Non. Vous vous rappelez la déclaration qui, dès l'ouverture du débat, vous a été faite par Barbès.

Vous savez qu'il s'est levé devant vous et qu'il vous a bien dit avec toute la loyauté, la généreuse franchise, avec la grandeur d'âme qu'il a toujours montrées, qu'il vous a dit : « Messieurs, je ne dénie aucun de mes actes, j'accepte la responsabilité de ce que j'ai fait ; mais je ne veux pas souffrir que des hommes soient frappés autour de moi comme coupables, lorsqu'ils ne le sont pas. » Il vous a dit, Messieurs, avec une franchise au-dessus de tout éloge, qu'il avait été le chef de cette insurrection.

Des hommes s'étaient rassemblés autour de lui; ils ne savaient pas le sort du combat; mais aussi acceptant la responsabilité d'un fait purement politique, du fait général de l'insurrection du 12 mai, Barbès a répudié d'avance, sans même les bien connaître, tous les faits particuliers qui auraient pu dans cette insurrection n'être pas, passez-moi cette expression, des faits de guerre loyale. Tous ces faits, il les a repoussés. Quant au meurtre commis avec guet-apens sur la personne du lieutenant Drouineau, il vous a dit : « Si j'avais dû me battre avec le lieutenant Drouineau, je lui aurais donné sa part de champ et de soleil, et je ne l'aurais pas assassiné. » Je vous le demande, interrogez vos consciences, abstraction faite de toute sympathie et de toute antipathie politique.

Examinez le caractère de l'homme, et répondez-moi : en est-il un seul parmi vous qui pense que, franc comme il l'a été dans ses premiers aveux, que loyal et grand comme il l'a été, Barbès ait menti? Les actes qui sont les siens, il les reconnaît, mais ceux qu'on lui impute à tort, il les répudie; et c'est ici le lieu de distinguer quelle est la double position que l'accusation a faite à Barbès dans le procès.

Deux chefs de l'accusation pèsent sur Barbès : le premier comme chef de l'insurrection, comme coupable d'attentat; le second comme auteur du fait d'assassinat sur la personne du lieutenant Drouineau.

Pour le fait général, MM. les pairs, je n'ai rien de plus à vous dire. Je vous ai raconté dans quelle anxiété, dans quelles horribles souffrances et dans quelles tortures Barbès voyait autour de lui un trop grand nombre d'hommes pour qu'il lui fût possible de les secourir tous; je vous ai dit que, compatissant à ces douleurs qu'il n'éprouvait pas par lui-même (il n'est point égoïste), se trompant peut-être, mais se trompant de bonne foi, il a dit à ces hommes :

on vous a promis ce qui ne se réalise pas ; depuis longtemps nous attendons, c'est trop longtemps attendre.

Si je ne vous dis rien du fait général de l'insurrection, si je n'a-joute rien aux détails que j'ai eu l'honneur de vous donner, Mes-sieurs les pairs, oh! il n'en est pas de même du fait particulier. Ici une lutte sérieuse va s'engager entre l'accusation et la défense. Je me trompe encore en disant une lutte sérieuse ; car l'accusation elle-même, nous l'avons bien vu dans son réquisitoire, ne soute-nait plus à l'audience l'assassinat de Drouineau, soutenu si vive-ment dans la procédure écrite, dans l'acte d'accusation. Les débats ont éclairé le fait : le ministère public l'a reconnu ; s'il a soutenu l'accusation sur ce point, c'est que peut-être la conviction de la non culpabilité n'était pas entrée dans sa conscience ; s'il y a un doute pour l'accusation, pour vous il y aura certitude.

Et d'abord, quelle est, à propos de ce fait, la première question à laquelle il faille répondre? Celle-ci, sans aucun doute : Est-ce Barbès qui commandait les insurgés au poste du Palais-de-Justice; autrement dit, Barbès était-il à l'attaque du poste du Palais-de-Justice ? Trois témoins le reconnaissent : Combes, Meunier, Mey-nard. Y a-t-il certitude complète de la part de ces trois témoins ? Non ; une contradiction qui s'élève entre leurs propres déclara-tions invalide leur témoignage ; il vous est facile de vous en con-vaincre. Voici le signalement donné par Combes :

« Celui qui commandait la bande a des moustaches, une mou-che et une barbe noire en collier. » Meunier qui prétend avoir vu aussi bien que Combes, dit : « Il avait de la barbe au menton, une mouche, mais il n'avait pas de favoris. » L'un apercevait des favoris noirs en collier, par conséquent très-visibles, par consé-quent frappant la vue au premier coup-d'œil ; l'autre vous dit : « Je ne crois pas qu'il eût des favoris. » Puis, Meunier est-il d'ac-cord avec lui-même? Pas davantage. C'était, dit-il dans sa décla-ration du 15 mai, un individu de taille moyenne ; puis, le 30 mai, c'était un homme de haute taille. Il ajoute que cet homme portait une ceinture et une petite giberne. Il n'est question de rien de cela à l'audience.

Nous pouvons aussi, afin de savoir si le signalement donné par Meunier était bien gravé dans sa mémoire, si réellement il avait bien vu le chef des insurgés, voir sa première déclaration. Il pré-tend que le chef des insurgés s'est approché de l'officier Drouineau, qu'il l'a pris au collet, et que c'est pendant qu'il le tenait au collet qu'il a été tué.

Dans les deux premières déclarations, M. Meunier dit positivement que ce n'est pas le chef des insurgés qui a tiré sur l'officier, mais que les coups ont été tirés par d'autres pendant le colloque entre l'officier et le chef.

Dans la troisième déclaration, le sieur Meunier dit que le chef même a tiré sur l'officier. Une contradiction aussi flagrante doit faire rejeter ce témoignage.

Reste le sieur Mesnage, auquel il est impossible d'accorder la moindre créance. Il affirme, dans une première déclaration, que, lorsqu'il était sur sa porte, il a vu le chef des insurgés s'approcher de l'officier et le coucher en joue. Mais, dans une autre déclaration, il avait dit qu'au moment où le chef des insurgés s'approchait de l'officier, il était rentré chez lui, et n'avait rien vu.

Voilà ces trois témoins sur lesquels on se fonde pour faire reconnaître Barbès comme étant évidemment le chef des insurgés qui se sont présentés au poste du Palais-de-Justice. Je vous demande si l'on peut s'en rapporter à des témoignages aussi contradictoires, lorsque souvent on doit se montrer scrupuleux sur l'admission des témoignages les plus positifs.

Pour vous en donner un exemple, n'avez-vous pas vu un témoin, le sieur Varjas, je crois, reconnaître Philippet pour l'avoir vu au Palais-de-Justice? Il a fallu que M. le président lui fît entendre que cela était impossible.

Mais n'avons-nous pas d'autres témoignages? Quatorze témoins ont été entendus, notamment les soldats Grossmann, Laquy, Bataille et autres.

Une observation doit être faite. Les soldats, principaux acteurs de cette scène, les soldats exposés au danger, occupés par ordre de leurs chefs à chercher des cartouches dans les gibernes pour charger leurs armes, n'ont pu voir aussi bien que les bourgeois, spectateurs plus désintéressés. Ajoutez à cela que les soldats ne disent pas tous reconnaître Barbès; beaucoup d'entre eux se bornent à dire : Je crois le reconnaître. Enfin quelques-uns désignent plutôt Delsade comme le chef des insurgés.

C'est déjà une grande question de savoir si les insurgés avaient un chef. Personne n'a déclaré avoir vu un chef ayant l'attitude du commandement et marchant à quelques pas en avant de la troupe.

Le soldat Paulin dit que le chef qui a tiré sur l'officier avait des moustaches. Il n'a pas remarqué de barbe; et si Barbès est remarquable par quelque chose, c'est bien moins par ses petites moustaches que par une barbe bien fournie.

Le soldat Bataille n'est pas plus sûr que Paulin.

M. le procureur-général a rejeté en masse les dépositions des bourgeois qui déclarent ne pas reconnaître Barbès. Il regarde ces témoignages comme insignifiants, et dit qu'il n'en a que faire.

Je me sers au contraire de ces dépositions comme très-favorables à la défense. Je m'empare spécialement de la déposition du docteur Levraud.

M. Levraud dit très-positivement qu'il n'a point reconnu Barbès comme le chef qui a eu un colloque avec l'officier devant le poste du Palais-de-Justice. Il a dit que le chef avait une redingote bleue, et tel n'était pas le costume de Barbès.

Cette déposition est tellement certaine, que M. Levraud lui-même, fâché de ce qu'un journal avait donné à sa déposition une forme dubitative, a écrit à l'instant même à ce journal une lettre que d'autres feuilles ont reproduite. Dans cette lettre il certifie sa déposition en termes aussi positifs que possible.

M. le docteur Levraud n'est pas le seul qui ait dépeint le chef des insurgés avec une redingote bleue.

Les autres témoins, le sieur Vaillant par exemple, ne le reconnaissent pas davantage.

Il est un témoin qu'on a dit appelé par nous, et sur la déposition duquel on a tenté hier de s'appuyer quelque peu ; je veux parler de cet enfant que vous avez vu à votre audience, Marjolin. Nous avons voulu qu'on l'appelât, parce qu'il figurait dans l'instruction. Eh bien, cet enfant a dit positivement dans sa déclaration devant le juge d'instruction, qu'il avait aperçu à la tête des insurgés un homme assez gros de taille, qui s'est approché de l'officier du poste, avec lequel il a établi un colloque, puis un autre homme qui, placé à droite des soldats, a tiré sur le lieutenant Drouineau. On a argumenté contre nous de la déposition de ce témoin à l'audience. Mais rappelez-vous les détails de cette déposition. Quand, à l'audience, on a demandé à cet enfant : Qui a tué le lieutenant Drouineau? Il a répondu : C'est Barbès. Barbès! mais où l'avait-il vu? nulle autre part qu'à l'instruction, où il a été confronté avec lui. C'est le bruit public qui ressortait de l'accusation et des indiscrétions des rues, qui a fait dire à cet enfant : C'est Barbès; car lorsqu'on l'a fait retourner vers les accusés, et qu'on lui a dit: Reconnaissez-vous quelqu'un? il a répondu : Oui, c'est celui qui est là au fond sur le second banc. C'était Delsade. Puis on a fait lever Barbès seul, et on a demandé au témoin : Où est Barbès? il a répondu : Le voici ; mais c'est parce qu'un gendarme le lui avait montré du doigt. On en fit l'observation à M. le président, qui demanda au témoin s'il était vrai qu'on lui eût désigné Barbès, et l'enfant répondit naïvement : Oui, le gendarme me l'a montré du doigt.

Mais si rien n'est moins certain que la présence de Barbès au Palais-de-Justice, il n'est pas prouvé davantage que ce soit le chef des insurgés qui ait tiré sur l'officier du poste.

Admettons pour un instant que Barbès fût au Palais-de-Justice. Les soldats de ce poste ont pensé presque tous, à l'audience, que c'est le chef des insurgés qui a tiré sur leur commandant ; mais à l'instruction très-peu l'ont désigné. Grossmann n'a point parlé de coup de fusil isolé, mais bien d'une décharge, et lorsque Grossmann prétendra plus tard que c'est peut-être le chef qui a tiré sur l'officier, nous serons en droit de lui demander pourquoi, à l'époque la plus rapprochée de l'événement, il a dit une décharge et non pas un coup de fusil isolé.

Conte avait déposé dans le même sens : il a parlé ensuite d'un coup de fusil ; mais sa seconde déposition est invalidée par la première.

Ensuite, Messieurs, les soldats chargeaient leurs armes lorsque cet acte a eu lieu. Certainement, je ne veux pas révoquer en doute leur sincérité ; mais je ne puis pas non plus m'empêcher de faire remarquer que leur déposition orale est en désaccord complet avec leur déposition écrite, et que ces deux dépositions n'ont rien de conforme. J'appuie à dessein sur ce mot conforme, comme M. le procureur-général appuyait hier sur la conformité des dépositions de deux témoins à décharge, quant à la nature du propos tenu le 12 mai, rue des Lombards. Mais consultons les témoins qui se trouvaient sur le quai aux Fleurs, et voyons s'il en est un seul qui dise que c'est le chef des insurgés qui a tué le lieutenant Drouineau.

Vaillant, qui était à l'angle de la rue de la Barillerie, c'est-à-dire aussi près que possible du poste, affirme que le chef des insurgés n'a pas tiré sur l'officier.

Mais il a déclaré un fait qui a beaucoup plus d'importance, car il a dit :

Un insurgé s'était placé à la droite du poste, près de la guérite, et avait fait feu de cette place sur le lieutenant.

Est-il le seul qui dépose de cela ? Non ; vous avez entendu de Penne vous dire qu'un insurgé de vingt-deux ou vingt-trois ans, ayant de petites moustaches et portant une petite casquette, et qui se trouvait à côté du chef, à droite de la guérite, tira sur l'officier, et qu'il le tua ; et sa déposition écrite est en tout point conforme.

Ainsi donc, voilà deux témoins qui affirment que c'est un individu placé à côté du chef des insurgés et à droite de la guérite du factionnaire qui a tiré. Messieurs, cette dernière assertion si positive et si formelle, n'est-elle pas aussi parfaitement d'accord avec ce propos, ce propos que l'on qualifie d'invraisemblable, tenu le soir du 12 mai dans la rue des Lombards, et recueilli par deux personnes qui déclarent avoir entendu un jeune homme de vingt-deux à vingt-trois ans se vanter d'avoir tué le chef du poste du Palais-de-Justice? Cela, dites-vous, est invraisemblable. Mais ne savez-vous pas l'imprudence de ce qu'on appelle un *enfant de Paris* qui se glorifiera d'un coup de fusil, fût-ce la chose du monde la plus dangereuse pour sa tête ? Mais aux journées de juillet n'avez-vous pas vu des enfants de cette sorte? n'en avez-vous pas entendu qui disaient : C'est moi qui ai tué le colonel des Suisses, c'est moi qui ai tué le capitaine au coin de la rue ?

Vous n'avez donc aucune raison de nier, surtout lorsqu'un témoin, assigné par vous contre Marescal, a écrit une lettre qui dit positivement : J'ai entendu, rue des Lombards, à neuf ou neuf heures et demie du soir, un individu de vingt-deux ou vingt-trois ans se vanter d'avoir tué le chef de poste du Palais-de-Justice.

Eh bien ! quelqu'un pourrait-il soutenir encore que c'est Barbès qui a tiré sur l'officier ?

Mais, comme le disait hier Barbès lui-même, il y a, en outre, pour nous un témoignage matériel que vous n'avez peut-être pas bien saisi et que je demande la permission de vous répéter.

Nous avons trouvé dans les pièces le procès-verbal du docteur Roy, qui a été appelé à visiter le corps du lieutenant Drouineau, et à constater la place de toutes les blessures. Voici le passage :

« L'officier a été frappé de deux coups de feu ; la première balle est entrée sous l'épaule gauche, et a traversé la poitrine pour sortir par le côté droit ; la seconde a atteint la partie antérieure gauche de la poitrine et est sortie près de l'omoplate. »

Il est donc bien constant que les deux blessures reçues par M. Drouineau ont été reçues de gauche à droite. Eh bien ! reportons-nous sur lieu de la scène, voyons où était placé M. Drouineau, et si sa position était telle que, dans aucun cas, le chef des insurgés ait pu faire les blessures dont il s'agit. Cela était matériellement impossible.

L'officier était placé, on le dit, et on ne le dirait pas que cela paraîtrait encore tout naturel, l'officier était palcé un peu en avant de son peloton. Or, ce peloton était derrière lui, comme par exemple ce banc est derrière moi. Le chef des insurgés était en face de M. Drouineau, tout-à-fait en face, car M. Drouineau se trouvait vis-à-vis le quai par lequel arrivaient les insurgés.

Un fait constaté encore par tous les témoignages, c'est que, pendant le colloque, M. Drouineau a fait un geste pour relever, soit le fusil, soit le bras du chef des insurgés (on n'est pas d'accord sur cette circonstance), et qu'en même temps il s'est retourné vers son peloton, probablement sans quitter ce chef des yeux, pour commander à ses soldats de charger leurs armes. Evidemment il n'a pas tourné le dos aux insurgés, mais il a dû se retourner à demi.

Eh bien ! si c'était pendant le colloque que le chef des insurgés lui aurait tiré le coup de fusil, la balle aurait porté en face et aurait traversé d'avant en arrière ; si c'était au moment où M. Drouineau se retournait, la balle aurait porté à droite et serait sortie par la gauche. Rappelez-vous ensuite que les autres insurgés étaient placés précisément de manière à blesser le lieutenant à gauche. Et qu'on me dise maintenant s'il est encore possible de soutenir que ce soit le chef des insurgés qui ait tiré les deux balles. Non, si M. Drouineau les a reçues à gauche, ce n'est pas le chef des insurgés qui ait jamais pu les envoyer.

Aucune autre explication des blessures du lieutenant ne peut être donnée, et j'espère que celle-ci paraîtra toute concluante à la Cour.

Donc ce n'est pas le chef des insurgés qui a tiré sur l'officier du poste du Palais-de-Justice, et, dans tous les cas, il n'y a rien de moins certain que ce soit Barbès.

Puis vous avez entendu Barbès protester avec l'accent d'une vérité énergique contre ce que vous appelez un assassinat, et dire que le meurtre était incompatible avec son caractère, et qu'il tenait surtout à repousser cette accusation comme préjudiciable à son honneur. Eh bien ! vous devez le croire ; car enfin il ne faut pas faire deux parts de ce que fait déclarer à un homme sa loyauté ; il ne faut pas admettre ce qu'il dit à sa charge, et rejeter sans examen ce qu'il vient dire à sa décharge.

Maintenant, il m'est impossible de penser qu'il reste dans l'esprit d'aucun de vous le moindre doute ; il m'est impossible de penser que l'officier Drouineau ait été tué par Barbès. Si l'accusation y revenait, nous y reviendrions nous-mêmes ; mais en ce moment je ne dirai rien de plus quant à ce chef.

Passons donc sur ce point, et demandons-nous quel est, devant ses juges, la position de Barbès disculpé de la mort de l'officier Drouineau.

Ici, Messieurs les pairs, il faut, car vous comprenez à merveille la gravité de la position dans laquelle je me trouve, il faut que vous me permettiez une explication franche et nette sur ce point ; il faut, lorsque je vous affirmerai qu'il n'y aura dans mes paroles rien qui puisse blesser la susceptibilité la plus ombrageuse, il faut que vous m'autorisiez à vous dire ma pensée tout entière, et sur la situation de Barbès devant vous et celle de ses juges vis-à-vis de lui.

Il faut que vous me permettiez, Messieurs, de discuter avec vous, non plus des faits, mais des idées ; il faut que vous ayez assez d'indulgence pour souffrir que je vous dise ce qu'il y a dans ma conscience et dans mon cœur. Il faut que vous me permettiez de m'expliquer aussi (les paroles qui sont parties hier du banc de l'accusation m'en imposent le devoir), de m'expliquer aussi, cela peut bien se faire devant un tribunal comme le vôtre, sur le genre de peine qu'on demande pour Barbès.

On a parlé hier de la tactique, de l'adresse de la défense. Il nous sera permis, à notre tour, de parler de l'adresse et de la tactique de l'accusation.

Mandataire de la société, M. le procureur-général a pensé dans sa conscience (c'est une erreur profonde) que la société demandait pour Barbès le dernier châtiment. Croyant cela fermement, il a, dans l'extrême rigueur de son triste ministère, il a tout fait pour obtenir de vous ce qui lui paraissait mérité.

Deux chefs d'accusation, Messieurs les pairs, vous vous le rappelez, s'apesantissaient sur la tête de Barbès : le chef d'attentat, général et tout politique ; l'autre, au contraire, moral et personnel, le chef d'assassinat, qui alors rentrait dans la classe commune des crimes, et qui ne faisait plus partie de ces actions condamnées par les lois dans un temps, glorifiées dans un autre.

Et c'est ici, Messieurs, que j'en appelle à vos souvenirs, comme j'ai bien des fois interrogé les miens : ces deux chefs pesaient-ils également dans la balance de la justice ? Non, Messieurs ; personne n'y a été trompé, et les efforts constants de la procédure écrite vous ont bien démontré jusqu'à l'évidence qu'on s'attachait surtout au chef d'assassinat. C'était surtout, Messieurs les pairs, sur le chef d'assassinat qu'on voulait s'appuyer pour accuser Barbès. C'était là le point culminant de l'association ; c'était là ce que

M. le procureur-général avait surtout à cœur de prouver, parce que, si la société demandait selon lui pour Barbès le dernier châtiment, il pensait avec raison que c'était seulement pour ce crime vulgaire qu'il lui était possible de réclamer la mort.

A l'audience, la position de l'accusé s'est étrangement modifiée. L'accusation a vu le chef qui lui paraissait le plus fort durant le cours de la procédure, qu'elle pensait pouvoir établir avec toutes les preuves, elle l'a vu s'écrouler, et, au lieu de persévérer dans le système suivi jusqu'alors, au lieu de jeter en quelque sorte un voile sur le chef de l'accusation politique, de faire ressortir le chef d'assassinat, l'accusation a changé de rôle à l'audience.

Oui, Messieurs, pour arriver à cette condamnation terrible qu'on avait à cœur d'obtenir, il y avait deux chemins, il y avait deux rampes opposées, permettez-moi cette expression, elle peint exactement ma pensée ; il y avait deux rampes opposées qui pouvaient également conduire Barbès à l'échafaud. L'une des deux semblait plus praticable aux magistrats accusateurs : celle-là, MM. les pairs, on la tenait du regard, on allait la saisir... Les débats s'ouvrent, cependant ; le grand jour de l'audience illumine la vérité : on se retourne alors, on veut monter par l'autre. Voilà, Messieurs, la tactique de l'accusation.

Mais vous, juges, à qui on a présenté cette cause entourée des événements principaux qui ont dès l'abord frappé les esprits de chacun ; vous à qui on a dit : Vous n'allez pas juger un homme politique, insurgé contre la monarchie de Juillet, mais un vulgaire malfaiteur qui assassine avec guet-apens un officier désarmé, changerez-vous aussi ?

Vous avez là, devant vous, un homme politique, un homme de courage, et non un assassin. Eh bien ! 'c'est sur le sort de cet homme que vous délibérerez, de cet homme chéri, estimé de tous ceux qui le connaissent. Ah ! si vous pouviez voir tous les jours auprès de moi l'affluence de ses amis qui viennent me raconter sa vie, me dire ce qu'il est, vous comprendriez, Messieurs les pairs, quelles appréhensions je dois éprouver de ne pas voir sa défense confiée à plus habile que moi. Non, jamais, quelles que soient ma conviction, mon assurance, je ne pourrais vous dire tout ce qu'il y a en cet homme que les dissensions politiques vous ont jeté, de grand, de généreux, je dirai de plus, de chevaleresque... Et tenez, Messieurs les pairs, en voulez-vous une preuve de la beauté de ce caractère ; je ne vous la donnerai pas moi-même, mais je prierai M. le procureur-général de vous lire lui-même une lettre qui est au dossier et écrite par M. le procureur du roi de Carcassonne à l'occasion de l'affaire des poudres. Dans cette lettre, vous y verrez que Barbès est un homme politique ardent; mais le modèle de toutes les vertus humaines, des vertus privées comme des vertus publiques; vous entendez, Messieurs les pairs, qu'il les faut savoir apprécier en ce temps où nous vivons.

Laissez-moi vous dire encore quelques mots, messieurs les pairs, sur l'anxiété de ces milliers de personnes qui attendent votre arrêt; laissez-moi vous dire que pas une d'elles, pas plus que moi, pas plus que vous maintenant, n'a la pensée que vous avez devant vous un assassin. Ce fait est désormais compris à la cause. Barbès ne peut pas être un assassin; il vous est impossible de ne pas reconnaître en lui un homme égaré, mais un homme de bien, un homme débordé par sa conviction politique; mais un homme que toute sa vie, que ses nombreux amis, que la clameur publique vous signale comme incapable de commettre une lâcheté, moins encore un assassinat.

Que Barbès reste donc là où le placent ses actes, sur le terrain politique; parce que je me souviens; oui, je me souviens, Messieurs les pairs, qu'en 1834, alors que les fatales journées de Lyon et de Saint-Etienne vous avaient amené des malheureux à juger, des hommes politiques aussi; je me souviens, dis-je, que pas une seule tête n'est tombée. Et antérieurement à 1834, dans ces quatre ans de discussions politiques écoulées depuis 1830, et Dieu sait si du sang a coulé! eh bien! vous n'avez pas voulu recruter le sang par le sang; ni vous ni d'autres juges vous n'avez prononcé un seul arrêt de mort. Depuis 1830, grâces soient rendues, pas une seule tête politique n'a roulé sur l'échafaud.

Oserai-je maintenant vous rappeler un souvenir qui m'est tout personnel? Il y a bientôt neuf ans, en juillet 1830, le plus grand des crimes politiques fut commis. Les rues de la capitale étaient jonchées de cadavres. Soldats et citoyens s'étaient mitraillés par centaines, et j'avais vu cela! Six mois après, Messieurs, les coupables étaient devant vous; les ministres de Charles X siégeaient comme accusés à la barre de la Cour. Appelé comme témoin dans ce fameux procès, je les ai vus ces hommes, je les ai détestés.... et j'éprouvai pourtant un sentiment de joie, lorsque votre clémence leur a sauvé la vie.

Eh bien! Messieurs les pairs, est-ce qu'aujourd'hui je ne retrouverai pas le bonheur que vous m'avez donné lorsque j'étais enfant? Est-ce que vous ne serez pas de mon avis, lorsque je vous

dirai que le plus beau jour, après juillet, est celui où vous avez
aboli la peine de mort politique. Et vous l'avez bien réellement
abolie en ne condamnant pas les ministres. Songez-y bien, Messieurs les pairs, ne relevez pas l'échafaud politique. Oh! non, ne
le relevez pas, car, s'il est une vérité déplorable, une vérité reconnue dans l'histoire de tous les peuples, c'est qu'une fois dressé,
l'échafaud politique reste debout; c'est qu'une fois qu'il est baigné
de sang, le monstre a soif, toujours soif, que ce bois fatal qu'on
vient dresser sur la place publique, s'incruste dans le sol, et ne
veut plus tomber! L'abîme sollicite! Messieurs les pairs de France, réfléchissez!

(L'audience est suspendue pendant une demi-heure.)

Plaidoirie de Me Paillet pour Nouguès.

Me PAILLET, défenseur de Nouguès. — Messieurs les pairs, vous
venez d'entendre de touchantes paroles, et des développements
pleins d'âme et d'éloquence : la cause les comportait, et le jeune
défenseur n'y a pas manqué. Quant à la défense de Nouguès, res-
treinte dans les bornes étroites que le débat et l'accusation lui ont
faites, elle ne réclame qu'une faible part de votre temps et de votre attention.

Et après avoir discuté les faits relatifs à son client, le défenseur
ajoute :

Messieurs les pairs, vous avez à juger dans la personne de Nouguès un de ces hommes au cœur jeune et bon, je ne crains pas de le
dire, mais à la tête ardente, un de ces hommes dont l'imagination,
l'inexpérience se laissent trop facilement séduire aux idées de république et de liberté.

Certes, Nouguès a coopéré aux événements du 12 mai. Il a
vingt-trois ans. Nouguès est un ouvrier laborieux. Nouguès a joué
dans tout ceci un rôle tellement subalterne qu'il n'a été ni remarqué, ni reconnu par aucun des nombreux témoins dans aucun des
quartiers qu'il a parcourus.

Messieurs les pairs, si je ne me trompe, c'est surtout à votre juridiction, si éminemment indulgente et libérale, qu'il appartient
de peser de telles circonstances et de faire à un tel accusé la part la
plus large d'indulgence et de générosité.

Je persiste à croire qu'un accusé peut tout espérer de la Cour
des pairs lorsqu'il est en droit, comme celui-ci, de se présenter à
votre barre avec ces trois mots pour devise : *Jeunesse, franchise* et
repentir.

Plaidoirie de Me Jules Favre pour Roudil.

Me JULES FAVRE, défenseur de Roudil. — Messieurs les pairs, la position de l'accusé pour lequel j'ai l'honneur de me présenter devant vous est malheureusement fort simple. Toutefois, j'ose le dire, les faits qui le concernent ont, dans leur évidence même, dans la franchise que l'inculpé a mise à les confesser, un caractère d'atténuation qui n'a pas sans doute échappé à votre haute sagesse et qui a frappé M. le procureur-général lui-même, si bien que je pourrais m'emparer pour toute défense des nobles paroles qui viennent d'être prononcées par notre honorable bâtonnier.

Roudil, en effet, est un jeune ouvrier ; c'est un enfant, et un enfant, permettez-moi de le dire, plein de cœur, d'ignorance et de sincérité.

Il n'a jamais aspiré au périlleux honneur du commandement d'une troupe d'insurgés ; il n'était pas digne de comparaître devant une juridiction aussi élevée, à raison de son peu d'importance. Il devait donc peu s'attendre à paraître devant une juridiction composée de tout ce qu'il y a de plus éminent en France, comme accusé d'un attentat contre la sûreté de l'état.

Aussi ai-je été tenté un moment, lors de l'ouverture des débats, d'élever une exception d'incompétence ; car Roudil n'est ni un conspirateur, ni un chef de parti. Et à supposer que la séduction fatale à laquelle il a cédé ne l'absolve pas tout-à-fait ; à supposer qu'une peine légère lui soit nécessaire pour l'avertir et lui servir d'enseignement, à lui qui, à peine initié dans la vie, n'a pu commettre que des fautes excusables, au moins ne frapperez-vous pas sur lui avec cette sévérité que les nécessités peuvent quelquefois exiger.

N'oubliez pas qu'interrogé par le magistrat pour savoir quelle était son opinion politique, il a répondu qu'il n'en avait pas encore, mais qu'il aurait peut-être un jour une opinion.

Cependant, Messieurs, Roudil a été saisi les armes à la main, au milieu d'hommes qui ont combattu avec intrépidité ; mais personne ne peut dire qu'il ait été conduit dans leurs rangs par suite d'une résolution désespérée et qu'il ait pris part à un attentat dont il ignorait entièrement le but.

Cela s'explique par son âge, par sa position sociale, et surtout par le malheur des temps dans lesquels nous vivons. Cela s'explique surtout, Messieurs, par les instincts guerriers de notre nation.

Roudil est un ouvrier laborieux, étranger à toute société politique. Cependant, il n'est pas étranger à la connaissance de l'histoire contemporaine de son pays; et soyez sûrs que, dans les travaux comme dans les loisirs de l'atelier, il a entendu raconter avec admiration les traits héroïques de dévouement qui ont illustré la sainte insurrection de juillet. Sa jeune imagination en a été impressionnée, et quand il a vu des hommes armés parcourir la rue, se dévouer, il a obéi à un sentiment généreux, il a fait comme ceux qu'il voyait faire. On lui a dit qu'il y avait du bruit dans la rue il est descendu dans la rue, il a chargé son arme et s'est fait prendre. Voilà son histoire. Sa carrière politique a été courte, elle s'est terminée là ; un hasard, un bonheur a voulu qu'il ait été arrêté avant d'avoir fait usage de son arme. Je dis bonheur, car dans une guerre civile, c'est encore un bonheur, quand on y a pris part, de n'avoir pas souillé sa main du sang de ses concitoyens.

Ici, Me Favre rappelle sommairement les faits mis par l'accusation à la charge de Roudil. Il n'est pas établi qu'il ait tiré sur les gardes municipaux. Les témoins qui l'ont déclaré ne l'ont pas fait d'une manière assez motivée. Un coup de fusil a été tiré par lui, un seul coup, et on sait comment ; c'est dans la lutte qu'il a engagée avec ceux qui voulaient l'arrêter. Ce coup est parti en l'air, parce que dans cette lutte, on a appuyé la main sur la gachette du fusil qu'il portait. Un coup a donc été tiré par lui, mais malgré sa volonté.

Il résulte de la déposition de M. le capitaine Pernetty, que des deux coups dont le fusil double était chargé, un seul a été tiré. L'un des deux canons du fusil a été trouvé chargé, et ce canon n'avait pas fait feu.

Ici, Messieurs, et dans ce fait, une circonstance m'a frappé, et elle m'a paru de nature à impressionner vos hautes intelligences ; c'est qu'avant de recharger un fusil à deux coups, un homme, dans la position où l'accusation place l'accusé Roudil, aurait certainement tiré le coup qui lui restait.

Ainsi donc il n'a pas tiré ; ce n'est qu'en cédant à l'imprudence, à l'irréflexion de son âge que Roudil s'est laissé entraîner sur le terrain, qu'il a fait l'arrière-garde des insurgés, mais arrière-garde timide, comme cela était dans les allures, dans les habitudes, les nécessités de son âge.

C'est ainsi que Roudil a pris part à l'émeute, tout en n'y prenant véritablement pas part. M. le procureur-général l'a reconnu lui-même (je suis heureux de l'en remercier), en rappelant qu'il y avait dans la position particulière de cet accusé quelque chose qui devait attirer sur lui votre indulgence. Vous laisserez donc Roudil pour ce qu'il est; vous verrez en lui un homme qui s'est laissé entraîner sans savoir ce qu'il faisait.

Est-ce donc qu'il n'y a pas pour un acte de cette nature des explications et des excuses? Ma conscience me dit que mon rôle ne doit pas s'arrêter là. Si je suis devant un jury, je me bornerai à invoquer comme atténuantes les circonstances que je viens de vous signaler, et que l'impartialité de M. le procureur-général vous avaient signalées avant moi. Je prouverai que l'intention qui l'a fait agir manquait du caractère qui la rendrait criminelle : je serai compris par ces représentants de la justice du pays.

Mais devant vous, Messieurs les pairs, ma tâche est plus élevée, et celui qui paraît à votre barre, dans ce contrat éphémère et passager, a l'honneur de s'élever jusqu'à vous, et d'examiner comme vous jugez vous-mêmes.

Je vous demande donc s'il n'y a pas quelque chose ici qui doive purement et simplement faire absoudre Roudil et les hommes de sa catégorie. Je demande si quelque chose n'explique pas comment des hommes inconnus les uns aux autres, animés de passions différentes, ont pu se trouver tout-à-coup, et sans convention préalable, d'accord pour l'exécution. Je demande si on ne trouve pas une réponse à cette question dans l'examen et l'appréciation, dans le jugement impartial et sincère de l'époque où nous vivons.

Je parlerai, Messieurs, avec toute l'indépendance et la liberté qu'on peut puiser en présence de votre haute juridiction. N'êtes-vous pas, Messieurs, la représentation la plus complète du principe révolutionnaire qui a pris naissance dans les flancs du dix-huitième siècle, qui, depuis 89, combat un à un et met en poussière les systèmes, les croyances et les idées de nos pères?

Je le demande donc à M. le procureur-général, après cette lutte qui a duré cinquante années, et dont nous ne sommes certes pas les derniers champions, quels sont les principes, les croyances, les droits qui sont restés debout et incontestés, de telle sorte qu'on puisse les élever comme une bannière au milieu de tous, autour de laquelle toutes les résistances doivent s'incliner? Quant à moi, je ne trouve cela nulle part; tout, au contraire, a été livré à la confusion. Dans les plus hautes comme dans les humbles questions, la société est affectée d'un sentiment de malaise, d'une terreur vague, inconnue. Cela vient de ce que nous sentons bien que

17

nous marchons vers un but, que nous n'y sommes pas, mais qu'enfin nous y arriverons.

Voilà, Messieurs les pairs, ce que reconnaît et proclame la conscience publique. Maintenant, si vous voulez être plus précis et appliquer exclusivement ces idées générales aux faits politiques, les preuves de l'anarchie morale qui tourmente la société n'abondent-elles pas? Ne les voyez-vous pas éclater de toutes parts?

Lorsque la restauration s'est élevée sur les débris de l'empire, vous savez quels hommes ont été revêtus de dignités éminentes, quels sont ceux qui ont été appelés dans les conseils de la couronne. Ne sont-ce pas ceux qui ont fait preuve de courage, de dévouement, qui n'avaient pas reculé devant les sacrifices, les persécutions, les calomnies des procès politiques et même la hache des bourreaux?

Et la restauration, est-ce qu'elle a manqué d'agresseurs? N'a-t-elle pas eu à combattre les complots bonapartistes et plus tard les complots plus lents et plus sûrs de la *charbonnerie?*

Lorsque les journées de juillet sont arrivées, quels sont les hommes qui ont recueilli les fruits de la lutte? ne sont-ce pas les membres avoués des sociétés secrètes? ne sont-ce pas ceux qui sont venus dire : Ce gouvernement qui vient d'être renversé, nous l'avons toujours persévéramment attaqué. Il n'y a pas eu pour ces hommes assez de palmes civiques, assez d'honneurs, assez de récompenses utiles. La presse, la nation tout entière ont salué ces nouveaux vainqueurs, et ont invoqué avec eux, comme premier titre à la reconnaissance publique, la longue lutte qu'ils avaient soutenue.

Ce n'est donc pas moi qui le veut ainsi, c'est la nécessité, ce sont les lois de la Providence. Les sociétés se comportent ainsi par des lois fatales : les révolutions, comme les individus, subissent l'influence des causes qui ont présidé à leur naissance.

Ne comprenez-vous pas que le pays au milieu duquel s'agitent de telles questions, au milieu duquel les fortunes s'édifient et s'écroulent avec tant de mobilité, est tourmenté nécessairement par un désordre moral qui se fait surtout sentir dans les classes inférieures?

En vous disant cela, Messieurs, je ne prétends pas dire que dans un état social quelconque les insurrections soient permises, mais je le dis pour vous faire comprendre, à vous pour lesquels les hautes vérités sont familières, comment dans ces luttes, au milieu de tous ces débris, il y a quelque chose qui surnage : c'est la tolérance, la mansuétude pour les fautes et les erreurs politiques ; car nous vivons dans un temps où celui qui est aujourd'hui traîné sur la claie peut dans dix ans devenir un héros. Il faut le dire, Messieurs les pairs, l'échafaud ne doit pas se relever ; et ce qu'il faut recueillir du cri de la civilisation, c'est que les peines éternelles doivent être maudites et mises au ban de la société.

Voilà, Messieurs les pairs, la conclusion que j'ai voulu tirer de cet aperçu que vous m'avez permis de vous présenter. Anarchie partout, fautes qui doivent s'excuser, mais miséricorde pour ceux qui se sont plongés dans les luttes et qui y sont descendus de bonne foi. Aussi puis-je reprocher à M. le procureur-général d'avoir méconnu ce sentiment, en venant vous dire qu'il était essentiel d'assurer le repos public en faisant tomber la tête de quelques-uns de ces jeunes hommes.

Oh ! Messieurs les pairs, à une telle parole j'ai été douloureusement ému. J'ai vu que M. le procureur-général se faisait illusion à lui-même. Non, cela n'est pas vrai, que M. le procureur-général me permette de le lui dire, non, le repos de mon pays n'est pas intéressé à ce que vous versiez le sang : cela n'est pas possible. Je supplierai M. le procureur-général de remonter lui-même aux leçons de l'histoire, et de me dire si les réactions ne naissent pas des supplices politiques, si le bourreau ne donne aux têtes qu'il fauche une auréole, des coupables il fait des victimes, et des hommes politiques il fait des martyrs. Vous le savez, vous, Messieurs les pairs, qui avez blanchi dans l'expérience des affaires. Les noms des martyrs sont des taches au front des dynasties, et au jour des tempêtes populaires ce sont des étendards ; car enfin on a prononcé dans cette enceinte le nom de jeunes hommes tombés sous le couteau de la justice ; ils avaient conspiré aussi, ils avaient été condamnés suivant les lois du pays, et vous savez que leur sang a été jeté à la face de la Restauration.

Vous dites que le sang appelle le sang, que le sang de ces hommes qui sont devant vous doit être versé en réparation et par vengeance du sang versé : eh bien, Messieurs les pairs, avec cette indépendance qui vous permet de tout entendre, avec celle que je puise dans l'honneur que j'ai de parler devant vous, je vous dis moi : Les hommes qui sont descendus dans la rue ont exposé leur vie en combattant contre leurs concitoyens. Ils étaient tourmentés par un rêve, par une utopie ; ils se croyaient les vengeurs, les soutiens de l'humanité ; ils croyaient que la population allait se lever et marcher avec eux. Qu'est-il arrivé ? ils sont descendus dans la rue, ils ont combattu avec une intrépidité rare. Vous avez entendu le récit de ces scènes douloureuses, de ces Français égorgeant des Français; de ces braves soldats qui reçoivent des insurgés sanglants, qui les soignent en frères, puis qui retournent à la bataille faire encore des victimes, parce que c'est leur devoir : et c'est alors, Messieurs, que vous songeriez à dresser l'échafaud!

Prenez-y bien garde, Messieurs, ce serait la tribune la plus sanglante, la plus dangereuse, car ils y monteraient bravement, héroïquement, comme ils ont paru à votre audience; et quand ils tendraient les mains à la population, quand ils donneraient leur tête au bourreau, songez que leur parole serait écoutée, que le malheur des uns, l'indignation des autres, la pitié de tous les accompagneraient dans la tombe, et que peut-être un jour ce sentiment se réveillerait comme un sentiment de haine et de vengeance.

Les accusés, vous les connaissez, Messieurs, ce sont des hommes dévoués qui ont comparu devant vous comme ils le devaient , faisant le sacrifice de leur vie; ce n'est pas pour eux, Messieurs, c'est au nom de mon pays, c'est afin que le repos public soit bien assuré, que je vous supplie de ne pas essayer de le cimenter par le sang de ces hommes. Et c'est une prière, Messieurs les pairs, que j'avais besoin de vous faire, bien qu'elle ne rentrât pas dans mon rôle; mais vous m'excuserez, elle débordait mon cœur depuis douze jours, et je suis sûr que vous l'entendrez.

On a rappelé d'autres époques; on a dit que vous aviez tranché la question. Oui, Messieurs, l'échafaud politique a été brisé par vos mains, et il faut que cette épreuve solennelle soit aujourd'hui la dernière, il faut que votre arrêt soit placé au-dessus de toutes les luttes des factions; ce sera un arrêt précieux pour l'humanité, pour la liberté et pour la civilisation.

M. le Président. — Me Arago a la parole pour présenter la défense de l'accusé Martin Bernard.

Plaidoirie de Me Arago pour Martin Bernard.

Me Arago. — Messieurs, j'ai eu besoin tout à l'heure, au début de ma première plaidoirie, de réclamer votre indulgence. J'en ai besoin bien plus encore à présent; et cette bienveillante attention que vous m'avez déjà prêtée une fois, vous voudrez bien me l'accorder encore.

Si 'ai été douloureusement surpris lorsque, écoutant l'organe de l'accusation s'adressant à Barbès, j'ai entendu réclamer contre cet accusé la peine qui, dans un procès de cette nature, peut, à toute rigueur, être invoquée contre l'auteur principal du crime, quelle n'a pas été ma stupéfaction lorsque j'ai entendu M. le pro-; cureur-général réclamer encore cette même peine irréparable contre Martin Bernard! Et sur quoi, je le demande avec toute confiance à tous ceux qui ont suivi ces débats, sur quoi veut-on fonder, à propos de Martin Bernard, une accusation capitale?

Hier, avant que la parole fût donnée à M. le procureur-général, Martin Bernard s'est levé et vous a dit (et c'est la défense en quelque sorte que je dois aujourd'hui vous présenter en son nom), il vous a dit : Lorsque je fus interrogé d'abord au commencement des débats par M. le chancelier, je répondis que ne sachant pas en quoi pouvait consister à mon égard l'accusation, je m'étais résolu à garder le silence jusqu'à l'audition des témoins. Et Martin Bernard vous disait hier : Après dix jours d'un débat rempli par les témoignages, j'attends encore. Et en effet, c'est un étrange spectacle que celui de cet accusé placé aujourd'hui à la tête des autres, représenté par le ministère public, comme un de ceux que la loi doit frapper le plus sévèrement. Et sur quoi fonde-t-on cette demande? Il y a contre Martin Bernard une seule charge qui juridiquement va disparaître devant vous.

C'est Nouguès qui a déclaré, après une interpellation qui lui était adressée, qu'il avait vu Martin Bernard durant le cours de l'insurrection. Et dans quels termes Nouguès a-t-il fait cette déclaration ? « J'ai vu Martin Bernard presque partout. » Telle était la déclaration de Nouguès. Il déclare, en outre, que rue Bourg-l'Abbé les insurgés s'étaient précipités sur Martin Bernard en lui demandant : Quel est le conseil exécutif. Martin Bernard avait répondu : C'est nous! Nouguès a-t-il dit : J'ai vu, etc.? Non, il a dit : Je sais, et *je sais* signifie aussi bien *j'ai entendu dire* que *j'ai vu*, et lorsqu'aujourd'hui Nouguès se rétractant on lui demande la raison de sa rétractation, est-ce qu'il vous donne un motif de cette nouvelle conduite qui ne vous paraît pas admissible ? Est-ce qu'il est impossible de penser qu'il a cru devoir révéler des faits pour se donner aux yeux du juge d'instruction, aux yeux de la justice, un air de franchise qui pût intéresser en sa faveur? Nouguès prétend aujourd'hui que lorsque dans le cours de l'instruction il a chargé Martin Bernard, il a parlé de la présence de Martin Bernard sur le lieu de l'insurrection, sur le théâtre des troubles, il croyait que Martin Bernard était mort.

Dans ce cas, voulant atteindre ce but dont je vous parlais tout-à-l'heure, ce but d'exciter en sa faveur la sympathie des juges, il pouvait bien, sans craindre de compromettre personne, nommer Martin Bernard, puisque quelqu'un qu'il n'a pas nommé lui a dit que Martin Bernard était mort. Voilà, Messieurs, tout ce qu'il y a aux débats; je ne dissimule rien, tout ce qu'il y a contre Martin Bernard, dont on demande la tête. Est-il possible de concevoir cela? Et M. le procureur-général, lorsqu'il arrive à l'accusation qui concerne Martin Bernard, après avoir fait la part de Barbès, nous dit : Barbès, c'était le bras de la société; Barbès était l'homme d'action; Martin Bernard était l'organisateur, le recruteur, l'embaucheur des sociétaires. Où avez-vous pris cela, s'il vous plaît? Veuillez me produire une pièce quelconque à l'appui du rôle que vous attribuez à Martin Bernard. J'ai dépouillé avec le plus grand soin le dossier de l'accusation, je n'y ai rien vu qui vous autorise à tenir sur Martin un langage aussi affirmatif.

Je sais très-bien qu'on a cru trouver dans les papiers saisis à son domicile la preuve de son rôle d'organisateur; mais encore il ne faut pas argumenter ici par des finesses; il faut, devant la cour des pairs, raisonner sérieusement, pièces en main, ne pas tirer des faits plus ou moins certains, des inductions plus ou moins erronées; il faut que tout ici se passe au grand jour, en pleine lumière, et qu'il ne puisse y avoir aucun doute sur la nature de l'accusation qui pèse sur chacun des accusés, et qu'il ne puisse régner aucune obscurité, aucun scrupule.

On a trouvé chez Martin Bernard ce qu'on appelle le nouveau formulaire de la *Société des Familles.* Oui, vous avez trouvé ce formulaire; mais avez-vous bien rapporté quels étaient les livres que Martin Bernard avait dans cette chambre en même temps que ce formulaire? Avez-vous expliqué qu'il avait pu écrire ce formulaire sans qu'il ait été conçu dans sa tête, ou se le rappeler de mémoire? Non, pas un mot.

Martin Bernard joue de malheur dans les circonstances politiques au milieu desquelles nous nous trouvons. Toutes les fois qu'il y a eu le moindre trouble à Paris, Martin Bernard est arrêté; c'est un privilége dont il se passerait bien. Il est arrêté toutes les fois que la moindre émotion se manifeste dans quelque coin que ce soit de la capitale : toujours arrêté, toujours relâché.

Martin Bernard s'est caché après les 12 et 13 mai; cela constitue contre lui la preuve qu'il a pris part à ces événements. Pas le moins du monde. Que faisait-il en se cachant? Mais il voulait éviter ce malheur, pour ainsi dire mensuel, qui lui arrive ; il voulait éviter une arrestation. Cela se conçoit.

Or, Martin Bernard avait, dans la chambre où on l'a trouvé, entre autres livres, le rapport de M. Mérilhou, qui vous a été distribué au commencement de la procédure. Dans ce rapport, ne sont-ils pas imprimés tout au long ces formulaires de la *Société des Familles?* Martin Bernard, forcé de passer ses jours, ses nuits sans mettre le pied dehors, parce qu'il craignait la police qui le poursuivait à-peu-près sans cesse, a pu compulser les quelques livres qu'il avait entre les mains. Si l'on a trouvé des formulaires écrits de sa main, il n'y a pas là, pour la Cour des pairs, une preuve de la coopération de Martin Bernard.

Mais je veux bien faire une large concession à mon adversaire. Dans ce formulaire qui vous a été lu, l'accusation vous a fait remarquer des modifications aux formulaires anciens de la Société des Saisons, modifications qui consistent surtout dans un paragraphe où l'on dit : « Jurons, quoique nous ayons succombé une fois, de tenter encore les chances des combats, d'aller rejoindre dans la tombe ou dans les cachots les victimes de mai. » Peut-on induire de là la preuve qu'il ait coopéré aux événements? Pas du tout ; la preuve qu'il a l'intention de coopérer plus tard à d'autres événements? Peut-être ; mais, juridiquement, vous n'en savez rien ; vous ne pouvez rien affirmer. Parlons de droit, puisqu'il le faut : il faudrait que vous trouvassiez à Martin Bernard un complice avec lequel il se fût entendu pour la mise en œuvre de ce nouveau formulaire, de ce nouveau projet ; il faudrait qu'à côté de Martin Bernard, vous nous montrassiez au moins un homme avec lequel il eût concerté et arrêté les résultats, et pratiqué ce qui était écrit dans ce formulaire : vous pourriez formuler une accusation de complot, et pas autre chose.

A l'ouverture des débats, vous nous avez fait une énorme concession, c'est que vous n'accusiez personne de complot. Oui, Messieurs, je ne crains pas d'être démenti par qui que ce soit, il faudrait, dans l'état du débat à l'égard de cet accusé, que l'on fait si important, et qui passe inaperçu à l'audience ; il faudrait, dis-je, pour ne pas procéder illégalement, mettre Martin Bernard hors de cause, sans jugement. Et, en effet, est-ce que jamais, Messieurs, on a considéré les déclarations d'un coaccusé, quelque formelles qu'elles fussent, comme un témoignage suffisant? Non. La déclaration, soit écrite, soit verbale, d'un coaccusé a pu servir quelquefois à titre de renseignement pour corroborer des dépositions de témoins étrangers à l'affaire ; mais quand un seul homme parle contre moi, quand cet homme a un intérêt personnel à parler de telle ou telle façon, c'est sur cette seule parole, qui n'est étayée d'aucune preuve, que je serais condamné au premier chef, comme auteur principal ; c'est-à-dire qu'on vous demande de prononcer, pour Martin Bernard, une condamnation de la dernière rigueur, aussi légèrement que Nouguès a fait, durant le cours de la procédure, une certaine révélation sur Martin Bernard, lorsque Nouguès a dit : « Si je parle de Martin Bernard, c'est que les faits cités par moi sont de notoriété publique. »

Dans l'état du procès, dénuée de preuves, l'accusation vient ici vous demander de prononcer contre Martin Bernard la peine capitale, parce qu'il est de notoriété publique qu'il devait être de de l'insurrection. Je déclare, quant à moi, que jamais, depuis que j'ai l'honneur d'exercer la profession d'avocat, je n'ai vu devant un tribunal quelconque, quelque inférieur qu'il fût, une accusation peu grave, aussi peu probante que celle portée aujourd'hui contre Martin ; c'est-à-dire que, défendant Martin Bernard en police correctionnelle, accusé de ce dont on l'accuse aujourd'hui, si j'avais le malheur de le voir condamner à six mois de prison, je serais désolé ; et devant la cour on vient demander sa tête !

Mais en vérité, Messieurs, est-ce que vous ne pensez pas comme moi que la condamnation de Martin Bernard ne serait pas seulement une iniquité, mais le bouleversement de toutes les notions judiciaires ? ne pensez-vous pas que la condamnation de Martin Bernard, après la publicité des débats, que la France d'un bout à l'autre sait ce qui se passe ici, que cette condamnation éleverait une rumeur sans fin dans tout le pays ?

Comment ! Martin Bernard condamné à mort sur la déclaration d'un co-accusé qui ne dit pas même : Je l'ai vu, mais qui dit : Je parle de Martin Bernard parce qu'il est de notoriété publique qu'il est dans ces affaires, et qui, revenant sur sa déclaration, dit ensuite : J'ai parlé de Martin Bernard parce qu'il fallait parler de quelqu'un, parce que je voulais le faire sans danger pour lui-même ; je le croyais mort ! C'est impossible, Messieurs.

Et ce n'est pas ici un effet de plaidoirie. C'est un point que je n'entends pas traiter légèrement pour n'en pas diminuer la gravité ; mais, en vérité, il faudrait que je cherchasse dans mon cerveau de nouvelles choses à vous dire pour rester debout plus longtemps.

On vous a entretenu d'une proclamation au bas de laquelle se trouve le nom de Martin Bernard. Cette proclamation, prouve-t-on qu'il y a apposé sa signature ? Non.

Prouve-t-on qu'il ait jamais exercé ces fonctions qui lui sont attribuées dans je ne sais quel papier, ces fonctions de chef de la Société des Saisons, d'agent révolutionnaire, allégation renfermée dans je ne sais quoi et confirmée par je ne sais qui ?

Messieurs les pairs, écoutez, je vous en prie, écoutez cette dernière phrase que j'ai à déposer dans vos consciences.

Ni Barbès, ni Martin Bernard, ne sont, aux yeux de la société, passibles du châtiment qu'on invoque contre eux. M. le procureur-général a cru devoir, dans sa conscience, vous parler au nom du pays. Eh bien, permettez aussi à leur défenseur de venir, au nom du pays qu'il a aussi consulté quelque peu, vous dire que la condamnation de Barbès et de Martin Bernard semblerait aujourd'hui, en 1839, une de ces anomalies incompréhensibles dans un pays civilisé ; permettez-moi de vous dire que Barbès et Martin Bernard ne peuvent pas périr aujourd'hui, périr par arrêt de la Cour des pairs ; permettez-moi de vous dire que voyant Martin Bernard accusé comme Barbès, aacusé au même chef, sous le coup de la même condamnation ; j'ai assez de confiance dans vos lumières pour ne pas craindre que jamais un châtiment de cette nature puisse être infligé par vous. Et l'insistance avec laquelle on l'a demandé pour Martin Bernard me rassure complètement sur la détermination que vous prendrez à l'égard de Barbès. Barbès était dans l'insurrection ; Martin Bernard n'y figure nulle part. Barbès était dans l'insurrection. Mais trouvez-vous autre chose contre lui que ce qu'on a trouvé en 1834 contre Beaune et Lagrange ? Or, Beaune et Lagrange ont-ils porté leur tête sur l'échafaud ?

Et quant à Martin Bernard, contre lequel il n'y a aucune charge, que trouvez-vous ? Rien.

Plaidoirie de Me Lignières pour Guilbert.

Me LIGNIÈRES présente la défense de Guilbert. Il démontre que l'état d'ivresse bien constaté dans lequel se trouvait cet accusé ne permet pas de supposer qu'il ait pris part, volontairement du moins, aux actes de l'insurrection. Discutant un à un tous les témoignages relatifs à son client, et les dires de l'accusation, le défenseur soutient que Guilbert n'a point attaqué la Préfecture.

En terminant, le défenseur prie la Cour de se rappeler cette devise, inscrite sur les murs de la salle de ses audiences : *Sagesse, modération, force, clémence.* — L'audience est levée à cinq heures.

12ᵉ **AUDIENCE**. — 7 **JUILLET**.

PLAIDOIRIES : *De Mᵉ Blanc, pour Bonnet, — de Mᵉ Blot-Lequesne, pour Mialon, — de Mᵉ Bertin, pour Delsade, — de Mᵉ Nogent-Saint-Laurens, pour Lemière, — de Mᵉ Genteur, pour Austen, — de Mᵉ Ferdinand Barrot, pour Longuet, — de Mᵉ Barbier, pour Martin-Noël, — de Mᵉ Puybonnieux, pour Marescal, — de Mᵉ Madier de Montjau, pour Pierné, — de Mᵉ Lafargue, pour Grégoire.*

L'audience est ouverte à midi un quart.

Plaidoirie de Mᵉ Blanc pour Bonnet.

M. LE PRÉSIDENT. — Mᵉ Blanc, la cour a regretté que vous ne fussiez pas présent à l'audience d'hier, d'autant que votre défense venait des premières.

Mᵉ BLANC. — Je dois m'excuser auprès de la cour. Le réquisitoire du ministère public m'a imposé une tâche à peu près imprévue. J'avais pensé que l'accusation serait abandonnée en ce qui concerne Bonnet. Je vois bien que c'était une de ces illusions si faciles à la défense et qu'il faut lui pardonner. Cependant l'erreur n'était pas complète ; car vos souvenirs vous diront que l'accusation n'a émis que des doutes dont elle a laissé la solution à votre haute sagesse.

Ainsi reconnaissons-le d'abord, ce ne sont pas des preuves que j'ai à combattre, mais des doutes que je viens éclaircir avec vous.

Le premier soin de la défense est de vous faire connaître l'homme que vous avez à juger, et ses antécédents et sa moralité.

Ici Mᵉ Blanc donne lecture de nombreux certificats délivrés par différents pasteurs de paroisses que son client a habitées à Genève avec sa famille.

A ces renseignements, joignons des documents qui ne sont pas moins précieux : une voix, dans cette enceinte, s'est élevée sur le seuil même des débats et a protesté de l'innocence de Bonnet, Barbès vous a dit que Bonnet n'avait jamais fait partie de sociétés politiques, et que, sur son offre de s'y affilier, il avait formellement refusé. Cette protestation, Messieurs, a dû aller à vos consciences. L'accusation elle-même le veut ainsi, car elle vous a dit qu'il fallait croire aux paroles de celui qui charge son co-accusé. Si cela est vrai pour l'accusation, cela est vrai pour la défense. Or, Barbès vous a fait entendre une protestation désintéressée. Le sort de Bonnet ne peut en rien influencer le sien. Vous le croirez donc.

De pareils antécédents ne souffraient-ils pour dissiper les doutes soulevés par la défense, quand ils sont de force à renverser des preuves? Et que reproche-t-on à Bonnet? d'avoir manqué de prudence. C'est, il faut l'avouer, un grief bien mince, en présence de la solennité de vos débats. D'ailleurs, je soutiens, moi, qu'il a fait ce que tout homme aurait fait à sa place. Cette malle déposée chez lui, ou plutôt dans le domicile commun, il ne pouvait pas, il ne devait pas la garder. S'il l'a rendue au moment même de l'émeute, c'est qu'à ce moment surtout il y avait pour lui danger de la garder. Il se serait infailliblement compromis, et sans profit pour l'ordre public, car les insurgés, qui savaient que les munitions étaient là, sous leur main, n'auraient pas reculé devant le refus de Bonnet. On serait monté, on aurait ouvert la malle; que sais-je? on aurait peut-être jeté les munitions par la fenêtre; et alors, vous le voyez bien, Bonnet était perdu. Point de justification possible pour lui. Donc, il a fait prudemment.

Mᵉ Blanc après avoir prouvé heure par heure la conduite de son client dans la journée du 12 mai, et établi le plus complet alibi, termine en rappelant à la Cour que les faits reprochés à son client n'ont été reconnus que par ses aveux. Sans ces aveux, l'accusation était complètement désarmée.

Rien ne manque donc à sa justification, dit Mᵉ Blanc en terminant. Il a pour lui la moralité la plus pure, les témoignages les plus rassurants, les antécédents les plus honorables; je dirai même qu'il a pour lui l'accusation, car l'accusation n'a que des doutes. Si donc elle hésite, que fera le juge, lui qui, la main sur la conscience, doit se dire avant de condamner: « Il est impossible que l'accusé ne soit pas coupable? » Vous rendrez en sa faveur un arrêt d'acquittement; et, croyez-le bien, vous ne ferez pas en cela un acte d'indulgence, mais de bonne et exacte justice.

M. LE PRÉSIDENT. — La parole est à Mᵉ Blot-Lequesne, défenseur de Mialon.

Plaidoirie de Mᵉ Blot-Lequesne pour Mialon.

Mᵉ BLOT-LEQUESNE.—Messieurs les pairs, ce n'est pas sans terreur que j'aborde la défense de Mialon, déjà marqué du sceau des malfaiteurs, pliant sous une accusation terrible : que vous dirai-je, que puis-je vous dire pour sa défense?

Cependant, vos consciences seraient-elles fermées au doute? L'effrayant laconisme de l'accusation doit-il m'apprendre que je ne joue ici que la dernière scène d'un drame dont le dénouement doit être sanglant? Je ne puis pas le croire, Messieurs les pairs; je ne veux pas le croire.

Étrange combinaison des choses humaines! En 1814, un pauvre paysan d'Auvergne quitte ses montagnes; il vient à Paris, il travaille dans les décombres d'une caserne, il ramasse quelques morceaux de vieille ferraille qu'il s'approprie... La loi était alors immiséricordieuse, et pour une valeur de dix-neuf sous (pour une valeur de dix-neuf sous, entendez-le bien, Messieurs les pairs), le voilà flétri, éternellement flétri!

Nouvelle et plus étrange fatalité! Le réclusionnaire souffre en silence : il se réhabilite par la patience, par le travail, par la vertu; vingt années d'austère, de constante probité ont effacé de son front une tache trop souvent indélébile... Et voilà, dit-on, que l'émeute passant un jour dans la rue l'emporte dans sa course, et, après qu'il en a été l'instrument, il en est encore la malheureuse victime.

L'avocat discute les témoignages, et il rappelle les circonstances mémorables dans lesquelles des reconnaissances formelles et positives de la part des témoins avaient envoyé des innocents à l'échafaud. Il cite entre autres l'affaire Lesurque. Messieurs, poursuit-il, j'ai reçu ce matin un peu avant l'audience une lettre qui vous fera juger ce que vous devez penser de ces prétendues reconnaissances.

Voici cette lettre :

« Paris, 7 juillet 1859.

« Monsieur,

« Permettez, comme je sais que vous êtes chargé de la défense de Mialon, je suis fâché de me trouver indisposé, sans quoi j'aurais été moi-même dire à votre audience ce que je vais vous raconter.

« Hier, en rentrant chez moi, j'ai rencontré un homme de la corpulence, de la grandeur, de la même tournure et vêtu en velours pareille couleur que l'accusé Mialon; enfin une telle ressemblance que, s'il n'était pas à votre audience, j'en douterais encore. J'aurais voulu, si j'avais pu, le faire arrêter, afin de vous voir surpris vous-même après la déposition que vous auriez faite telle que moi. Je vous prie donc d'avoir la bonté de faire part à M. le procureur-général du roi du contenu de ma lettre.

« J'ai l'honneur d'être de vous, Monsieur, le très-humble,

« BERNIER,

» Marchand de vin, rue aux Ours, n° 19. »

Bernier, Messieurs, s'écrie le défenseur, est celui qui est venu ici devant vous jurer sur son honneur et sa conscience que Mialon était l'assassin de Jonas (Sensation.) ! Ne serait-il pas possible, Messieurs, qu'au milieu du trouble, de la confusion, de la stupeur dans lesquels était placée la cité, les autres témoins qui sont venus accuser Mialon du meurtre de Jonas ne se fussent trompés comme Bernier ? (Mouvement.)

Mialon, poursuit le défenseur, est étranger à toute société politique : n'eût-il pas été pour une société politique plutôt un embarras qu'un secours ?

Mialon n'a jamais été altéré de la soif de la rapine ; ses vingt années de probité, le témoignage des maîtres qui l'ont occupé, des compagnons de ses travaux, de ses voisins, le protégent contre un pareil soupçon.

L'avocat se pose cette question :

Quelle est l'influence inévitable de certaines crises politiques sur la classe laborieuse. Un malheureux, victime de l'ignorance, jouet des passions d'autrui, quand une insurrection l'entraîne dans ses flots, quand il devient même l'aveugle instrument d'un meurtre, est-il toujours et nécessairement coupable ?

Puis il continue :

Pour quiconque n'est pas aveugle, Messieurs les pairs, il existe au sein de la société un mal profond qui la tourmente et la ravage ; et ce mal, expliquer sa présence par l'existence des sociétés secrètes, c'est expliquer la vague qui suit par la vague qui précède ; mais ce n'est pas remonter à l'impulsion qui les produit toutes. Ce mal, en voici la source : l'équilibre est rompu entre les deux tendances de notre nature, la sociabilité d'une part et la moralité de l'autre. Partout les opinions sont mûres pour les théories les plus larges et les plus élevées, mais presque nulle part les mœurs ne sont mûres pour l'application, l'abnégation, le sacrifice, la vertu ; toutes ces conditions d'une sociabilité surabondante, elles restent comprimées sous les chaînes de l'individualisme. De là antagonisme, antagonisme acharné entre l'élément social qui marche toujours et l'élément moral retardataire, rétrograde peut-être ; de là le désordre ; de là la souffrance. Or si les lois du monde moral ne sont pas moins fatales que les lois du monde physique, l'issue de ce procès, fût-elle sanglante, ne rétablira pas l'équilibre ; et puisque l'équilibre ne sera pas rétabli, il y aura encore des commotions, des orages.

C'est donc une vérité incontestable : la société souffre, mais cette souffrance, quand elle se révèle par quelque secousse politique, par quelque crise commerciale, par quelque mouvement insurrectionnel, c'est une vérité constante aussi que la plus forte somme de douleur retombe toujours sur la classe laborieuse. Que la discorde éclate parmi les premiers pouvoirs de l'Etat, bientôt vous voyez la confiance mère du crédit s'évanouir, bientôt vous voyez les capitaux qui alimentent le commerce disparaître; bientôt voyez les ateliers, ces providences des pauvres familles, se fermer; et quand les ateliers se ferment les bras de l'ouvrier chôment, et quand les bras de l'ouvrier chôment, c'est sa vie, c'est la vie de ses enfants qui se trouve attaquée dans sa source. C'est ainsi que la classe laborieuse, éternelle victime de nos discordes, est éternellement dévouée aux malheurs publics.

Mais l'homme qui souffre n'est pas conservateur, Messieurs les pairs. Que les puissants, que les riches, que les heureux de ce monde se fassent les apôtres de la conservation, eh mon Dieu! c'est tout naturel; mais l'homme aux prises avec la misère, mais l'homme qui lutte contre la faim, aveuglément, instinctivement, il appelle de ses vœux l'heureuse péripétie qui rendra sa condition plus douce : aveuglément, instinctivement, il appelle de toute l'énergie de son être à ces révolutions bienfaisantes (et il a toujours la faiblesse de les croire telles) qui doivent rendre le travail à ses bras et le calme à ses jours. Et je ne fais que constater une loi de notre nature, Messieurs les pairs, quand j'affirme que la souffrance du peuple éveille en lui des instincts révolutionnaires. Car si le secret d'empêcher les révolutions de naître, c'est de rendre les hommes heureux, le secret d'en multiplier les semences, c'est d'aggraver la somme de leurs maux.

Cette tendance des êtres souffrants vers un avenir meilleur, ces instincts de changements que j'appelle révolutionnaires, ils sont bien inoffensifs sans doute; mais la crise se prolonge; la misère, ce sphynx des sociétés modernes, la misère propose bientôt à l'ouvrier cette inexorable énigme qui, à l'heure qu'il est, fatigue, désespère la science : « Pourquoi, quand tu ne demandes que du travail et du pain, pourquoi toi seul dans la grande famille humaine es-tu déshérité de ces premiers biens de la vie? » L'énigme posée, il faut que l'ouvrier la devine, ou qu'il meure, qu'il meure dévoré par la misère. Et maintenant s'il est brut, ignorant, passionné; s'il n'a assez d'intelligence pour comprendre l'origine de ses maux, ni assez de stoïcisme pour souffrir et s'abstenir, et s'il entend incessamment répéter à ses oreilles ces paroles de terrible mémoire : « Si le pain est cher, la cause en est au Temple; si le numéraire est rare, la cause en est à la Convention! » Alors il prend en haine ou la Convention ou le Temple ; alors il s'amoncèle dans son sein des trésors d'indignation et de vengeance ; alors..... Les révolutions n'éclatent pas encore ; mais jaillisse l'étincelle, et l'explosion ne se fera pas attendre.

Voilà, Messieurs les pairs, par quelle logique irrésistible et fatale la souffrance, fruit de nos tourmentes, descend jusqu'au cœur des populations laborieuses ; voilà par quelle logique irrésistible et fatale la souffrance des populations éveille en elle des instincts révolutionnaires, voilà par quelle logique irrésistible et fatale ces instincts inoffensifs, d'abord, deviennent, à l'aide de l'ignorance et des passions étrangères, des irritations aveugles, des colères puissantes, formidables, qui, dans un jour de délit, vont se briser contre la constitution elle-même.

Maintenant, Messieurs les pairs, cette heure périlleuse dans la vie des nations a-t-elle un moment sonné pour la France ?

Appréciation de la crise que nous avons traversée, de laquelle il résulte que des hommes ignorants et grossiers, aigris par la souffrance, aigris par des suggestions mauvaises, ne se sont plus trouvés séparés des insurrections que par un point, que par une ligne imperceptible.

Ce point, qui est encore un abîme, comment l'ont-ils franchi ?

Nous vivons sous un principe nouveau qui porte dans son sein la vie et la mort des sociétés, je parle du principe de la souveraineté populaire. Moralisez les hommes ; instruisez-les ; faites descendre dans leur esprit la lumière de la vérité, faites descendre dans leur cœur l'amour de la justice, et ce principe tutélaire répandra sur les populations la fécondité et la vie.

Laissez, au contraire, laissez les intelligences ensevelies sous la lèpre de l'ignorance, laissez les consciences ouvertes aux passions grondantes et tumultueuses, et ce principe, destiné à régénérer le monde, n'enfantera que des tempêtes et des ruines.

Or, qu'a-t-on fait pour l'intelligence, qu'a-t-on fait pour la moralité du peuple ?

Son intelligence est-elle obscurcie par les mêmes ténèbres, elle a des croyances religieuses de moins et de nouveaux besoins de plus : or, en présence du dogme de la souveraineté populaire, en présence du mode d'application qu'il a reçu dans les barricades de Juillet, une insurrection, pour ces malheureuses victimes de l'ignorance, est-ce autre chose qu'une erreur de logique ?

Remontez de cinquante ans, Messieurs les pairs, le cours de nos annales révolutionnaires : certes, vous rencontrerez sur vos pas

des insurrections nombreuses ; quel est pour tant de malheureuses victimes de l'ignorance, quel est leur signe de légitimité ? Le
succès. Quand elles triomphent, on les glorifie ; quand elles suc-
combent, on les flétrit. Ainsi pour cette portion de la société qui
ne vit encore que d'une vie végétative, le grand enseignement de
l'histoire moderne, c'est la déification du succès, c'est l'apothéose
de la force, et l'apothéose de la force, c'est la ruine de la justice
dans les consciences.

Et maintenant, dans ce naufrage universel de toutes les croyances ; quand il ne surnage plus qu'une seule religion, celle de la
force ; quand des hommes ignorants et grossiers sont accoutumés
à ne voir dans les insurrections que les mille oscillations de la
force ; quand ils jouent depuis cinquante ans avec les insurrections, est-il étonnant, si ces malheureux sont aigris par la souffrance, s'ils sont irrités par des passions étrangères, est-il donc
étonnant qu'ils franchissent la ligne qui les sépare des insurrections, cette ligne fût-elle un abîme ?

L'avocat se demande si la mort donnée dans une insurrection
est un assassinat, et il prouve par l'histoire qu'elle n'a aucun des
caractères de l'assassinat.

Après avoir montré que Mialon, s'il est coupable, ne peut être
coupable que d'un meurtre et non d'un assassinat, l'avocat rappelle et le procès des ministres et le procès d'avril, dans lesquels
aucune tête n'est tombée. Si l'on a épargné qui a conçu, comment
pourrait-on frapper le bras aveugle qui a exécuté ?

L'avocat termine ainsi :

Si je parlais devant un jury, je lui dirais : Voici un pauvre père
de famille, honnête et laborieux : il est étranger à toutes nos passions politiques ; par le malheur des temps, il s'est trouvé pendant
cinq mois sans travail ; ses faibles épargnes, ressource de sa vieil-
lesse, disparaissaient chaque jour ; aigri par la souffrance, irrité
par des influences coupables, l'émeute en passant dans la rue l'em-
porta dans son cours ; victime des passions qu'il a subies sans les
comprendre, il en a été l'aveugle instrument dans une œuvre de
crime : pensez-vous, Messieurs les pairs, qu'il y ait un jury français qui fasse tomber sa tête ?

Eh bien ! Messieurs les pairs, ce qu'un jury français ne ferait
pas, la Cour des pairs ne le fera pas. Si la Cour des pairs pouvait
faire ce qu'un jury n'aurait pas fait, on dirait que les passions politiques, qui devaient expirer au seuil de votre enceinte, vous ont

suivis sur vos siéges ; et le tribunal qui donne accès à des passions politiques n'est qu'un tribunal révolutionnaire.

M. le Président. — La parole est à Me Bertin, défenseur de Delsade.

Plaidoirie de Me Bertin pour Delsade.

Me Bertin. — Messieurs les pairs, les débats auxquels vous avez apporté une attention si soutenue ont beaucoup diminué l'importance que d'abord on avait cru devoir attribuer à Delsade. Quant à lui, l'accusation, comme vous l'a dit M. l'avocat-général, s'est rétrécie.

Delsade n'est plus un homme ardent, dominé par des passions violentes et implacables. Ce n'est plus ce chef de bande qui aurait dirigé la marche de la sédition, ce n'est plus qu'un insurgé ordinaire qui aurait joué un des rôles les plus inférieurs dans le drame sanglant qui vous est déféré : aussi l'accusation actuelle l'a-t-elle placé dans les derniers rangs.

Delsade, Messieurs, est un ouvrier tabletier, marié, père de famille, d'un esprit remarquable, vous avez pu en juger ; d'un caractère doux, paisible dans les circonstances ordinaires ; faible surtout à céder trop facilement aux influences étrangères : il a les qualités de la classe à laquelle il appartient, il a quelques-uns de ses défauts : comme beaucoup d'ouvriers, il est souvent entraîné par ces dangereuses et fatales fréquentations de cabaret, qui pour lui amènent rapidement l'ivresse. Dans cet état il est bruyant, querelleur, et tient, à ce qu'il paraît, des propos politiques ; c'est-à-dire qu'au milieu des fumées du vin il débite tout ce que son imagination en délire peut créer de ridicule et d'absurde.

Tel est, Messieurs, le caractère vrai de Delsade. Je n'ai pas cherché à l'abaisser dans l'intérêt de la défense ; je vous le présente tel que l'ont dépeint tous les témoins entendus, soit dans l'instruction, soit devant vous.

J'arrive immédiatement aux faits. Je m'occuperai seulement de ceux qui ont trouvé place dans le réquisitoire de M. l'avocat-général.

Le 12 mai, Delsade avait, dès le matin, la tête échauffée par le vin. Il a été dans le courant de cette journée dans un état permanent d'ivresse ; ce fait vous a été attesté par de nombreux témoins.

Le défenseur, après avoir soutenu que Delsade ne se trouvait ni

18

au pillage des armes de M. Lepage, ni à l'attaque du poste du Palais-de-Justice, continue ainsi :

Delsade était-il au nombre des insurgés qui ont attaqué la préfecture de police et suivi le quai des Orfèvres ? Un témoin, la dame Viard, a déclaré que Delsade se trouvait au milieu du groupe de ces insurgés ; l'accusation considérait ce témoignage comme décisif, parce que, disait-on, ce n'était pas là un témoin qui avait vu l'accusé pour la première fois, mais qui le connaissant antérieurement, n'avait pas pu se tromper ; et l'acte d'accusation, s'expliquant à cet égard, disait que l'erreur de la part de ce témoin *était impossible;* vous savez cependant, Messieurs, qu'il y a eu erreur, que la dame Viard, avant de reconnaître Delsade, en avait reconnu un autre, le nommé Dorgal : « Cette reconnaissance n'a pas été douteuse ; le témoin n'a pas dit alors : Je crois reconnaître ; mais je reconnais parfaitement ; la dame Viard a désigné, en effet, Dorgal, comme étant l'homme qu'elle avait vu le 12 mai sur le quai des Orfèvres, au milieu d'une bande d'insurgés. Confrontée avec Dorgal, elle a persisté dans sa reconnaissance, et malgré les dénégations énergiques de cet accusé. L'accusation vous a dit que l'erreur de la dame Viard pouvait être expliquée par la ressemblance qui existait entre Dorgal et Delsade ; vous les avez vus tous les deux, vous : Dorgal est petit, mince ; sa figure est maigre et pâle ; il n'avait pas le 12 mai un collier de barbe ; Delsade est d'une taille ordinaire, sa figure est large et expressive ; il portait le 12 mai ce large collier de barbe qui, certes, était de nature à fixer l'attention du témoin : la confusion entre ces deux individus était donc impossible. Mais on vous a dit que la dame Viard avait tout d'abord désigné le beau-frère du sieur Durand. Le beau-frère du sieur Durand, vous a-t-on dit, c'est Delsade : c'est donc celui que le témoin a voulu indiquer. La question n'est pas de savoir si la dame Viard a indiqué Delsade, mais si elle l'a vu le 12 mai ; si elle l'a vu, l'erreur n'est pas possible, comme le disait l'acte d'accusation. La dame Viard ne devait, ne pouvait hésiter sur la reconnaissance ; s'il y a eu erreur de la part de ce témoin lors d'une première confrontation, si alors elle a reconnu un autre que Delsade, il faut nécessairement admettre que la dame Viard n'a pas vu Delsade au nombre des insurgés. Vous savez qu'il y a eu erreur de la part de ce témoin, que Dorgal a été d'abord par elle reconnu d'une manière formelle à plusieurs reprises ; ne faut-il pas en conclure que la dame Viard a vu, le 12 mai, un individu autre que Delsade, Dorgal peut-être ; car Dorgal est encore aujourd'hui en état de prévention. Des charges existent probablement à son égard, et peut-être sera-t-il accusé d'avoir fait partie du groupe qui a attaqué le poste de la préfecture de police. Nous aurions pu puiser, à cet égard, des renseignements utiles à la défense de Delsade dans le dossier de Dorgal ; mais, vous le savez, l'instruction relative à cet accusé n'est pas terminée, et la communication n'a pu avoir lieu : toujours est-il que le témoignage de la dame Viard a perdu beaucoup de son importance, et qu'en présence de ces variations sur la reconnaissance, il est impossible de trouver dans son témoignage la preuve de la culpabilité de Delsade.

Le sieur Gomont a dit qu'en revenant de Passy et se rendant à la préfecture de police, il avait vu, entre quatre et cinq heures, Delsade armé d'un fusil et se dirigeant par le Pont-Neuf vers la rue de la Monnaie. Delsade se serait approché de ce témoin et lui aurait dit : « Toi et le grand serrurier, si vous avez le malheur de rester à la préfecture de police, nous vous dégommerons tous les deux, parce que nous allons y retourner. » Puis Delsade aurait, en proférant des menaces, placé le canon de son fusil sur la poitrine du témoin.

J'ai plusieurs observations à faire sur cette déclaration. Je lui reproche d'abord d'être venue tardivement ; elle a été faite en effet le 18 juin seulement, c'est-à-dire à une époque où l'instruction était achevée et l'acte d'accusation terminé. Ce reproche, qui n'aurait pas une grande importance dans d'autres circonstances, en a beaucoup à raison et de la position particulière du témoin et des circonstances mêmes de sa déposition. En effet, Gomont est constamment employé comme menuisier à la préfecture de police ; il a dû nécessairement raconter les faits graves dont il a déposé le 18 juin, il a dû en parler le 12 mai ; car si ce qu'il a dit est vrai, si Delsade lui a tenu ce propos : « Nous allons retourner à la préfecture de police, » il a dû nécessairement, au moment même où il y arrivait, raconter ce qui venait de se passer et parler de la menace qui lui avait été adressée. Eh bien ! aucun témoin n'est venu fortifier la déclaration de Gomont, et c'est pour la première fois le 18 juin qu'il est venu raconter à la justice les faits qu'il connaissait le 12 mai.

Me Bertin, après avoir fait ressortir d'autres invraisemblances résultant de la déposition même du témoin, et discuté les différentes charges de l'accusation, termine ainsi :

Messieurs, j'ai parcouru le cercle de la défense de Delsade ; j'ai la conscience d'avoir accompli la mission qui m'était confiée. Les faits établis par des preuves, je les ai concédés; j'ai discuté ceux qui m'avaient paru douteux, j'ai repoussé ceux-là qui n'avaient trouvé aucun appui dans le débat.

Je ne rétracte rien de ce que j'ai dit, car j'ai parlé selon ma conscience. Je reconnais cependant, et je n'ai pas cherché à le dissimuler, que certaines circonstances peuvent recevoir une interprétation différente de celle que je vous ai présentée. Si vous acceptez les explications que l'accusation vous a donnée de ces faits, vous n'oublierez pas au moins quel est Delsade, quel était son état moral le 12 mai, les entraînements auxquels il a pu alors si difficilement résister; vous n'oublierez pas non plus qu'il appartient à cette classe d'ouvriers souvent plus malheureux que coupables: ceux-là, en effet, sont étrangers à toute espèce de théorie gouvernementale; ils ne veulent pas, soyez-en sûrs, l'anéantissement des liens de la famille, la destruction de l'aristocratie, de la richesse, c'est-à-dire le vol du riche au profit du pauvre. Mais on a fait retentir à leurs oreilles les mots de liberté, d'égalité, de fraternité; on a réveillé dans leurs cœurs nos vieux souvenirs de 89; on leur a parlé de tyrannie et d'affranchissement; et, confondant des époques si différentes, quelques-uns ont obéi à des illusions généreuses, mais fatales.

Appelé plusieurs fois à les défendre, j'ai pu me convaincre de la loyauté de leurs sentiments, de la sincérité de leur erreur. Sans expérience des choses et des hommes, se trompant et sur les résultats et sur les causes, livrés sans défense aux entraînements des passions politiques, ils ont des droits à l'indulgence.

Cette indulgence, je l'ai déjà obtenue des juges devant lesquels je me suis présenté; et c'est avec la conviction intime que vous l'accorderiez à Delsade, que j'ai accepté sa défense et que j'ai paru devant vous.

(L'audience est suspendue pendant une demi-heure.)

La Cour entre en séance à trois heures.

M. LE PRÉSIDENT. — La parole est à Me Nogent Saint-Laurens, défenseur de Lemière.

Plaidoirie de Me Nogent Saint-Laurens pour Lemière.

Messieurs, j'ai hâte de le dire, si la conviction peut quelquefois remplacer l'expérience, je dois être fort dans la cause; je ne dois pas trembler pour l'avenir de mon client, car, je n'hésite pas à le dire, j'ai la conviction profonde que l'accusation n'a point prouvé la participation active et matérielle de l'accusé Lemière à l'attentat des 12 et 13 mai.

Vous le savez, Messieurs, dans toutes les causes politiques il est deux choses distinctes, séparées par leur nature : ces deux choses, l'homme et la doctrine, l'action et l'opinion, le fait matériel et le fait intellectuel. Nous n'avons point ici à justifier une doctrine, une opinion, un fait intellectuel ; nous ne sommes point accusés de complot, nous n'avons point à défendre une théorie bonne ou mauvaise ; c'est un fait matériel, c'est un fait d'attentat que l'on nous reproche, c'est un homme que vous devez juger. Or, tout ce qui sera étranger aux actions de cet homme sera étranger à ce débat. Vous ne lui direz point : Quelle est ta pensée ?... Vous lui direz : Justifie ta conduite. Ainsi, dans ce procès où les faits sont spéciaux et groupés autour de l'homme, vous ne penserez qu'à l'homme ; car croire à la possibilité du fait d'attentat par la possibilité de l'opinion de l'homme, quelle qu'elle fût, ce serait dépasser les bornes de l'accusation qui s'isole dans les faits d'attentat, ce serait apprécier la pensée, la théorie, la conscience, et vous ne condamnerez jamais la liberté de la conscience !...

Après avoir discuté un à un tous les chefs d'attentat qui s'élèvent contre Lemière, M⁰ Nogent Saint-Laurens termine ainsi :

L'accusation ne s'est point arrêtée là : suivant elle, Lemière, dans sa coupable obstination, aurait combattu jusqu'à ce que la dernière barricade fût enlevée. Ainsi, Lemière était à la barricade de la rue Grenétat, là où Maréchal fut renversé mort, là où les derniers efforts des insurgés s'étaient concentrés, là où la lutte fut longue, ardente, désespérée... Il était à la barricade de la rue Grenétat !... Et qui vous l'a dit ? et où est la preuve de ce fait si grave ?... Est-ce qu'un garde municipal l'aurait reconnu, par hasard ?... Est-ce qu'il a été frappé d'une balle ou d'un coup d'épée ? est-ce que le sang de sa poitrine a prouvé sa présence ?... Non, il n'y était pas, et la preuve n'en est nulle part, ni dans l'instruction, ni dans le débat ; non, il n'y était pas, et vous ne pouvez, avec une hypothèse, faire peser sur la tête d'un homme une si terrible responsabilité !...

Il est une dernière considération que je ne puis passer sous silence. Vous le savez, Messieurs, l'insurrection n'expira pas le dimanche, car le lundi elle recommençait dans le quartier du Temple. Un nouveau cri de révolte avait été poussé, une dernière tentative allait être accomplie. Lemière est libre, il a eu le bonheur de n'être pas arrêté la veille : eh bien! que va-t-il faire, ce jeune homme si exalté, si téméraire, si dangereux, ce jeune homme que l'on vous a représenté descendant au premier coup de feu, et allant respirer les dernières fumées de la poudre derrière la dernière barricade?... Oh! sans doute il va se précipiter encore vers l'insurrection, ce jeune homme que l'insurrection enivre; vous le trouverez au centre du tumulte, là où l'agitation sera la plus vive, la plus terrible.... Non, vous ne le trouverez pas! non, il faut le dire, et ceci est irrévocablement établi par deux témoins, il n'est sorti qu'à quatre heures, alors que tout était apaisé!... Messieurs les pairs, je vous livre cette considération, sans discussion, sans commentaire.... Vous jugerez si cette conduite du lundi n'est pas en contradiction flagrante avec l'accusation de la veille.

Et maintenant il me reste un devoir sacré à remplir : vous allez apprécier Lemière, vous allez le connaître tout entier. Vous vous rappelez, Messieurs les pairs, que des conclusions préjudicielles vous furent présentées au commencement de ces débats. J'apposai ma signature au bas de ces conclusions, sans prendre conseil de l'accusé Lemière. Le lendemain je le vis dans sa prison, et il fut effrayé de cette adhésion donnée par son défenseur à une question de droit. Si je fais cette observation, ce n'est point pour vous, Messieurs les pairs, car je sais à l'avance qu'aucun incident de ce genre ne peut influencer votre haute impartialité pour la décision du fait. Si je présente cette observation, c'est pour l'accusé, c'est pour ne pas lui laisser cette préoccupation que j'ai pu le compromettre un instant; et vous avez tous compris qu'une pensée semblable pèserait comme un remords éternel sur ma conscience.

Messieurs, Lemière attendra votre arrêt avec confiance et sécurité; il est fort de son innocence, il a foi dans votre justice!.... Je n'ai plus rien à dire.

M. LE PRÉSIDENT. — La parole est à Me Genteur, défenseur d'Austen.

Plaidoirie de Me Genteur, pour Austen.

Me GENTEUR raconte la vie d'Austen, ouvrier bottier, né en Pologne, venu à Paris pour travailler.

L'avocat peint l'accusé comme un homme de cœur, plein de dévouement pour ses amis et d'abnégation pour lui-même, d'une nature ardente et chevaleresque. « Voilà, dit-il, la vie de cet homme! voilà celui dont on a signalé la paresse et les passions absorbantes! En vérité, j'ai gémi d'entendre M. l'avocat-général

s'écrier que, « ne trouvant pas par lui-même le moyen de satis-
« faire à ses passions, Austen s'était pris à la pensée de tenter par
« les armes un nivellement de toutes les fortunes. »

Où sont vos preuves, s'il vous plaît? Vous parlez de passions :
quelle débauche lui reprochez-vous? Vous accusez un ouvrier bottier de prétendre aux spéculations politiques : dans quels conci-
liabules l'avez-vous surpris? Prouvez; sinon accusez, puisque telle
est la rigueur de votre ministère; mais ne flétrissez pas!

M. l'avocat-général lui a encore reproché sa qualité d'étranger.
Ce reproche est-il permis dans une assemblée politique et en présence des hommes les plus éminents du pays? Si la Pologne est
morte, la France ne doit-elle pas un asile à ses enfants? La France
n'a-t-elle pas été de tout temps l'asile des travailleurs. Or, Austen
travaille; il a travaillé toute la nuit du samedi au dimanche 12
mai; il a travaillé pendant toute la matinée du dimanche. A deux
heures, il a reporté son ouvrage; à trois heures, il est revenu
dîner; il est sorti à quatre heures pour aller acheter un tire-pied
au Temple? Est-ce la conduite d'un homme qui va courir à l'é-
meute?

Me Genteur expose qu'Austen a été pris entre deux feux dans la
rue Grenétat, et forcé de rester au milieu des insurgés. Il combat
la déposition du capitaine Tisserand, qui l'accuse de lui avoir tiré
un coup de fusil à bout portant, par les dépositions du sergent
Deldine et de M. Pelletier, de la garde nationale.

Il dit qu'on ne peut expliquer que par la contrainte la présence
d'Austen à la barricade Grenétat, lorsqu'on sait par les témoins
qu'il n'a paru, lui que recommandent à l'attention sa beauté, sa
haute taille, sa longue chevelure blonde, sur aucun autre point du
théâtre des événements; lorsqu'on sait qu'il n'a pas même assisté
à l'élévation de la barricade, et qu'il n'y est arrivé que lorsque la
force publique était maîtresse du terrain, et que l'émeute agoni-
sante jetait son cri de désespoir.

Si Austen avait tiré le coup de fusil dont on l'accuse, il n'aurait
cédé qu'à un mouvement fébrile, involontaire, et comme invincible; et, dans ce cas, il serait encore excusable et aurait droit à une
extrême indulgence.

L'avocat termine en rappelant quelques paroles du chancelier
de Lhospital, qui, placé, dit Me Genteur, au milieu de nos que-
relles religieuses, comme vous êtes, vous, Messieurs les pairs de
France, placés au milieu de nos discussions politiques, vous a lé-
gué un exemple à jamais imitable de tolérance et de pardon.

M. LE PRESIDENT. — La parole est à Me Ferdinand Barrot, défenseur de Longuet.

Plaidoirie de Me Ferdinand Barrot pour Longuet.

Me FERDINAND BARROT. — L'accusé Longuet a été présenté par l'organe du ministère public comme un des chefs de l'insurrection du 13 mai, et les éloges donnés à l'audience et dans le réquisitoire à l'éducation qu'il a reçue, à son intelligence, à ses lumières, n'ont eu, en définitive, d'autre résultat que d'augmenter sa part de culpabilité. Dans les faits du 13 mai, dont le caractère est bien loin d'avoir la gravité des faits de la veille, Longuet n'a rempli qu'un rôle de spectateur. Un seul témoin l'a désigné, d'une manière positive, comme l'un des chefs de l'insurrection, donnant des indications, chargeant les armes, distribuant des munitions aux révoltés ; mais sa déposition est presque isolée aux débats.

L'erreur était facile au milieu de la préoccupation si vive des événements qui se succédaient sous les yeux du témoin. Rien du reste dans les antécédents de l'accusé, dans ses relations, sa profession, ses habitudes, ne le rattache aux insurgés. Jamais il n'a fait partie d'aucune société politique. Quelques instants avant de se trouver où le hasard l'avait conduit, dans la rue du Temple, il était occupé, avec un de ses amis, des affaires de sa profession, et il songeait si peu à se mêler à un grand mouvement insurrectionnel, que sa place était retenue pour un grand voyage.

L'avocat se demande à lui-même et demande à l'accusation quel mobile a pu pousser Longuet dans les rangs des insurgés. Ce n'est pas l'intérêt sans doute ! l'accusation n'a pas même songé à le soutenir. Seraient-ce par hasard les convictions politiques ? Dans les confidences intimes qu'amènent dans le secret de la prison les nécessités de la défense entre l'avocat et son client, le défenseur a vainement tenté de deviner quelle était l'opinion de Longuet. Ce n'est pas un bonapartiste : il n'a pas connu l'Empire et les entraînements de sa gloire. Il appartient trop à la génération actuelle pour être légitimiste, partisan du droit divin. Il n'est pas républicain non plus ; il l'affirme, et il faut l'en croire. Il n'est pas homme à renier sa foi..... s'il en avait une. Qu'est donc Longuet ? C'est un droguiste, un commis-voyageur dans la droguerie ; voilà son opinion politique. (Hilarité.)

Messieurs les pairs, dit en terminant Me Ferdinand Barrot, vous avez entre vos mains le sort de Longuet ; voyez ce que vous voulez

faire de lui. D'un côté, la prison politique, ce martyre où l'on dit
que se fomentent ces passions désordonnées qui plus tard font irruption dans la société ; de l'autre côté la famille avec les traditions
honorables dont vous ont déjà parlé et M. le chancelier et M. l'a-
vocat-général, la famille avec ses enseignements utiles, avec son
patronage intelligent, sa sollicitude si cruellement éveillée par le
danger de l'accusation qu'on a fait peser sur Longuet.

Voyez, Messieurs les pairs, s'il faut que votre justice fasse de
Longuet un prisonnier d'état et ruine son avenir, ou s'il ne faut
pas que votre indulgence en fasse un bon, un honnête, un utile citoyen. (Sensation.)

M. LE PRÉSIDENT. — La parole est à M⁰ Barbier, défenseur de
Martin (Noël.)

Plaidoirie de M⁰ Barbier, pour Martin-Noël.

M⁰ BARBIER. — Messieurs, j'avais espéré d'abord pouvoir me borner à appeler votre indulgence sur cet enfant du peuple, ignorant
de toutes choses et n'obéissant qu'aux instincts ardents de la jeunesse... Mais vous avez vu se ranimer toute l'indignation du ministère public, toute l'énergie de l'attaque, lorsque l'un de ses or-
ganes a dû s'expliquer sur les faits qui concernent mon client...

J'ai besoin, Messieurs les pairs, avant d'entrer dans le détail
des faits mis à la charge de Martin et de les discuter, j'ai besoin
de vous faire savoir quel homme c'est que cet accusé, de vous faire
apprécier son caractère, sa nature particulière, si commune de nos
jours, surtout au sein de nos grandes cités.

Qu'est-ce donc que Martin ?

C'est un jeune homme de dix-neuf ans à peine, et vous savez
qu'il appartient à une classe de la société où l'intelligence est rarement précoce, où les enseignements du foyer peuvent suffire
pour diriger dans la route du bien, mais où le développement des
idées et même des sentiments est tardif, parce que l'enfant du
peuple, au temps où nous vivons, vit dans cette insouciance absolue, dans cette ignorance de soi-même qui rend la volonté si facile aux influences d'une volonté étrangère et supérieure.

A-t-il cependant une nature personnelle qui puisse vous intéresser ? a-t-il des intérêts généreux ? ou, au contraire, comme l'a
dit l'accusation, semble-t-il fatalement et par avance voué au mal
et à toute la séduction de mauvaises doctrines ou de mauvais
exemples ?

Je ne vous parlerai pas de mon appréciation personnelle : peut-être est-elle intéressée ou trop favorablement prévenue par celui dont on m'a confié la défense. Et pourtant, je vous le dis, il m'a semblé, lorsque je lui parlais de sa mère, dont je vois chaque jour les anxiétés ; il m'a semblé, lorsque je lui parlais de son frère, appartenant à notre milice nationale, exposé, dans la funeste journée du 13 mai, aux balles parties de la main d'un frère, il m'a semblé voir ces regrets désespérés, ces symptômes d'un profond repentir qui prennent leur source dans les affections de famille, qui trahissent la générosité du cœur, et qui sont si dignes d'exciter l'intérêt et la sympathie dans cette enceinte.

Du reste, il y a dans sa nature une particularité qui n'a pas dû vous échapper, et que je dois vous rappeler, Messieurs les pairs, avant d'examiner avec vous comment ce jeune homme, tel que vous le connaissez, jeté au milieu du foyer insurrectionnel, vivant dans une atmosphère de révolution, par ses habitudes, par sa fermeté, par son âge, a dû obéir à ces instincts invincibles, à cette pente fatale qui l'entraînait.

Cette particularité tient à son organisation physique. Dans sa jeunesse il a souffert de cruelles affections du cerveau, qui ont laissé en lui de profondes empreintes. Et ici deux certificats passeront sous vos yeux ; je parle avec l'attestation des hommes de l'art.

Le défenseur suit la marche de Martin dans la journée du lundi : il le montre désarmant un garde national ; mais le protégeant contre la violence des insurgés, et lui sauvant la vie ; participant au pillage des armes chez le sieur Perdereau ; mais s'opposant à une invasion désordonnée dans le domicile de ce citoyen. Il fait remarquer que ses aveux pleins de franchise sont les seuls qui le chargent et l'accusent d'avoir fait feu trois fois sur la troupe.

Messieurs les pairs, dit-il en terminant, ce que l'accusation n'aurait pas dû refuser au jeune homme que je défends, c'est qu'il n'a cédé qu'à des instincts généreux au sein même de ses désordres ; vous lui en tiendrez compte. Dans tous les cas, et reconnaissant qu'il n'y a pas eu d'infamie dans les faits que peut-être vous vous croirez obligés de punir, vous ne voudrez pas qu'il y ait d'infamie dans la peine.

M. LE PRÉSIDENT. — La parole est maintenant au défenseur de l'accusé Marescal.

Plaidoirie de Mᵉ Puybonnieux pour Marescal.

Mᵉ PUYBONNIEUX. — Je viens aussi prendre ma part à ce débat, réduit maintenant, quant au fait du lundi 13 mai, à des proportions mesquines et presque puériles. Je dois le dire en commençant, je suis surpris de la nécessité où je me trouve d'élever la voix dans cette enceinte pour un homme qui s'étonne, lui aussi, de l'accusation qui lui mérite le triste honneur de figurer sur ces bancs. Cette émeute, en effet, à laquelle le ministère public a été tenté de refuser même un nom, tant elle était ridicule, a été détruite par l'accusé, auquel cependant l'accusation en attribue la formation et les excès. Le ministère public a prétendu que l'accusé était partout, qu'il assistait et prenait part au pillage de la Rotonde du Temple, comme aux désarmements de la rue de Poitou : c'est là une assertion que rien ne justifie, et que l'instruction elle-même combat. Eh bien! oui, nous l'avouons, l'accusé assistait, comme spectateur, à toutes les opérations enfantines de cette émeute, qui cherchait vainement à se grandir, et qui s'est évanouie tout-à-coup dans son impuissance, au bruit d'une arme à feu dont la balle s'est perdue dans le toit d'une maison.

Me Puybonnieux dit ensuite qu'en acceptant le fusil du sieur Desgroux, l'accusé n'a pas eu l'intention de s'en servir pour attenter à la tranquillité publique, à laquelle, plus que tout autre, il a donné des garanties. Aussi qu'arrive-t-il? ajoute le défenseur; c'est que Marescal, obligé de charger son fusil avec les munitions qu'un des insurgés s'était empressé de lui offrir, fait quelques pas et tire son fusil contre le toit d'une maison de quatre étages, où l'empreinte de la balle existe encore. Quel était donc le but de l'accusé? l'événement va bientôt vous l'apprendre. « L'écho, vous dit Martin, a fait fuir l'accusé comme un lâche, et alors la garde nationale s'est précipitée sur nous, et nous avons bientôt été mis en état d'arrestation. »

Me Puybonnieux combat aussi le parti que le ministère public aurait voulu tirer de l'examen fait par M. le capitaine Pernetti du fusil de Marescal, examen duquel il résulterait que cette arme aurait fait feu plusieurs fois. Il prouve par les dépositions des témoins l'impossibilité où a été l'accusé de tirer plusieurs fois avec une arme qu'il n'a gardée que quelques minutes.

Me Puybonnieux passe ensuite aux faits qui ont signalé les premiers jours qui ont suivi l'arrestation des accusés. Il montre Marescal soumis à toutes espèces de tortures de la part des accusés, qui lui ont prodigué les injures les plus sanglantes, et, après lui avoir fait subir un jugement en règle, l'ont déclaré indigne de rester parmi eux, et ont forcé, par la continuation obstinée de leurs persécutions, l'autorité à placer Marescal dans une autre partie de la prison.

Me Puybonnieux dit qu'il doit défendre son client d'un reproche d'ingratitude grave que lui aurait adressé le ministère public au sujet des secours que cet accusé aurait reçus de la bienfaisance royale. Les secours que la famille royale répand à profusion chaque jour aux nombreux malheureux qui s'adressent à elle, ne sont pas jetés aveuglément sans doute ; on ne sonde pas les consciences, il est vrai ; on ne scrute pas les convictions : on ne voit que la misère à satisfaire. Mais Marescal était bien connu de l'autorité comme digne des faveurs royales ; et pour preuve, le défenseur lit une lettre adressée par M. Gisquet en 1836 à l'accusé, qui sollicitait un emploi dans son administration.

Paris, ce 31 mars 1836.

« Monsieur, en réponse à votre lettre de rappel, je vous informe que votre nom est inscrit sur une liste spéciale de candidats pour le service des prisons, et dès qu'il surviendra une occasion favorable, j'examinerai avec intérêt les titres que vous me présentez, et je verrai avec plaisir qu'il me soit possible de les accueillir.

« Recevez, etc.

« *Le conseiller-d'état, préfet de police,*
« *Signé* Gisquet. »

Dans cette situation, dit Me Puybonnieux en terminant, si Marescal n'avait pas été contraint, s'il s'était mêlé à l'émeute spontanément, vous vous demanderiez avec moi quel motif a pu lui suggérer une détermination que ses habitudes paisibles et ses antécédents rendent tout-à-fait incompréhensibles ; par quelle fatale pensée, ou plutôt par quelle absence subite de toutes les sages pensées qui n'ont cessé de diriger sa vie, il se serait trouvé confondu, lui homme d'ordre et de travail, au sein du désordre et de l'anarchie ; pourquoi il se serait tout-à-coup mis en état d'insurrection contre la société qui pourvoit à son existence, et contre le gouvernement de roi, auquel il a tant de motifs particuliers d'être dévoué.

Non, Messieurs, l'accusé Marescal ne s'est pas fait librement une telle position : c'est par la contrainte qu'il s'est trouvé placé au sein de l'émeute dont il a hardiment entrepris la ruine ; mais le ministère public n'a point accepté cette explication que tout cependant justifie dans la cause, et l'accusé a attendu avec impatience le grand jour des débats pour se justifier devant vous et devant son pays. Le voilà donc à votre barre, fort de son innocence, heureux non-seulement de n'avoir à déplorer aucun malheur qui soit son ouvrage, mais de la conviction d'avoir rendu un service signalé en empêchant le renouvellement des sanglantes attaques de la veille; il est là, faisant un appel à votre justice éclairée, et réclamant cette haute bienveillance que l'innocence obtient toujours de votre équité.

M. LE PRÉSIDENT.—La parole est à Mᵉ Madier de Montjau pour Pierné.

Plaidoirie de Mᵉ Madier de Montjau fils pour Pierné.

Mᶜ MADIER DE MONTJAU.—Après le plaidoyer que vous avez entendu tout-à-l'heure, j'ai dû me demander si tout n'était pas dit en faveur des accusés de la dernière catégorie. J'ai dû me demander s'il restait quelque chose à ajouter à cette explication simple, spirituelle et complète de cette parodie, triste sans doute, mais sans importance, d'une insurrection redoutable. Tout est dit sur ce point ; mais il est dans la position de chaque accusé des particularités qui doivent vous être soumises. Et j'avoue qu'en ce qui touche Pierné, j'ai la pensée que ces détails pourront être de quelque utilité.

Oui, en traduisant devant votre juridiction souveraine celui que je suis chargé de défendre, l'accusation a oublié quel homme elle accusait, de quel crime elle l'accusait ; elle a, ce me semble, participé, à son insu, de ces sévères préventions qui, nées de grands désastres, ont poursuivi sans merci tous ceux qui, de près ou de loin, en étaient supposés les auteurs. Elle a tout confondu; elle a, par une même chaîne, lié ensemble tous les accusés. Étrange association, qui, plaçant côte à côte sous le poids du même reproche, et, aux termes de la loi, sous la menace du même châtiment, les chefs et les agents les plus subalternes, les hommes faits et les enfants, laissait seulement à votre justice et presque à votre pitié le soin de distinguer par la peine ce qui était distinct avant tout par la nature même des choses.

La tâche de défendre le plus jeune des accusés appartenait au plus jeune des défenseurs; et dès l'abord l'avocat signale avec bonheur cette circonstance, que si l'âge de son client ne peut admettre à sa charge aucune appréciation éclairée de l'acte auquel il prenait part, sa conduite antérieure, les leçons qu'il a reçues de sa famille, les exemples qu'il a puisés ne sauraient faire penser qu'il ait cédé, dans les faits qui lui sont imputés et qu'il avoue, à l'influence d'aucune mauvaise passion.

Pierné est à peine arrivé à la vie intellectuelle. Deux années seulement le séparent du terme où la loi a fixé le discernement qui donne aux faits imputés à un accusé ordinaire le caractère de culpabilité qu'elle punit. Mais il ne s'agit pas ici d'un fait ordinaire, et l'intelligence des actes que l'accusation lui reproche n'est pas encore arrivée pour lui. C'est un enfant dans toute la force du terme, brave enfant s'il en fut, laborieux, honnête, respectueux pour ses parents, élevé par eux dans l'amour du travail qui moralise, et formé à l'exemple des vertus domestiques.

Mais c'est un enfant qui n'a vu dans les dernières agitations de l'insurrection du 13 qu'un objet de curiosité, qui y a participé par imitation, en cédant, sans s'en rendre compte, à ce malin plaisir que l'enfance trouve au désordre, et au bruit même qu'il entraîne avec lui.

Il a été trouvé armé d'une baïonnette cachée sous sa blouse; mais quels dangers présentait une telle arme en de telles mains?

Le plus léger des châtiments que la loi réserve aux coupables de rébellion, aux tapageurs des rues, serait peut-être pour le jeune Pierné une trop grande sévérité. C'est en dire assez sur les sévérités de l'accusation : Pierné a droit à toute l'indulgence de la Cour.

Après avoir discuté tour à tour les diverses charges de l'accusation, Me Madier de Montjau termine en ces termes :

Jusqu'ici, Messieurs, je me suis adressé à votre raison bien plus qu'à votre cœur. Je n'ai pas insisté sur la position de famille de l'accusé que je défends ; sur cette famille, dont, malgré son âge, il en est le chef, qui lui devait le pain de chaque jour, et qui manquera de pain et d'asile le jour où il lui manquera. Je ne vous ai pas parlé longuement non plus de son père, qui, mort sans retraite après vingt-six ans de bons services, avait gagné, bataille par bataille, ses décorations et ses grades. J'aime mieux devoir à votre justice qu'à votre libéralité cet acquittement, que je sollicite de toutes mes forces.

Je n'ai pas cherché secours non plus dans un autre ordre d'idées. J'aurais pu vous demander pourtant, Messieurs, comme hier un orateur dont j'envie la puissance et le talent, si, alors même que la curiosité seule n'aurait pas conduit cet enfant au

milieu de l'émeute, il ne serait pas excusé à vos yeux par le caractère de notre époque. Et vous, juges éclairés, qui du haut de votre
expérience et de votre position, avez tout vu et tout pesé, vous
auriez compris, que lorsque au milieu de révolutions sans nombre
tout est resté incertain, que nul principe d'ordre n'a repris vie et
racine, et que tant et de si nouvelles théories ont été développées
avec l'attrait et la force du talent, vous auriez compris l'ardeur
même coupable d'un enfant, et vous l'auriez pardonné. Mais, je
le répète, je n'ai point cherché à excuser à vos yeux une culpabilité à laquelle je ne croyais pas.

Il ne me reste plus qu'un mot à dire.

Pairs du royaume ! les graves débats qui ont si longtemps préoccupé vos esprits touchent à leur terme. Entre beaucoup d'arrêts,
tous graves, tous impatiemment attendus, vous allez en prononcer un qui doit ou sauver ou perdre une famille entière ; vous allez reconnaître la faute ou l'innocence d'un tout jeune homme,
décider s'il doit être libre ou prisonnier, vivre heureux ou flétri.
Questions religieuses et saintes ! « car, disait un homme qui parla
souvent à cette place comme ministre du roi, et qui fut toujours
un des plus fermes défenseurs de l'ordre et des libertés publiques,
car, disait M. Guizot, l'homme qui déclare l'homme coupable et
le condamne à ce titre, résout un problème et exerce un droit où
Dieu seul est accusé de ne point faillir. »

M. LE PRÉSIDENT. — Le défenseur de l'accusé Grégoire a la parole.

Plaidoirie de Mᵉ Lafargue pour Grégoire.

Mᵉ LAFARGUE.— Messieurs, vous auriez pu remarquer que c'est
avec raison que Grégoire occupe le dernier rang dans l'ordre de
l'accusation : c'est qu'en effet les circonstances invoquées à sa charge
étaient destinées à s'éclaircir par les débats et à disparaître en présence d'un examen attentif et contradictoire.

Ces circonstances se réduisent à trois faits : un témoin déclare
l'avoir vu porteur d'un fusil ; un autre, qu'au moment où il venait
d'être frappé d'un coup de feu et terrassé sur le trottoir de la rue
des Quatre-Fils, il tentait de glisser ce fusil sous une porte cochère ; plusieurs autres témoins déclarent qu'ils ont cru voir sa bouche
et ses mains noircies de poudre.

Mᵉ Lafargue examine et discute sommairement chacune de ces
circonstances. Quant à la circonstance des lèvres et des mains noi-

res, il prouve, par deux témoins qui ont examiné l'accusé après sa chute, le docteur Deschamps et le propriétaire de la maison rue des Quatre-Fils, n° 10, que sa bouche n'était noire que d'un seul côté, le côté gauche ; ce qui exclut toute idée que l'accusé ait déchiré des cartouches ; que cette circonstance s'explique donc par la version de l'accusé, la mastication du tabac ; que, quant à ses mains, elles étaient celles d'un ouvrier qui travaille.

Examinant la question de la possession du fusil par Grégoire, M⁰ Lafargue démontre qu'un seul témoin déclare avoir vu cet accusé porteur d'une arme. Il y a ici une erreur d'autant plus manifeste que ce témoin, officier de la garde nationale, poursuivant les fuyards, déclare qu'il a vu quatre individus se sauvant à toutes jambes, et qu'il n'a reconnu Grégoire qu'après coup, et sans l'avoir signalé par aucune circonstance spéciale. Le défenseur démontre l'impossibilité de la circonstance du fusil glissé sous la porte cochère. Grégoire était renversé sur le trottoir, blessé à l'épaule gauche d'une manière si grave, qu'une opération chirurgicale a été jugée nécessaire : il était évanoui par suite de cette blessure. Et c'est dans cette position qu'on voudrait, dit M⁰ Lafargue, que l'accusé ait songé à cacher ce fusil? Et d'ailleurs ce fusil était à ses pieds, de telle sorte qu'il ne pouvait y atteindre.

M⁰ Lafargue établit que le fusil en question était celui dont M. Denizot, boulanger, avait été dépouillé, et il prouve qu'il résulte de l'instruction qu'on sait que ce fusil est passé en d'autres mains que celles de Grégoire. Il cite la déclaration faite par l'accusé Martin, que le fusil du boulanger avait été pris par un jeune homme de dix-huit ans environ, vêtu aussi d'une blouse bleue, et coiffé d'une casquette brune : renseignements qui n'ont aucun rapport avec Grégoire.

Il est donc possible, dit l'avocat, il est donc vraisemblable, et c'est ce que Grégoire a déclaré, que ce fusil soit tombé près de Grégoire et ait été jeté par l'un des fuyards signalés par le témoin; ce qui coïncide avec l'interrogatoire de l'accusé lui-même, et les déclarations par lui faites à un témoin qui en a déposé, le sieur Sandemoy.

M⁰ Lafargue rappelle, pour établir l'invraisemblance de toute participation de Grégoire à l'attentat, que cet accusé venait de recevoir du roi un secours de 30 francs, et que lui et sa famille en manifestaient hautement leur reconnaissance; il dépeint la position de Grégoire, père de quatre enfants.

Messieurs, dit-il en finissant, j'ai terminé la discussion relative à l'accusé Grégoire. S'il faut reconnaître que les indices qui s'élevaient contre lui ont pu motiver sa mise en accusation, peut-être penserez-vous que ces indices n'ont point acquis ce degré de certitude propre à vous donner la conviction intime dont le juge a besoin pour déclarer la culpabilité d'un accusé. Et d'ailleurs, à l'instant de prononcer une condamnation contre Grégoire, vous vous demanderez, Messieurs, si cette condamnation est bien nécessaire, si ce malheureux, supposé coupable, n'a point en réalité subi la peine de son crime, si l'expiation de sa faute n'est pas complète, puisque la blessure cruelle dont la justice divine a voulu qu'il fût atteint durera autant que sa misérable vie, désormais partagée entre de continuelles souffrances et de continuels remords.

(A six heures, l'audience est levée, et continuée à demain pour la suite des plaidoiries.)

***

15ᵉ AUDIENCE. — 8 JUILLET.

Suite des Plaidoiries : *Mᵉ Hemerdinger pour Walch. — Mᵉ Barre pour Lebarzic. — Mᵉ Adrien Benoît pour Dugast. — Nouvelle déposition du témoin Bernier. —* Réplique *du procureur-général. —* Réquisitoire. *— Réplique de Mᵉ Dupont pour Barbès et Martin Bernard. — Déclaration de Barbès. — Clôture des débats.*

A midi, les accusés sont amenés.
La Cour entre en séance à midi un quart.
M. le greffier de la Cour procède à l'appel nominal.

Plaidoirie de Mᵉ Hemerdinger pour Walch.

Mᵉ Hemerdinger, défenseur de Walch. — Il n'est malheureusement que trop vrai que Walch s'est trouvé mêlé aux déplorables événements du 12 mai ; mais sa justification se trouve dans l'accusation elle-même. L'organe du ministère public n'a pas, en effet, hésité à rendre hommage à la bonne conduite de Walch, qui appartient à une famille pauvre, mais une des plus honnêtes de l'Alsace. C'est au boulevart que Walch se promenait le 12, lorsqu'il fut rencontré par des hommes qui me sont, qui doivent me rester inconnus. Au nom de plusieurs autres accusés, on vous a parlé de la séduction que peuvent exercer sur des imaginations jeunes et ardentes les mots de liberté, de patriotisme, de grandeur nationale. Il y a eu toute autre chose dans la position de Walch ; il a été entraîné par un laisser-aller exclusivement machinal ; il a eu beau se débattre contre les mains qui l'étreignent, il lui a fallu suivre l'impulsion violente qu'on lui avait donnée.

Mais heureusement pour lui ses mains n'ont pas trempé dans le sang de ses concitoyens. Si dans l'instruction il a été question de coups de fusil tirés par lui en place de Grève, les protestations de Walch contre ce fait sont encore présentes à vos esprits. Il vous a dit, avec cet accent de franchise et de loyauté qui n'a cessé de l'animer dans le cours de ce terrible drame judiciaire, que, s'il a parlé à son cousin de coups de fusil tirés par lui, ce n'a été qu'en plaisantant. Vous pouvez l'en croire, Messieurs les pairs, car aucun des nombreux témoins entendus ne l'a démenti sur ce point ; mais ce qui prouve tout ce qu'il y a de vrai dans cette explication, ce sont les documents généraux du procès. Il est en effet établi qu'au moment où ces coups de fusil ont dû être tirés, la plus parfaite tranquillité régnait en place de Grève. Non, Walch n'a pas pris une part volontaire, intelligente aux tristes événements qui ont pesé sur la cité ; je n'en veux pour preuve que sa conduite dans les journées suivantes. Des précautions pour échapper aux mains de la justice, il n'en a pris aucune ; il a tout fait, au contraire, pour fournir des armes contre lui-même. Sa sécurité et la pureté de sa conscience étaient telles, qu'il n'a caché à personne tout ce qui lui était arrivé la veille ; il a même montré les cartouches qu'on lui avait données. Cette conduite n'est pas celle d'un homme qui a pris une part active à la guerre civile.

Mais si Walch s'était borné à faire ses confidences à des personnes étrangères à sa famille, la justice n'aurait pas songé à s'occuper de lui. Venu à Paris du fond de son village, il y a quinze mois, Walch, qui venait de perdre son père, avait été recommandé à un parent qui devait couvrir de sa protection ce jeune ouvrier sans expérience. Romazetti avait accepté cette tutelle, et la famille voyait en lui l'ami, le guide, le confident fidèle du pauvre orphelin. Walch, qui avait fait à qui voulait l'entendre le récit de ce qui lui était arrivé le 12, ne manqua pas d'en entretenir aussi celui pour qui il n'avait rien de caché. Quelques jours après, Walch était entre les mains de la justice : Romazetti l'avait dénoncé. Comme si ce jeune homme avait cessé d'être paisible et inoffensif !

Voilà comment Walch a été impliqué dans un procès auquel il

devait rester étranger : la dénonciation a été lancée par un parent, par celui qui se disait l'ami de la famille, le protecteur du jeune ouvrier. Une telle accusation contre un homme qui a été victime d'une violence brutale ne peut pas prévaloir devant vous, Messieurs les pairs. Elle est entachée d'une souillure indélébile ; et vos cœurs, familiarisés avec tout ce qu'il y a de grand, de noble, de généreux, vous en feront détourner les regards avec dégoût.

Plaidoirie de Mᵉ Barre pour Lebarzic.

Mᵉ BARRE. —Messieurs les pairs, aux talents éprouvés, la justification des doctrines politiques ouvre une large issue aux phrases brillantes, aux mouvements oratoires, cortége du discours qui peut plaire, mais qui, par malheur, rarement persuade.

Heureusement pour ma neuve expérience je n'ai point à parcourir ce terrain difficile. Lebarzic est en dehors de toute association ; Lebarzic est étranger à l'attentat du 12 mai. Et, Messieurs les pairs, ce n'est pas moi qui parle ainsi, c'est M. l'avocat-général qui le proclame dans son réquisitoire du 5 juillet.

Ici le défenseur donne lecture à la Cour des paroles prononcées par le ministère public.

L'accusation, reprend Mᵉ Barre, est donc abandonnée à l'égard de Lebarzic. Aussi, je ne prends point la parole pour discuter une à une, pas à pas, les charges émises contre cet accusé, soit dans le rapport, soit dans l'acte d'accusation du 17 juin. Désormais l'intérêt de Lebarzic me commande seulement de vous soumettre quelques courtes considérations qui, je l'espère, ne laisseront dans vos esprits aucun doute sur sa complète innocence.

Le dimanche 12 mai, sur les cinq heures du matin, un ouvrier, marié à une femme de dix-neuf ans, père d'un enfant de huit mois et demi, s'achemine, portant un morceau de pain sous le bras, vers une filature située rue Parmentier, dont il est le chauffeur. Cet ouvrier, c'est Lebarzic.

Cependant l'heure marche ; deux heures et demie ont sonné, et, dans le quartier Saint-Martin, la révolte prend son mot d'ordre, et va surgir ! Où est Lebarzic, le chauffeur ? Paisiblement, il travaille dans sa filature, nettoie ses fourneaux, arrange sa pompe ; puis, sur les trois heures, étant libre, d'après l'attestation même de son maître, il gagne son domicile, situé rue Lenoir ; et là, il est vu par son propriétaire et par son portier, en *costume de travail*. L'on peut encore, Messieurs les pairs, comme Buffon, s'habiller pour écrire, mais on ne fait guère toilette pour aller s'insurger. Eh bien ! au moment où l'insurrection éclate dans Paris, tranquillement, chez lui, Lebarzic met ses vêtements les plus neufs ! Aussi quand il vous affirme que, selon sa coutume, il s'est rendu à Saint-Mandé, afin de voir sa mère malade, que sur le cours de Vincennes, il a rencontré sa femme, vous devez le croire. Lebarzic, sur les six heures et demie environ, retourne avec sa femme à son domicile ; dans le faubourg Saint-Antoine, il rencontre Philippet, son contre-maître. Naturellement ils causent ensemble des événements du jour. Philippet propose à Lebarzic de l'accompagner, afin de voir ce qui se passe ; celui-ci accepte. Chemin faisant, un paquet lui est remis. Aussitôt que Lebarzic apprend (ce qu'il soupçonnait du reste) que ce paquet renferme un drapeau, il saisit la première occasion de s'en défaire ; puis il rentre chez lui pour n'en plus ressortir.

Pourquoi, Messieurs les pairs, suspecteriez-vous la fidélité de ce récit, quand il est avéré que le lendemain matin, à quatre heures et demie, Lebarzic sortait de sa demeure en même temps qu'un ouvrier fondeur, quand il est établi qu'à cinq heures son maître lui remettait, comme à l'ordinaire, les clés de la filature, sans remarquer dans ses traits l'émotion la plus légère, la moindre préoccupation ?

Non, Messieurs les pairs, un ouvrier tellement assidu à son travail que, durant deux ans et demi, ni son maître, ni son contre-maître Philippet ne lui adressa pas un reproche ; un ouvrier dans le domicile duquel on ne saisit ni journal, ni brochure, ni arme ; auquel jamais on n'a entendu tenir un propos politique, un ouvrier semblable ne se métamorphose point tout-à-coup en factieux ! Et lorsque Lebarzic, homme d'honneur, qu'aucun témoin n'accuse, vous dit : Je n'ai pas pris part à l'assassinat du 12, votre haute sagesse hésitera-t-elle à le déclarer innocent ? Je ne le pense pas.

Je n'ajouterai, Messieurs les pairs, qu'un dernier mot. — En matière politique, on ferait surtout bien de se préserver d'un ennemi qui peut nuire. Eh bien ! Lebarzic, pour son bonheur, n'a pas la tête sillonnée par des espérances folles, et, ainsi qu'il le déclare, pourvu qu'il travaille, il est content.

Soyez donc persuadés que les entrepreneurs de sédition ne le raccoleront pas. Non, Lebarzic n'est point assez niais, assez simple, pour ignorer que les ouvriers que l'on jette dans une insurrection ne sont que les instruments, et qu'en révolution, les instruments ce sont les dúpes. Aussi, Messieurs les pairs, en acquittant Lebarzic, vous ne ferez point rentrer dans la société un homme dangereux, mais vous rendrez un probe et laborieux ouvrier à sa mère, bien inquiète, à sa jeune femme et à son pauvre petit enfant de huit mois et demi !

Plaidoirie de Me Grevy, pour Philippet.

Philippet, Messieurs, n'est inculpé que par les déclarations très-équivoques de Lebarzic et de cette jeune ouvrière de dix-huit ans, de Rosalie Delille, qu'il aurait voulu aussi embaucher en lui promettant de la coiffer d'un bonnet rouge et de lui faire obtenir la croix d'Honneur, si elle consentait de marcher avec les bandes insurgées pour donner des secours aux blessés.

On a senti le vide de ces inculpations, et l'on est allé chercher dans les archives de la police des notes où, contre la vérité des faits, contre la teneur de certificats authentiques, Philippet est présenté comme s'étant mal conduit dans la garde municipale.

Je reproche à l'acte d'accusation d'avoir trop facilement accueilli une note de police où, en dépit du certificat honorable donné à Philippet par les chefs de son corps, on suppose qu'il aurait été chassé de la garde municipale pour indélicatesse.

M. LE PROCUREUR-GENERAL. — Nous avons précisément au dossier l'état des services de Philippet dans la garde municipale. Il y est dit qu'il a été puni pour avoir donné une fausse adresse, après avoir fait une dépense dans une auberge, et s'être en allé sans payer. Voilà ce que nous avons qualifié d'*indélicatesse*.

PHILIPPET. — Ceux qui m'ont puni étaient plus *indélicats* que moi.

Me GREVY. — Il n'y a rien d'inexact dans ce que j'ai dit. C'est dans une note de police que j'ai lue moi-même au dossier qu'ont été pris les renseignements dont je parlais.

Le défenseur discute l'une après l'autre toutes les charges élevées contre Philippet, et n'y trouve aucune de ces preuves matérielles ou morales qui sont la base nécessaire des condamnations en matière criminelle.

Non, Messieurs, vous ne rendrez pas une décision qui bouleverserait tous les fondements de la certitude humaine. Ce n'est pas le nombre plus que la rigueur des condamnations qui donnera à votre jugement une force morale. Frapper toutes ces têtes, cela ressemblerait à une proscription. Si vous voulez que votre arrêt

exerce sur les esprits une influence salutaire, il faut assurément
qu'il soit humain; il faut surtout qu'il soit établi sur des preuves
positives.

Me Grevy achève ainsi sa plaidoirie:

Je ne sais, Messieurs les pairs, si la mission que je remplis, si le
désir dont je me sens tourmenté de porter dans vos esprits la conviction qui m'anime, exerce sur ma raison une influence qui la
trouble; mais il me semble que l'innocence de Philippet éclate à
tous les yeux, et que sa condamnation est impossible.

Non! en présence de cette accusation si témérairement échafaudée sur les contradictions sans nombre d'une déclaration isolée,
et qui vient se briser contre tous les témoignages et tous les documents du procès; contre un alibi inattaquable et inattaqué; contre des impossibilités matérielles, il n'est pas en France un jury
qui osât prononcer une condamnation!

Et ce serait la première cour de justice du royaume, ce serait
cette assemblée où mes yeux contemplent toutes les illustrations
de mon pays, où tant de lumières inspirent à l'innocence tant de
sécurité, qui, bouleversant tous les fondements de la certitude
humaine, donnerait à la France le scandale d'une pareille condamnation! Oh! Messieurs, je ne le crains pas de votre justice!

Je ne le crains pas non plus d'un autre sentiment. Ce n'est pas
plus le nombre que la rigueur des condamnations qui donnera à
votre jugement l'autorité morale dont il a besoin. Frapper sur
toutes ces têtes ressemblerait à de la proscription. Si vous voulez
que votre arrêt exerce sur les esprits une salutaire influence, il faut
assurément qu'il soit humain, mais il faut surtout qu'il soit
juste (Sensation).

M. le Président. — La parole est au défenseur de Dugast.

Plaidoirie de Me Benoît pour Dugast.

Me Adrien Benoit. — Messieurs, cette cause est fort simple. Il
ne s'agit que d'établir un fait matériel: c'est que Dugast n'a fait
partie d'aucune des bandes insurrectionnelles pendant les journées des 12 et 13 mai. Sans autre préambule, j'entre en matière.

Le défenseur s'attache à repousser l'unique charge qui pèse contre son client. Dugast, selon Lebarzic, aurait été vu le dimanche
sur les sept heures du soir au milieu des insurgés. Mais Lebarzic
n'a point fait une déclaration affirmative, mais il croit seulement
l'avoir reconnu dans cette bande où Lebarzic aurait été incorporé
malgré lui, et qui parcourait le faubourg Saint-Antoine.

Lebarzic a pu facilement se méprendre le 12 mai, à une heure où l'obscurité ne permettait plus de bien distinguer les objets : et dans tous les cas, rien ne prouverait que Dugast eût été là pour participer sciemment à des actes coupables.

Peut-on croire qu'un homme animé de tels sentiments ait pris part à un attentat politique ?

Vous parlerai-je des antécédents favorables de Dugast, qui a servi dans la garde municipale, qui a travaillé dans divers ateliers ? Vous parlerai-je de sa famille, qui attend avec anxiété votre arrêt, qui attend la mise en liberté d'un homme dont le travail est nécessaire à sa subsistance ?

Non, Messieurs, ce n'est pas dans une pareille cause que doivent être invoqués de semblables moyens. Il est un autre sentiment qui la domine tout entière : c'est le sentiment de la justice. Je ne crains pas d'être démenti quand je dirai qu'il ne reste pas une seule charge réelle contre Dugast.

M. LE PRÉSIDENT. — La liste des défenseurs est épuisée. M. le procureur-général demande-t-il la parole ?

M. le procureur-général se lève.

(Sur la demande de plusieurs de MM. les pairs la séance est suspendue pendant une demi-heure.)

Incident relatif à l'accusé Mialon.

Mᵉ BLOT-LEQUESNE. — J'ai eu l'honneur de lire à votre audience d'hier une lettre d'une personne qui, ayant rencontré par hasard dans la rue un individu vêtu de velours, a cru reconnaître en lui, plutôt que dans l'accusé Mialon, le meurtrier du maréchal-des-logis Jonas. J'apprends que ce témoin, le sieur Bernier, est présent.

M. LE PRÉSIDENT. — Qu'on le fasse entrer.

M. BERNIER. — Hier matin, passant dans la rue Hautefeuille, je vois deux personnes qui arrivaient à ma rencontre. Je les regarde ; j'en aperçois une qui avait des vêtements tout semblables à ceux que portait l'homme qui a tiré sur le maréchal-des-logis de la garde municipale, vêtements semblables aussi au costume de l'accusé Mialon. La ressemblance est si grande que j'en ai été frappé. J'aurais fait arrêter cet homme, si je n'avais craint de me tromper. Je me suis borné à écrire à son défenseur, en le priant de donner avis de cette rencontre à M. le procureur-général.

M. LE PRÉSIDENT. — Connaissez-vous cet homme que vous avez rencontré ?

M. BERNIER. — Non, Monsieur.

D. Ne lui avez-vous pas parlé?.— R. Oui, Monsieur; je lui ai parlé, je lui ai demandé ce qu'il était. — « Je suis ouvrier, m'a-t-il répondu; pourquoi cela? » Je lui ai dit que je le prenais pour un autre.

D. Lui avez-vous demandé sa demeure? — R. Non, Monsieur.

D. Avez-vous remarqué son accent? — R. Non, Monsieur; il ne m'a dit que quelques mots.

D. Avait-il un accent particulier? — R. Non, Monsieur.

M. LE PRÉSIDENT, après avoir fait lever Mialon. Reconnaissez-vous l'accusé?

M. BERNIER. — Maintenant je suis satisfait. Celui que j'ai vu ne peut pas être la personne que je voulais désigner, car il a les favoris beaucoup plus noirs et le nez plus long.

M. LE PRÉSIDENT. — Croyez-vous reconnaître encore Mialon?

M. BERNIER. — Oui, Monsieur.

M. LE PRÉSIDENT. — En un mot, reconnaissez-vous Mialon, qui est devant vous, pour celui avec qui vous avez été confronté la première fois?

M. BERNIER. — Oui, Monsieur, je le reconnais comme la première fois, et même comme la seconde et la troisième, car aujourd'hui ça fait la quatrième fois.

Me BLOT-LEQUESNE. — Lorsque le témoin a parlé dans l'instruction écrite de l'homme qui a tiré un coup de fusil dans la rue aux Ours, à deux pas de lui, il a dit que cet homme avait des favoris plus noirs, une figure plus ronde que Mialon, et qu'il était d'une corpulence plus forte que celle de Mialon. Rapprochez cette déclaration de celle d'un autre témoin qui a dit que Mialon était d'une corpulence bien prise. Je prie la cour de se rappeler ces deux dépositions; elle verra si le doute est encore possible. Car, pour condamner dans une matière aussi grave, il faut les preuves les plus positives, et le doute est encore favorable à l'accusé.

M. le duc de MONTEBELLO. — Je prierai M. le chancelier de demander au témoin quelle était la démarche de l'homme qu'il a rencontré hier, et s'il ne marchait pas d'une manière remarquable.

M. BERNIER. — Il marchait très-droit devant lui. Après cela je vous dirai que celui qui a tué le garde municipal avait une démarche embarrassée; mais il marchait droit devant lui quand, après avoir tiré ce coup de fusil, il s'est en allé par la rue Quincampoix.

M. LE PRÉSIDENT. — M. le procureur-général a la parole.

Second réquisitoire de M. le procureur-général Franck-Carré.

M. FRANCK-CARRÉ, procureur-général.—Messieurs les pairs, en prenant une seconde fois la parole, notre intention n'est pas de venir au secours de l'accusation, que les attaques de la défense ont laissée dans toute sa force. Si nous vous demandons encore quelques minutes d'attention, ce n'est donc pas que nous voulions rentrer dans la discussion des faits imputés aux accusés, et reprendre le développement des charges qui leur sont personnelles ; mais c'est un devoir pour nous de protester hautement contre certaines doctrines, de relever quelques expressions échappées aux défenseurs, et de replacer la grande question que vous avez à juger sur son véritable terrain.

Nous l'avions prévu, Messieurs, c'est principalement sur le caractère politique des crimes que vous avez à juger que la défense a insisté auprès de vous. Sans entrer dans l'examen des faits, s'appliquant au contraire avec habileté à écarter de vos yeux l'effroyable réalité des scènes nombreuses de l'attentat, c'est à l'aide d'un mot qu'on a essayé une justification impossible.

« Barbès et Martin Bernard sont des hommes politiques ; c'est un attentat, c'est un crime politique qu'on leur impute : le châtiment rigoureux de la loi ne peut les atteindre. »

Avant d'apprécier en fait la valeur de cette objection, il convient, ce nous semble, de la bien comprendre, et de détruire l'artifice de langage qui en fait la seule force, pour la voir sainement et la juger de même.

Messieurs, nous avions pris le soin d'enlever aux faits de cette accusation le masque trompeur dont on s'efforce de les couvrir ; nous avions établi par des pièces émanées des accusés eux-mêmes, par les actes auxquels ils se sont livrés, que leur but était moins politique qu'anti-social ; que le caractère changeant, variable des crimes purement politiques ne se rencontrait pas dans cette accusation ; que les faits odieux dont nous demandons la répression sont de ces crimes infâmes que flétrissent toutes les consciences, que punissent toutes les législations.

On nous répond que le but est politique, que l'intention était pure, et que la criminalité s'atténue.

La défense a reculé cependant, il faut le dire, devant la formule qui eût exprimé son système avec le plus d'exactitude et de précision. Ses paroles n'avaient pas de sens, si elles ne voulaient pas dire que l'attentat porte toujours en lui son excuse.

Messieurs, sait-on bien ce que c'est qu'un attentat? le comprend-on bien, surtout dans les circonstances graves qui constituent les crimes des 12 et 13 mai?

Il y a deux choses dans un attentat: le but et les actes commis pour arriver à ce but.

Le but, c'est le changement du gouvernement; les actes, c'est le pillage, c'est la révolte, c'est l'assassinat.

Ecartons donc, il le faut Messieurs, écartons ce mot en quelque sorte magique que nous répète incessamment la défense; il importe que chacun sache ce que recèle ce mot mystérieux, ce qui se cache sous cette formule de la loi: cela importe surtout à une époque où la puissance des mots est si grande qu'elle l'emporte trop souvent sur la réalité des choses.

Des propriétés sont envahies, des magasins pillés: voilà l'attentat; des militaires au poste du devoir et de l'honneur sont égorgés, des gardes nationaux qui marchent au secours de nos institutions attaquées sont impitoyablement assassinés: voilà l'attentat; le voilà, Messieurs, dans sa hideuse réalité, le voilà dans sa vérité tout entière.

Où est donc l'excuse pour un tel crime? Et comment comprendre qu'en argumentant, en quelque sorte, du mot contre la chose, on ait osé faire appel à votre indulgence en vous montrant le but qu'on poursuivait?

Ce serait là, Messieurs, une preuve nouvelle et déplorable, non-seulement de cette aberration de certains esprits qui les pousse à sacrifier, en toutes circonstances, l'intérêt général à l'intérêt privé, mais encore de cette disposition fatale à légitimer toutes les attaques dirigées contre le pouvoir, contre le gouvernement, contre la société.

Comment, c'est parce que vous avez voulu détruire le gouvernement, ruiner les institutions conquises par le pays, qu'il faut vous absoudre de tous vos forfaits! Si vous aviez tué un homme pour lui enlever sa bourse, si vous l'aviez tué par vengeance, même par colère et dans un instant de violence, il n'y aurait pas assez d'anathème pour vous frapper!

Eh bien! c'est parce que vos crimes s'aggravent d'un forfait de plus que vous prétendez vous absoudre! C'est là, Messieurs, une prétention monstrueuse, pour nous servir d'une expression de la défense. Le but poursuivi, le renversement du gouvernement, c'est là déjà un crime capital; il faut bien le dire, c'est assurément le plus grave, car il comprend tous les autres, car, seul, il les explique, disons mieux, il les a rendus nécessaires. Et cette réflexion, Messieurs, nous l'avions faite en vous parlant de Barbès, et en répondant à ces paroles qu'il vous avait adressées : Je ne *suis ni coupable ni capable de l'assassinat de Drouineau.*

Certes, celui qui a prémédité l'attentat, qui a préparé et distribué les munitions, qui a donné le signal du pillage des armes, qui a pris la direction de la bande armée, et qui a commandé tant de meurtres et d'assassinats, celui-là ne peut, sans une amère dérision, repousser la responsabilité d'un meurtre isolé que son crime avoué rendait nécessaire.

Nous dirons donc à ces hommes dont nous parlions tout-à-l'heure, à ces hommes qui font mépris de l'intérêt général et qui permettraient volontiers aux passions individuelles de s'attaquer, selon leurs caprices et à leur gré, aux garanties les plus précieuses de la société ; nous leur répéterons que l'attentat, c'est le vol, le pillage, l'assassinat ; nous leur dirons que la mort de Drouineau, c'est l'attentat; que la mort du vieux soldat Jonas, que le massacre du marché Saint-Jean, c'est l'attentat!

Barbès et Martin Bernard sont des hommes politiques! Qu'importerait, après tout, si ces hommes politiques sont de grands coupables, si, pour réaliser leurs absurdes et odieuses utopies, ils se livrent à des actes que toutes les lois divines et humaines flétrissent au même degré, et qualifient également de crimes?

Est-ce que Fieschi, Pépin, Morey, Alibaud, ne se disaient pas aussi des hommes politiques? La justice leur a donné, et l'histoire leur donnera, à son tour, le titre de criminels, le seul titre qui leur appartienne.

Vous avez, dites-vous, flétri Fieschi : nous le croyons sans peine; mais il faut bien, puisque vous nous y forcez, que nous vous demandions quel est le sentiment qui vous a dicté cette réprobation dont vous parlez, et si c'est comme régicide ou comme révélateur que vous avez condamné cet infâme ? Nous avons le droit de le demander, en présence de cette pièce que vous avez écrite à la date de juillet 1835, et qui vous constitue l'adhérent du crime.

Mais il est temps d'aborder de plus près la défense, qui, dans l'impuissance de contester les faits établis par l'accusation, s'est efforcée d'en changer le caractère pour leur enlever ce qu'ils ont de plus odieux.

Messieurs, ce n'est pas sans étonnement, nous le dirons même,

sans chagrin, que nous avons entendu le jeune défenseur de Barbès nous parler de la grandeur d'âme de son client, de son caractère chevaleresque, de ses vertus publiques et privées ; vous dire
que c'était un homme politique qui s'était peut-être trompé, mais
trompé de bonne foi, et, en repoussant l'accusation d'assassinat,
vous parler de guerre loyale !

Que de telles choses, en présence de cette accusation avouée par
Barbès, se disent dans cette enceinte, qu'elles se placent, en quelque sorte, sous la protection du droit de défense, pour se produire librement devant vous, c'est là, Messieurs, ce qui nous afflige,
ce qui blesse en nous le sentiment et la dignité du magistrat ; et
nous avons besoin d'en chercher l'explication dans ces séductions
déplorables qu'exercent trop souvent sur de jeunes imaginations
tout ce qui offre une apparence d'audace et de témérité.

Oui, Messieurs, les crimes dont cet homme s'est rendu coupable
sont exclusifs des qualités dont on vous parle ! Celui qui, dans la
vue d'un bouleversement social, prémédite de sang-froid l'attaque
à la vie d'autrui, qui égorge ou fait égorger sous ses yeux des
hommes qu'il a surpris sans défense par un odieux guet-apens,
celui-là est, au jugement de tous, un assassin !

Qu'est-ce donc que cette maladie de l'intelligence qui étouffe
le sentiment moral et fait disparaître, aux yeux de ceux qu'elle
enivre, l'énorme distance qui sépare le bien du mal, le crime de
la vertu ?

Barbès repousse l'imputation d'assassinat, et il se glorifie presque de l'attentat, sans comprendre que le premier de ces crimes
est le résultat forcé du second, que celui qui arrête la résolution
de l'attentat accepte, par là même, la nécessité du meurtre.

Comment ! il recrute et embrigade des sectaires, il enrôle, sous
le drapeau de la révolte, ce que la lie des civilisations modernes
présente de plus impur, il accepte, comme auxiliaires, jusqu'à
l'abjection des réclusionnaires libérés, et il viendra, devant vous,
parler de guerre loyale et désavouer les assassinats dont il prétendra n'être pas l'auteur personnel !

Non, c'est un droit qu'il n'a pas ; il s'en est dépouillé lui-même
en se plaçant à la tête de l'attentat dont il avoue, tout à la fois,
et la pensée première et l'exécution principale.

Non, ceux qu'il a trouvés bons comme auxiliaires, il ne sera pas
admis à les repousser après le crime ! Non, il ne se lavera point de
ces forfaits qu'il a ordonnés, qui se sont accomplis sous ses yeux,
pour l'exécution de sa pensée !

Encore une fois, Messieurs, Barbès vous l'a dit ; sans lui nous n'aurions pas à déplorer les attentats du 12 mai ; sans lui, vingt militaires assassinés vivraient encore ; sans lui, soixante autres soldats, qui ne devaient verser leur sang que sur le champ de bataille et sous les balles étrangères, n'auraient pas été mutilés dans nos rues par des mains criminelles ! Par quel déplorable égarement cet homme, qui se soulève à la pensée d'un meurtre, ne se sent-il pas écrasé sous le poids du mal qu'il a fait ; et comment est-ce le sentiment de l'insuccès et de la défaite, et non celui du repentir et du remords, qui le poursuit et qui l'obsède ?

On a dit pour Barbès, à cette audience, qu'il avait vu autour de lui la misère et les tortures des ouvriers sans travail, et que, dans l'impuissance de soulager tant d'infortunes, il avait dit : *Livrons bataille !*

Nous ne répondrons pas que la pensée première du crime était dans l'organisation de la société dont Barbès et Martin Bernard sont les chefs ; que la date qu'on s'efforce de lui donner est celle de l'exécution et non celle de la résolution qui l'a précédé ; nous ne dirons point que le fait même, fût-il vrai, ne serait jamais l'excuse des crimes énormes des accusés ; mais nous demanderons au défenseur où il a vu cette situation déplorable qu'il a décrite, nous lui demanderons si, lorsqu'il a parlé de la misère générale et de ces tortures des ouvriers sans travail, il a prétendu faire de l'histoire, ou si l'entraînement de la défense ne l'a pas conduit à nous présenter un roman, un rêve, pour la réalité. Jamais, Messieurs, jamais peut-être la sollicitude d'un gouvernement libéral et éclairé n'a donné plus d'occupation aux ouvriers, n'a ouvert plus d'ateliers de travail, n'a fait autant pour cette classe utile, honnête et laborieuse.

Chez une nation où l'industrie étend sans mesure ses développements et où une concurrence heureuse et libre se dispute, avec effort, toutes les ressources du commerce, il arrive sans doute que toutes les époques ne sont point aussi prospères ; et une stagnation momentanée des affaires est d'autant plus pénible que leur activité était plus féconde. Mais demandez à ces ouvriers eux-mêmes, dont vous vous dites le champion et l'ami, s'ils placent alors leur espoir dans le tumulte et les entreprises des factions. Ils savent bien ce qu'il faut penser de vos coupables promesses, et leur prudence, comme leur probité, se révolte à la pensée de vous suivre dans les voies sanglantes que vous ouvrez devant eux.

Nous avons dit, Messieurs, que nous ne reviendrions point sur

le développement des charges de l'accusation, et nous nous abs-
tiendrons, en effet, de cette discussion inutile, précisément pour
rester fidèle à la pensée de notre premier réquisitoire. C'est qu'en
effet, à l'égard de Barbès, l'accusation principale est l'accusation
d'attentat, et que la défense a déserté ce terrain ; mais nous éprouvons le besoin de vous dire que notre conviction sur l'assassinat
est entière, qu'elle est le résultat de l'étude approfondie de la
procédure et de l'examen consciencieux de ces débats. Nous avons
devant vous analysé tous les témoignages, nous les avons comptés,
nous les avons pesés, nous en avons fait sortir la preuve invincible que Barbès était le chef de cette bande qui a assailli le poste
du Palais-de-Justice, qu'il a personnellement adressé à l'officier la
sommation menaçante de rendre ses armes, qu'il a ordonné le feu,
qu'il a tiré sur Drouineau ; qu'il est responsable, comme auteur
et comme complice à la fois, de tout le sang qui a été versé.

On nous oppose, comme une réfutation nouvelle, un procès-
verbal que nous avons nous-mêmes communiqué à la défense, et
qu'elle doit supposer ainsi que nous connaissons.

On argumente des deux blessures qu'a reçues Drouineau, sans
comprendre que c'est précisément là ce qui explique et ce qui con-
cilie l'ensemble imposant des dépositions recueillies par l'instruction et les témoignages reçus, à cette audience, sur la demande de
l'accusé.

On incidente sur la direction des blessures, comme s'il était
possible aujourd'hui de préciser, avec exactitude, la position respective de l'assassin et de la victime, et comme si toutes les suppositions qu'on essaie à votre audience ne s'évanouissaient pas
devant les témoignages précis et concordants que vous avez entendus.

Nous ne reviendrons donc point sur cette discussion ; qu'il nous
suffise de vous avoir témoigné de nouveau de notre profonde et
intime conviction.

Mais il est impossible que nous passions sous silence le ton dé-
daigneux, et, en quelque sorte, méprisant avec lequel on vous a
présenté la défense de Martin Bernard. On nous demande où sont
nos preuves, comme si elles n'étaient pas écrites de la main même
de l'accusé ?

Quelques mots suffiront, Messieurs, pour résumer à cet égard la
grave accusation qui le concerne.

Et d'abord Barbès vous l'a dit : C'est la Société des Saisons qui
a exécuté l'attentat ; ce sont les chefs de cette Société qui en avaient

seuls, arrêté la résolution, qui ont convoqué les sectionnaires, qui leur ont donné le signal du combat, qui les ont dirigés dans toutes les attaques.

Maintenant, Messieurs, Martin Bernard n'était-il pas l'un des chefs de cette société? Il faut bien le dire, ni lui ni son défenseur n'ont essayé de le nier.

Mais nous, Messieurs, nous sommes en droit de l'affirmer, non pas seulement parce que Nouguès, son ami, nous le déclare, mais parce que Martin Bernard l'a écrit de sa main. Et ici, il faut bien que nous répondions quelques mots à l'étrange discussion qu'on nous oppose sur la pièce saisie chez Martin Bernard, au moment de son arrestation, le 21 juin.

Nous ne relirons point, Messieurs, ce formulaire manuscrit pour la réception des sectionnaires; vous y avez trouvé, comme nous, la preuve de cette vérité, que Martin Bernard était le chef spécialement chargé du recrutement des sectionnaires. Nous ne répondrons pas davantage, car nous ne pourrions le faire sérieusement, à cette supposition de la défense, que Martin Bernard a sans doute copié ce formulaire dans le rapport de votre commission.

Nous dirons que les modifications que l'accusé a fait subir à ce document sont la preuve positive de sa participation à l'attentat du 12 mai, car elles en présentent l'aveu formel.

« Peut-être sommes-nous destinés à succomber encore une fois, et à aller rejoindre, dans la tombe ou dans les cachots de Philippe, les martyrs du 12 mai. »

On nous dit: Ce serait la preuve d'un complot. Oui, sans doute, c'est la preuve d'une nouvelle résolution d'agir, du complot d'un nouvel attentat; mais c'est en même temps l'aveu du crime commis, de l'attentat du 12 mai! « Peut-être sommes-nous destinés à succomber encore une fois. »

Cependant, Messieurs, est-ce que cet aveu de l'accusé est la seule preuve que nous ayons invoquée contre lui? Est-ce que nous n'avons pas montré son nom sur la proclamation de la révolte, à côté des noms de Barbès et de Blanqui? Est-ce qu'il n'est pas désigné, aux sectionnaires, comme l'un des chefs qui doivent les mener au combat et à la victoire?

D'un autre côté, n'avons-nous pas prouvé la sincérité complète de Nouguès? Et la rétractation même essayée, à votre audience, par cet accusé, ne donne-t-elle pas encore plus de poids et d'autorité à ces paroles? Il faut donc le reconnaître, Messieurs, Martin

Bernard est convaincu, judiciairement, de cette culpabilité qu'il n'a pas même osé nier, ni dans l'instruction, ni à l'audience.

Que vous dirons-nous, Messieurs, de ces considérations générales sur l'état actuel de la société, par lesquelles on cherche à l'attentat du 12 mai des excuses qui ne manqueraient à aucun de ceux que de nouvelles témérités pourraient entreprendre. Voyez, nous dit-on, ce vague qui règne dans les idées, ce conflit d'ambitions inquiètes, ce sentiment de malaise qui fait naître l'impatience du présent et le besoin d'un avenir inconnu. A-t-on le droit de se montrer sévère pour ceux dont l'ardeur impétueuse ne peut supporter cette souffrance morale, et qui s'élancent, pour s'en affranchir, dans la révolte et dans la sédition?

Nous ne nions pas, Messieurs, cette maladie de notre époque; mais il faut la définir et la comprendre. Oui, sans doute, le spectacle de tant de révolutions successives, amenées par le cours du temps, le hasard des événements et le lent travail d'une réorganisation sociale, a diminué l'autorité des pouvoirs légitimes, et exalté les passions que, dans toute société, leur mission est de contenir. Mais, quand un gouvernement de perfectionnement et de progrès a été institué, quand les pouvoirs dont il est formé se renferment, avec scrupule, dans la mesure de leur action légale, quand il ouvre les plus larges voies à toutes les ambitions légitimes, faut-il donc qu'il reste désarmé contre les attaques violentes de ceux qui se placent en dehors de toutes les lois? Veut-on le mettre officiellement, juridiquement dans cette condition que toute insurrection ait avec lui le droit de champ clos, et qu'il ne puisse résister qu'à armes égales dans les embuscades qu'on lui dresse, dans le guet-apens qu'on lui prépare.

La loi du pays, Messieurs, celle qui protége les personnes, les propriétés, les industries, et de par laquelle nous vivons entre nous comme citoyens et non comme ennemis, voit-elle s'anéantir sa puissance et son autorité quand elle cesse d'être invoquée par l'intérêt privé, et que l'intérêt social, l'intérêt public viennent en réclamer l'application? Il n'est personne qui ose la nier, qui ose la méconnaître, quand elle protége, contre un seul, la vie d'un seul; contre un seul, la propriété d'un seul; et parce qu'une secte se produit, qui organise le meurtre, pour organiser la spoliation, et qui prélude à un bouleversement complet de la société par une attaque contre les institutions qui la défendent, on oserait dire que la loi ne produit plus ni droit ni devoir, et qu'elle reste livrée à toutes les entreprises et à toutes les témérités. Quant à nous,

Messieurs, magistrat devant une cour de justice, c'est la loi que nous invoquons ; et ce serait la désarmer que de ne pas l'appliquer, dans sa plus grande rigueur, au plus grand des crimes qu'elle ait pu prévoir.

Le procureur-général du Roi près la cour des pairs,

Attendu qu'il résulte de l'instruction et des débats que, les 12 et 13 mai 1839, un attentat a été commis à Paris, ayant pour but : 1º de détruire et de changer le gouvernement ; 2º d'exciter les citoyens et habitants à s'armer contre l'autorité royale ; 3º d'exciter la guerre civile en armant et en portant les citoyens et habitants à s'armer les uns contre les autres ;

En ce qui touche l'accusé Lebarzic,

Attendu qu'il ne paraît pas suffisamment établi que cet accusé se soit rendu coupable de l'attentat ci-dessus spécifié ;

Déclare s'en rapporter, à son égard, à la prudence de la cour.

En ce qui touche les nommés Barbès, Martin Bernard, Nouguès, Bonnet, Roudil, Guilbert, Delsade, Mialon, Austen, Lemière, Walsch, Philippet, Dugas, Longuet, Martin, Marescal, Pierné et Grégoire,

Attendu que de l'instruction et des débats résulte contre eux la preuve qu'ils se sont rendus coupables d'avoir commis l'attentat ci-dessus spécifié.

Crime prévu par les art. 87, 88 et 91 du Code pénal ;

En ce qui concerne Barbès,

Attendu que de l'instruction et des débats il résulte la preuve que, dans l'exécution de l'attentat ci-dessus spécifié, il s'est rendu coupable d'un homicide volontaire commis, le 12 mai dernier, avec préméditation, sur la personne du lieutenant Drouineau ;

En ce qui touche Mialon, déjà condamné pour crime,

Attendu que de l'instruction et des débats il résulte la preuve qu'il s'est rendu coupable d'un homicide volontaire commis, le 12 mai dernier, avec préméditation, sur la personne du maréchal-des-logis Jonas ;

Lesdits crimes prévus par les art. 295, 296, 297, 298, 302 et 57 du Code pénal ;

Requiert qu'il plaise à la Cour faire l'application aux sus-nommés des articles précités, et les condamner aux peines portées par la loi ;

Déclarant toutefois, en ce qui concerne les nommés Nouguès, Bonnet, Roudil, Guilbert, Delsade, Austen, Lemière, Walch, Philippet, Dugast, Longuet, Martin, Pierné, Marescal et Grégoire,

20

s'en remettre à la haute sagesse de la Cour pour faire droit aux réquisitoires qui précèdent et pour tempérer les peines si la Cour le juge convenable.

Fait à l'audience publique de la Cour des pairs, le 8 juillet 1839.

Le procureur-général,

FRANCK-CARRÉ.

Réplique de Me Dupont pour Barbès et Martin Bernard.

Messieurs, après de si longs débats, je demande, pour un dernier instant votre bienveillante intention. Je ne m'étais pas trompé en pensant que les deux accusés sur lesquels le réquisitoire insisterait le plus étaient Barbès et Martin Bernard ; je ne m'étais pas trompé lorsque j'avais cru que nous devions réunir nos derniers efforts pour faire tomber cette accusation ; du moins dans les faits principaux, dans les faits qui peuvent porter atteinte à l'un des principaux accusés.

Barbès s'est présenté devant vous avec emphase, dit-on. Je crois que jamais homme, jouant sa tête dans une déclaration faite en justice, ne s'est jamais conduit avec plus de simplicité : pas de phrases, l'aveu complet de sa position ; et il vous en dit ses raisons.

S'il ne s'agissait que de se défendre lui-même ; s'il n'avait pas dû, par sa déclaration, alléger autant qu'il était en lui les peines qui doivent frapper ses coaccusés, la simplicité même de ces déclarations n'aurait pas eu lieu. Barbès se présente donc devant vous, Messieurs, comme un homme qui vous dit : Je me livre à vous ; vous ferez de moi ce que votre haute sagesse croira devoir faire : mais si je puis livrer ma vie, ma liberté, il y a deux choses que je dois défendre pendant ma vie, même au-delà de mon tombeau : c'est mon honneur, ce sont mes idées politiques. J'ai intérêt pour moi, pour les miens, à prouver que je n'ai pas été un assassin ; que, dans l'attentat que j'ai commis le 12 mai, je n'ai porté idée, ni de brigandage, ni de pillage. J'ai pu commettre une erreur politique ; les opinions peuvent être diverses ; j'ai attaqué une société à laquelle préside un ordre de choses tout autre que celui que j'ai pu rêver ; je dois payer de ma tête l'attentat que j'ai commis, mais au moins faut-il qu'on me connaisse tout entier, que les idées qui m'ont fait agir soient comprises de tous, et ne soient pas interprétées dans un sens déshonorant pour ma vie.

Vous voulez faire de Barbès le complice de Fieschi ; et, pour attacher le déshonneur à sa vie, vous lui dites qu'il a été recruter ses adhérents parmi des réclusionnaires libérés. Quant à ce souvenir du nom de Fieschi qu'on a voulu rattacher au nom de Barbès, mon honorable collègue a certainement protesté avec assez d'énergie pour que nous ayons dû croire qu'il ne pouvait plus y avoir de doute à cet égard ; et cependant, chose extraordinaire, vous avez vu se renouveler cette attaque, parce qu'on sait fort bien qu'on ne ruine pas les hommes politiques en les frappant de mort, mais en les frappant dans leur honneur.

Qu'oppose-t-on à Barbès ? une espèce de projet de proclamation écrite à une époque contemporaine à l'affaire Fieschi. Je la lirai, Messieurs, cette proclamation ; et lorsque Barbès vient vous dire : Depuis 1830 je conspire incessamment contre le gouvernement qui me juge aujourd'hui, vous devez comprendre que, dans les luttes successives qui ont agité le pays, bien des victoires ont été faites. La proclamation que vous avez est une de ces proclamations faites, pour ainsi dire, la veille d'un combat. Il s'en est livré malheureusement beaucoup trop ; nos rues ont été trop souvent ensanglantés. La veille d'une insurrection, rêvant la victoire comme je l'ai rêvée encore la veille le 12 mai, j'avais écrit à l'avance la proclamation ; elle s'applique à une révolution, à un attentat : pièce coupable, criminelle, si l'insurrection est vaincue, document historique si la victoire le légitime. Eh bien ! cette pièce est tout bonnement une proclamation pour une révolution qui allait éclater.

Quant à Mialon, on met la défense dans une bien pénible situation. Que voulez-vous que Barbès dise contre Mialon, au moment où les peines les plus graves sont requises contre lui ? Ce que peut dire Barbès : c'est qu'il n'a jamais connu Mialon.

Barbès vient donc, Messieurs, devant vous défendre non pas sa vie, non pas sa liberté ; il vient défendre de nouveau son honneur ; il faut surtout chercher à vous expliquer les idées qui l'ont fait agir ; et, dans l'accomplissement de ce devoir qui m'est imposé, vous ne trouverez, Messieurs, nulle apologie, mais vous y trouverez une application scientifique, économique, sociale ; ma tâche s'élèvera, pour ainsi dire, au-dessus du rôle de l'avocat. Planant par avance, et comme l'histoire future le fera, sur les neuf années qui viennent de s'écouler, je me demanderai comment tant d'agitations se sont succédées, quelles sont les doctrines qui ont poussé tant d'hommes à la révolte, à des attentats. L'histoire ne

pourra pas croire que ce soient des ambitions purement personnelles, de mauvaises passions qui les aient poussés à compromettre la vie tant de fois ; elle descendra plus profondément que ne
l'a fait l'accusation devant vous ; elle interrogera l'état des âmes,
des doctrines politiques ; elle se demandera s'il n'y avait pas un
grand problème social que tout le monde voyait, auquel personne
n'osait toucher, pour réformer ce que les malheurs publics attestaient de défectueux dans notre ordre social.

Voilà comment plus tard on cherchera à expliquer tous ces faits
qu'on cherche à flétrir du nom d'attentats, de pillage, qui ont une
loi morale qu'il faudrait découvrir pour éviter le renouvellement
des faits si malheureux, si déplorables.

On a fait dire à la défense une chose qu'elle n'a jamais dite :
« Ce sont des hommes politiques que nous venons défendre, et
par cela seul qu'ils sont des hommes politiques, vous ne pouvez
pas les frapper. Ce sont des ennemis vaincus, la loi est impuissante
pour les punir. »

La défense n'a jamais songé à produire un pareil argument ; il
eût été par trop facile à réfuter. La défense vous a dit que, parce
que vous étiez des hommes politiques, vous ne deviez pas flétrir
des hommes politiques ; la défense vous a dit que vous pouviez
prendre leur liberté, leur vie même, au nom de la loi pénale ; mais
que leur honneur était au-dessus des coups que vous pouviez porter. En d'autres termes, vous n'avez pas des assassins, des voleurs
devant vous. Voilà comment se traduit ce mot, *hommes politiques ;*
voilà le sens dans lequel la défense l'a employé quand elle vous
a dit que vous aviez des hommes politiques devant vous, et que
vous ne pouviez pas les flétrir.

La défense a rappelé toutes les révolutions qui ont pesé sur le
pays, et qui se sont toutes signalées par des attentats divers ; elle
vous a dit ensuite que votre haute sagesse s'était refusée à relever
les échafauds politiques. Elle est venue vous prier de persévérer
dans votre haute jurisprudence, qui tend à abolir la peine capitale.

J'ai entendu de par le monde des hommes dire que la défense,
en vous suppliant de persister dans votre jurisprudence, avait jeté
avec cette prière une menace d'avenir ; qu'elle avait dit aux juges :
Vous ne frapperez pas, car nous avons devant nous un avenir
très-grave. Je dis, moi, Messieurs les pairs, que vous êtes trop
gens de cœur pour balancer, alors que vous serez convaincus que
de la vie d'un homme dépend la paix, l'avenir du pays ; je vous

tiens trop pour gens de cœur, pour que des considérations personnelles puissent jamais, dans une telle occurrence, arrêter votre vote, votre bras prêt à frapper.

Nous venons donc vous demander de persister dans votre jurisprudence, parce que nous croyons que ce qui s'agite devant vous est une question sociale que les lois, les sciences doivent résoudre ; mais que la mort et les supplices ne résoudront jamais. Voilà, Messieurs les pairs, le sens des paroles de la défense, et c'est à tort qu'on a voulu leur attribuer un sens de défi et de témérité.

La défense a voulu principalement laver Barbès de l'accusation d'assassinat.

Alors même qu'il serait établi aussi clair que la lumière du jour que Barbès a tué l'officier Drouineau, il n'y aurait pas assassinat. En effet, de quoi sont prévenus les accusés ? d'attentat. Qu'est-ce qu'un attentat ? c'est la guerre civile. Qu'est-ce que la guerre civile ? c'est la bataille. Qu'est-ce que la bataille ? c'est la guerre, c'est une guerre où il y a des tués et des blessés. Qui dit attentat implique par ce mot la nécessité d'une guerre civile, et partant la triste nécessité de blesser, de tuer ses adversaires. Celui qui exécute un attentat subit en même temps l'obligation de renverser tous les obstacles. La mort d'un adversaire était utile, indispensable à l'exécution de mon projet : j'ai donné la mort à mon adversaire, mais je ne l'ai point assassiné.

Y a-t-il dans l'homme qui subit cette triste et horrible nécessité, l'idée d'un assassinat ? Voyez la loi pénale et ses définitions. L'assassinat est le crime par lequel un homme, pour s'emparer du bien d'autrui par vengeance personnelle, par un motif tout privé, vient porter le poignard dans le sein d'un autre homme. Mais quand dans une guerre civile un homme tire sur un autre homme qu'il ne connaît pas, qu'il n'a jamais vu, qu'il ne peut haïr, contre lequel il ne peut avoir aucun motif de vengeance personnelle, sans doute cet homme sera coupable aux yeux de ceux qu'il aura voulu attaquer ; mais aux yeux de la raison, de la morale universelle, cet homme ne sera jamais un assassin.

Alors que les choses se seraient passées ainsi qu'on l'a dit, pouvait-on soutenir qu'il y avait guet-apens ? Rappelez-vous comment les choses se sont passées. Les soldats du poste du quai aux Fleurs ont été prévenus par le docteur Levraud ; ils sortent du poste et se mettent sous les armes. Les insurgés, en débouchant par le pont Notre-Dame, s'aperçoivent que le poste est prêt à les recevoir. L'officier avait donné l'ordre de défaire les paquets de

cartouches ; les insurgés ont vu cela. Ils ont pu penser que les fusils seraient chargés ; ils n'ont pas pu croire que le malheureux
Drouineau ait été assez imprudent pour ne pas faire charger les
armes. Ils arrivent, et à la parole prononcée par l'officier : *Appré-
tez armes !* ils s'empressent de tirer les premiers. Ils tuent pour
nêtre pas tués. Voilà la position véritable des choses. Il ne faut
pas faire la position des insurgés plus mauvaise qu'elle n'est : il
est certain qu'ils n'ont pas commis un crime pour le plaisir de le
commettre.

Encore un mot sur le principe de la reconnaissance en matière
criminelle. Toutes ces circonstances minutieuses dans la moindre
vérification d'un fait physique doivent se rencontrer pour qu'il y
ait probabilité de certitude dans la reconnaissance. Il faut que
cette reconnaissance soit faite avec un certain caractère scientifique, si je puis me servir de ce mot, afin qu'elle puisse obtenir
l'approbation d'un homme sensé.

D'abord plus il y aura d'individus entre lesquels la reconnaissance doit s'opérer, plus ils seront nombreux, et plus il y aura de
chances d'erreur.

Plus la scène aura été tumultueuse, plus les individus qui en
auront été les témoins auront eux-mêmes couru de dangers, et
plus encore vous trouverez des chances d'incertitude.

Enfin il faut que les explications des témoins sur les signes particuliers, tels que la barbe, la physionomie, le vêtement, la démarche de l'acteur de cette scène, soient identiques. S'il y a varia-
tion entre les témoins, il n'y a plus possibilité de s'en rapporter à
eux.

Cela serait indispensable pour la moindre expérience de physique ou de chimie. Si quatre experts, chargés d'examiner une substance, disaient, le premier qu'elle est blanche, le second qu'elle
est bleue, le troisième qu'elle est verte, le quatrième qu'elle est
jaune, on leur répondrait qu'il ne serait pas possible d'asseoir un
jugement solide sur leur expérience, et on les prierait de recommencer la vérification.

Or, cette divergence existe à l'égard des signalements donnés
par les différents témoins qui ont cherché à décrire le signalement
et le costume du chef des insurgés qui ont attaqué le poste du
Palais-de-Justice. Quelques témoignages se rapporteraient assez
à Barbès pour le costume ; mais d'autres témoins ont parlé d'une
blouse bleue, et ce signalement se rapporterait à Delsade.

Mais il ne suffirait pas que Barbès fût reconnu comme chef de

l'attroupement pour en conclure qu'il fût le meurtrier du lieutenant Drouineau. On procède ici par voie de syllogisme.

On dit : Le lieutenant a été tué par le chef du rassemblement ;
Barbès était le chef du rassemblement ; donc c'est lui qui a tué
l'officier commandant le poste.

Le syllogisme est le plus mauvais des raisonnements, à moins
qu'on ne concède la majeure. Or, je nie la majeure ; je vais prouver que ce n'est pas le chef qui a tué le lieutenant, que cela est
impossible, et alors tout le syllogisme s'écroulera par sa base.

Eh bien ! Messieurs, cette impossibilité dont je parle résulte
d'une pièce que nous ne connaissons que depuis trois jours, qu'un
heureux hasard nous a fait seul découvrir, car elle ne figurait pas
dans le procès actuel ; elle a été retrouvée dans le dossier d'une
autre affaire.

Je veux parler du procès-verbal dressé par un docteur en médecine, M. Roy, qui a examiné le lieutenant Drouineau après sa
mort.

Le procès-verbal porte que le lieutenant Drouineau a été atteint de deux balles. L'une l'a frappé par derrière, l'autre, entrée
par l'épaule gauche, est sortie par l'épaule droite.

Ainsi le coup a été porté de gauche à droite, tandis que, d'après
les dépositions uniformes de tous les témoins, le chef des insurgés,
placé sur la droite de l'officier, aurait dû, si c'est lui qui a porté
le coup meurtrier, le porter de droite à gauche.

C'est comme si ce docteur avait écrit au bas de son procès-verbal : « Non, ce n'est pas le chef des insurgés qui a tué l'officier. »
Voilà la conclusion logique, voilà le véritable syllogisme.

Aussi à la première vue de cette pièce, j'ai rendu grâces au ciel
de cette découverte ; j'y ai vu un gage de salut sinon pour la vie,
du moins pour l'honneur du malheureux Barbès. Vous ne le condamnerez pas comme assassin, surtout après les étranges contradictions qui règnent entre les témoins sur le costume du chef, sur
la manière dont ce colloque s'est engagé. Le docteur Lévraud,
M. Meunier, le jeune Marjolin, M. Vaillant, les soldats Grosmann, Poulin, Bataille et autres, tous témoins dignes de foi, sont
tombés dans de telles contradictions qu'il est impossible d'y découvrir la vérité. Le plus grand nombre des témoignages ne saurait
s'appliquer à Barbès quant au costume. On ne s'est point borné à
dire qu'il avait une redingote foncée ; quelques-uns ont spécialisé
la couleur, en disant que c'était une redingote bleue.

Barbès n'a jamais eu de redingote bleue, et c'est précisément d'une redingote bleue qu'était vêtu le nommé Ferrari, chef des insurgés, qui a attaqué le poste du marché Saint-Jean. Ferrari était aussi un grand bel homme ; il avait aussi une barbe bien fournie. Pourquoi ne supposerait-on pas que ce soit le même qui, après avoir commandé l'attaque du Palais-de-Justice, s'est porté sur un autre point pour aller avec une bande différente attaquer le marché Saint-Jean ?

En outre, il y a un témoignage plus fort que tous, c'est ce procès-verbal qui vous a été communiqué.

Maintenant j'arrive à Martin Bernard ; et ici on nous a accusés d'avoir traité fort légèrement cette partie de l'accusation. Je ne crois pas qu'on puisse nous soupçonner d'avoir mis de la légèreté dans une pareille discussion. Si l'on a discuté légèrement, c'est apparemment que les preuves étaient légères, car en pareille matière nous apportons toute la maturité et toute la sévérité possible.

Encore un syllogisme à l'égard de Martin Bernard.

Tous les chefs de la Société des Saisons ont décrété le mouvement.

Martin Bernard était l'un des chefs de la Société des Saisons.

Donc, nous dit-on, vous avez décrété le mouvement.

Il y a là un syllogisme faux, parce qu'il est faux dans sa base ; car je le dis :

Oui, j'étais l'un des chefs de la Société des Saisons, si vous le voulez. Mais il pouvait y avoir entre les chefs divergence sur la question de savoir si l'on ferait ou non le mouvement.

Or, pour que le syllogisme fût exact, il faudrait établir d'abord, non pas que Martin Bernard était l'un des chefs de la Société des Saisons, mais que tous les chefs de cette société ont voulu le mouvement ; deuxièmement, il faudrait établir que Martin Bernard était l'un de ces chefs. Si ces deux points étaient établis, on pourrait dire :

Tous les chefs de la Société des Saisons ont voulu le mouvement.

Or, Bernard était l'un de ces chefs ;

Donc si Martin Bernard était l'un de ces chefs, il l'a voulu.

Mais comme il est possible que parmi les chefs de la Société des Saisons les uns aient voulu le mouvement et que les autres ne l'aient pas voulu ; comme vous n'établissez nullement que Martin Bernard n'était pas au nombre des chefs qui ne voulaient pas le mouvement, vous ne prouvez rien contre lui.

Arrivons aux autres preuves.

Contre Martin Bernard, nous avons la déclaration de Nouguès. Cette déclaration, je ne la discuterai pas ; je croirais faire injure à une cour de justice si je pensais jamais qu'elle pût condamner un homme sur la simple déclaration de son coaccusé. Je comprends l'importance de la déclaration d'un coaccusé ; c'est-à-dire je comprends qu'elle serve à mettre la justice sur la voie de la vérité. En effet, à l'aide de cette déclaration, on va chercher les preuves ; et si les preuves extérieures la justifient, on n'en a plus besoin, ce n'est pas sur elles que l'on base sa conviction, car les preuves matérielles sont là qui confirment cette déclaration ; mais ici il n'en est pas de même.

Le défenseur soutient que des deux cent cinquante témoins qui ont assisté à ce drame, aucun n'est venu justifier la déclaration de Nouguès à l'égard de Martin Bernard.

Mais, poursuit-il, on nous dit : Le nom de Martin Bernard est inscrit sur la proclamation trouvée chez lui.

Mais pourquoi n'y aurait-on pas mis son nom sans son autorisation, sans son aveu, comme ceux de MM. Voyer-d'Argenson et Lamennais ?

Ici, Messieurs, je vous citerai un exemple dont l'un de vous a été en quelque sorte l'acteur.

Vous avez tous entendu parler de la conspiration royaliste de La Villeurnoy. Eh bien ! on avait saisi tous les papiers des conspirateurs, et on y avait trouvé la composition d'un ministère futur de la restauration. M. Siméon, l'un de vous, voyait son nom inscrit sur une des listes des conspirateurs, en qualité de ministre de la justice. C'était certainement sans son aveu, et il vint au conseil des cinq cents protester vivement contre l'usurpation qu'on avait faite de son nom.

Ainsi, vous voyez, Messieurs, comment dans toutes les positions on peut voir abuser de son nom, sans qu'on ait donné aucune espèce de consentement, et comment la seule inscription d'un nom sur une liste doit, avec peu de fondement, autoriser l'accusation à conclure à la culpabilité de celui qui le porte.

Non, Messieurs, il ne suffit pas à l'accusation de prouver qu'un homme a pu faire cette chose, il faut qu'il prouve qu'il l'a faite, il faut des témoins qui le prouvent, car les aveux mêmes d'un accusé ne suffiraient pas pour le faire condamner. Je ne connais pas de manière plus vicieuse de raisonner que ne l'a fait l'accusation. Comment est-il possible de conclure d'un fait passé à la possibilité d'un fait futur ? autant vaudrait-il en conclure que Martin Bernard est coupable dès attentats de juin 1832.

Je demande à la Cour la permission de me reposer un instant.

M⁰ Lafargue, défenseur de Grégoire. — Pendant le repos accordé à M⁰ Dupont, je demanderai à M. le président de vouloir bien faire entendre le témoin Dufrénoy.

M. le Président. — Cela a l'inconvénient d'interrompre la discussion. Cependant, comme à la demande du défenseur Lafargue deux témoins ont été assignés en vertu de mon pouvoir discrétionnaire, et que le sieur Dufrénoy, l'un des deux, est présent, je vais le faire paraître.

(Sur l'ordre de M. le président, ce témoin, appelé en vertu du pouvoir discrétionnaire, est introduit dans l'audience).

M. le Président au témoin. — Quels sont les faits à votre connaissance ?

Le sieur Dufrenoy. — Je me trouvais de service comme garde nationale le 13 mai. Comme nous débusquions avec la garde municipale de la rue de la Perle, à la poursuite des insurgés, nous avons fait feu sur plusieurs qui fuyaient par la rue des Quatre-Fils. Deux d'entre eux sont tombés sous nos coups de fusil, et à l'instant nous nous sommes transportés près d'eux. L'un était mort, l'autre était blessé à l'épaule gauche. Je m'approchai de celui qui était blessé pour le relever : il était dans un état déplorable, nous le croyions même mort ; cependant avec des soins il est revenu à lui. Un officier de la garde nationale a ramassé un fusil qui était à dix pieds de lui.

M. le Président. — Accusé Grégoire, levez-vous ?

Au témoin. Le reconnaissez-vous ?

R. Oui, Monsieur.

M⁰ Lafargue. — Je demanderai au témoin à quelle distance le fusil était de l'accusé ?

R. Il était à huit ou dix pieds de l'accusé. Et c'est à tort qu'on a dit que cet homme blessé avait cherché à le passer sous une porte cochère, car il était hors d'état d'en avoir la pensée.

M⁰ Dupont continue sa plaidoirie.

Je ne saurais trop remercier la Cour de la bienveillante attention qu'elle a bien voulu me prêter. Je crois lui avoir démontré l'innocence légale de Martin Bernard. Je crois avoir résolu à sa véritable qualification l'accusation relative à Barbès, et vous avoir présenté le véritable état de sa culpabilité. Maintenant j'ai une autre partie de ma tâche à accomplir. L'accusation s'est bornée à lier l'attentat du 12 mai à des attentats précédents, à celui d'avril 1834, à celui de juin 1832. Elle a trouvé dans la cause l'organisation de la Société des Saisons, elle s'est bornée à lier cette société à la Société des Familles, à la Société des Droits de l'Homme. Elle a trouvé des écrits, des formules, elle s'est bornée à les lier à des faits qu'elle a qualifiés de pillage et de brigandage, qu'elle a présentés comme coalition formée par les pauvres pour s'enrichir aux dépens des riches.

Pour des esprits superficiels cela pouvait suffire ; mais il n'en est pas de même pour ceux qui veulent puiser dans ces faits des enseignements. Le juge politique est particulièrement intéressé à connaître les problèmes qui s'agitent derrière ces faits, à connaître les causes du mal, afin de trouver aussi les moyens de remède pour l'avenir.

Si l'on ne s'arrête pas à la superficie, on verra qu'il y a ici tout un problème social à étudier. Je n'ai certainement pas la prétention de le résoudre avec vous, ce n'est pas notre fonction aux uns et aux autres ; mais vous devez, vous, Messieurs les pairs, voir à l'avance les enseignements qui pourront résulter de l'acte que vous allez faire, la portée de l'arrêt que vous allez rendre.

Dans un parti politique la mort d'un chef n'est rien ; le faire disparaître, c'est laisser la question sans solution. Si, au contraire, il s'agit d'un ambitieux personnel, ne songeant qu'à servir aux dépens de tous sa fortune personnelle, frappez alors, faites disparaître l'individu, et vous aurez fait disparaître la cause du mal.

Croyez bien qu'ici, Messieurs les pairs, je n'ai certainement pas l'intention de faire l'apologie de l'insurrection. Je commence par dire que je suis l'ennemi des doctrines des accusés. Je ferai si peu l'apologie de leurs doctrines, que si le succès avait couronné leurs efforts et que l'ont m'eût appelé à délibérer avec eux sur le sort de mon pays, ils n'auraient pas trouvé d'adversaire plus prononcé que moi.

Vous voyez donc que je suis bien impartial, ou plutôt bien hostile aux doctrines des accusés ; mais parce que je ne suis pas le partisan de leurs doctrines, il n'en suit pas que je ne doive rechercher le mobile de ces idées générales qui ont présidé aux mouvements insurrectionnels qui ont tourmenté le pays. Permettez-moi donc de jeter quelques regards en arrière sur l'histoire de notre révolution.

En 1789, il y a eu plusieurs grandes question posées. Celle de l'unité française fut une des plus importantes. Elle a été résolue.

On conquit le grand résultat de la centralisation après de grandes difficultés. On songea à l'amélioration des classes inférieures de la société. L'égalité politique a été également obtenue jusqu'à un certain point. La question matérielle de l'amélioration de la classe la plus pauvre reçut en 1789 une seule solution par l'abolition des jurandes et des maîtrises. Vous savez en effet, Messieurs, qu'au commencement du règne de Louis XVI, Turgot abolit les jurandes et les maîtrises.

M. le Président. — Je dois faire remarquer à Me Dupont qu'il s'écarte de l'objet de sa plaidoirie. Il s'agit de présenter la défense d'un accusé et non de traiter une question d'histoire ou de rappeler ce que Turgot a pu faire en 1789.

Me Dupont. — Je voulais seulement établir que depuis 1789, les tentatives successives faites pour résoudre la question avaient été impuissantes, que le problème ne reçut qu'une solution matérielle. Barbès est babouviste : Vous savez comment naquit la doctrine de Babeuf. Le problème de l'amélioration morale n'avait pas reçu de solution.

Babeuf, ayant vu que l'économie sociale de Turgot n'avait pas résolu le problème, a imaginé une autre doctrine. C'est cette doctrine que professe Barbès, l'amélioration du sort de tous et le perfectionnement de l'espèce humaine par une éducation commune.

Tel est le problème que cherchent ceux qui sont attachés à ses destinées, problème jusqu'ici demeuré sans solution. (Murmures sur plusieurs bancs.)

M. le Président. — Il m'est impossible de laisser plaider de pareils principes, et de laisser dire qu'il y a dans l'organisation de notre société un tel problème resté sans solution. Rien ne peut autoriser le défenseur à dire que ce problème ait été posé, mais il n'aurait pas droit surtout de prétendre qu'il puisse être résolu comme les accusés auraient tenté de le résoudre.

Me Dupont. — Personne ne m'accusera d'imprudence quand je dis que nous cherchons tous à résoudre un problème pour l'avenir de notre société tout entière.

Si vous ne cherchiez pas vous-mêmes le problème d'améliorer dans un avenir plus ou moins prochain le sort de l'humanité tout entière, vous ne seriez pas des hommes politiques, ou bien j'ai mal saisi le sens des paroles de M. le président.

M. le Président. — Le sens de mes paroles est fort simple. L'amélioration progressive de la société est le vœu de tous les bons citoyens de tous les pays, de tous les hommes éclairés. Mais il importe de ne pas laisser soutenir des doctrines contraires à nos lois, contraires à la constitution de notre pays, et qui ne sauraient être plaidées devant la Cour.

Mᵉ Dupont.—Alors j'ai été mal compris. J'ai parlé de l'idée qui a préoccupé tous les membres de la Société des Familles. Leur tort a été de vouloir appliquer par la force des principes qui ne devaient être soutenus qu'en théorie.

M. le Président. — Vous réprouvez donc le recours à la force ?

Mᵉ Dupont.—Je n'ai pas dit autre chose.

M. le Président. — Le problème dont vous avez parlé n'existe pas ; la manière dont vous le posiez tout-à-l'heure serait contraire à notre organisation sociale tout entière : elle serait en opposition avec toutes les lois qui régissent la France.

Mᵉ Dupont. — Je m'explique donc mal. Notre société est-elle immobilisée de manière à ce qu'il n'y ait plus de progrès. Nous cherchons tous en commun les moyens par lesquels le progrès peut s'accomplir pacifiquement. Si telle n'était pas notre pensée à tous, nous ne serions pas de bons citoyens. Eh bien ! le problème du progrès paisible étant incessamment posé dans la société, dans tous les instants, tous les temps, dans tous les siècles ; ce grand problème du progrès demande une solution pacifique. Je vous le demande, croyez-vous que c'est avec du sang, avec des échafauds que toutes ces questions de progrès se résoudront ?

Évidemment non, et c'est pour cela que mes réflexions ne peuvent pas avoir, comme celles de tous les défenseurs, pour but d'aboutir à votre indulgence. Vous êtes des hommes haut placés, vous devez vous élever au-dessus de la compassion, de la pitié, vous ne devez consulter que les intérêts du pays. Mettant donc toute espèce d'indulgence de côté, hommes politiques, vous vous demanderez si, au milieu de l'agitation des esprits, des problèmes qu'on cherche à résoudre et dont le progrès appelle la solution, si cette solution peut s'écrire dans un arrêt de mort et avec du sang. Non, Messieurs, vous comprendrez que c'est une mauvaise manière de résoudre les questions, et, ne jugeant que dans l'intérêt de l'État, vous n'appliquerez pas la peine de mort. (Sensation.)

Mᵉ Arago. — Messieurs les pairs, quelques reproches personnels m'ont été adressés par M. le procureur-général.

S'il ne s'agissait que de moi, je me tairais ; ma conduite, mes discours, ont été tout-à-l'heure trop éloquemment justifiés par mon honorable ami, Mᵉ Dupont, pour que j'éprouve le besoin de les justifier encore.

Mais, Messieurs, la personne de l'avocat est si intimement liée à celle de l'accusé, que je me dois à moi-même, que je vous dois à vous, que je dois à Barbès et à Martin Bernard une explication dernière et sur ma position et sur ma plaidoirie.

Non, ma *jeune imagination*, ainsi que le disait M. le procureur-général, n'a pas été *séduite* par l'audace de Barbès ; non, si je n'avais pas assez de maturité pour rester étranger à des penchants de jeunesse, toujours inconciliables avec mon ministère, j'aurais méconnu mon devoir, j'aurais assumé sur ma tête une responsabilité terrible qui devrait y peser éternellement.

Mais je vous le déclare, Messieurs les pairs, ma conscience est tranquille ; vous avez recueilli mes paroles, et vous ne pensez pas, comme l'accusation, que j'ai débité un futile *roman* inventé à plaisir ; non, Messieurs les pairs, non, je n'ai point *rêvé* ma défense.

Et je ne rêve pas non plus, souffrez que je l'ajoute, quand je me persuade que vous ne verrez en Barbès qu'un prévenu politique, que vous le jugerez comme un homme politique.

Non, non, je ne rêve point, lorsque, vous rappelant votre jurisprudence, et le procès des ministres et le procès d'avril, je dis : La haute Cour des pairs ne voudra certes pas, en 1839, relever au milieu de notre capitale l'échafaud politique, l'échafaud politique qu'elle a détruit elle-même aux applaudissements de la France.

M. LE PRÉSIDENT. — D'autres défenseurs demandent-ils la parole ?

Les accusés ont-ils quelque chose à ajouter pour leur défense ?

Nouvelle déclaration de Barbès.

BARBÈS, avec calme et dignité. — Messieurs, je n'ai qu'à répéter la déclaration que j'ai faite au commencement de ces débats. La plupart des hommes qui ont pris part à ce procès n'avaient pas besoin de cette déclaration, puisqu'ils ont prouvé qu'ils n'appartenaient pas à l'association dont j'ai été nommé chef, qu'ils n'étaient pas républicains, qu'ils ne s'occupaient pas de politique. Mais lorsque le moment sera venu pour vous de prononcer sur le sort de ceux qui nous succéderont sur ce banc, alors je ne serai plus (sensation prolongée), j'ai le droit de penser que ma déclaration sera présente à vos souvenirs.

Quant à moi, je n'ai qu'à protester de nouveau contre l'accusation d'avoir assassiné Drouineau. Si vous ne me croyez pas, si par cela seul que je n'ai pas voulu vous reconnaître pour mes juges, que je n'ai pas voulu me défendre, vous me condamnez aussi sur ce second chef que je repousse, non comme plus grave, ce n'est pas mon intention, mais parce qu'il est injurieux, je remercierai Dieu d'avoir été choisi entre beaucoup pour donner à la noble cause dont j'ai été le serviteur, à la France, à cette patrie bien-aimée pour laquelle aucun autre de ses enfants n'a plus d'amour et de dévouement que moi, la plus grande preuve de dévouement, pour lui faire le plus grand de tous les sacrifices, non pas la perte de ma vie, mais le sacrifice de mon honneur que beaucoup pourront croire entaché par votre arrêt. Mais, que dis-je? les jeunes victimes que Tibère faisait déflorer avant de les livrer au bourreau, en étaient-elles moins pures aux yeux de Dieu et des hommes? (Cette allocution est suivie d'une sensation inexprimable.)

M. LE PRÉSIDENT. — Austen, avez-vous quelque chose à ajouter à votre défense?

AUSTEN. — Oui, M. le président. L'accusé Austen entre dans le détail des faits à la suite desquels il a été arrêté pour mendicité, et cherche à établir, dans l'intérêt de sa famille, qu'il y a eu méprise dans son arrestation et qu'il n'a jamais mendié Il ne cherchait alors qu'à obtenir un passeport pour passer en Angleterre.

M. LE PRÉSIDENT. — Vous voulez établir que c'est par mégarde que vous avez été arrêté comme accusé de mendicité; que vous ne demandiez qu'à aller en Angleterre.

AUSTEN. — Oui, M. le président.

M. LE PRÉSIDENT. — Et vous, accusé Mialon?

MIALON. —Messieurs, je vous répète que je ne suis pas allé dans les endroits qu'on a dit... Je jure, foi de Mialon, que je ne suis pas allé à la rue aux Ours, ni au marché Saint-Jean, ni autre part. Et aussi vrai comme je suis un chrétien, je n'ai pas été par-là... je ne suis pas sorti du quai aux Fleurs, je ne suis pas sorti de la Cité. Tout cela est faux... Je vous jure ma parole, comme je dois mourir un jour... que cela n'est pas vrai... Je vous le jure sur ma parole. (Mouvement.)

M. LE PRÉSIDENT.—Et vous Longuet?

LONGUET. — Je n'ai rien à ajouter à ma défense. Me Ferdinand Barrot s'en est trop bien acquitté. Je le prie ici d'en accepter mes sincères remerciements..... Je proteste de nouveau de mon innocence. J'avoue, il est vrai, que j'ai pris part aux événements, mais sans connaissance de cause, sans en comprendre la portée, et je réclame de la Cour toute l'indulgence possible : elle verra par la suite si j'en étais digne.

M. le Président. — Accusé Martin, avez-vous quelque chose à dire ?

Martin. —Quand je me suis sauvé, j'étais dans une cachette où l'on n'aurait pas pu me trouver. J'ai entendu qu'on menaçait des femmes, et alors je me suis montré. J'ai dit : Je rends mon fusil, ne faites pas de mal à personne. Une fois mon fusil rendu, le tambour m'a donné un coup de sabre dans la poitrine, et c'est à mon corps défendant que je l'ai frappé. J'ai peut-être eu tort.....
Voilà comment cela est arrivé.

(M. le président demande successivement aux autres accusés s'ils ont quelque chose à ajouter à leur défense. Tous les autres accusés gardent le silence.)

M. le Président. —Les débats sont clos ; la Cour va en délibérer. Huissiers, faites retirer les accusés et évacuer les tribunes.

L'audience publique est levée à cinq heures trois quarts.

14º AUDIENCE. — 12 JUILLET.

Arrêt.

ACQUITTEMENT *de Bonnet, Lebarzic, Dugas et Grégoire.* — CONDAMNA-TION : *de Barbès à la* PEINE DE MORT, — *Martin Bernard à la* DÉPORTA-TION, — *Mialon aux* TRAVAUX FORCÉS *à perpétuité,* — *Delsade et Aus-ten à* 15 *années de* DÉTENTION, — *Nouguès et Philippet à* 6 *années de* DÉTENTION, — *Roudil, Guilbert et Lemière à* 5 *années de* DÉTEN-TION, — *Martin et Longuet à* 5 *années de* PRISON, — *Marescal à* 3 *années de* PRISON, — *Walch et Pierné a deux années de* PRISON.

MM. les pairs, qui sont restés en délibération les 9, 10 et 11, se sont assemblés ce matin à onze heures et n'ont pas quitté le palais depuis ce moment; un dîner leur a été servi à cinq heures et de-mie.

La foule se presse aux abords du Luxembourg. On ne laisse pé-nétrer dans la cour que les personnes munies de billets. Des offi-ciers d'ordonnance entrent et sortent fréquemment du palais. En-fin, à 9 heures moins dix minutes du soir, on annonce que l'arrêt est rendu et signé. Le public est introduit dans la salle d'audience.

Les accusés sont absents, ainsi que cela a toujours lieu devant la Cour des pairs.

Tous les avocats, à l'exception de MM. Dupont et Arago, sont assis au banc de la défense.

Après l'appel nominal, M. le président prononce, au milieu du plus profond silence, l'arrêt suivant :

Arrêt.

« La Cour des Pairs,

« Vu l'arrêt du 12 juin dernier, ensemble l'acte d'accusation dressé en conséquence contre Barbès, Martin Bernard, Nouguès, Bonnet, Roudil, Guilbert, Delsade, Mialon, Austen, Lemière, Walch, Philippet, Lebarzic, Dugas, Longuet, Martin (Noël), Marescal, Pierné et Grégoire ;

« Ouï les témoins en leurs dépositions et confrontations avec les accusés ;

« Ouï le procureur-général du roi en ses dires et réquisitions, lesquelles réquisitions par lui déposées sur le bureau de la Cour sont ainsi conçues :

« Le procureur-général du roi près la Cour des pairs,

« Attendu qu'il résulte de l'instruction et des débats que les 12 et 13 mai 1839, un attentat a été commis à Paris, ayant pour but : 1º de détruire et de changer le gouvernement ; 2º d'exciter les citoyens et habitants à s'armer contre l'autorité royale ; 3º d'exciter la guerre civile en armant et en portant les citoyens et habitants à s'armer les uns contre les autres ;

« En ce qui touche l'accusé Lebarzic,

« Attendu qu'il ne paraît pas suffisamment établi que cet accusé se soit rendu coupable de l'attentat ci-dessus spécifié ;

« Déclare s'en rapporter, à son égard, à la prudence de la Cour ;

« En ce qui touche les nommés Barbès, Martin Bernard, Nouguès, Bonnet, Roudil, Guilbert, Delsade, Mialon, Austen, Lemière, Walch, Philippet, Dugas, Martin, Marescal, Pierné et Grégoire,

Attendu que de l'instruction et des débats résulte contre eux la preuve qu'ils se sont rendus coupables d'avoir commis l'attentat ci-dessus spécifié ;

« Crime prévu par les articles 87, 88 et 91 du Code pénal ;

« En ce qui concerne Barbès,

« Attendu que de l'instruction et des débats il résulte la preuve que, dans l'exécution de l'attentat ci-dessus spécifié, il s'est rendu coupable d'un homicide volontaire commis, le 12 mai dernier, avec préméditation, sur le lieutenant Drouineau ;

« En ce qui touche Mialon, déjà condamné pour crime,

« Attendu que de l'instruction et des débats il résulte la preuve qu'il s'est rendu coupable d'un homicide volontaire commis, le 12 mai dernier, avec préméditation, sur la personne du maréchal-des-logis Jonas ;

« Lesdits crimes prévus par les articles 295, 296, 297, 298, 302 et 37 du Code pénal ;

« Requiert qu'il laisse à la Cour faire application aux susnommés des articles précités, et les condamner aux peines portées par la loi,

« Déclarant toutefois, en ce qui touche les nommés Nouguès, Bonnet, Roudil, Guilbert, Delsade, Austen, Lemière, Walch, Philippet, Dugas, Longuet, Martin, Pierné, Marescal et Grégoire, s'en remettre à la haute sagesse de la Cour, pour faire droit aux réquisitions qui précèdent, et pour tempérer les peines, si la Cour le juge convenable

« Fait à l'audience publique de la Cour des pairs, le huit juillet mil huit cent trente-neuf.

« Le procureur-général, signé FRANCK-CARRÉ. »

Après avoir entendu Barbès et Bernard (Martin), et Mes Arago et Dupont, leurs défenseurs ; Nouguès et Me Paillet, son défenseur ; Bonnet et Me Étienne Blanc, son défenseur ; Roudil et Me Jules Favre, son défenseur ; Guilbert et Me Lignière, son défenseur; Delsade et Mᵉ Bertin, son défenseur; Mialon et Mᵉ Blot-Lequesne, son défenseur; Austen et Mᵉ Genteur, son défenseur; Lemière et Mᵉ Nogent-Saint-Laurens, son défenseur; Walch et Mᵉ Hemerdinger, son défenseur; Philippet et Mᵉ Grévy, son défenseur; Lebarzic et Mᵉ Barre, son défenseur; Dugas et Mᵉ Adrien Benoist, son défenseur; Longuet et Mᵉ Ferdinand Barrot, son défenseur; Noël Martin et Mᵉ Barbier, son défenseur; Marescal et Mᵉ Puybonieux, son défenseur; Pierné et Mᵉ Madier-Montjau, son défenseur; Grégoire et Mᵉ Lafargue, son défenseur, dans leurs moyens de défense, et les accusés interpelés en outre aux termes du paragraphe 3 de l'article 335 du Code d'instruction criminelle.

» Et après en avoir délibéré,

» En ce qui concerne les accusés Bonnet, Lebarzic, Dugas et Grégoire, attendu qu'il n'y a pas preuve suffisante qu'ils se soient rendus coupables de l'attentat ci-après qualifié,

» Déclare Bonnet, Lebarzic, Dugas et Grégoire acquittés de l'accusation portée contre eux, ordonne qu'ils seront mis sur le champ en liberté, s'ils ne sont détenus pour autre cause.

» En ce qui concerne les accusés Barbès, Martin Bernard, Roudil, Guilbert, Mialon, Delsade, Lemière, Austen, Walch, Philippet, Nouguès, Longuet, Martin (Noël), Marescal, Pierné;

» Attendu qu'ils sont convaincus d'avoir commis à Paris, au mois de mai dernier, un attentat dont le but était de détruire le gouvernement, d'exciter à la guerre civile en armant ou portant les citoyens et les habitants à s'armer les uns contre les autres;

» En ce qui concerne Barbès,

» Attendu qu'il est convaincu d'avoir été, dans l'exécution de l'attentat ci-dessus qualifié, et avec préméditation, l'un des auteurs de l'homicide volontaire commis sur la personne du sieur Drouineau, lieutenant au 21ᵉ de ligne;

» En ce qui concerne Mialon, déjà condamné pour crime,

» Attendu qu'il est convaincu d'avoir, le 12 mai dernier, commis, avec préméditation, un homicide volontaire sur la personne du sieur Jonas, maréchal-des-logis de la garde municipale;

» Déclare Barbès, Martin Bernard, Mialon, Nouguez, Roudil, Guilbert, Delsade, Martin (Noël), Marescal, Lemière, Philippet, Walch, Longuet, Austen, Pierné, coupables du crime d'attentat prévu par les art. 87, 88, 94 du Code pénal, ainsi conçus :

« Art. 87. L'attentat dont le but sera, soit de détruire, soit de changer le gouvernement ou l'ordre de successibilité au trône, soit d'exciter les citoyens ou habitants à s'armer contre l'autorité royale, sera puni de mort.

« Art. 88. L'exécution ou la tentative constitueront seules l'attentat.

« Art. 91. L'attentat dont le but sera, soit d'exciter la guerre civile, en armant ou en portant les citoyens ou habitants à s'armer les uns contre les autres, soit de porter la dévastation, le massacre et le pillage dans une ou plusieurs communes, sera puni de mort.

« Déclare en outre lesdits Barbès et Mialon coupables d'homicide volontaire commis avec préméditation ;

« Crime prévu par les articles 295, 296 et 302 du Code pénal ainsi conçus :

« Art. 295. L'homicide commis volontairement est qualifié meurtre.

« Art. 296. Tout meurtre commis avec préméditation ou de guet-apens est qualifié assassinat.

« Art. 302. Tout coupable d'assassinat, de parricide, d'infanticide et d'empoisonnement, sera puni de mort, sans préjudice de la disposition particulière contenue en l'article 13, relative au parricide. »

« Attendu, en outre, que les peines doivent être proportionnées à la gravité de la participation de chacun des accusés aux crimes dont ils sont reconnus coupables ;

» Condamne :

» Barbès à la peine de mort (Mouvement dans l'auditoire. Sensation prolongée.);

» Mialon aux travaux forcés à perpétuité ;

» Martin Bernard à la déportation ;

» Delsade et Austen chacun à quinze années de détention ;

» Nouguès et Philippet chacun à six années de détention ;

» Roudil, Guilbert et Lemière chacun à cinq années de détention ;

» Ordonne, conformément aux dispositions de l'article 47 du Code pénal, qu'à l'expiration de leur peine, tous les condamnés à la peine de la détention, ci-dessus dénommés, resteront pendant toute leur vie sous la surveillance de la haute police ;

» Condamne :

» Martin (Noël) et Longuet chacun à cinq ans d'emprisonnement ;

» Marescal à trois années d'emprisonnement ;

» Walch et Pierné chacun à deux années d'emprisonnement ;

» Ordonne que Martin, Longuet, Marescal, Walch, Pierné seront, à l'expiration de leur peine, placés sous la surveillance de la haute police :

» Martin pendant dix années ;

» Longuet, Walch, Pierné et Marescal pendant cinq années ;

» Condamne solidairement tous les susnommés aux frais du procès, desquels liquidation sera faite conformément à la loi, tant pour la portion à supporter par les condamnés, que pour celle restée à la charge de l'état ;

» Ordonne que le présent arrêt sera exécuté à la diligence du procureur-général du roi, imprimé, publié, affiché partout où besoin sera ;

» Qu'il sera lu et notifié aux accusés par le greffier en chef de la Cour. »

Fait et prononcé, le vendredi 12 juillet 1839, en l'audience publique de la Cour, où siégeaient

Messieurs,

MM. le vicomte Schramm, Gay-Lussac, le baron Nau de Champlouis, de la Pinsonnière, le duc de la Force, Maillard, le vice-amiral de Rosamel, le baron Voirol, le baron de Saint-Didier, le vicomte de Jessaint, le comte Harispe, le marquis de Cambis d'Orsan, le baron de Daunant, Rouillé de Fontaine, Laplagne-Barris, le baron Rohault de Fleury, le baron de Gérando, le vicomte de Villiers-Duterrage, le vicomte Tirlet, le chevalier Tarbé de Vauxclairs, le baron de Schonen, le baron Petit, Périer, le baron Pelet (de la Lozère), le baron Pelet, le baron de Vendeuvre, Paturle, Odier, Mérilhou, le comte Marchand, le vice-amiral Halgan, le comte d'Audenarde, Kératry, le baron Jacquinot, le comte d'Harcourt, le marquis d'Escayrac de Lauture, le comte Durosnel, le baron Delort, le baron Darriule, Chevandier, le marquis de Chanaleilles, le marquis de Belbeuf, le comte de Monthion, le marquis d'Audiffret, le marquis d'Andigné de la Blanchaye, le baron Voysin de Gartempe, le baron de Morogues, de Bellemare, le baron Mortier, le comte de Rambuteau, le comte de Saint-Aignan, le marquis de Rochambeau, le comte de la Riboissière, le vicomte Pernetti, le baron Fréteau de Peny, le baron Feutrier, le marquis de Cordoue, le vicomte de Chabot, de Cambacérès, le baron Brun de Villeret, le comte d'Astorg, Barthe, le baron de Reinach, le baron de Brayer, le comte de Beaumont, le baron Duval, le baron Saint-Cyr-Nugues, le baron Neigre, le comte Daru, Félix Faure, le comte de la Grange, le comte de Colbert, le baron Berthezène, le comte Bérenger, le comte de Ham, le baron Zangiacomi, le comte de Turgot, Tripier, le baron Thénard, le comte de Montguyon, le baron Malouet, le comte Heudelet, Gautier, le comte Dutaillis, le comte Desroys, Cousin, le vicomte de Caux, le président Boyer, Besson, Aubernon, le baron Athalin, le comte Roguet, le baron de Lascours, le comte Philippe de Ségur, le vicomte Rogniat, le vice-amiral comte Jacob, le comte de Flahault, le comte Excelmans, le comte de Caffarelli, le comte d'Anthouard, le prince de Beauveau, le comte Gilbert de Voisins, le baron Davillier, le comte de Bondy, le marquis d'Aux, le comte de Ségur, le marquis de Crillon, le duc de Périgord, le marquis de Lauriston, le duc d'Istrie, le vicomte de Ségur-Lamoignon, le marquis de Laplace, le comte Lanjuinais, le duc de Montébello, Girod (de l'Ain), le comte Cholet, le comte de Montalivet, le duc de Brancas, le vicomte Dode, le duc de Plaisance, le comte Dejean, le comte d'Haubersaert, le comte Roy, le comte Siméon, le duc de Crillon, le comte Portalis, le marquis de Pange, le comte de Bastard, le baron Dubreton, le comte de la Villegontier, le comte de Germiny, le comte Verhuell, le marquis de Talhouet, le comte de Sparre, le comte Reille, le baron Mounier, le marquis de Dampierre, le comte Claparède, le comte Raymond de Berenger, le comte d'Argout, le duc Decazes, le duc de Massa, le comte de Noé, le baron Séguier, le marquis de Mathan, le comte Molé, le comte d'Haussonville, le duc de Caraman, le duc de Castries, le marquis de Jaucourt, le maréchal duc de Reggio, le duc de Montmorency, le duc de Broglie, le duc de Mortemart, le baron Pasquier, chancelier.

L'audience est levée au milieu d'une grande agitation.

Le public ne peut sortir qu'après que tous les pairs ont quitté le palais du Luxembourg.

Immédiatement après la levée de l'audience, M. le greffier en chef de la Cour, assisté du chef des huissiers, a donné lecture de l'arrêt à chacun des condamnés dans l'intérieur de la prison. Cette lecture n'a été terminée qu'à dix heures et demie.

TABLE.

FIN.